新编21世纪公共管理系列教材

• 公共组织与人力资源管理系列 •

公共部门绩效管理

Performance Management in the Public Sector

主　编　方振邦
副主编　唐　健　姜颖雁

中国人民大学出版社
· 北京 ·

新编21世纪公共管理系列教材

• 公共组织与人力资源管理系列 •

作 者 简 介

方振邦 中国人民大学公共管理学院组织与人力资源研究所所长，教授、博士生导师，公共组织绩效管理研究中心主任；兼任中共中央组织部领导干部考试与测评中心专家、人力资源和社会保障部高级专业技术职务评审委员会委员等职。主要研究领域为人力资源开发与管理、战略性绩效管理、领导干部选拔与考核、平衡计分卡理论与应用、管理思想的演变等。主持国家社科基金项目及中共中央组织部、人力资源和社会保障部委托课题等10余项；著（编）有《管理学基础》《管理百年》《管理思想百年脉络》《战略性人力资源管理》《公共部门人力资源管理》《战略性绩效管理》《政府绩效管理》等专著和教材20余部。

唐　健 西北大学公共管理学院讲师，兼任中国人民大学公共组织绩效管理研究中心研究员。主要研究领域为公共部门人力资源管理、公共部门绩效管理等。曾主持中国人民大学科学研究基金（中央高校基本科研业务费专项资金资助）项目1项，参与相关科研项目多项。

姜颖雁 中国人民大学公共管理学院公共组织与人力资源专业博士（美国中佛罗里达大学联合培养），现任职于广东省某政府部门，兼任中国人民大学公共组织绩效管理研究中心研究员。主要研究领域为绩效管理、组织行为学等。

内 容 简 介

方振邦教授主编的《公共部门绩效管理》是一部系统阐述公共部门绩效管理理论、方法与实践的教材。全书从公共部门绩效管理的基础理论出发，以公共部门绩效管理系统模型为总体框架，从绩效管理工具、绩效计划、绩效监控、绩效评价、绩效反馈、绩效预算等多个方面，对公共部门绩效管理的主要环节和关键决策进行了深入的分析和系统的阐释。同时，介绍了国外，特别是美国、英国、韩国、新加坡等国家的公共部门绩效管理实践经验，并在此基础上对我国公共部门绩效管理的现实情境和发展趋势进行了分析和研究。

本书主要有三个方面的特色：一是国际化与本土化并重，全书既注重阐释公共部门绩效管理领域的国际前沿研究视点，又注重反映我国公共部门绩效管理实践的发展状况，尤其是反映2019年4月颁布的《党政领导干部考核工作条例》的精神和内容。二是实践导向特色鲜明、实用性强，全书用两章内容专门介绍国内外公共部门绩效管理实践，并在教材末尾安排了三个附录，向读者提供国内外公共部门绩效管理案例和绩效管理制度实例。三是论述生动、可读性强，全书在文字阐述中穿插了大量图表，使相关理论和方法变得更加生动形象和直观易懂。

本书适合作为高校公共部门绩效管理、政府绩效管理及相关课程教材，同时也是公共部门管理者或公务员系统学习绩效管理理论和方法的理想参考书。

出版说明

现代意义上的公共行政与公共管理研究和教育始于20世纪初的西方。时至今日，随着公共管理职业化的发展，公共行政与公共管理的研究和教育事业在西方发达国家方兴未艾。自20世纪80年代起，为了适应政府改革与公共管理人才培养的需要，我国的公共行政与公共管理研究和教育在经历了发展的挫折之后，开始了恢复和重建的工作。经过多年的发展，特别是公共管理一级学科的设置和我国公共管理硕士（MPA）教育的启动以及高校公共管理类本科专业的大量开设，公共管理已成为当代中国社会科学和管理科学领域的一个充满生机活力、具有远大发展前景的学科。

为了满足广大高校公共管理类专业的教学需要，在历届教育部高等学校公共管理类学科专业教学指导委员会的指导和支持下，中国人民大学出版社自1999年起，陆续出版了"21世纪公共行政系列教材""21世纪公共管理系列教材""21世纪公共事业管理系列教材""公共管理系列教材""公共管理核心课程系列教材""21世纪劳动与社会保障系列教材""21世纪土地资源管理系列教材""21世纪城市规划与管理系列教材"等多个本科系列教材。这些教材被国内高校公共管理类专业广泛选用，并得到了公共管理学界的支持和认可，数十种教材被评为"十五""十一五""十二五"国家级规划教材，普通高等教育精品教材，以及各省市精品教材，为我国公共管理学科发展和人才培养做出了积极的贡献。

我国高等教育改革的进一步深化，以及新技术和新媒体的不断发展，对高校教材提出了更高的要求。为了回应这种要求，我们在广泛调研的基础上，拟对上述系列教材进行整合和提升，推出"新编21世纪公共管理系列教材"，以满足国内高校公共管理一级学科下设的行政管理、公共事业管理、劳动与社会保障、土地资源管理、城市管理、海关管理、交通管理、海事管理、公共关系学等本科专业的教学需要。

"新编21世纪公共管理系列教材"将秉承中国人民大学出版社"出教材学术精品，育人文社科英才"的宗旨，从本科教育的特点出发，从公共管理教育的特点出发，为广大高校公共管理类专业师生提供一套高质量的本科教材。在教材编写和内容安排上，“新编 21 世纪公共管理系列教材”强调基础知识、基本理论和基本技能，同时，也尽可能地体现创新性和前沿性，反映相关领域理论与实践的最新发展情况。

“新编 21 世纪公共管理系列教材”由中国人民大学、中山大学、北京大学、清华大学、复旦大学、厦门大学、武汉大学、浙江大学、吉林大学、东北大学、北京师范大学、山东大学、四川大学、西北大学等数十所国内著名大学的知名学者领衔著述，我们期望通过这种强强联合、优势互补、资源共享的方式，为国内公共管理学界奉上一套体现系统性、权威性、通用性，并兼具创新性、前沿性、启发性的精品教材。

公共管理的实践是不断发展和变化的。随着公共管理实践的不断发展，公共管理学科研究的范围、主题和内容也在不断地发展和变化。我们将紧跟公共管理学科的发展，与所有作者一起，不断对本套教材进行修订和完善。望广大读者给我们反馈信息，对本套教材提出批评和建议，以使我们能够在所有读者和作者的帮助下，与中国公共管理学科共同成长。

中国人民大学出版社

总 序

2018 年是改革开放 40 周年。改革开放前，在计划经济时期我国对人的管理是按照身份划分的，对工人的管理称为劳动管理，而对干部的管理称为人事管理。劳动管理更多地被纳入企业管理，是企业“人财物”管理中的一部分，关注的核心是劳动定额和劳动报酬；人事管理则不被认为是一门科学，用人单位按照有关政策和规定，照章办事罢了。

我国城市经济体制改革的重要突破口首先是分配制度改革，而这一改革必然传导到用人制度的改革。改革遇到的一系列挑战需要理论的回应和指导，为此，1983 年 5 月我国第一个该领域的学院——劳动人事学院——在中国人民大学成立，该院是中国人民大学与原劳动人事部合办，所以，其名称就有了鲜明的特点。我是 1982 年初到人民大学攻读硕士研究生的，所以，学院成立时只有我一名学生，1983 年 9 月我才迎来了两位师弟。学院成立后按计划招收劳动经济和人事管理两个专业的学生，劳动经济专业为劳动局培养干部，人事管理专业则为人事局培养干部。

20 世纪 90 年代初，由于各种原因，人事管理专业面临转型。由于看到发达国家已经从传统的人事管理转向人力资源管理，于是，在 1993 年，中国人民大学将人事管理专业改为人力资源管理专业，主要为企业培养从事人力资源管理的专业人才。1997 年教育部研究生学科目录调整时增设了管理学门类，该门类下设了多个一级学科，其中，最重要的是工商管理和公共管理。在讨论二级学科设置时，对于人力资源管理的位置没有达成一致意见，因此，没有将人力资源管理列入当年的研究生学科目录。而 1998 年在修订本科专业目录时，将人力资源管理放在了工商管理一级学科目录之下，公共管理一级学科下则没有设立人力资源管理专业。

2000 年前后，公共管理问题在国内受到越来越多的关注，为了回应社会需求，国内各大学纷纷成立公共管理学院。2001 年 6 月，中国人民大学公共管理学院成立，成立之初确定的奋斗目标是建成“国内一流、世界知名”的公共管理学院。为此，学科建设就成为学院的工作重点。学科建设的首要任务是“补缺”，为此，在学校的支持下，2003年，学院率先在公共管理硕士（MPA）项目中设立了公共组织与人力资源方向，为公共组织培养人力资源管理人才。在此基础上，2006年，学院进一步在公共管理一级学科下自设了“公共组织与人力资源”二级学科，开始培养博士和学术型硕士研究生。

我国公共部门人力资源以党政机关干部和国有企事业单位管理人员为主，我国公共部门人力资源的素质和能力决定着我国公共管理的水平和质量。其中，我国干部队伍作为党政工作人员，是国家行政管理人才，是党的路线、方针、政策和国家法律、法规的具体执行者，担负着社会主义现代化建设的规划、组织和指挥的重要责任，是重要的人才资源。干部队伍能否正确行使权力、执政为民，直接关系到党和政府的形象和威望；干部队伍能否秉公执法、依法行政，直接关系到法律的尊严和社会的公正；干部队伍素质的高低、能力的强弱，直接关系到政府的工作效率和为公众服务的水平。提高干部队伍的人力资源开发和管理水平，加强干部队伍能力建设，已经成为建设强有力政府的关键和增强国家竞争力的重要途径。

中国人民大学在这一领域的一系列创新举措得到了兄弟院校的积极响应，不少高校设立了相同的专业方向。为此，在全国公共管理专业学位研究生教育指导委员会的支持下，首届全国公共部门人力资源管理研讨会于2012年召开，进一步推进了该学科的建设与发展。该研讨会每年按期召开，探讨公共部门人力资源管理的理论与实践问题。特别值得一提的是2016年7月7日至8日由全国公共管理专业学位研究生教育指导委员会主办、天津大学管理与经济学部承办的第五届全国公共部门人力资源管理研讨会。会议发表了《天津宣言》，做出了要在未来一段时间内出版一系列公共组织与人力资源管理教材的决定。会后成立了“新编21世纪公共管理系列教材·公共组织与人力资源管理系列”编写指导委员会与编写委员会，经过委员会商议，确定了要陆续推出《公共部门人力资源管理概论》《公共组织理论》《领导学》《国家公务员制度》《公共部门人员测评与甄选》《公共部门绩效管理》《公共部门薪酬管理》等教材，从而不断完善我国公共部门人力资源管理的学科建设，促进公共部门人力资源管理的组织创新和人才培养。这一决定促成了本系列教材的出版。

本系列教材力求体现以下特色：第一，体系科学全面。本系列教材涵盖了公共部门人力资源管理的主要知识领域，既包括管理学原理、组织行为学、公共组织理论等学科基础知识，也包括公共部门人力资源的招募、测评、甄选、绩效考核、薪酬管理等专业内容。第二，内容特色鲜明。本系列教材在编写过程中注重公共组织的基本特点与价值取向，无论是教材体系的设置还是具体内容的撰写都关注公共组织的实际问题。第三，实践导向明显。为了帮助读者更好地理解理论知识，将理论与实践联系起来，各教材都提供了丰富的公共组织具体案例实践，同时我们还将特别出版一本《公共部门人力资源管理案例》。第四，经典前沿并重。本系列教材的编写，既注重基础知识、基本理论和基本技能，同时又关注学科前沿，通过呈现公共部门人力资源管理的前沿视点，帮助读者把握学科的最新发展动态。

参与本系列教材编写的专家学者队伍理论功底都很深厚，他们来自中国人民大学、北京师范大学、天津大学、南开大学、中南财经政法大学、西北师范大学、广西大学等十余所高校。他们身处中华民族走向伟大复兴的历史洪流，扎根中国公共管理的具体实践，深谙中国公共组织人力资源管理的机会、问题与挑战。这种打破空间地域限制的强强联合，有利于将全国各地专注公共部门人力资源管理理论与实践的专家学者联合起来，促进各高校之间的学术交流与合作，助推公共部门人力资源管理的学科发展。

本系列教材不仅适合公共管理类专业的本科生使用，也可作为公共管理学科的研究生以及各级行政管理人员的参考用书。

实践总是不断发展与演进的，公共组织人力资源管理也会面临新的问题与挑战。虽然各位编写者在编写过程中精益求精，付出了很多心血，但难免存在不足之处。希望广大读者在使用本系列教材的过程中积极地提出修改意见，帮助我们不断地修订和完善。

董克用

前　言

公共部门绩效管理发轫于20世纪初美国纽约市政府的绩效改革，随后引起了世界各国的广泛关注和持续探索。特别是到了20世纪七八十年代，随着新公共管理运动的兴起，美国、英国、韩国和新加坡等国家掀起了公共部门改革的热潮，通过借鉴和引用企业组织的管理理念、方法和工具，积极推动公共部门转变管理理念、明确职责定位和提高服务效能。从20世纪80年代中后期开始，我国也开始了公共部门绩效管理的探索历程。在各级政府和部门的持续努力下，我国公共部门绩效管理无论是在理论研究还是在实践应用中，都取得了丰硕的成果，走出了一条具有中国特色的公共部门绩效管理发展之路，形成了一系列特色鲜明的绩效管理模式，如青岛模式、福建模式、杭州模式、甘肃模式、海林模式等。

《中共中央关于全面深化改革若干重大问题的决定》指出，必须切实转变政府职能，深化行政体制改革，创新行政管理方式，增强政府公信力和执行力，建设法治政府和服务型政府。要严格绩效管理，突出责任落实，确保权责一致。加强公共部门绩效管理的理论研究和实践探索，既是深入贯彻落实科学发展观的客观要求，也是推进公共部门管理体制机制创新、实现公共服务最优化和公共利益最大化的重要举措。因此，正确认识公共部门绩效管理的基础概念、相关理论和工具，系统阐释公共部门绩效管理的框架体系、主要环节和实施流程，详细剖析国内外公共部门绩效管理的发展现状、现实障碍和发展趋势，对于提高我国公共部门的管理水平，促进公共部门的观念转变和服务优化具有重要的理论意义和现实意义。

本书从阐述公共部门绩效管理的基础理论出发，以公共部门绩效管理系统模型为总体框架，从公共部门绩效管理工具、公共部门绩效计划、公共部门绩效监控、公共部门绩效评价、公共部门绩效反馈和公共部门绩效预算等方面对公共部门绩效管理的主要环节和关键决策进行了系统的介绍和阐释，并展示了美国、英国、韩国和新加坡等国家公共部门绩效管理的实践经验，在此基础上分析了我国公共部门绩效管理的现实情境和发展趋势。全书共九章，大体可以划分为以下四个部分：

第一部分（第 1 章～第 2 章）：这部分主要讲述公共部门绩效管理的基础知识、理论和工具。第 1 章对公共部门绩效管理的基础知识和基本理论进行了介绍，界定了绩效、绩效管理、公共部门绩效管理等基本概念，阐述了公共部门绩效管理的发展历程和价值取向，并构建了公共部门绩效管理的系统模型；第 2 章详细介绍了目标管理、关键绩效指标和平衡计分卡等常见的公共部门绩效管理工具，并阐述了这些管理工具在公共部门实践中的具体应用以及发展趋势。

第二部分（第 3 章～第 6 章）：这部分以公共部门绩效管理系统模型为总体框架，对公共部门绩效管理的主要环节和关键决策进行了系统介绍。以绩效计划、绩效监控、绩效评价和绩效反馈四个环节为基础，分章节对公共部门绩效管理的流程进行了详细分析，具体涉及公共部门绩效计划的制定、绩效沟通和绩效辅导的使用、绩效信息的搜集、绩效评价的实施以及评价结果的应用等内容。

第三部分（第 7 章）：这部分对公共部门绩效预算进行了系统阐述。公共部门绩效预算是提高政府财政资金利用率的重要手段，第 7 章介绍了公共部门绩效预算的概念、发展及流程，阐述了西方发达国家绩效预算的实践经验，并指出了我国公共部门绩效预算的发展现状、发展障碍及发展思路。

第四部分（第 8 章～第 9 章）：这部分主要介绍国内外公共部门绩效管理实践。第 8 章介绍了美国、英国、韩国和新加坡等国家的公共部门绩效管理实践，以期为我国公共部门绩效管理改革提供借鉴；第 9 章介绍了我国公共部门绩效管理的具体实践，并分析了其发展趋势。

本书集结和整合了作者多年在公共部门绩效管理领域理论研究的成果和具体实践的宝贵经验，既可以作为高等院校公共管理专业课堂教学的专业教材，也可作为公共部门管理者和公务员了解公共部门绩效管理知识的参考书。概括而言，其特点主要包括以下四个方面：

一是立意鲜明，凸显公共性。作为公共管理学科的专业教材，本书内容安排追求工具理性和价值理性的双重统一。公共部门绩效管理是改善公共部门绩效、提高公共部门服务管理水平的重要工具，但本书并不局限于对绩效管理工具、流程和方法的探讨，还兼顾了对公共部门绩效管理价值取向的论述，体现了公共部门绩效管理的价值追求。

二是体系完整，注重系统性。本书以公共部门绩效管理系统模型为阐述的总体框架，详细论述了公共部门绩效计划、绩效监控、绩效评价和绩效反馈这四个核心环节，并对公共部门绩效预算进行了详尽描述，既阐述了公共部门绩效管理的理论知识，也介绍了国内外公共部门绩效管理的实践进展，结构清晰，条理分明。

三是叙述生动，强调可读性。本书除系统介绍了公共部门绩效管理的知识理论以外，还辅以大量的案例作为补充，注重理论联系实际，提高了理论的指导性和可操作性。同时，行文中穿插了大量的图表，生动形象，直观易读。作者在每章后面还安排了本章小结、关键术语和复习思考题，以帮助学习者温故知新，提高学习效果。

四是观点前沿，增强国际性。本书在借鉴吸收国内外已有理论成果和实践经验的基础上，注重阐释公共部门绩效管理领域发展的前沿话题，积极探索国际前沿的研究视点，如对平衡计分卡的理论发展和实践应用进行了比较系统的介绍，反映了国内外公共部门绩效管理的研究动态和发展趋势。

本书付梓之际，我们要感谢中国人民大学出版社政治与公共管理出版分社的编辑为本书的出版所付出的劳动；感谢我的研究生黄玉玲、韩宁、刘琪、刘青林、聂磊、许沛冉、蔡媛青、徐以乐等为本书所做的各项工作。此外，在编写过程中，参考借鉴了大量的书籍和其他资料，在此也一并向这些资料的作者表示诚挚的感谢。集结成书是遗憾的艺术，尽管我们已尽了很大努力，但囿于水平，书中的疏漏和不足在所难免，敬请各位同仁、专家学者批评指正，使得本书能够日臻完善。

方振邦

教授、博士生导师

中国人民大学组织与人力资源研究所所长

中国人民大学公共组织绩效管理研究中心主任

目　　录

第1章 公共部门绩效管理概述

20世纪80年代，随着新公共管理运动的兴起，西方发达国家普遍推行了强调结果导向和顾客至上的公共部门管理改革措施。公共部门绩效管理作为改革的重要方面，在提高公共部门效率效能、改善公共部门服务质量等方面发挥着重要作用。无论是理论研究还是实践探索，公共部门绩效管理一直以来都是理论界和实务界关注的热门话题。本章将从公共部门绩效管理的基本概念入手，继而展开有关其发展历程、价值取向以及系统模型的论述。

重点问题

- 公共部门绩效管理的概念
- 公共部门绩效管理的发展历程
- 公共部门绩效管理的价值取向
- 公共部门绩效管理的系统模型

1.1 公共部门绩效管理的基本概念

1.1.1 绩效

随着管理实践的不断拓展和深入，人们对绩效概念的认识也在不断变化。在不同的学科领域、不同的组织以及不同的社会发展阶段，人们对绩效有着不同的理解。但是不论是组织还是个人，都应该以系统和发展的眼光来认识和理解绩效的概念。管理大师彼得·德鲁克（Peter F. Drucker）认为："所有的组织都必须思考'绩效'为何物，这在以前简单明了，现在却不复如是。战略的制定越来越需要对绩效的新定义。"如果不能明确界定绩效，就不能有效地对其进行评价和管理。因此，作为绩效管理的逻辑起点，对绩效进行确切定义和深入理解是至关重要的。

对应于英文的“performance”，在中文文献中，除了用“绩效”来表达外，也有人采用“业绩”“实绩”“效绩”等相近或相似的词来表达。但这些概念，或使用领域比较狭窄，或意思表达不够完整，“绩效”则能够更完整、准确地反映“performance”的内涵，而且被国内的学者和管理者广泛接受，故本书统一采用“绩效”的概念，并在此基础上讨论绩效管理问题。对绩效概念的探索可以从员工个人绩效的角度谈起，学者们提出过各种不同的看法，概括起来主要有三种典型的观点：第一种观点认为绩效是结果；第二种观点认为绩效是行为；第三种观点则认为绩效是行为和结果的统一体（如表 1－1 所示）。

表 1－1　关于个人绩效的不同观点及划分

层面	划分	观点描述	评价内容
个人	结果观	● 韦氏辞典（Merriam-Webster's Dictionary）将绩效定义为完成某种任务或达到某个目标 ● Bemardin 和 Beatty（1984）认为绩效是在特定时间范围内，对特定工作职能、活动或行为产出的结果记录 ● Kane（1996）指出，绩效是一个人留下的东西，这种东西与目的相对独立存在	结果/产出
	行为观	● 牛津辞典（Oxford Dictionary）将绩效解释为执行或完成一项活动、任务或职能的行为或过程 ● Katz 和 Kahn（1987）把绩效分为三个方面：加入组织并留在组织中；达到或超过组织对员工所规定的绩效标准；自发地组织对员工规定之外的活动，如与其他成员合作、保护组织免受伤害、为组织的发展提供建议、自我发展等等 ● Campbell、Mccloy、Oppler 和 Sager（1990）提出的工作绩效理论将工作绩效定义为：员工所控制的与组织目标有关的行为 ● Murphy（1990）指出，绩效是与一个人在其中工作的组织或组织单元的目标有关的一组行为 ● Borman 和 Motowidlo（1993）提出“关系绩效—任务绩效”二维模型。任务绩效指所规定的行为或与特定的工作目标有关的行为；关系绩效指自发的行为或与非特定的工作目标有关的行为	行为/态度等
	综合观	● Brumbrach（1988）认为绩效指行为和结果。行为由从事工作的人表现出来，将工作任务付诸实施。行为不仅仅是结果的工具，行为本身也是结果，是为完成工作任务所付出的脑力和体力的结果，并且能与结果分开进行判断 ● Otley（1999）指出绩效是工作的过程以及其达到的结果。 ● Mwita（2000）认为绩效是一个综合的概念，它应包含三个因素：行为、产出和结果	行为/结果

无论是“绩效结果观”还是“绩效行为观”，都有其局限性。如果把结果作为绩效，会导致行为过程缺乏有效监控和正确引导，不利于团队合作、组织协同及资源的合理配置；如果把行为作为绩效，则容易导致行为短期化，使员工拘泥于具体工作，缺乏长远规

划，从而使预期结果难以实现。因此，“绩效结果观”和“绩效行为观”都无法全面、完整、准确地描述绩效的内涵。在绩效管理实践当中，绩效强调一个工作活动的过程及其结果，也就是说个人绩效包括工作行为以及工作行为的结果。当我们对绩效进行评价时，不仅要考虑投入（行为），也要考虑产出（结果）。更多的学者提出，应当采用更宽泛的概念来界定个人绩效，将个人绩效定义为“行为与结果的统一”更为恰当。因此，本书将个人绩效定义为个体表现出来的能够被评价的与组织及群体目标相关的工作行为及其结果。该定义一方面强调了与组织目标相关的工作活动的结果，突出了结果导向；另一方面体现了个体所表现出来的促使结果达成的工作行为及过程。事实上，在管理实践当中的员工个人绩效是那些经过评价的工作行为及其结果，因此这一概念更加符合实际管理工作的需要。

准确理解绩效的内涵还需要了解态度、能力与绩效的关系，阿瑟·S. 雷伯（Arthur S. Reber）在其主编的《心理学词典》中强调，“performance 通常只包括外显行为，因而与能力有别”。对于员工个人绩效而言，员工的工作态度直接反映了员工为实现绩效目标所付出的努力程度，这种努力程度能够在获取绩效结果的工作过程中得以体现，表现为员工的工作行为。而员工个人能力水平的高低仅是达成个人绩效结果的调节变量，不能作为绩效评价的内容，在组织中有能力而无意愿工作的大有人在。美国学者贝茨（Bates）和霍尔顿（Holton）指出，“绩效是一个多维构建，观察和测量的角度不同，其结果也会不同”。对于一个员工而言，评价内容、评价主体、评价周期、评价方法以及评价结果的应用尤为重要。本书认为除了工作结果之外，员工在工作活动过程中表现出来的行为以及该行为所反映出来的员工的工作态度，是管理者进行绩效评价和监控的重要内容（工作态度、工作能力与工作结果的关系如图 1－1 所示）。此外，处于组织不同层级的员工个人绩效的评价内容也应有所不同。通常，中高层管理者的绩效评价内容主要以结果为主，而对于基层员工则要综合评价工作态度、工作行为及工作结果。

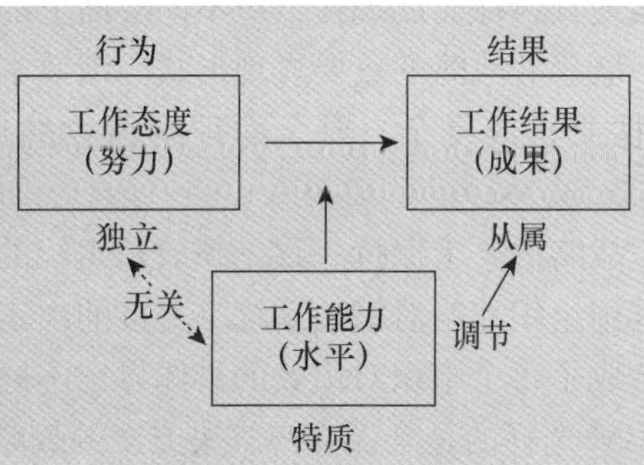

图 1－1　工作态度、工作能力与工作结果的关系

随着管理研究和实践探索的深入，绩效的内涵获得了新的发展。组织内的行为主体按照层次的不同可以分为组织、群体（主要包含部门和团队两类）和个人三个层次，三个不同的行为主体将产生不同的绩效。因此，按照被衡量行为主体的多样性，绩效可以从组织架构层次角度划分为组织绩效、群体绩效和个人绩效三个层次，如图 1－2 所示。组织绩效就是组织的整体绩效，指的是组织任务在数量、质量及效率等方面的完成情况；群体绩效是组织中以团队或部门为单位的绩效，是群体任务在数量、质量及效率等方面的完成情况；个人绩效是个体所表现出的、能够被评价的、与组织及群体目标相关的工作行为及其结果。

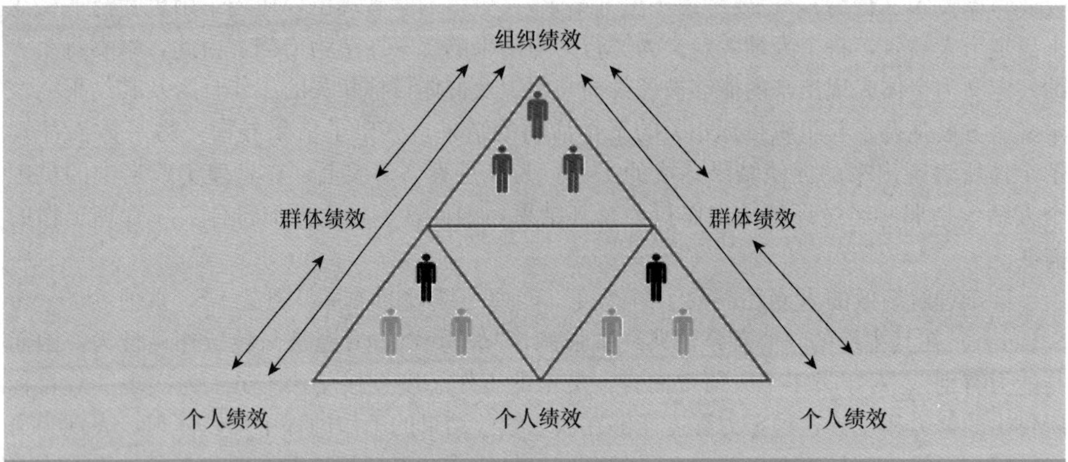

图 1-2　绩效的三个层次：组织绩效、群体绩效和个人绩效

尽管组织绩效、群体绩效和个人绩效有差异，但是三者之间又密切相关。组织绩效、群体绩效和个人绩效三个层次是自上而下层层分解的关系。组织绩效具有最高的战略价值，是绩效管理系统的最高目标。组织绩效和群体绩效是通过个人绩效实现的，离开个人绩效，组织绩效和群体绩效也就无从谈起。个人绩效是绩效管理系统的落脚点，是组织绩效的基础和保障。脱离了组织绩效和群体绩效的个人绩效是毫无意义的，个人绩效的价值只有通过群体绩效和组织绩效才能体现。

综合众多学者的研究成果，本书认为绩效是指组织及个人的履职表现和工作任务的完成情况，是组织期望的为实现其目标而展现在组织不同层面上的工作行为及其结果，它是组织的使命、核心价值观、愿景和战略的重要表现形式。绩效本身是一个多层次的有机整体，并且影响因素较多，性质构成复杂。要全面理解绩效的概念，需要注意如下几个方面：

第一，绩效必须与组织战略的要求保持一致。绩效是组织的使命、核心价值观、愿景和战略的重要表现形式，其中组织战略对绩效系统有直接的决定作用。每个组织的战略选择和战略目标存在差异，造成了每个组织对绩效的具体界定不同，其重点绩效领域也就产生了很大的差异。比如，IBM 选择的是全面客户解决方案的战略，而微软公司则选择的是系统锁定的战略，由于两家企业选择的战略不一样，造成其与战略保持一致的重点绩效领域也不一样。

第二，绩效是一个多层次的有机整体。绩效包含组织绩效、群体绩效和个人绩效三个层次，其中组织绩效是绩效体系的最高层次和总体目标。群体绩效和个人绩效符合组织绩效的期望是战略性绩效管理的基本要求，任何背离组织绩效的工作行为与结果都不应该纳入战略性绩效管理体系。群体的构成在组织架构内主要是指各种部门，本书在涉及群体绩效的时候主要是指部门绩效。

第三，绩效的最终表现形式是工作行为与结果。绩效是指组织及个人的履职表现和工作任务完成情况，最终表现为组织内各层级人员的工作行为与结果，并且指那些需要评价的工作行为及结果。组织内不同层次的人的工作行为与结果都需要以组织目标为导向，集中表现为绩效系统的系统性和一致性。

1.1.2　公共部门绩效

1. 公共部门的内涵

根据组织目标与组织行为，社会部门一般可划分为三个既相互联系又彼此独立的部门，即公共部门（public sector）、私人部门①（private sector）和第三部门（the third sector）。公共部门是相对于私人部门而言的，通过公共产品和公共服务的提供，以服务社会大众、谋求公共利益为目的的组织体系，通常也被称为公共组织。公共部门有广义和狭义之分。从广义而言，包括政府组织和第三部门；从狭义而言，乃是行使行政权力的政府组织。政府组织是公共部门的核心和主要组成部分，是“纯粹的”公共部门。第三部门是介于政府组织与私人部门之间，提供公共产品和公共服务，不以营利为目的的组织体系，又被称为“准”公共部门。

公共部门的构成十分复杂，涉及的范围和数量随着社会发展呈现日益拓展的趋势。为更好地适应公共部门发展趋势，结合中国公共部门人力资源管理实际，本书中的公共部门，既指“纯”公共部门，也指“准”公共部门，主要包括政府组织、公共事业组织、公共企业组织、非政府组织等几种组织形态。

（1）政府组织。

政府组织是指拥有公共权力、制定和执行国家法律、管理国家和社会公共事务的所有国家机构，包括各级立法机关、行政机关和司法机关。政府既是一种管理组织又是一种政治组织。在我国，一般将立法机关、行政机关、司法机关和党的组织系统作为政府组织的研究对象，这与西方国家的三权分立和政党与政府关系有很大的区别。

（2）公共事业组织。

公共事业组织，是指为了社会公益目的，由国家机关举办或其他组织利用国有资产举办的从事教育、科技、文化、卫生等活动的社会服务组织。如公立幼儿园、小学、中学、高等院校，政府投资兴办的科研机构与社会福利机构等。这类组织在我国被称作事业单位，是我国公共部门的重要组成部分。

公共事业组织的基本特点是：主要由政府投资，所需资金主要由财政提供，部分资金由其为社会服务所得收入予以补充；基本功能是为社会提供公共服务或准公共产品，其服务或产品由政府定价；一般不实行企业化管理，政府对这些组织实行必要的行政管制，要求这些组织的活动优先体现政府的意图，甚至直接为实现政府的目标服务。

（3）公共企业组织。

公共企业组织，是指部分或全部由国家投资，由国家委派代表参与和监督经营管理，

---

①　私人部门也称私营部门、第二部门、工商企业或私营企业，是指提供私人产品以谋取自身利益最大化的个人和组织。

以企业化方式运营并以提供公共产品为主要经营内容，以营利和国有资产增值为目的的公益性组织。主要有各种国有企业和公司，如城市自来水公司、公共交通公司等。

公共企业组织的基本特点是：一般由政府投资为主体，为社会提供公共服务或准公共物品，生产由政府垄断，服务或产品由政府定价，但实行企业化管理，自负盈亏，必要时由政府补贴。

（4）非政府组织。

非政府组织（non-governmental organization，NGO）是指合法的、非政府的、非政党的、非营利的、民间志愿性的致力于社会公益事业并实行自主管理的社会组织。与“非政府组织”密切相关的概念很多，包括“非营利组织”（non-profit organization，NPO）、“第三部门”（the third sector）、“公民社会”（civil society）、“志愿组织”（voluntary organization）、“公益组织”（public service organization）、“慈善组织”（charitable organization）等。这些概念虽然称呼不同，但总体上都显示了在政府体系和利润导向的企业部门之外的社会组织力量。因此，这些含义相同和相近的概念，往往被不同国家各有侧重地使用，或者在同一个国家被交叉使用。这些概念的内涵虽然基本相同，却各有侧重点与适用场合。例如，许多美国人喜欢用“非营利组织”（NPO）一词；而包括联合国文件在内的各种官方和非官方文件里使用最多的仍然是“非政府组织”（NGO）一词。

在我国，非政府组织一般包括以下三类组织：一是社会团体①和民办非企业单位②。其中，社会团体包括中华全国总工会、中国共产主义青年团等具有较强政治色彩的社团组织，也包括各类行业协会；民办非企业单位广泛分布于教育事业、卫生事业、文化事业、科技事业等各领域，我们常见的各类培训机构、养老机构等都属于民办非企业单位。二是中介组织。中介组织揭示了公民社会组织位于政府与企业之间的中间性特征。实际上，在中介组织中包括非营利性组织和营利性组织，非营利中介组织包括协会、基金会、慈善机构、援助组织、社团等，而营利性中介组织包括律师事务所，会计师事务所，评估、咨询、投资公司等机构。三是民间组织③。实际上，民间组织的范围非常广泛，相对独立于政治国家的民间公共领域，即公民社会的基础和主体是各种各样的民间组织。

2. 公共部门绩效的内涵及类型

公共部门绩效的内涵非常复杂，涉及经济、政治和社会的方方面面。对公共部门绩效内涵的界定，比较具有代表性的观点主要有三类：一是“产出观”，将公共部门绩效界定为公共部门在管理过程中所取得的成绩；二是“能力观”，将公共部门绩效界定为公共管理能力；三是“综合观”，从综合性的视角界定公共部门绩效的内涵。本书认为公共部门绩效是指公共部门的履职表现和工作任务的完成情况，是公共部门依据其使命、核心价值观、愿景和战略，在履行公共管理职能和提供社会公共服务过程中展现在组织不同层面上的行为及其结果。

---

① 2016年修订的《社会团体登记管理条例》对社会团体的界定是：“中国公民自愿组成，为实现会员共同意愿，按照其章程开展活动的非营利性社会组织。”

② 1998年颁布的《民办非企业单位登记管理暂行条例》界定：“民办非企业单位，是指企业事业单位、社会团体和其他社会力量以及公民个人利用非国有资产举办的，从事非营利性社会服务活动的社会组织。”

③ 民间组织，是指有着共同利益追求的公民自愿组成的非营利性社团。

纵观公共部门绩效管理的相关研究和具体实践，可以从不同的角度对公共部门绩效进行归纳和划分，具体主要表现在以下五个方面：

第一，根据管理层级，可分为组织绩效、部门和项目绩效以及员工绩效。公共部门的组织绩效，是指各级公共部门在履行职能和实现组织目标过程中，在效率、效益、效果及质量等方面的完成情况。部门绩效是指各级公共部门的分支部门在履行职能和实现部门目标过程中在效率、效益、效果及质量等方面的完成情况；项目绩效即各级公共部门在开展和实施公共项目过程中在效率、效益、效果及质量等方面的完成情况。员工绩效是指员工个体所表现出来的能够被评价的与组织宏观目标及部门目标密切相关的工作行为及其结果。

第二，根据公共部门的职能定位和管理特点，主要可分为经济绩效、政治绩效和社会绩效。经济绩效指经济的可持续发展程度，良好的经济绩效应在国民经济结构合理的前提下，既强调量的扩张，又注重质的提升。通常表现为经济的高速、可持续发展的强劲动力和活力以及人民生活水平的明显提高和生活质量的明显改善等。政治绩效是政治文明的具体化，良好的政治绩效表现为政府政策的合理制定以及体制的优化创新等。良好的社会绩效势必会促进社会的进步和发展。

第三，根据公共部门内外部的界限，可分为外部职能绩效和内部运营绩效。由于公共管理的复杂性和服务对象的多元化，公共部门的外部职能绩效也十分庞杂，涉及经济、政治、社会等诸多领域，具体又体现在社会稳定、教育科技、生活质量和生态环境等多个方面。因此，对公共部门的外部职能绩效进行评价时，不仅要反映国民经济整体的运行状况，还要体现经济、政治、社会和环境发展的协调性。公共部门的外部职能绩效是公共部门行为的结果，而要取得良好的外部职能绩效，则需要一个有效率的行政过程。只有公共部门的内部管理是富有效率的，才能保证外部职能绩效的有效达成。公共部门的内部管理效率可以从组织效率、管理效率和工作效率三方面进行理解。组织效率是高级决策层所表现出来的效率，集中体现为高层领导干部决策的正确性程度。管理效率是中层领导干部所表现出来的效率。中层领导干部的管理水平是决定其能否贯彻执行高层决策和领导意图的关键，直接影响组织的有序运行。工作效率就是基层工作人员所表现出来的效率。工作人员的技能、士气、素质、人际关系、非正式沟通、纪律性等都属于工作效率的范畴。

第四，根据公共管理的价值标准，可分为经济、效率和效果。根据公共部门绩效管理的价值标准，公共部门绩效可以理解为由经济、效率和效果三方面构成。经济表示资源消耗的最小化程度，即在维持特定水平投入时，尽可能降低资源的消耗或充分使用已有的资源以获得最大和最佳比例的产出。效率是指在既定的投入水平下使产出水平最大化或在既定的产出水平下使投入水平最小化，一般通过投入与产出之间的比例关系来衡量。效果则表示产出最终对实现政策目标的影响程度，包括产出的质量、期望得到的社会效果、公众的满意程度等。经济、效率和效果互相关联，这三方面的优化整合和有效平衡共同构成了公共部门绩效的内涵。

第五，根据运作流程，可分为投入、过程、产出和结果。在具体的实践活动中，公共部门活动的实施过程是由“投入（input）—过程（process）—产出（output）—结果

(outcome)”四个环节组成的。根据公共部门运作流程的阶段划分，可以将公共部门绩效的内涵划分为投入、过程、产出和结果。投入是指公共部门为社会提供管理与服务所需的资源消耗，包括人力、财力和物力等；过程是指投入既定的资源后，公共部门具体的运作过程，即公共部门的工作流程，表现为公共部门的行政活动，包括政策制定、执行等等；产出是指公共部门活动产生的所有输出和提供的服务；而结果就是指这些输出对公众产生的影响。投入、过程、产出、结果从公共部门活动流程的角度构成了公共部门绩效，通过具体的工作环节，全面反映公共部门的绩效状况。

1.1.3 绩效管理

组织的绩效是通过系统的管理活动实现的，要实现管理所追求的效率和效果两大目标，就必须在战略的指引下对组织的绩效科学系统地进行计划、监控、评价与改进，这正是绩效管理所应承担的责任。因此，在对绩效进行界定的基础上，还需要进一步了解什么是绩效管理。

1. 绩效管理的内涵

组织、管理和绩效是密不可分的概念。组织是管理活动及其绩效的载体，管理是组织借以创造绩效的手段，绩效是组织实施管理的目的。纵观百年管理思想史，不论是各类组织中管理者的实践摸索，还是管理学界对管理工作的理论研究，都是围绕绩效展开的。不同时期的不同学术流派虽然各自的研究假设有别，观察和分析问题的视角不同，但都以改善组织绩效作为探索的出发点，并始终致力于促进绩效水平的不断提升。从这个意义上讲，管理学发展的历史就是绩效管理探索的历史。

作为绩效改进的一种探索和方法，绩效评价概念先于绩效管理概念被提出，但是在实践过程中，绩效评价的各种弊端逐步显露出来。随着绩效评价理论及方法研究的不断深入，人们逐渐意识到仅对绩效结果进行评价，只能区分出绩效水平的高低，而对绩效目标的达成和绩效水平的提升等方面却没有良好的促进作用。因此，学者们指出不能单纯地评价绩效，还应从管理的高度通过计划绩效、监控绩效、评价绩效以及反馈绩效等一系列过程，确保绩效目标的全面实现和绩效水平的持续提升。在这一背景下，20 世纪 70 年代后期，学者们在总结绩效评价局限性的基础上，进一步丰富了绩效的内涵并提出了绩效管理（performance management，PM）的概念，特别是在 20 世纪 80 年代后期和 90 年代诞生了许多关于绩效管理含义的不同观点。英国人力资源协会通过对 1 000 多家私人企业和公共部门的调查发现，“即使是在那些宣称已经采用绩效管理的组织中，绩效管理也不存在一致的定义”。概括起来，学者们主要持三种观点：

第一种观点认为，绩效管理是管理组织绩效的系统。该观点是从对组织绩效进行管理的角度来解释绩效管理的，强调通过对组织结构、生产工艺、业务流程等方面的调整来实施组织的战略目标。第二种观点认为，绩效管理是管理员工绩效的系统。该观点是从对员工个人绩效进行管理的角度来解释绩效管理的，强调以员工为核心的绩效管理概念。该理论隐含的前提假设是在对员工绩效进行管理时，组织的目标已经明确，并得到了组织内部员工的认同和承诺。在这两种观点的基础上又综合形成了第三种观点，即认为绩效管理是综合管理组织绩效和员工绩效的系统，也就是将组织绩效管理和员工绩效管理统一整合的过程。但此种观点的内涵却因强调的重点不同而存在差异。一种是更加强调组织绩效，代表人物科斯特洛（costeuo）认为“绩效管理通过将每个员工或管理者的工作与整个工作单位的宗旨连接在一起来支持组织的整体事业目标”①；另一种是更加强调员工个人绩效，该观点指出，绩效管理的中心目标是挖掘员工的潜力，提高他们的绩效，并通过将员工的个人目标与组织战略结合在一起来提高组织的整体绩效。

从绩效管理的本质出发，综合学者们对绩效管理概念的各种观点，本书认为绩效管理是指组织及其管理者在组织的使命、核心价值观的指引下，为达成愿景和战略目标而进行的绩效计划、绩效监控、绩效评价以及绩效反馈的循环过程，其目的是确保组织成员的工作行为和工作结果与组织期望的目标保持一致，并通过持续提升个人、部门以及组织的绩效水平，最终实现组织的战略目标。绩效管理不应简单地被理解为是一个测量和评估的过程，而应是在战略的指引下对组织的绩效科学系统地进行计划、监控、评价与改进的循环过程。理解绩效管理这个概念，应该注意把握以下几点：

首先，绩效管理是所有管理者的事情。即组织内的各类管理工作都是围绕绩效开展的，组织的每一个决策和行动都处于绩效管理的范畴内，绩效管理主要是全体管理者的职责。绩效管理应融入每个高层、中层以及基层管理者的日常工作中，而不能将其当作例外事项，更不能认为仅是人力资源管理者的任务。

其次，绩效管理是一种手段及过程。绩效管理不仅强调绩效的结果，而且重视达成绩效目标的过程。完整的绩效管理包括绩效计划、绩效监控、绩效评价和绩效反馈四个环节，不论哪一个环节出现了问题，都会影响到组织最终的绩效水平。绩效管理是一个强调管理者和员工持续沟通的过程，沟通贯穿整个绩效管理过程的始终，管理者通过与员工沟通来了解绩效现状、设定绩效目标、分析绩效差距、寻求解决方案、进行绩效反馈，从而提高绩效水平。因此，绩效管理不是一年一次的填表工作，不是最后的简单评价，而是通过控制整个绩效周期中环环相扣的各个环节来使绩效水平得到提高，从而实现组织战略目标。

最后，绩效管理的最终目的是实现组织的战略。绩效管理不是简单的任务管理，任务管理的目的仅仅是实现当期的某个任务目标，而绩效管理则是为了实现体现组织战略的一系列中长期目标，从而对组织不同层面的绩效进行有效管理。因此，管理者应该将组织的绩效管理工作置于战略的高度去考察和把握，使组织不同层次和不同单元的工作绩效始终指向战略目标，并保持动态的协调一致和相互支撑，从而最大程度地实现战略目标。

2. 绩效管理与绩效评价

与绩效管理非常相近并且容易被混淆的一个概念是绩效评价。不论是在中文文献还是英文文献中，这两个概念都被广泛使用。所谓绩效评价（performance appraisal，PA），特指在绩效周期结束时，选择有效的评价方法，由不同的评价主体对组织、群体及个人绩效做出判断的过程。绩效评价是人们更为熟知的概念，绩效管理是在绩效评价的基础上产生的，是绩效评价的拓展，两者既紧密联系又相互区别。绩效管理与绩效评价的关系见表1-2。

---

① Alan Price. Human resource management in a business context. 2nd ed. Thomson Learning，2004.

表 1-2 绩效管理与绩效评价的关系

绩效管理	绩效评价
● 一个完整的管理过程	● 管理过程中的一个环节
● 注重信息的沟通与绩效目标的达成	● 注重考核和评估
● 伴随管理活动的全过程	● 只出现在特定的时期
● 战略性与前瞻性	● 滞后性

绩效评价是绩效管理的一个重要环节，不能将绩效评价等同于绩效管理。只有把绩效评价置于绩效管理的整个过程中，才能有效地实现绩效管理的目的。如果一个组织只做绩效评价而忽略了绩效管理的其他环节，那么组织的绩效目标将难以达成。绩效评价成功与否不仅取决于绩效评价本身，而且在很大程度上取决于与绩效评价相关联的整个绩效管理过程。有效的绩效评价依赖于整个绩效管理活动的成功开展，而成功的绩效管理也需要有效的绩效评价来支撑。绩效评价的结果表明了组织选择的战略以及行动的结果，而绩效管理则为绩效评价提供了评价的内容和对象，并在绩效评价的基础上进行相应的决策和改进。只有通过绩效评价这个环节，才能将客观的绩效水平以完整的绩效信息的形式展现出来，从而为个人和组织绩效的改进提供决策依据；同时绩效管理的关键决策都围绕绩效评价展开，包括评价内容、评价主体、评价周期、评价方法以及评价结果的应用，这些决策贯穿绩效管理过程的不同环节，但都是基于绩效评价来进行的。因此，绩效管理不等于绩效评价，绩效评价是绩效管理的关键一环。我们必须将绩效评价纳入绩效管理制度之中，才能够对绩效进行有效的监控和管理，从而实现绩效管理的目标。

1.1.4 公共部门绩效管理

1. 公共部门绩效管理的内涵

公共部门绩效管理（public sector performance management）是指公共部门及其管理者在本组织的使命、核心价值观的指引下，为达成其愿景和战略目标而进行的绩效计划、绩效监控、绩效评价以及绩效反馈的循环过程，其目的是确保公共部门组织成员的工作行为和工作结果与组织期望的目标保持一致，并通过持续提升个人、部门以及组织的绩效水平，最终实现公共部门的战略目标。作为公共部门管理的重要创新，公共部门绩效管理在提高公共部门绩效，建立高效的公共部门运转机制和提高公共服务水平方面发挥着重要的作用。因此，需要从以下几个方面对公共部门绩效管理的概念进行重点理解和把握：

首先，公共部门绩效管理强调公共导向。公共部门具有公共性、公益性，公共部门价值取向的内容在公共部门管理中具有重要的作用。与利润导向的企业组织不同，公共部门不能以自身利益最大化为终极目标，而是必须把公众的利益、国家的利益放在首位。公共部门的价值取向不同，就会体现为不同的管理目标，继而采用不同的管理手段和方法。因此，这就要求必须重视公共部门绩效管理的价值取向和社会效应。在借鉴企业组织绩效管理实践经验时，不能直接套用企业组织的具体技术和方法，而应从公共部门的价值取向和职责定位出发，确保公共部门绩效管理的科学性、可行性和实效性。

其次，公共部门绩效管理凸显机制创新。公共部门绩效管理强调公共部门从职责定位出发，以社会的安定和谐和可持续发展为职责使命，以提高公共服务水平为目标指向，全面理顺政府与社会、上级政府与下级政府、领导与下属、决策机构与执行机构的关系，始终致力于探索新的治理模式和创造更有效的公共部门绩效管理机制。

最后，公共部门绩效管理重视运用科学的管理方法与技术。传统的行政管理方法往往孤立地研究和运用行政手段、法律手段、经济手段和思想教育手段。而公共部门绩效管理则讲求管理方法与既定目标的统一，并在积极寻求和开发科学、有效的管理方法和技术的同时，注重各种管理方式、方法的合理整合，通过深入地研究和实践企业组织绩效管理的方法和技术，实现企业绩效管理方法和技术与公共部门自身特点的结合，最终形成具有公共部门特色的绩效管理方法，为公共部门绩效管理水平的不断提升提供理论和技术支撑。

2. 公共部门绩效管理的功能

公共部门绩效管理是将企业组织的管理理念、管理工具和方法与公共部门的管理实践相结合，推动公共部门绩效管理水平的提高和公共服务的优化。对于公共部门而言，公共部门绩效管理具有非常重要的功能，具体体现在以下几个方面：

首先，有助于改善公共部门绩效水平。管理学家迈克尔·阿姆斯特朗（Michael Armstrong）指出："要改进绩效，您必须首先了解目前的绩效水平是什么。"通过绩效计划、绩效监控、绩效评价以及绩效反馈等一系列绩效管理环节，可以清晰地了解公共部门绩效所处的水平和存在的问题，并通过有效的沟通和反馈，寻求解决问题、提升绩效的正确方法和途径，帮助公共部门明晰并认同战略部署和既定目标，激发工作热情，切实增强工作的责任感、使命感和紧迫感；使各级公务员能够清晰地了解自己在工作中应该干什么、已经干了什么、干得怎么样以及应该怎么办等问题，将公务员个人工作活动与政府组织目标有效整合起来，在完成政府组织目标过程中挖掘公务员个体的潜力、提高公务员的组织认同感和忠诚度，从而进一步保障和促进责任型政府、服务型政府的建立和完善。

其次，有助于确立公共部门价值理念。与企业等私人部门相比，公共部门的目的是谋求公共利益的最大化。传统的公共行政也比较注重满足社会公众的需求，但公共部门绩效管理却引入了"顾客导向"的价值理念，强调要将社会公众作为顾客，将能否满足社会公众的需要作为衡量公共部门绩效的重要标准。所以，公共部门绩效管理是确立公共部门价值理念的重要手段，通过公共部门绩效管理，可以帮助公共部门明晰自身的使命和核心价值观，识别公共部门存在的理由和价值，同时为公共部门履行职责确定具体的行为标准和道德准则。

再次，有助于推动行政管理体制改革。实施公共部门绩效管理是提高政府执行力，推进行政管理体制改革的重要途径。随着社会主义市场经济体制的深入发展，建设服务型政府、强化政府社会管理和公共服务职能成为我国深化行政管理体制改革的重要目标。近几年来，通过行政审批制度改革、政务公开等措施，行政体制改革取得了很大的成效，但与社会主义市场经济体制的要求还有很大的距离，各自为政、地方保护、有令不行、有禁不止等现象仍然存在。公共部门绩效管理作为政府管理创新和深化行政体制改革的根本性措施，有利于优化和整合行政资源，形成对各级政府的激励约束机制，从而能够确保政令畅通，提高政府效能。

最后，有助于建设人民满意政府。实施公共部门绩效管理是提高政府公信力，建设人民满意政府，构建和谐社会的重要途径。过去的“行政管理”过分强调“行政管理”主体与社会公众之间关系的不对等性，表现出整个“行政管理”凌驾于人民大众和社会之上的特征。而政府的宗旨是为人民服务，因此政府绩效管理强调公共服务和社会公众至上，通过采取重塑政府角色、界定政府职能、提高服务质量、强调公众至上和以公众需求为导向等措施，极大地改进了政府与社会公众之间的关系，建立和增强了社会公众对政府的信任，增强了政府的号召力和社会公众的凝聚力，促进了政府从管制型政府向服务型政府转变，从官员本位政府向民众本位政府转变。公共部门绩效管理成为沟通政府与社会公众的桥梁和纽带。通过开展公共部门绩效管理，可以让社会公众看到政府为提高政府绩效而做出的不懈努力，有助于提高政府的信誉，获得社会公众的普遍认可；同时还可以促进社会公众的有效参与，增强他们的责任意识、法治意识和全局意识。

3. 公共部门绩效管理与企业绩效管理的区别

公共部门和企业是两种不同性质的社会组织形式，公共部门通过提供公共产品和公共服务创造公共价值，而企业则以追求利润最大化为主要目标。公共部门与企业在组织性质、价值取向等方面存在的差异性，决定了公共部门绩效管理与企业绩效管理自然也存在着很多的不同之处。

第一，两者的价值取向不同。价值取向是指行为主体在价值选择和决策过程中的倾向性。价值取向是从价值和定性选择的角度决定做什么和怎么做。企业绩效管理的价值取向就是追求自身利润的最大化，即使不同时期企业对其战略进行了调整，但其最终目的还是实现同样的价值取向。而公共部门绩效管理则不同，公共部门具有公共性和公益性，因此公共部门不能追求自身利益的最大化，而是必须把公众的利益、国家的利益放在首位。由于公共部门绩效管理的目标是由特定历史时期特定公共部门的价值取向决定的，因此随着历史条件和管理环境的变化，公共部门的价值取向也会随之改变，不同的历史条件下的公共部门绩效管理会呈现出不同的价值取向。

第二，绩效管理的动力不同。组织性质的差异是造成公共部门绩效管理与企业绩效管理存在差别的重要原因。企业是一个以企业利益为主导、始终致力于以最低成本获取最大利益的具有强烈“趋利性”的经济组织。因此，企业绩效管理的动力更多地来源于自身对于利润的渴求。与企业组织相比，虽然公共部门在提供公共服务的过程中也需要追求高效率，但是公共责任永远是第一位的，效率只有在用来满足公众需要和实现公共利益时才有意义。同时，公共部门面临着相对低的生存压力，因而也就缺乏为追求高质量的产出和服务而主动改进自身绩效水平的强劲动力。所以，对于公共部门而言，绩效管理的动力主要来自外部的政治压力、社会需求和公众舆论。

第三，绩效管理的目标不同。目标是组织为自己设定的在特定时间范围内利用各种资源所要取得的成效。目标既是组织行动的基础和依据，也是组织绩效管理的基本标准。企业和政府作为不同性质的社会组织，其目标也不尽相同。企业的趋利性决定了企业绩效管理的目标几乎都是围绕经济效益设定的。尽管企业也会兼顾社会效益目标，但其目的还是为了经济目标的最终实现。公共部门是整个社会的管理者和服务者，公共部门的工作需要符合社会多数人的利益、满足社会多数人的需要。社会的多样性和复杂性以及公共部门的价值取向和职责特点决定了公共部门绩效管理目标的多元性和多重性。对于政府组织而言，既要关注经济绩效，又要重视政治绩效和社会绩效。既要确保国民经济各项指标量上的增加，又要保障经济结构的合理优化；既要保障公共产品的多样化，又要保证社会发展的和谐有序和人民的安居乐业。因此，公共部门在进行绩效管理时需要根据自身特点，确定针对不同社会群体和工作任务的多重绩效目标，而这些问题在企业绩效管理中则不需考虑。

1.2　公共部门绩效管理的发展历程

公共部门绩效管理发轫于西方，纵观西方国家公共部门的改革和发展历程，公共部门绩效管理的追求在日趋丰富和多元，逐渐由最初对效率的关注发展到对效率、效果、经济、公平、责任和回应性等多元的综合体系的关注。我国公共部门绩效管理的发展起步相对较晚，近年来也逐渐由最初的粗放型向精细化、科学化、民主化和人性化不断发展和完善。

1.2.1　西方国家公共部门绩效管理的发展历程

绩效管理在公共部门的广泛运用是西方发达国家行政体制改革以及公共管理理论研究不断推动的结果。纵观以效率政府、顾客至上、追求公共责任等为核心的改革实践，公共部门绩效管理经历了一个不断发展和进步的演变历程。依据各个时期侧重点的不同，可以将公共部门绩效管理的发展过程分为三个阶段：

1. 萌芽和探索阶段（20 世纪初—20 世纪 70 年代）

公共部门绩效管理萌芽于 20 世纪初美国纽约市政研究院的绩效评价实践，距今已有一百多年的历史。19 世纪末的美国，由于城市腐化无能的事件陆续被媒体曝光，公众对政府的信任度逐渐下降，同时要求通过财政预算控制地方政府绩效的呼声日益高涨。1906 年，布鲁埃尔（Bruere）等人发起成立了纽约市政研究院（The New York Bureau of Municipal Research），并于 1907 年率先开始了对纽约市政府的绩效评价实践，开了公共部门绩效评价的先河。受科学管理及传统公共行政模式的影响，效率成为这一时期公共部门绩效评价的核心价值取向。进入 20 世纪 30 年代，赫伯特 · A. 西蒙（Herbert A. Simon）与其导师克拉伦斯 · E. 里德利（Clarence E. Ridley）进行了关于市政绩效评价的深入研究，并出版了《市政工作衡量：行政管理评估标准的调查》一书，提出了评估的需求、结果、成本、努力、业绩等五个方面的内容，为政府绩效评价注入了新的活力。但是，萌芽时期的公共部门绩效管理发展比较缓慢，其价值在于在传统行政模式的背景下提出了一种评价政府的理念，出现了一些专门研究政府绩效的组织和学术团体，为后来政府绩效评价的发展奠定了坚实的基础。美国行政学家吉特 · 波科特（Geert Bouckaert）在《公共生产力的历史演变》中将 1900—1940 年这一时期称为"效率政府"时期，该时期以好政府为目标。

20 世纪 40 年代至 70 年代，"效率至上"的价值观念得到了进一步的延续和强化，理论界与政府部门对绩效评价与绩效预算的关注进一步提升。在此期间，美国联邦政府进行了几次大规模的行政改革，包括1947—1955年两届胡佛委员会提出的绩效预算、成本和财政管理改革方案以及约翰逊总统时期的计划—执行—预算制度（PPBS）等。这几次改革的共同特点是"政府的行政机构，特别是预算署，开始制订工作绩效评价办法和工作绩效标准"①，期望通过预算手段控制政府支出，以最小的财政支出实现预期的行政目标。因此，这一阶段也通常被称为"预算时期"，以控制开支为目标。20世纪60年代，英国也开始对土地局、税务局和就业部等公共部门发布各部门的生产率指数并制定各种绩效指标实施生产率测定和衡量。

2. 全面发展阶段（20世纪70年代—20世纪80年代末）

尽管经历的时间不长，但该时期却是公共部门绩效管理最具里程碑意义的发展阶段。进入20世纪70年代，企业管理的先进经验和经济学市场竞争机制的理念被引入公共部门，西方各国掀起了强调顾客导向和结果导向的"新公共管理"改革热潮，公共部门绩效管理史无前例地成为西方各国政府改革的核心内容并发挥了不可替代的重要作用。这一阶段被称为管理阶段，以效率和效益为目标。公共部门绩效评价的价值取向也由单纯追求效率发展为对经济、效率、效益和公平（economic，efficiency，effectiveness，equity，4E）的追求，从过分关注过程和规则转为对行政结果和输出的关注。

1973年，美国尼克松政府出台了"联邦政府生产率测定方案"，试图将公共部门绩效管理系统化、规范化和制度化。在这个方案的指导下，相关部门制定了3 000多个绩效评价指标，由劳工统计局负责收集绩效信息和统计工作。同时，各联邦行政机构也积极增设项目评价部门，注重对政府绩效结果的评价。但到了70年代末至80年代，美国的公共部门绩效管理由于经济滞胀等各种原因发展缓慢，这一时期被称为私有化阶段，以精简政府为目标。由于联邦政府过度膨胀，税负沉重，里根政府主要是通过由私营企业提供特定政府服务的方式来提高生产率。里根政府任命彼得·格瑞斯领导著名的格瑞斯委员会对私营部门的成本控制进行了调查，从而吸取经验以减少政府内部的浪费。这一时期联邦政府的规章条例增长率降低了25%以上，政府规定的文牍工作时间每年减少3亿小时以上。这一时期的英国由于保守党上台执政而进行了大规模较为彻底的公共部门私有化改革。1979年，撒切尔夫人执政后极力主张运用企业的管理技术和方法对传统行政体制进行革命性的改革，开始了英国的"新公共管理运动"，其强调私有化、分权化、竞争机制和服务质量的改革理念使英国成为现代行政体制改革的先驱。在"效率战略"的指导下，撒切尔政府相继推行了"雷纳评审"（Rayner Scrutiny）、"部长管理信息系统"（Management Information System for Minister，MINIS）、"财务管理新方案"（Financial Management Initiative，FMI），以及在英国公共服务改革中具有转折意义的"下一步行动"（The Next Steps）方案，这些方案构成了英国整个20世纪80年代改革的总体框架，同时也极大地推动了绩效管理在政府部门的广泛应用。此外，澳大利亚、加拿大、荷兰等国也效仿英美实践，开始大力推行改革。比如新西兰，1984年工党政府执政后，也开始推行以解决财政危机为目的的跨部门的政府体制改革以及国有企业改革。

---

① 尼古拉斯·亨利．公共行政与公共事务．北京：中国人民大学出版社，2002：209.

3. 持续深化阶段（20世纪90年代至今）

进入20世纪90年代，公共部门绩效管理在西方各国的发展达到鼎盛时期。随着各国社会经济的不断发展、公民民主意识的日益增强以及政府改革的逐步深化，公共部门绩效评价不仅关注经济、效率、效果及公平，而且开始进入法制化、规范化轨道，不断探索科学有效的公共部门绩效管理体系。英国1983年即颁布了《国家审计法》，首次从法律的角度规范了政府绩效审计。1997年英国颁布了《地方政府法》，规定地方政府必须实行最佳绩效评价制度，各部门每年都要进行绩效评价工作并需要配备专门的机构、人员和遵循固定的程序。美国于1993年在第103届国会上通过了《政府绩效与结果法案》，它是美国历史上首部关于政府绩效改革的立法，是美国政府绩效管理发展史上的里程碑。2002年，小布什政府颁布了《总统管理议程》，力图建立一个治理型的政府。2009年，奥巴马政府则新设立了"首席绩效官"（Chief Performance Officer，CPO）的职务，以使政府减少浪费，促进政府绩效提升，确保政府以更有效的方式运行。1999年，日本内阁会议以《中央省厅等改革关联法案》的相关措施为内容，制定了《关于推进中央省厅等改革的基本方针》，将总务省的行政监察局改为行政评价局，并赋予行政评价局包括政策评价职能在内的行政评价和监察职权；2002年，日本内阁会议又出台了在整个政府范围内实施的《政府政策评价法》。除了从立法层面加以规范以外，很多国家还制定了相应的计划、框架及指南等确保政府绩效管理活动的有效开展，如英国政府相继发表的《公民宪章》《政府现代化白皮书》《绩效审计指南》，澳大利亚的《财务管理改进计划》《项目管理及预算》，荷兰的《市政管理法》以及新西兰的《国家部门法》等相关法律都有力地保障了各国政府绩效管理的顺利实施。同时，各国也成立了专门的执行机构来保证政府绩效管理的组织与实施，如美国的国家绩效评审委员会（NPR）及管理与预算办公室、英国的执行局、荷兰的特别行政管理局、丹麦的契约局等都是政府绩效评价的主要组织和管理机构。

为了提高公共部门绩效管理的科学化水平，这一阶段的公共部门绩效管理开始注重绩效管理工具的使用，积极探索科学有效的公共部门绩效评价指标体系。1996年，美国夏洛特市开政府组织平衡计分卡应用之先河，通过运用平衡计分卡来加强政府的绩效管理，确保政府战略得以有效执行。2007年，全球公共管理学权威戴维·H·罗森布罗姆（David H. Rosenbloom）教授在行政学科的权威期刊《公共行政评论》上发表了《在行政规范再造的框架中民主宪政影响宣言及BSC的重要》，介绍了平衡计分卡在公共管理领域的应用，并指出平衡计分卡不仅可以作为微观的战略管理和绩效管理工具，还可以与宏观的治国要旨相结合，促进政府的全面发展。2000年由欧盟成员国专家组成的公共服务创新小组在欧洲质量管理委员会"卓越模型"的基础上推出了通用评价框架（common assessment framework，CAF），包括领导力、战略与规划、人力资源管理、伙伴关系与资源、流程与变革管理等五项促进要素以及员工结果、顾客（公民）结果、社会结果、关键绩效结果等四项结果要素，旨在通过组织的自我评价和诊断，不断提高公共部门自身的管理水平和管理质量，该框架得到了欧盟各成员国以及候选国的普遍认可。

1.2.2　我国公共部门绩效管理的发展历程

为建立"办事高效、运转协调、行为规范的行政管理体系"，我国正持续推进行政管理体制改革，在变革观念、转变职能、调整组织结构的同时，也通过借鉴和引进国际主流的新机制、新技术和新工具来提高政府的效率和效能。作为人力资源管理的一个重要职能，由于在帮助公共部门提高行政效率、改善服务水平和促进工作落实等方面具有显著功效，绩效管理于20世纪80年代起逐渐步入中国公共部门管理的舞台。在各级政府的持续努力和社会各界的共同关注下，我国的公共部门绩效管理无论是在理论研究还是在实际应用中，都取得了较为丰硕的成果，在公共部门管理中发挥着日益重要的作用。纵观三十年来的探索与实践历程，我国公共部门绩效管理走过了一条持续的自我发展和自我完善之路，逐渐摸索并创立了一系列特色鲜明、行之有效的绩效管理模式。

1. 以行政效率为核心的公共部门绩效管理实践

一直以来，尤其是改革开放以后，我国各级政府对政府行政效率和治理水平都给予了高度关注。1980年，邓小平在关于《党和国家领导制度的改革》等一系列讲话中指出了官僚主义所留下的“机构臃肿、办事拖拉、不讲效率”等弊病，强调通过开展机构改革和行政管理体制改革来解决“活力、效率、积极性”等问题。为此，我国于1982年进行了改革开放以后的第一次政府机构改革，试图通过大幅度精简政府机构和人员编制来提高政府部门的工作效率。此时，政府绩效管理刚刚起步，受当时社会背景和宏观政策的影响，主要以提高行政效率为导向。

为了配合机构改革并巩固改革成果，劳动人事部于1982年下发了《关于建立国家行政机关工作人员岗位责任制的通知》，1984年中共中央组织部与劳动人事部联合下发了《关于逐步推行机关工作岗位责任制的通知》。这两个《通知》的出台与贯彻实施，促使岗位责任制在政府机关中逐步建立。随后，在“目标管理”（MBO）思想的影响下，我国政府部门的岗位责任制逐渐发展为目标责任制，并迅速在全国范围内推广开来。1988年中国城市目标管理研究会成立，当时共有13个大中城市参加。据不完全统计，截至1998年，全国已有23个省的省级机关推行了目标管理，90%以上的地市级机关推行了目标责任制，100多个城市采用了城市目标管理。

除了目标责任制，效能监察是这一时期另一种具有代表性的绩效管理方式。1989年12月举行的第二次全国监察工作会议明确提出：行政监察机关的基本职能“既包括效能监察，又包括廉政监察”。效能监察是我国首次通过外部主体对政府内部管理效能进行监督检查的方式。从效能监察入手，目的在于把监督的关口前移，加强事前、事中监督，做到防范在先，使纪检监察工作紧贴改革和经济建设中心，更好地为经济建设服务。到1999年，全国已有23个省（自治区、直辖市）不同程度地开展了效能监察工作。

以提高行政效率为导向的公共部门绩效管理模式，促使公共部门关注自身的管理方式和行政效率，对公共部门更新观念、转变职能等具有深远的意义。但是这种绩效管理方式实际上是一种组织内部的管理模式，它忽视了政府行为的结果和社会影响，难以兼顾政府的“公共性”这一根本属性。

2. 以服务质量为核心的公共部门绩效管理实践

20世纪90年代是我国行政管理体制改革的深入阶段，各级政府在不断提高行政效率的同时，也开始注重服务质量的提升。这一时期，许多政府组织和部门的管理者逐步形成绩效管理的意识，将绩效管理作为改善内部管理水平、提高外部服务质量的重要手段。同时，受西方管理理念的影响，我国公共部门绩效管理的关注点也逐渐从内部转向外部、从效率转向结果，并将服务质量作为衡量自身绩效的重要内容。

在 1991 年英国“公民宪章运动”的启发下，我国一些地方政府组织和部门于 20 世纪 90 年代初期开始了对社会服务承诺制的探索。1994 年 6 月，山东省烟台市政府借鉴英国公民宪章运动和香港公共服务承诺制的经验，率先在烟台市建委系统试行社会服务承诺制。1996 年 7 月，基于烟台市社会服务承诺制度的成功经验，中宣部和国务院纠风办决定，把宣传和推广社会服务承诺制度作为加强行业作风和职业道德建设、推进社会主义精神文明建设的一项重要举措。随后，原建设部、原电力部等八个部委相继实行了社会服务承诺制度。随着社会服务承诺制在全国范围普遍推开，我国的公共部门绩效管理水平又迈上了一个新台阶。

20 世纪 90 年代末期，随着公民参与观念的日益成熟，我国政府更加重视服务意识与服务质量，“公民评议政府”作为一种新的政府绩效管理形式广泛应用于我国各级政府组织。1998 年沈阳市的“市民评议政府”，1999 年珠海市的“万人评议政府”，2000 年邯郸市的“市民评议政府及政府部门问卷调查活动”、广州市的“市民评政府形象”，2001 年南京市的“万人评议政府”、辽源市的“万名市民评议政府活动”、杭州市的“满意不满意评选活动”，2002 年温州市市民对“48 个市级机关部门满意度测评调查”，2003 年北京市的“市民评议政府”、锦州市的“市民评议政府机关”和“评选人民满意公务员”，等等，都是“公民评议政府”的生动实践。

20 世纪 90 年代的以服务质量为导向的公共部门绩效管理模式，不仅有助于政府改善与公民的关系、树立良好的形象，还能提高政府行为的透明度、强化行政监督。并且对于政府提高工作绩效、建立责任意识以及改善服务水平等都具有重要意义。但是，这种方式也存在评价内容片面、评价主体单一、定量评价缺失等不足，需要不断改进和完善。

3. 以科学方法为核心的公共部门绩效管理实践

进入 21 世纪，我国政府的施政理念出现了新的变化，科学发展观、正确政绩观等全新理念成为政府绩效管理研究与实践的指导思想，构建科学的政府绩效评价体系成为新时期公共部门绩效管理的迫切要求。这一时期公共部门绩效管理的最大特征是理论研究与实际应用相结合，一些先进的绩效管理理念、工具和方法的引进使我国公共部门的绩效管理工作逐渐进入科学化、规范化的轨道。

这一时期，我国一些学者开始借鉴国外先进的模式和方法，探索适用于中国政府的绩效评价通用指标体系。例如国家行政学院以欧盟成员国使用的通用绩效评价模型为基础，结合我国国情，创造性地构建了中国特色的通用绩效评价框架；人事部“中国政府绩效评估研究”课题组在总结国内外指标体系的设计思想和方法技术的基础上，经过深入的调查和广泛的论证，提出了一套由 3 个一级指标、11 个二级指标及 33 个三级指标构成的地方政府绩效评价指标体系。对通用绩效评价指标体系进行的探索表明我国政府绩效评价体系正在逐步走向成熟。

此外，随着国外先进绩效管理理念的引入，平衡计分卡、全面质量管理、关键绩效指标等绩效管理工具不断为我国公共部门的绩效管理注入新鲜血液，使我国公共部门绩效管理研究呈现出百花齐放的局面。值得一提的是，从 2006 年年初开始，由中共中央组织部领导干部考试与测评中心牵头，以黑龙江省海林市、广西壮族自治区贵港市平南县平山镇、四川省乐山市五通桥区等地区为试点，开始了平衡计分卡在中国政府绩效管理中的本土化实践与探索。

4. 第三方评价

为了增强绩效管理的客观性和公正性，一些地方政府尝试使用第三方评价政府绩效的形式。2004 年，甘肃省将全省 14 个市、州级政府及省政府 39 个职能部门的绩效评价工作，委托给兰州大学中国地方政府绩效评价中心组织实施；2006 年 4 月，武汉市政府宣布邀请全球最大的管理咨询机构麦肯锡公司为第三方机构对政府绩效进行评价；2006 年 11 月，厦门市思明区政府引入专业的第三方机构——福州博智市场研究有限公司进行群众满意度评价。由此，第三方作为一种新的评价主体进入了人们的视野，利用其客观地位和独特视角参与政府绩效管理，对丰富和完善我国政府绩效管理实践具有积极意义。

随着新时期各级政府对绩效管理的高度重视和迫切需要以及理论研究的不断深入，我国公共部门绩效管理水平进入了一个新的阶段，在评价模式、实施机制、关注重点和覆盖范围等诸多方面都较以往取得了重大进步，形成了各具特色的绩效管理模式。尽管这些模式与方法还存在不少问题，但在很大程度上为我国公共部门今后的绩效管理工作的科学化和规范化奠定了更为坚实的基础。

1.3 公共部门绩效管理的价值取向

价值取向是价值哲学的重要范畴，在公共行政实践活动中，对于目标的确立、方案的选择和目标的实现等起着至关重要的作用。确立公共部门绩效管理的价值取向是开展公共部门绩效管理工作的前提和基础，从深层次决定了公共部门绩效管理的目的、过程和合理性。马克斯·韦伯在其著作《经济与社会》中，将人类的理性划分为工具理性和价值理性。传统的公共行政学认为二者之间相互矛盾，一种理性的张扬则意味着另一种理性的衰落。但是，随着公共行政学的不断发展，尤其是新公共管理运动的兴起，公共部门绩效管理工作的有序开展必须建立在工具理性和价值理性相互补充和统一的基础之上。

1.3.1 公共部门绩效管理的工具理性

工具理性的基本特征就是要求人的行为必须是选择最有效的手段以实现既定目标的行为，或者说以手段的最优化作为理性的最高要求①。公共部门绩效管理的工具理性就是要通过对公共部门绩效的评价与管理，积极改善公共部门绩效，提高服务效能。为此，需要明确公共部门的职能定位，并以此作为提高公共部门效率的基础和前提。

1. 合理定位公共部门职能

在不同的历史时期，公共部门的职能有所不同。重塑政府理论的创立者奥斯本和盖布勒指出：政府的功能是随着时代的演进而不断变化的，时代决定了政府该做什么和不该做

① 张康之. 公共行政：超越工具理性. 浙江社会科学，2002 (4).

什么，因而界定政府职能不能只用一把不变的尺子。时代演进的历史就是不断重塑政府的历史。在战争年代，政府职能是保卫国家安全和领土完整，而在和平年代，政府职能则是积极发展经济，维护社会的和谐和稳定。因此，政府的职能是随着社会经济形式的发展而不断变化的，政府绩效管理也需要结合时代发展背景，在合理界定政府职能的基础上，对政府绩效进行科学合理的评价和判断。

奥斯本与盖布勒于 20 世纪 80 年代初在总结美国各地企业和政府改革经验的基础上，主张用企业精神来改革政府，以克服官僚主义，提升政府绩效。他们认为改革后的政府具有如下属性：一是起催化作用。政府是掌舵而不是划桨，关注的中心并不仅仅是提供公共服务，而是促使公营、私营和自愿服务各部分行动起来解决自己社区的问题。二是社区拥有。把控制权从官僚机构那里转移到社区，从而授权给公民。三是竞争性。把竞争机制引入服务提供者中，促使服务提供者之间展开竞争。四是使命感。政府行为的动力不是来自规章条文，而是来自自己的目标和使命。五是讲求效果。政府各部门的实绩是根据效果而非投入来衡量的。六是顾客导向性。政府把服务的对象重新界定为顾客，让顾客们有所选择。七是有预见性。政府讲求防范于未然，而不是在问题成堆后才来提供各种服务。八是有事业心。政府把精力集中于挣钱而不单单是花钱。九是分权化。政府下放权力，积极采用参与协作式管理，从科层制转变为参与制和团队制。十是市场取向性。宁要市场机制不要官僚主义机制。奥斯本与盖布勒的重塑政府理论影响深远，甚至得到美国前总统克林顿的青睐。

合理定位公共部门职能，明确公共部门绩效的真实内涵，是开展公共部门绩效管理的前提条件。对于转型期的中国而言，面对社会经济转型的变化和要求，需要借鉴参考西方发达国家的改革经验，优化政府职能设置，有效提供公共服务。一方面要正确处理好政府与市场之间的关系，为市场的健康发育提供公平合理的制度和规则。要依法保护和尊重市场主体的独立法人地位，严格规范市场主体的市场行为和政府自身的公共行政行为，解决政府职能的"缺位"、"错位"和"越位"问题。另一方面也要推动由全能型政府向效能型政府转变，优化政府管理体制，合理界定政府职能权限，努力构建效能政府。

2. 有效提升公共部门效率

从 20 世纪初公共部门绩效管理的萌芽开始，就可以明确地看到公共部门绩效管理产生与兴起的根本动因就在于它可以促进公共部门效率的不断提升，从而提高公共部门绩效。无论是传统公共行政时期还是新公共管理或新公共服务时期，公共部门绩效管理的焦点虽然经历了从效率向效益、公平、责任和回应性的多元发展与转变，但效率始终是公共部门绩效管理的中心议题。

历经百余年的不断发展，公共部门绩效管理的框架体系已基本成熟，涵盖了公共部门绩效计划、公共部门绩效监控、公共部门绩效评价、公共部门绩效反馈和公共部门绩效预算等多个环节，对于提升公共部门效率具有重要意义。其中，公共部门绩效计划可以明确公共部门在未来一段时期内的主要工作，通过绩效目标的制定和绩效指标的设置为公共部门的具体工作确立方向；公共部门绩效监控可以通过对公共部门绩效信息的搜集及时发现实施公共部门绩效计划面临的各种问题并及时予以解决；公共部门绩效评价是公共部门绩效管理的核心环节，对公共部门工作人员进行绩效评价，可以促使公共部门改善工作流程，改进工作方法，不断提高行政效能；公共部门绩效反馈比较关注公共部门绩效评价结果的合理运用，可以充分实现公共部门绩效管理的战略目的、管理目的和开发目的，促进公共部门既定目标的顺利达成；公共部门绩效预算则是一个相对独立的环节，科学设置公共部门绩效预算可以促进公共部门财政资金的优化配置，提高资金的利用效率，确保将资源优先运用到关键和重要的工作上。为了提高公共部门效率，需要不断优化公共部门绩效管理体系，通过公共部门绩效管理体系的良性运转努力提高公共部门绩效。

1.3.2 公共部门绩效管理的价值理性

价值理性是“通过有意识地对一个特定举止的无条件的固有价值的纯粹信仰，不管是否取得成就”①。公共部门绩效管理与企业绩效管理的最大区别就在于价值取向的差异，它不仅仅局限于对效率与效果的追逐，更体现了对公平、服务、责任和回应性等价值理性的关注。单纯的工具理性倾向无法发现政府绩效管理的真谛，也无助于推动公共部门绩效管理实践的进步，甚至还有可能偏离其价值本义，因而必须注重价值理性与工具理性的双重关怀。

1. 追求服务于民的公共价值

公共价值的概念可以追溯到穆尔（Moore）提出的公共部门战略三角模型，该模型主要包括价值、合法性和支持以及运作能力三个维度。其中，价值指向引导组织要实现的目标，强调组织的效用；合法性和支持指向公共价值实现的合法性来源，强调政治支持和其他利益相关者的认同；运作能力指向达成价值目标的能力，强调资源可得性和管理运作能力对于价值目标实现的重要性。包国宪在对已有的关于公共价值研究文献进行系统分析的基础上，将公共价值划分为结果主导的公共价值和共识主导的公共价值②。其中，从结果主导的公共价值来看，公共价值来源于基本社会价值，由公民和政府共同决定，反映公民的共同偏好，其形成过程是一个多方参与的政治过程。举例来讲，公民人身和财产安全、食品和药品安全、经济增长等都属于结果导向的公共价值。从共识主导的公共价值来看，公共价值是对公共行政合法性的强化或者对公共行政过程的约束，其作用域主要在公共行政过程之中。举例来讲，对效率的追求、创新和改革精神、依法行政、对公民的责任等都属于共识主导的公共价值。

政府行为的目的是什么？亚里士多德认为，人类创造政府的宗旨就是为了让个人能够过上理性的正义的生活，政府行为的价值就在于创造和保护公民或社会的“公共幸福”。托马斯·阿奎那认为，政府的价值在于“殚精竭虑地增进公共福利”。洛克认为，政府是人们自愿通过协议联合组成的共同体，其目的是为了保护他们的财产。可见，与营利导向的企业相比，公共部门具有纯粹的公共性，其行为的宗旨在于为公民乃至社会谋福利，这是公共部门存在的使命和责任。公共部门绩效管理作为公共部门效率改善和服务优化的工具，也必须树立公共价值取向。首先，公共部门的绩效必须符合基本的公共价值追求。公

① 马克斯·韦伯. 经济与社会：上卷. 北京：商务印书馆，1997：56.

② 包国宪，道格拉斯·摩根. 政府绩效管理学：以公共价值为基础的政府绩效治理理论与方法. 北京：高等教育出版社，2015：12.

共部门绩效不仅包括对效率、效果的衡量，还需要考虑其是否符合公民对政府的期望，是否满足了公众的要求，公共部门管理的本质不是管制而是服务，公共价值是判断公共部门绩效结果是否达成的重要标准。其次，公共部门绩效管理也需要接受公共价值的指引。公共价值对公共部门绩效管理起约束规范作用，公共部门绩效管理活动需要在公共价值的指引下有序展开。要在深刻认识公共价值内涵的基础上，牢记公共部门的使命和愿景，深入推动公共部门绩效管理体制机制创新，充分促进公共部门绩效管理的效能发挥，同时坚持依法行政，有序推进扩大公民参与，不断提升公共服务效能。

2. 树立公平、服务与责任的价值理念

公共部门绩效管理作为一种新兴的管理模式，不仅继承了传统公共行政对效率与工具的追求，还融合和体现了对公平、服务和责任等价值理性的关注。

公平是公共部门与企业组织在价值理性上的重要区别之一。尽管公共部门绩效管理源自企业绩效管理，但是它在关注效率提升的同时还将公平作为衡量公共部门绩效的重要指标。“虽然效率准则规定稀缺资源应被用到其能产生最大纯收益的地方，但公平的目标则可能缓解这一目的，只是有利于特别是非常贫穷的人群的设施得到发展”①。作为公共部门绩效管理应该坚持的核心价值理念，公平意识应当体现在公共部门绩效管理的整个过程。公共部门绩效预算在提高政府财政资金的利用效率中发挥着重要作用，但公共部门绩效预算的确立不能简单地从成本—收益的经济性角度进行考虑，还需要坚持公平原则，关注政府项目的社会效应和长远发展。公共部门绩效评价作为公共部门绩效管理的核心环节，也需要在公平原则下有序进行，只有正视地区差异、人员差异、部门差异，才能做出系统、准确的绩效结果判断。

自 20 世纪七八十年代新公共管理运动兴起以来，顾客导向或者服务导向就成为公共部门履行职责的核心价值取向。政府与公众之间的关系不是治理者与被治理者之间的关系，而是公共服务与公共产品的提供者与顾客、消费者之间的关系。政府不再是高高在上的官僚机构，社会公众也不是被治理者，而是提供政府税收的“纳税人”和享受政府服务的“顾客”。因此，公共部门应积极地调整观念与角色定位，以顾客为导向，增强对社会公众需要的回应力。公共部门绩效管理也应以顾客为中心，以顾客的需求为导向，不仅要关注管理活动产出、效率和质量，还应关注政府提供的公共产品与服务是否满足了公众的需求，是否解决了公众面临的现实问题。

从委托—代理的视角来看，公共部门作为公共服务和公共产品的受托人和执行者，必须忠实于委托人即公众的利益，在委托范围内履行相应的职责。英国学者拉森和斯图尔特在其合著的《公共领域管理》中指出：“对政府进行绩效评价和绩效管理，是体现责任的基本要素，如果没有一个有效的工具来对责任做出判断，那么公共组织也就失去了合法性的权威基础，因此绩效评价和绩效管理应当被视为公共领域中的责任度量工具与实现途径。”②公共部门绩效管理应牢记公共部门的使命和核心价值观，肩负对纳税者的责任，始

---

① 埃莉诺·奥斯特罗姆，等．制度激励与可持续发展．上海：上海三联书店，2000：131.

② Kogan，Maurice. Management for the public domain：enabling the learning society，by Stewart Ranson；John Stewart. British Journal of Educational Studies，1995 (4).

终将满足公众的需求作为行动指南，不断优化公共服务。

1.4 公共部门绩效管理的系统模型

随着我国行政管理体制改革的不断深化，公共部门绩效管理作为行政管理制度的重要创新，受到越来越多的重视。研究和探索全面、科学的公共部门绩效管理系统，构建以公共部门战略为导向的绩效管理模型，成为在公共部门管理过程中贯彻落实科学发展观的迫切需要。在具体的实际工作中，如何科学地进行绩效管理决策和规范地实施绩效管理过程，进而有效地提高公共部门绩效水平也是各级公共部门管理者需要经常思考的问题。因此，一个系统、全面的绩效管理系统对于公共部门绩效管理活动的顺利开展和实施就显得尤为重要。为了更加全面、准确地把握公共部门绩效管理系统，本节将在介绍绩效管理系统评价标准的基础上，具体阐释公共部门绩效管理系统的目的、环节和关键决策模型。

1.4.1 绩效管理系统的评价标准

如何判断绩效管理系统的科学性和合理性经常困扰着各级公共部门的管理者。在评价绩效管理系统时，一般应注意以下五个方面的评价标准：

1. 战略一致性

战略一致性是指绩效管理系统与组织发展战略的一致性程度。战略一致性要求绩效管理系统能够根据组织战略目标的变化而变化，即具有一定的灵活性。目前我国许多组织的绩效管理系统之所以不能很好地支撑组织的战略，主要原因就在于绩效管理系统不能够根据组织战略的变化及时地做出调整。理想的绩效管理系统应该与组织的战略保持一致，并在遵循战略一致性标准的基础上时刻保持高度的灵活性；同时个人绩效目标需要与组织及部门的战略目标紧密结合，并能够及时调整，从而确保绩效管理系统通过员工个人绩效的提高来提升组织的整体绩效，以便更好地满足组织发展的需要。

2. 明确性

绩效管理系统的明确性是指绩效管理系统能够在多大程度上为员工提供一种明确的指导，清晰地告诉员工组织对他们的期望是什么，并使他们充分了解如何才能实现这些期望和要求。为了实现绩效管理的目的，组织应该通过清晰的绩效目标和评价标准来让员工正确领会绩效管理系统所要传达的信息。如果一个绩效管理系统不能明确地告诉员工如何才能通过正确的工作行为促使组织实现战略目标，那么组织的绩效管理目的就难以得到实现。而在绩效评价和绩效反馈中，如果员工不能够确切地了解自己的绩效表现和绩效差距，那么员工的绩效改善也就无从谈起。因此，绩效管理系统的明确性要求在绩效管理的设计和运行过程中向员工提供明确的信息，以指导他们更好地实现预期的绩效目标，从而确保组织整体绩效目标的顺利实现。

3. 可接受性

可接受性是指运用绩效管理系统的组织成员对该系统的接受程度。不论一个绩效管理系统多么科学，如果这个系统不能够被使用它的人所接受，就难以发挥应有的作用。绩效管理系统不具有可接受性的原因可能是多方面的。可能是因为运作的成本太高，也可能是因为系统过于复杂而难以被使用者所理解。但是，在大多数情况下，人们不接受一种绩效管理系统往往是因为他们认为该系统不能公平地对待每一名员工。个体能够感知的公平主要包括以下三种类型：

（1）程序公平。

程序公平是指组织成员在绩效管理过程中所感觉到的公平，即组织成员对绩效评价程序以及将绩效评价结果与薪酬联系起来的程序是否公平的感知。程序公平能够影响组织成员对组织的信赖和承诺，因此，在开发绩效管理系统的过程中，应该格外重视程序公平对绩效管理系统的影响。

（2）人际公平。

人际公平是指在绩效管理过程中组织成员从管理者那里所感受到的人际待遇的公平程度，这是管理者在使用绩效管理系统时应着重思考的问题。组织可以通过一些做法来提高绩效管理系统的人际公平程度，如：通过加强评价者培训，规范评价者的言行，确保评价者能够尊重并礼貌地对待评价对象；在和谐友好的氛围中向评价对象提供及时、准确的绩效评价结果；允许员工对绩效评价结果提出疑问等。

（3）结果公平。

绩效管理系统的结果公平主要体现在结果与付出的关系上，是指组织成员对绩效评价结果以及绩效评价结果运用情况的公平感受。管理者可以通过与员工沟通来提高绩效管理系统的结果公平程度，如：就绩效评价及其标准问题与员工交换意见，告诉员工组织对他们的期望；就报酬、晋升等问题与员工交换意见等。

4. 信度

信度是指测量的一致性，即一种评价方法所得结果的前后一致性程度，可以用这种一致性程度作为指标来判断评价方法的可靠性。绩效管理中遇到的主要是绩效评价的信度，即绩效评价系统的一致性程度。它可以回答绩效管理系统是否客观、是否可靠、是否可信赖、标准化程度如何等问题。绩效评价的信度是一个很重要的指标，它决定了评价结果的科学性与可应用性，影响着组织在诸多方面的决策。因此，在设计与实施绩效管理系统时，要充分考虑到如何保证和提高绩效评价信度的问题。

5. 效度

效度主要指绩效评价是否评价了要评价的内容，即评价系统测量的与所要测量的工作和绩效的相关程度。效度要回答的是评价内容是不是实际工作表现的有效测量因子。信度与效度是两个相互联系的概念，有效的测量应该得到一致的（可信）结论，不管在何时、何地、由何人来进行测量。造成绩效评价系统效度低的原因可能有两种：一种称为缺失；另一种称为被污染。如果一种绩效评价系统不能够衡量工作绩效的所有方面，即对一些该评价的没有进行评价，遗漏了一些重要的评价内容，这种绩效评价系统是缺失的。如果一种绩效评价系统对与工作绩效无关的方面甚至是连评价对象都无法控制的因素进行了评价，即评价了不该评价的内容，这种绩效评价系统就是被污染的。

1.4.2 公共部门绩效管理的系统模型

在综合思考绩效管理系统评价标准的基础上，结合国内外公共部门绩效管理的研究和实践，本书认为公共部门绩效管理系统是各级公共部门基于其使命、核心价值观、愿景和战略建立的一个由绩效计划、绩效监控、绩效评价和绩效反馈这四个环节共同组成的循环系统，同时，评价内容、评价主体、评价周期、评价方法以及结果应用这五项关键决策始终贯穿于四个环节之中，对公共部门绩效管理的实施效果起着决定性的作用，以最终促进公共部门绩效管理的战略目的、管理目的和开发目的的全面实现（见图 1－3），即一个科学、有效的政府绩效管理系统应该包括：三个目的、四个环节和五项关键决策。对一个完整的公共部门绩效管理系统而言，"三个目的"至关重要，并且需要同时实现，只有这样才能够确保公共部门绩效管理活动的有效性和战略导向性。各级公共部门的管理者作为绩效管理主体，在进行绩效管理时则需要严格按照公共部门绩效管理的四个步骤来开展工作，"四个环节"环环相扣、缺一不可。

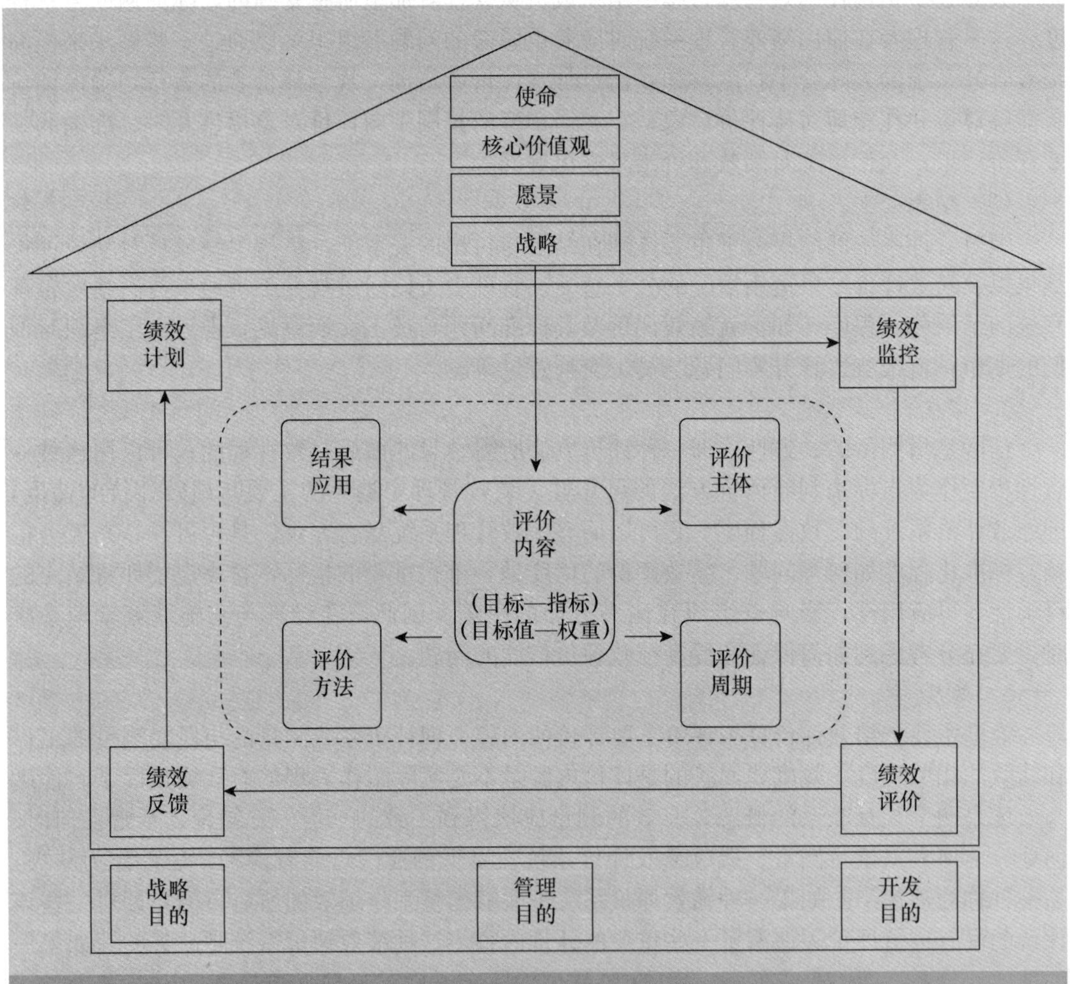

图 1－3　公共部门绩效管理系统模型

1．公共部门绩效管理的三个目的

公共部门绩效管理的"三个目的"是检验公共部门绩效管理系统设计和实施有效性的三个方面。各级公共部门内的一切绩效管理活动都是围绕公共部门绩效管理的目的展开的，偏离了目的，公共部门绩效管理就失去了存在的价值和意义。归纳起来，公共部门绩效管理的目的主要有以下三个：

（1）战略目的。

公共部门绩效管理与公共部门的战略密切相关。公共部门战略的实现离不开公共部门绩效管理系统，而公共部门绩效管理系统也必须与公共部门的战略目标密切联系才具有实际意义。公共部门绩效管理系统能够将员工的具体工作与公共部门的战略部署结合起来，即通过采用先进的管理工具，把各级公共部门组织整体、部门和员工个人绩效紧密地联系在一起，在提高员工个人绩效的同时促进公共部门组织整体绩效的提升，从而确保公共部门战略规划的实现。因此，在运用公共部门绩效管理系统实现战略目标时，应首先明晰公共部门的战略规划和部署，通过战略目标的承接与分解，将公共部门的战略目标逐层落实到各级公共部门和员工个人，并在此基础上制定相应的绩效评价指标体系，设计相应的绩效评价和绩效反馈系统。各级公共部门的管理者可以通过绩效评价指标体系来引导下属的行为，帮助下属正确认识自己的优势与不足，使下属的努力与公共部门整体的战略保持高度的一致，促使公共部门战略目标的顺利实现。

（2）管理目的。

公共部门绩效管理的管理目的主要是指通过评价员工的绩效表现并给予相应的奖惩，以激励和引导员工个体不断提高自身的工作绩效，从而最大程度地实现公共部门的战略目标。公共部门的各项管理决策都离不开及时准确的绩效信息，绩效评价结果是各级公共部门管理者做出培训、晋升、奖励及处罚等管理决策的重要依据。虽然这些决策都十分重要，但是作为绩效信息来源的公共部门的管理者，却有不少人将绩效评价过程视为一个为了履行自己的工作职责而不得不做的、令人为难的工作。他们往往倾向于给所有的下属都打高分或者至少是给予他们相同的评价，以至于使绩效评价信息失去实际意义。因此，要真正实现公共部门绩效管理系统的管理目的并不是一件容易的事情。这就要求各级公共部门的管理者通过绩效计划为既定目标的分解和实施确定具体可行的行动方案，同时对目标实施过程进行有效的监督和控制，以合理利用和配置有限的资源；更为重要的是，通过设计科学、规范的公共部门绩效评价系统来保障绩效评价结果的公平性和有效性，从而不断地提高员工的工作绩效和公共部门的整体管理水平，确保公共部门绩效管理目标的顺利达成。

（3）开发目的。

公共部门绩效管理的开发目的主要是指各级公共部门的管理者通过公共部门绩效管理过程来发现下属员工存在的不足，以便对其进行有针对性的培训或轮岗锻炼，从而使下属能够更加有效地完成工作。在现实中，为了实现公共部门绩效管理的开发目的，当下属没有达到预期的绩效目标时，上级就需要与下属面对面地讨论他们的绩效差距。通过绩效反馈环节，上级不仅要指出下属绩效不佳的方面，同时还要帮助他们找出导致这种绩效不佳的原因，比如技能缺陷、动力不足或某些外在的障碍等等，继而针对问题采取措施，制定相应的绩效改进计划，只有这样才能够更有效地帮助下属提高知识、技能和素质，促进员工个人的发展和公共部门绩效管理开发目的的实现。

从以上内容可以看出，一个有效的公共部门绩效管理系统应该将员工个体的工作活动与公共部门的整体战略联系在一起，为各级公共部门的管理者做出管理决策提供有效信息，并向下属提供及时、准确的绩效反馈，从而同时实现公共部门绩效管理的战略目的、管理目的和开发目的。

2. 公共部门绩效管理的四个环节

为了确保公共部门绩效管理的有效性，作为公共部门绩效管理主体的各级公共部门的管理者在进行绩效管理时，需要严格按照绩效计划、绩效监控、绩效评价和绩效反馈这四个环节来展开。

（1）绩效计划。

现代组织处于急剧变化的环境中，组织发展所面临的宏观、微观环境瞬息万变，各级公共部门要想树立良好的组织形象，顺利实现公共部门既定的战略规划，第一步就需要系统化的前瞻性思考和对行动方案的缜密设计。作为整个公共部门绩效管理过程的起点，绩效计划的过程更加强调上级和下属互动式的沟通和全员的参与，使上级与下属在如何实现预期绩效的问题上达成共识。因此，绩效计划的内容除了包括最终的员工个人绩效目标之外，还包括为了达到计划中的绩效结果，双方应做出什么样的努力，应采用什么样的方法等内容。但这并不是说绩效计划一经制定就不可改变，环境总是在不断地发生变化，在计划实施过程中往往需要根据实际情况对绩效计划进行一定的调整。

（2）绩效监控。

公共部门绩效管理的第二个重要环节就是绩效监控，这是一个不可或缺的环节，也是整个绩效周期中历时最长的环节。绩效监控作为连接绩效计划和绩效评价的中间环节，对绩效计划的顺利实施和员工个人绩效的公平评价起着极其重要的作用。它要求各级公共部门的管理者在整个公共部门绩效管理循环的实施过程中，与下属进行持续的绩效沟通，了解下属的工作状况，预防并解决公共部门绩效管理过程中可能发生的各种问题，帮助下属更好地完成绩效计划。在绩效监控阶段，上级主要承担两项任务：一是采取有效的管理方式监控下属的行为方向，通过持续不断的双向沟通，了解下属的工作需求并向下属提供必要的工作指导；二是记录工作过程中的关键事件或绩效数据，为绩效评价提供信息。

（3）绩效评价。

作为公共部门绩效管理过程中的第三个环节，绩效评价特指相关评价主体依据公共部门既定的使命和目标，遵循一定的程序，综合运用多种评价方法和技术，对一定时期内公共部门的管理和服务情况进行评定和判断的过程。需要注意的是，绩效评价不能与其他环节相脱离，应当把绩效评价放到公共部门绩效管理的过程中，将其看作是公共部门绩效管理过程中的一个环节。首先，绩效评价不可能与绩效监控过程中的绩效沟通相分离。上下级之间进行绩效沟通的过程实际上也是评价者观察评价对象绩效情况的过程。其次，公共部门绩效管理不是简单的绩效评价，更重要的是通过客观、公正的绩效评价得到详尽、有效的绩效信息，使上级管理者能够通过绩效评价的结果，向下级反馈其绩效优秀或绩效不佳的原因。因此，绩效评价作为公共部门绩效管理过程中的核心环节，也是技术性最强的一个环节，需要管理者对其给予特别的关注。

（4）绩效反馈。

绩效反馈是指在绩效评价结束后，公共部门的管理者与下属通过绩效反馈面谈，将评价结果反馈给下属，并共同分析绩效不佳的方面及其原因，制定绩效改进计划的过程。通过绩效反馈下属可以知道上级对他们的评价和期望，从而不断地修正自己的行为；而上级管理者也可以通过绩效反馈了解下属的绩效水平和存在的问题，从而有的放矢地进行激励和指导。因此，公共部门绩效管理的目的绝不仅仅是得出一个评价等级，更重要的是要提高员工绩效，确保员工个人的工作行为和工作产出与公共部门的目标保持一致，从而实现公共部门的整体战略规划。

3. 公共部门绩效管理的五项关键决策

使命是指组织存在的理由，核心价值观是指组织中的全体成员在决策和行动过程中需要共同遵守的行动准则，愿景是组织描绘的发展蓝图和中长期目标，而战略则是实现和达成这些目标的途径和选择。使命、核心价值观、愿景和战略共同决定了公共部门绩效评价内容的选择，而评价内容又是决定评价主体、评价方法、评价周期和结果应用的核心和关键。为了落实公共部门的使命、核心价值观、愿景和战略，最终达成公共部门绩效管理的三个目的，各级公共部门在开展绩效管理四个环节的工作时，必须把握好五项关键决策。这五项关键决策的具体内容，我们在本书后面有关公共部门绩效管理四个环节的章节中将详细介绍，这里仅作概要性的提示。

一是评价内容。所谓评价内容，即评价什么，是指如何确定绩效评价的指标、权重及目标值。为了确保公共部门战略目标的实现，需要在公共部门绩效管理过程中，将各级公共部门的战略目标转化为可以衡量的绩效评价指标，从而将公共部门战略目标的实现具体落实到各个部门和每个员工身上。首先，通过明晰各级公共部门的使命、核心价值观、愿景、战略以及明确各级公共部门的阶段性工作任务来设计各级公共部门整体绩效的评价指标；其次，依据各级公共部门的职责，通过承接或分解公共部门的战略目标来制定各级公共部门的绩效评价指标；最后，员工个人绩效的评价指标则可以根据员工的职位职责，通过承接或分解公共部门的绩效目标来确定，最终形成的绩效评价指标体系主要由工作业绩类指标以及少量的态度类指标组成。因此，公共部门绩效评价指标体系的战略导向和行为引导作用在很大程度上体现在政府绩效评价指标的选择和设计上。

二是评价主体。所谓评价主体，即谁来评价，是指对评价对象做出评价的组织、部门及个人。通常，评价主体可分为内部评价主体和外部评价主体。内部评价主体包括上级、同级、下级；外部评价主体包括立法机关、审计机关、社会公众、大众传媒、专业评估机构等利益相关者。在设计公共部门绩效评价体系时，选择正确的评价主体，确保评价主体与评价内容相匹配是一项非常重要的原则，即根据所要衡量的绩效目标以及具体的评价指标来选择评价主体。根据这一原则，评价主体应当及时、准确地掌握信息，对评价对象的职能、职责、绩效目标及实际产出有比较充分的了解，才能确保评价结果的合理性和有效性。例如，对于工作业绩类指标，显然下属的直接上级和主管领导最清楚，适合由上级进行评价；而态度类指标的评价主体则可以扩展到同级和下级，甚至是外部利益相关者，由他们来共同进行评价。

三是评价周期。评价周期所要回答的问题是“多长时间评价一次?”评价周期的设置应尽量合理，既不宜过长，也不能过短。如果评价周期太长，评价结果就会出现严重的“近期误差”，即人们对最近发生的事情记忆深刻，而对以往发生的事情印象淡薄，评价主体会根据评价对象近期的表现来判断其整个绩效周期的表现，这样会导致绩效评价信息的失真并且不利于公务员个人绩效的改善；如果评价周期太短，一方面许多工作的绩效情况可能还没有体现出来，另一方面过度频繁的绩效评价也会造成评价主体的工作量过大。在实际的管理实践中，评价周期与评价指标、公共部门的职能特点、具体的职位等级和类别以及绩效实施的时间等诸多因素有关，采用年度、季度、月度甚至工作日作为评价周期的情况都有，因此，选择绩效评价周期时不宜一概而论、一刀切，而应根据管理的实际情况和工作的需要，综合考虑各种相关影响因素，合理选择适当的绩效评价周期。

四是评价方法。所谓评价方法，就是判断公共部门组织、部门和员工个人工作绩效时所使用的具体方法。正确地选择公共部门绩效评价方法对于得到公正、客观的绩效评价结果有着重要的意义。各种不同的评价方法都是管理实践积累的宝贵财富。通常，评价方法可以划分为两大类：相对比较和绝对比较。每类又细分为若干具体的评价方法，其中相对比较包括排序法、配对比较法等；绝对比较包括等级鉴定法、行为锚定量表法和混合标准量表法等。每种方法都各具特点，并无绝对优劣之分，各级公共部门应根据具体情况进行选择，总的原则是根据所要评价的指标特点选择合适的评价方法。

五是结果应用。公共部门绩效评价结果能否被有效利用，关系到整个公共部门绩效管理系统的成败。在公共部门管理实践中，公共部门绩效评价结果主要用于两个方面：一是通过分析绩效评价结果，诊断下属存在的绩效差距，找出产生绩效差距的原因，制定相应的绩效改进计划，以提高员工的工作绩效。二是将绩效评价结果作为人力资源管理各项决策的依据，如培训开发、职位晋升和薪酬福利等。绩效评价结果具体应用于哪些方面是与评价指标的性质相关的，如态度类指标的评价结果可应用于职位晋升、培训开发和薪酬福利等决策，而工作业绩类指标则可直接应用于薪酬福利等决策。如果公共部门绩效评价结果没有得到相应的应用，就会产生公共部门绩效管理“空转”现象，评与不评一个样，评好评差一个样，公共部门绩效管理就会失去应有的作用。

本章小结

绩效是组织的使命、核心价值观、愿景和战略的重要表现形式，也是决定组织竞争成败和能否可持续发展的关键因素。公共部门绩效管理是指公共部门的组织及其管理者在公共部门的使命、核心价值观的指引下，为达成愿景和战略目标而进行的绩效计划、绩效监控、绩效评价以及绩效反馈的循环过程，其目的是确保公共部门组织成员的工作行为和工作结果与组织期望的目标保持一致，并通过持续提升个人、部门以及组织的绩效水平，最终实现公共部门的战略目标。

回顾西方国家公共部门绩效管理百余年来的发展历程，其关注的重点由注重经济和效率，逐渐发展到对效益、公平、责任和回应性的综合考量，绩效管理的过程逐步规范，绩效评价主体走向多元，公民参与逐渐扩大，绩效管理的方法与技术不断成熟。纵观三十年来的探索与实践历程，我国公共部门绩效管理也走过了一条持续的自我发展和自我完善之路，逐渐摸索并创立了一系列特色鲜明、行之有效的绩效管理模式。

结合国内外公共部门绩效管理的理论研究和实践探索，本书构建了公共部门绩效管理的系统模型。各级公共部门都应当依据公共部门绩效管理的“三个目的、四个环节和五项关键决策”对公共部门绩效进行系统、有效的管理。

关键术语

绩效　　绩效管理　　绩效评价　　公共部门　　公共部门绩效管理

复习思考题

1. 谈谈你对绩效的理解。
2. 公共部门绩效管理的内涵是什么？它有哪些功能？
3. 公共部门绩效管理与企业绩效管理的差别是什么？
4. 简述公共部门绩效管理的演进历程。
5. 试述公共部门绩效管理的价值取向。
6. 简述公共部门绩效管理的系统模型。

第 2 章

公共部门绩效管理工具

随着新公共管理运动在世界范围内的展开，很多在企业组织中应用得比较成熟的绩效管理工具和方法逐渐被公共部门所采纳和运用，例如目标管理、关键绩效指标和平衡计分卡等。这些绩效管理工具凭借其先进、适用和有效的特点迅速在公共部门落地生根，并在提升公共部门绩效管理水平上发挥了重要作用。本章将对目标管理、关键绩效指标和平衡计分卡的内涵、原理及其在公共部门的应用等进行详细介绍。

重点问题

- 目标管理的内涵及其应用
- 关键绩效指标的内涵及其应用
- 平衡计分卡的内涵及其应用
- 绩效管理工具的比较与选择

2.1 目标管理

2.1.1 目标管理的内涵

目标管理（management by objectives，MBO），是 1954 年由美国著名管理学家彼得·德鲁克在《管理的实践》（*The Practice of Management*）一书中提出的。德鲁克认为一个组织的使命和任务都必须转化为目标，而目标只有分解成更小的目标后才更容易被实现。不是有了工作才有目标，而是有了目标之后，根据具体的目标来确定每个人的工作。如果某个领域没有特定的目标，那这个领域必然会被忽视。各级管理者只有通过目标对下级进行领导，并以目标来衡量员工的贡献和产出，才能保证组织总目标的顺利实现。反之，如果没有一定的目标来指导员工的工作，那么随着组织规模的扩大和人员的增多，发生冲突及浪费的可能性就越大。因此，德鲁克提出，让员工和上级一起根据组织的总体目标协商制定员工的个人目标，并在目标管理的实施阶段，实行权限下放和民主协商，使员工进行自我控制，独立自主地完成工作任务，从而有效激励员工的工作热情，发挥员工的主动性和创造性。

由于以往古典管理学派偏重于以工作为中心，忽视了人性的一面，行为科学又偏重于以人为中心，忽视了同工作的结合，因此，德鲁克提出的目标管理是在科学管理和行为科学的基础上将对工作的关注和对人的价值的重视统一起来，既能使员工在工作中满足个人需求，又能够确保组织目标的顺利实现。"目标管理和自我控制"最大的优点就在于：以目标给人带来的自我控制力取代来自他人的支配式的管控方式，从而激发人的最大潜力，把事情办好。因此，目标管理是一种参与、民主和自我控制的管理思想，也是一种把个人需求与组织目标相结合的管理思想。在这一管理思想中，上级与下级的关系是平等、尊重和相互支持的，下级在承诺目标和被授权之后是自觉、自主和自治的。

在德鲁克之后，很多学者对目标管理进行了定义，使目标管理理论得以不断发展和完善。约翰·亨布尔（John Humble）认为，目标管理是在管理者努力发展自己的前提下，积极整合组织的需要来阐明和实现组织利益的动力系统，是对管理风格的要求与奖赏。乔治·奥迪奥恩（George Odiorne）认为，目标管理是一种秩序，凭借上下层级对目标的共同了解，制定个人的工作目标及职责，使之能齐心协力地完成组织目标，并把预定的目标作为工作推进的指导原则和评审成果的客观标准。戴尔·麦康基（Dale D. MeConkey）把目标管理看成是一种业务管理计划和考核方法，即每一位管理者都按其应达成的目标与成果订立一年或一定期间内具体可行的工作内容与进度，期满时以预定目标来衡量实际的成果。在分析了近四十位权威人士对目标管理的观点之后，麦康基认为个体目标与组织目标应当联系起来，并且需要用具体可衡量的标准来定义目标。

尽管目标管理的具体形式多种多样，但其基本内容是一致的。简言之，目标管理可以描述为如下过程：组织中的上下级一起协商、共同制定目标；根据一定时期内组织的总目标来决定上下级的职责和子目标，并把这些目标作为组织经营、评估和奖励的标准。具体而言，目标管理由明确目标、参与决策、规定期限和反馈绩效四个要素构成。正确理解目标管理的内涵，需要关注以下几个方面：

（1）明确目标。

目标管理中的目标是对期望绩效的简要概括，它应该是具体的、可量化的和易操作的，研究人员和实际工作者早已认识到由员工自己先制定个人目标的重要性。美国马里兰大学的早期研究发现，高水平的绩效是和高标准的目标相联系的，有明确目标比只要求人们尽力去做能取得更高的绩效。目标管理提倡由员工首先制定出自己的绩效目标，并通过将组织目标逐级分解转换为各部门和员工的子目标，以此来确保绩效目标的切实可行、员工工作积极性的有效提高和各部门、各部门员工权、责、利的合理明确，从而使绩效目标方向一致，环环相扣，相互配合，形成一套协调统一的目标体系。

（2）参与决策。

参与决策是指绩效目标的制定和行动计划的安排是由上级与下级共同商定的，双方需要在目标管理的实施过程中不断交换意见、达成共识。目标管理的目标转化过程既是"自上而下”的，又是“自下而上”的。目标管理的目标制定过程与传统的目标设定不同，传统的目标设定是在高度集权的模式下，以命令的形式把组织的目标按照管理层次逐级分解，员工只能被动地接受；而目标管理则是用上级与下级共同参与的方式来选择和设定各个层次的目标。通过目标制定这一过程，员工的心理状态由“要我做”转变为“我要做”；而管理者的领导风格也由单纯地下达指示的授权型管理模式，逐渐转变为重视员工参与的人性化管理模式。

（3）规定期限。

规定期限是指规定每个目标开始和结束的具体时间，它是管理者检查目标完成情况的基本尺度。目标管理强调时限性，制定的每一个目标都需要有明确的时间期限，如一个月、一个季度、一年或其他适当的期限。在大多数情况下，目标的制定可与年度预算或主要项目的完成期限相一致。在管理实践中，某些目标会要求在很短的时期内完成，而有些目标则要求在较长的时间内完成，应根据具体的实际情况来制定。

（4）反馈绩效。

反馈绩效是指在目标管理的实施过程中，通过检查和评价活动，不断将目标的完成情况反馈给有关部门和个人，促使其持续调整和修正自己的行动计划。这样，每个员工对他所在部门的贡献就变得非常明确。更为重要的是，管理者需要努力吸引下属员工积极参与到评价和反馈绩效的过程中，用这种鼓励员工自我评价和自我发展的方法，来提升员工的工作积极性和工作满意度。

2.1.2 公共部门目标管理的实施

20 世纪 70 年代，目标管理在企业得到广泛推广后，德鲁克又将这一管理方法引入政府管理领域，形成适用于政府组织等公共服务机构的目标管理理论。德鲁克认为，公共部门绩效管理是当代管理工作中“最重大、最主要的任务”，公共部门可以像企业一样应用和实施目标管理。

1. 公共部门成功实施目标管理的先决条件

公共部门目标管理要取得成功，必须满足一些先决条件。事实证明，目标管理失败有诸多原因，其中之一就是错误地认为不需要满足这些先决条件就可以实行目标管理。这些先决条件包括：

（1）参与式的管理模式。目标管理所提倡的管理模式是参与式的管理模式，该管理模式强调员工的主动参与，要求下属员工参与到决策制定的过程中，同时要求上级领导要善于运用下属员工的专业技能和创新能力来共同协商和解决目标管理中的关键问题，并能够与下属员工明确分享工作中的职责和权利。

（2）组织层次分明。组织层次是指组织内纵向管理系统所划分的等级。在组织层次混乱的情况下，明确职责权限是件很困难的事情。要想取得良好的管理效果，先决条件是要求管理者为自己负责的目标承担起责任，这就需要将每个目标切实落实到每位管理者身上。同时，必须根据每一位管理者所应负责的目标授予其相应的权限，职责和权限之间的不匹配往往是造成目标无法实现的重要原因。

（3）及时准确的工作反馈。员工工作情况的反馈是十分必要的，原因就在于成就感越高的员工，越需要上级对自己工作情况的及时反馈。高成就动机的员工不希望在自己采取行动、付出努力后，对工作结果的好坏一无所知。因此，及时准确的工作反馈对于员工工作行为的合理调整和工作水平的提高有着重要的意义。

2. 公共部门目标管理的实施步骤

目标管理包括以下两方面的重要内容：第一，必须与每一位员工共同制定一个便于衡量的工作目标；第二，定期与员工讨论他的目标完成情况。具体而言，公共部门的目标管理主要包括计划目标、实施目标、评价结果和反馈四个步骤。

(1) 计划目标。

计划目标是指根据组织的使命和任务制定组织的总体目标和行动计划，并依据公共部门的管理层次来确定每个部门和个人的具体目标。通常每年年初或上年年末，公共部门的高层管理者要根据实际情况和上级部门提出的要求，制定出本年度要完成的目标；然后，各部门的中层管理者与上级一起将组织的目标分解为本部门的目标，并最终分解为每个员工的个人目标。在制定员工个人目标时，上级领导和下属员工要及时沟通，共同协商。通过制定目标这一过程，不仅将组织的目标逐级分解为一个个细化的具体目标，而且能够使员工明确了解组织期望达到的结果以及为达到这一结果所应采取的措施、步骤和所需的时间及资源，使他们在为目标努力时了解自己目前在做什么，已经做了什么和下一步还将要做什么，不断增强员工个人的工作积极性和组织归属感。

(2) 实施目标。

目标管理的实施阶段，强调以自我管理为核心来开展工作，其主要目的是对目标计划的实施情况进行监控，保证制定的计划按照预定的步骤进行。在实施目标的过程中，上级领导的主要工作不再是严格的管理，而是根据既定的目标、行动计划和时间安排等对下属的工作进行指导、协助和监控。通过这一过程，可以及时地发现问题、纠正行为或对既定计划进行适当的修改；同时也可以使管理者注意到组织环境对下属员工工作表现产生的影响，帮助下属员工适应他们无法控制的客观环境，创造良好的工作氛围。

(3) 评价结果。

评价结果就是将实际达到的绩效结果与预先设定的目标相比较，其目的是找出未能达到目标的原因，或实际达到的目标远远超出预定目标的原因，从而帮助管理者做出合理的决策。政府部门多采用以月、季、年为周期的阶段性评价，并根据目标的达成情况、目标的复杂程度以及工作的努力程度等进行区别性评价。通过对实际结果与设定目标的比较评价，达到扬长避短的目的。在政府部门中，评价方式主要有自评和互评两种。

(4) 反馈。

反馈就是上级与下级一起共同回顾整个目标管理周期，对目标完成的进度和预期目标的达成情况进行讨论，从而为新目标的制定以及为实现新目标可能采取的战略做好准备。及时反馈结果很大程度上影响着个人、部门乃至整个组织工作效率的提高和工作进度的推进。但是，在我国目前的公共部门绩效管理中，这一环节常常被忽略。因此，首先要在公共部门目标管理的过程中树立结果反馈的观念，并尽可能指派专门的机构负责目标管理的反馈工作。

目标管理特别重视和强调员工对整个组织的贡献。在传统的绩效管理中，管理者发挥着类似于法官的作用；而在目标管理中，管理者发挥着顾问和促进者的作用，员工也从消极的旁观者转换成了积极的参与者。参与目标的制定使得员工成为目标制定和决策过程的一部分。在整个目标管理的过程中，管理者都要保持联系渠道公开，其目的在于能够及时地与员工沟通，帮助员工不断进步，确保工作任务能够按照既定目标顺利实现。

2.1.3 对目标管理的评价

目标管理风行一时并不是偶然。经历了第二次世界大战的各国经济从缓慢恢复期进入迅速发展时期，企业急需采用新的管理方法调动员工的积极性以提高竞争力，目标管理由于适应了当时环境的变化和管理实践的需要而迅速发展起来，并因为其易于理解、操作性强等特点，在政府部门的绩效管理中得到广泛应用。与传统的表现性评价相比，目标管理已经取得了长足的进步。

1. 目标管理的优点

（1）目标管理重视人的因素，强调“目标管理和自我控制”。让员工与上级一起共同协商确定绩效目标，可以使员工有机会把自己的想法纳入计划之中，也使得员工对于目标的理解更为透彻，从而最大限度激发员工的工作兴趣和工作积极性。同时，通过让员工在达成目标的过程中进行自我控制来满足其自我实现的需要。因此，目标管理既可以进行有效的控制，又可以有效地激励员工，促使员工进步。

（2）目标管理可以帮助管理者理清思路，利于组织目标的顺利实现。目标管理迫使管理者仔细思考实现目标所应采取的方式和方法、所需的时间和资源以及行动计划的效果和可能遇到的问题等等，从而可以确保行动计划的切实可行。同时，目标管理强调员工参与，这能够促使组织中的各级管理者及员工明确并理解组织的目标、组织的结构、组织内的分工与合作及各自的工作任务和职责权限等，有利于目标实施过程中的相互配合和既定目标的顺利实现。

（3）目标管理能改进管理方式和改善组织氛围。目标管理以目标的制定为起点，以目标完成情况的评价和反馈为终点。工作结果是评价工作绩效最主要的依据，这就使得在实施目标管理的过程中，员工控制目标实现的能力得以增强。同时，目标的制定和实施依赖于良好的上下沟通和相互配合，因此，目标管理又能够有效地改善人际关系和营造良好的组织氛围。

2. 目标管理的缺点

在实施的过程中，目标管理也暴露出一些弊端。到了20世纪70年代末，目标管理开始遭到质疑。

（1）目标管理假定人们对成就动机、能力与自治有强烈的需求，员工愿意接受有挑战性的目标。因此，允许员工制定自己的目标与绩效标准。但它忽视了组织中的本位主义及员工的惰性，对人性的假设过于乐观，组织中的员工并非都具有高成就动机，愿意参与决策和承担挑战性任务，这使得目标管理的效果在实施过程中大打折扣。正是基于这个原因，当今许多组织将目标管理的应用范围局限于中高层管理者或技术人员。

(2) 上下级为统一思想所进行的反复沟通需要耗费大量的时间和成本。罗伯特·谢弗(Robert Schaffer) 指出：“值得嘲讽的是目标管理经常制造的是纸片风景，计划变得越来越长，文件越来越厚，焦点散漫，质量因目标标准过多而混乱，能力都花在机制上而不是结果上。”这容易使目标管理流于形式。

(3) 目标及绩效标准难以确定。目标管理过分强调通过量化指标来衡量绩效，然而组织中的许多工作是难以量化的，而且绩效标准也因人而异，难以形成一个互相比较的管理平台，目标管理的公平性因此受到质疑。

(4) 目标管理使得员工倾向于选择短期目标，即可以在评价周期内加以衡量的目标，从而导致组织内部员工为了达到短期目标而牺牲长期目标，使组织长期利益受到忽视，不利于组织的可持续发展。

无论如何，目标管理在管理思想史上，仍具有划时代的意义。它不仅作为一种绩效管理工具，为未来绩效管理的发展奠定了基础，同时作为一种先进的管理思想，对后期的很多管理学理论产生了重大影响。

2.1.4　公共部门目标管理的具体实践

目标管理由于其易于操作、便于管理等特点在公共部门得到了广泛应用。在美国，早在 20 世纪 70 年代尼克松总统在任时，就以备忘录的形式正式宣布对 21 个政府机构推行目标管理。1975 年，管理预算局发布 A-11 号传阅文件，要求各机构必须提交机构目标及财政年度预算。到 1976 年，41%的政府报告指出在若干部门实施了目标管理，而到 1987 年，大约有 62%的大城市在政府报告中表明实施了目标管理。但是，到了 20 世纪 90 年代，公共部门对目标管理的信任开始有所动摇，到 1993 年只有 47%的城市还在使用目标管理。值得注意的是，即使各城市实施目标管理的比例逐渐下降，目标管理的运用仍然十分普遍。地方政府从目标管理中获益匪浅，目标管理对提高政府的行政能力、控制成本以及改进政府组织的管理水平做出了十分重要的贡献。

20 世纪 80 年代中期，针对传统政府管理方式中缺乏明确的方向和目标以及缺乏系统和完整的管理的问题，我国在公共部门管理中逐步运用和推广目标管理，进行了体现“结果为本”、绩效取向的市场化改革，在人事考核创新、政府绩效创新和干部制度创新等方面实施目标管理，取得了显著的效果。许多城市如武汉、南京、宁波、苏州、青岛、天津、连云港等，通过借鉴和运用目标管理来创新政府绩效管理模式，在提高政府工作效能与管理水平的基础上形成了行之有效的管理方式。其中，武汉、青岛和连云港三市结合各自城市的实际与特点，在总结政府以往管理经验的基础上大胆探索，推行政府目标管理。“年初定目标，年底结硬账”，“跳起来摘桃子”，为推进政府效能建设和城市跨越式发展探索出了一条值得各地借鉴的有效路径。

武汉市是全国较早实行政府目标管理的城市之一。1988 年，武汉市就决定在全市政府系统和各区县实行目标管理，在积累了实践经验的基础上，于 1998 年又将目标管理延伸到市党群系统和有关单位。2003 年以来，武汉市委、市政府从实际出发，抓住工作重点，全面推行目标管理，在管理创新中实现了政府职能的转变，形成了富有特色的管理模式和良好的组织文化。

1998 年青岛市政府就开始推行目标管理。2003 年，青岛市委、市政府结合多年管理经验，出台了《关于加强目标管理绩效考核工作的意见》，第一次将物质文明、政治文明和精神文明建设中的重点工作纳入目标管理，建立了一个全新的目标管理体系。另外，为突出不同类型单位的特点，增强目标管理的合理性、科学性和一致性，青岛市对不同区市在评价指标、指标分值和权重的确定上有所侧重，重点突出不同地区发展方向和全市战略布局的要求。

连云港市自 2001 年年初开始，在总结目标管理工作经验的基础上，按照“重激励、硬约束、严考核”的总体要求，坚持以科学发展观为统领，以目标管理为抓手，落实经济、社会、科技、民生、环境等一系列涉及全市健康、协调、可持续发展的奋斗目标，推进全市经济社会又好又快发展，取得了良好的成效，形成了闻名全国的“连云港目标管理模式”。

实行目标管理对改进公共部门机关工作作风，提高工作效率，树立良好形象，促进政府职能转变等具有重要的意义。因此，一直到现在目标管理仍然被我国很多公共部门所使用，在促进我国公共部门绩效管理水平整体提升等方面发挥了重要的作用。

2.2 关键绩效指标

2.2.1 关键绩效指标的内涵

进入 20 世纪 80 年代，随着管理实践的发展，管理学界开始注重将绩效管理与组织战略相结合，在这种背景下，关键绩效指标（key performance indicators，KPI）应运而生。所谓关键绩效指标，是指将组织战略目标层层分解产生的，具有可操作性的、用以衡量组织战略实施效果的关键性指标体系。其目的是建立一种机制，将组织战略转化为内部流程和活动，从而促使组织获得持续的竞争优势。关键绩效指标作为一种战略性绩效管理工具，其核心思想是根据“二八”原则，认为找到组织的关键成功领域（key result areas，KRA），洞悉组织的关键绩效要素（key performance factors，KPF），有效管理组织的关键绩效指标，就能以少治多、以点带面，从而实现组织战略目标，进而打造持续的竞争优势。其中，关键成功领域是指为了实现组织战略而必须做好的几方面工作；关键绩效要素是对关键成功领域的细化和定性描述，是制定关键绩效指标的依据。关键成功领域、关键绩效要素和关键绩效指标始终保持着战略导向性，三者的关系如图 2－1 所示。

对于关键绩效指标体系的内涵，可以这样来理解：它是对组织战略目标有增值作用的绩效指标，这种增值作用体现在它将个人绩效与组织战略目标连接起来，能够反映有效影响组织价值创造的关键驱动因素。因此，它既不是绩效目标，也不是一般的或全部的绩效指标，更不是能力或态度类指标，而是能够衡量组织战略实施效果的关键指标体系。具体而言，要正确理解关键绩效指标的内涵，需要重点关注以下几个方面：

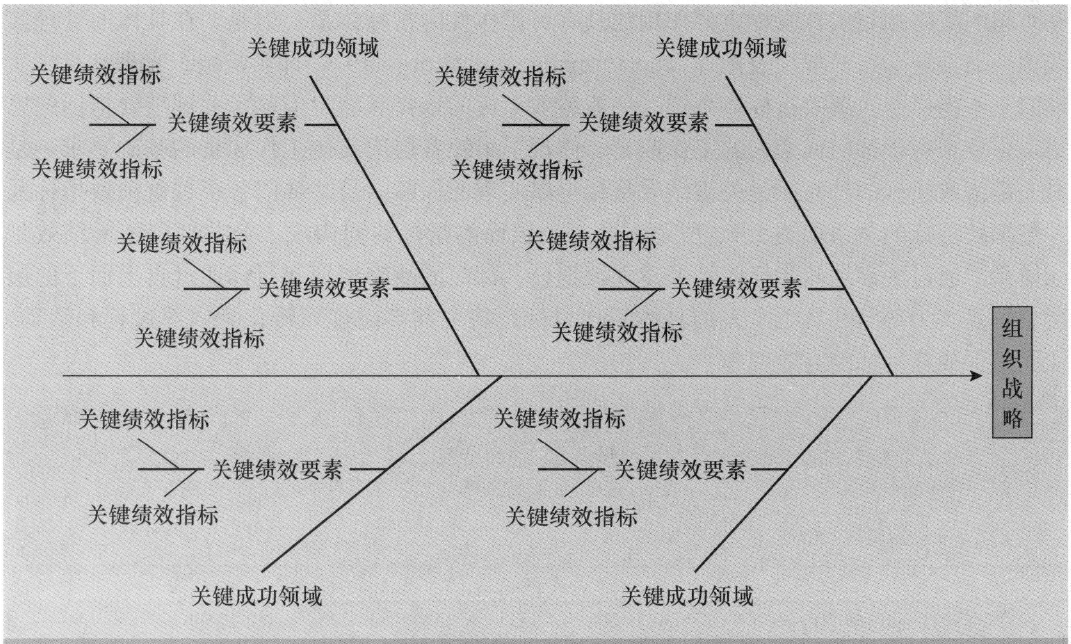

图 2－1　基于组织战略的 KRA、KPF 和 KPI 的关系：鱼骨图

（1）关键绩效指标是衡量组织战略实施效果的关键指标。这包括两方面的含义：一方面，关键绩效指标是战略导向的。它是由组织战略目标层层分解得出的，是对组织战略目标的进一步细化和发展。另一方面，关键绩效指标强调"关键"。它关注的是对组织成功具有重要影响的关键领域。因此，关键绩效指标需要根据组织战略目标的发展演变而不断调整。当组织战略的侧重点转移时，关键绩效指标也必须随之修正以正确反映组织战略的新重点。

（2）关键绩效指标反映的是最能有效影响组织价值创造的关键驱动因素。关键绩效指标是对驱动组织战略目标实现的重要因素的深入发掘，它实际上提供了一种管理的思路：作为管理者，应该抓住关键绩效指标进行管理，通过关键绩效指标将员工的行为引向组织的目标方向。其主要目的是引导管理者将精力集中在能对绩效产生最大驱动力的经营行为上，及时了解和判断组织运营过程中产生的问题，及时采取提高绩效水平的改进措施。

（3）关键绩效指标体现的是对组织战略目标有增值作用的可衡量的绩效指标。关键绩效指标强调对组织绩效起关键作用的指标，而不是所有与组织经营管理有关的指标。关键绩效指标是连接个人绩效与组织战略目标的最佳桥梁，通过关键绩效指标，可以落实组织的战略目标和业务重点，传递组织的价值导向，有效激励员工，确保对组织有贡献的行为受到鼓励，促进组织和员工绩效的整体改进与全面提升。

2.2.2　公共部门关键绩效指标的层次和类别

关键绩效指标是一个系统化的指标体系，包括三个层次、四种类别。就层次而言，关键绩效指标要求建立组织、部门和个人三个层次的指标。其中组织的关键指标，来自对组织战略的分析；部门的关键绩效指标，来自对组织关键绩效指标的承接和分解；个人的关键绩效指标则来自对部门关键绩效指标的承接和分解。严格意义上，关键绩效指标是指那些对组织战略顺利实现发挥重要作用的具有可操作性的指标体系。但是，在具体的管理实践中，通常还会将一般绩效指标（performance indicators，PI），即影响组织管理和目标实现的基本指标引入绩效指标体系中。一般绩效指标的选择和确定借鉴了关键绩效指标的思路，主要来源于部门或个人的工作职责，体现了组织各层次具体工作职责的基础要求，是对关键绩效指标的补充，是关键绩效指标得以实现的保障。公共部门各级关键绩效指标及一般绩效指标的关系如图 2-2 所示，这三个层面的指标共同构成了公共部门关键绩效指标体系。通过关键绩效指标体系的建立，把公共部门的战略规划和目标通过自上而下的层层分解落实为部门和员工个人的具体工作目标，将公共部门规划转化为内部过程和活动，从而确保战略目标的有效实施。

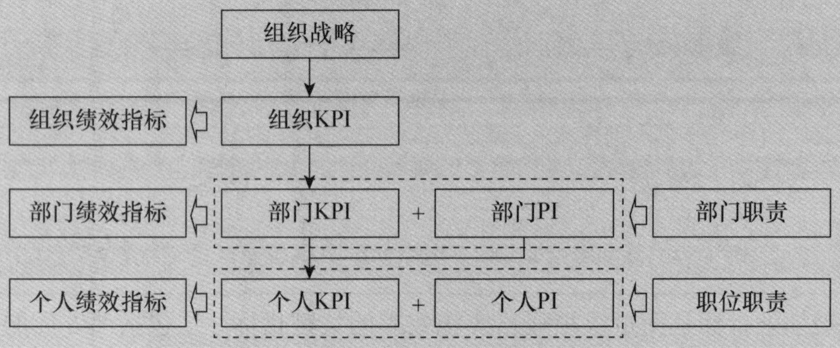

图 2-2　公共部门各级 KPI 及 PI 的关系

纵观公共部门组织绩效、部门绩效及员工个人绩效指标之间所呈现出的层层分解、层层支撑的关系，不难体会到“关键”一词是将三者紧密联系起来的主线。关键绩效指标强调在组织战略的牵引下，倾注全力于对组织发展至关重要的关键成功领域，这充分体现了它作为一种战略性绩效管理工具的鲜明特色。就类别而言，关键绩效指标通常采用财务指标、经营指标、服务指标和管理指标的分类方法，其中财务指标侧重衡量组织创造的经济价值；经营指标侧重衡量组织经营运作流程的绩效；服务指标侧重衡量利益相关者对组织及其所提供的产品和服务的态度；管理指标侧重衡量组织日常管理的效率和效果。关键绩效指标分类示例如表 2-1 所示。

表 2-1　关键绩效指标分类示例

指标类型	关键绩效指标	单位	权重	目标值	完成情况	打分
财务指标	业务收入	亿元	25%			
	……	……	……			
经营指标	网络资源利用率	%	5%			
	……	……	……			
服务指标	服务对象满意度	%	5%			
	……	……	……			
管理指标	关键人员流失率	%	5%			
	……	……	……			

2.2.3　公共部门关键绩效指标的实施

设计良好的关键绩效指标是公共部门绩效管理成功的保障，它所提供的基础性数据是绩效评价的标准和绩效改进的依据。关键绩效指标通常是采用基于战略的成功关键因素分析法来设计的，关键绩效指标体系的建立过程应当按照以下六个步骤进行操作，如图 2-3 所示。

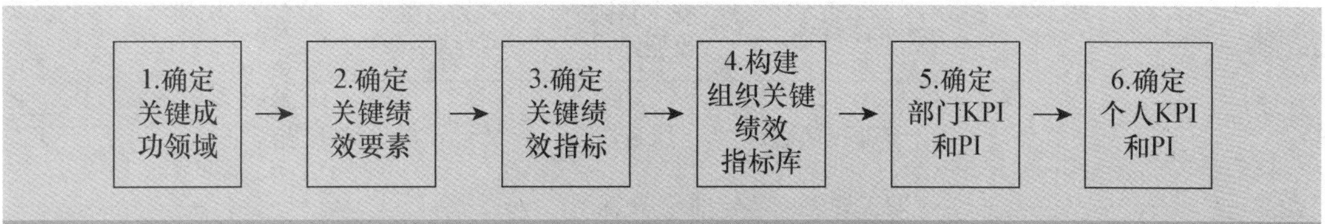

图 2-3　关键绩效指标体系建立的步骤

第一步，确定关键成功领域。在建立有效的关键绩效指标体系之前，首先必须明确整个政府组织的战略是什么，然后根据组织的战略及战略目标，通过鱼骨图分析，寻找能够促使组织成功的关键成功领域，即对组织的战略目标有重大影响的领域。确定组织的关键成功领域，必须明确三个方面的问题：（1）这个组织为什么会取得成功，成功靠什么；（2）在过去那些成功因素中，哪些能够使组织在未来持续获得成功，哪些会成为组织成功的障碍；（3）组织未来追求的目标是什么，未来成功的关键因素是什么。这实质上是对组织的战略制定和规划过程进行审视，对所形成的战略目标进行反思，并以此为基础对组织的竞争优势进行剖析。为了能够更加生动形象地阐释关键绩效指标体系的建立过程，在此以某铁路局的关键绩效指标体系为例，其关键成功领域的确定如图 2-4 所示。

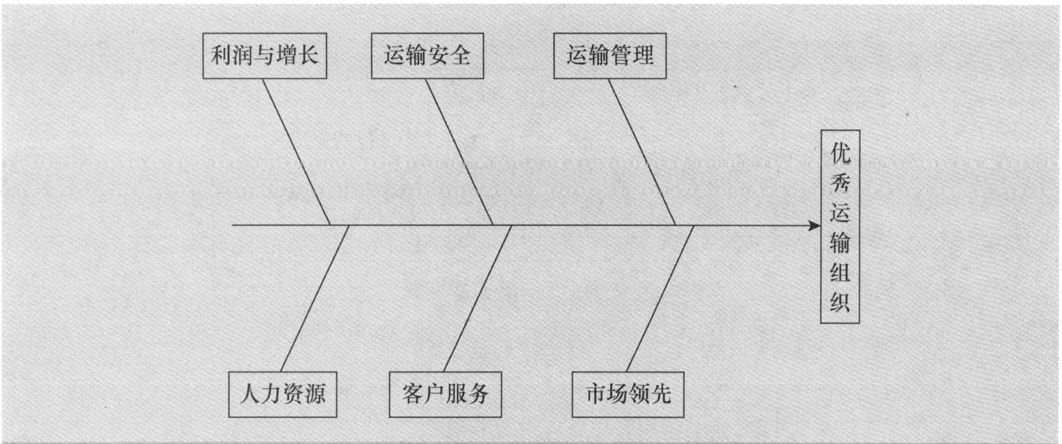

图 2-4　某铁路局关键成功领域的确定

第二步，确定关键绩效要素。关键绩效要素提供了一种“描述性”的工作要求，它对关键成功领域进行了进一步的解析和细化。它主要解决以下几个问题：（1）每个关键成功领域包含的内容是什么；（2）如何保证在该领域获得成功；（3）达成该领域成功的关键措施和手段是什么；（4）达成该领域成功的标准是什么。回答上述问题的有效方法就是采用头脑风暴法以集思广益，并利用鱼骨图由浅入深、由表及里地进行层次分析，如图 2-5 所示。

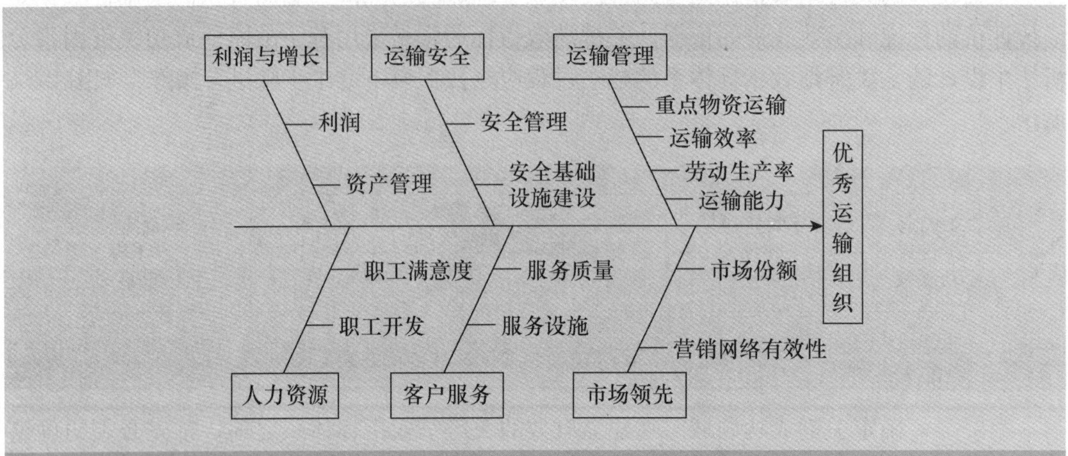

图 2-5　某铁路局关键绩效要素的确定

第三步，确定关键绩效指标。确定关键绩效指标就是对关键绩效要素进行细化和甄选：首先，将关键绩效要素细化为能反映其特性的指标；其次，按照具体的原则在众多指标中选出关键绩效指标，如图 2-6 所示。在确定关键绩效指标的过程中，一般需要遵循三个原则：(1) 指标的有效性，即所设计的指标能够客观地、集中地反映关键绩效要素的要求；(2) 指标的重要性，即通过对组织创造价值的流程的分析，找出对其绩效影响最大的指标；(3) 指标的可操作性，即指标必须有明确的定义和计算方法，能够获取客观可靠的数据。

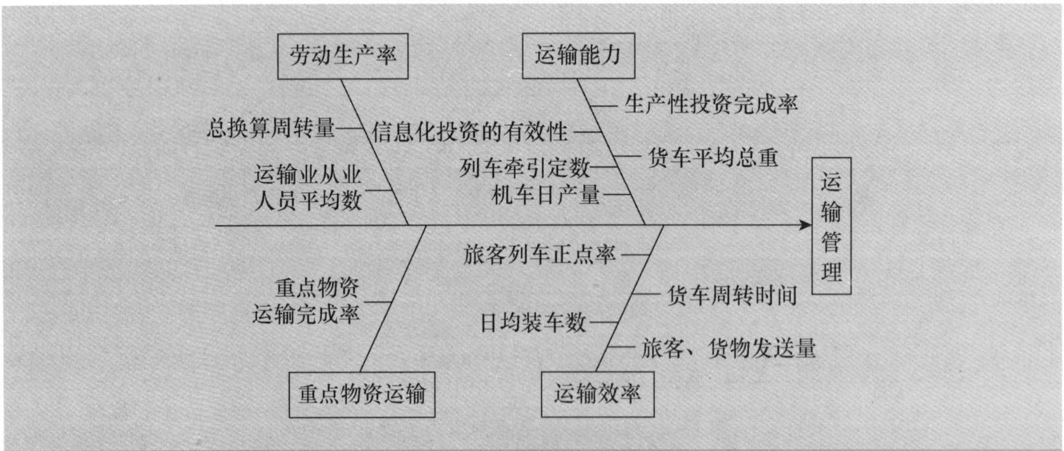

图 2-6　某铁路局关键绩效指标的确定

第四步，构建组织关键绩效指标库。将前三个步骤分析所得出的关键成功领域、关键绩效要素和关键绩效指标汇总制表，作为整个组织绩效评价的依据，如表 2-2 所示。

表2-2　　　　某铁路局关键绩效指标汇总表

关键成功领域	关键绩效要素	关键绩效指标
运输管理	运输能力	生产性投资完成率
		信息化投资的有效性
		列车牵引定数
		机车日产量
		货车平均总重
	运输效率	货车周转时间
		日均装车数
		旅客、货物发送量
		旅客列车正点率
	劳动生产率	总换算周转量
		运输业从业人员平均数
	重点物资运输	重点物资运输完成率
市场领先	市场份额	客货运市场占有率
		客货运收入增长率
	营销网络有效性	客运计划完成率
		货运计划完成率
运输安全	安全管理	行车事故率
	安全基础设施建设	安全设施投入
		线路病害率
客户服务	服务质量	旅客满意度
		货主满意度
		大客户满意度
		路风事件件数
	服务环境（设施）	车站评比达标率
		列车评比达标率
利润与增长	利润	运输总收入
		运输总支出
		非生产性支出
		每万换算吨公里综合能耗
	资产管理	净资产收益率
		固定资产利用率
		资产负债率
人力资源	职工满意度	职工满意度综合指数
	职工开发	优秀职工流失率
		绩效改进计划完成率

第五步，确定部门KPI和PI。公共部门组织目标的实现，需要各个职能部门的全力支持。因此，公共部门组织级关键绩效指标需要被分配或分解到相应的职能部门，形成部门级的关键绩效指标。有些组织级的关键绩效指标可以直接被某职能部门承接，成为该部门的关键绩效指标。有些指标则不能被直接承担或由一个职能部门单独承担，这就需要对这些指标进行进一步分解。指标的分解一般基于组织结构和内部流程两条主线进行，如图2-7所示。除此之外，为了全面地评价公共部门的部门绩效，还应该根据该部门的职责和流程等筛选出适应该部门的一般绩效指标作为补充，共同作为公共部门的部门绩效评价依据。

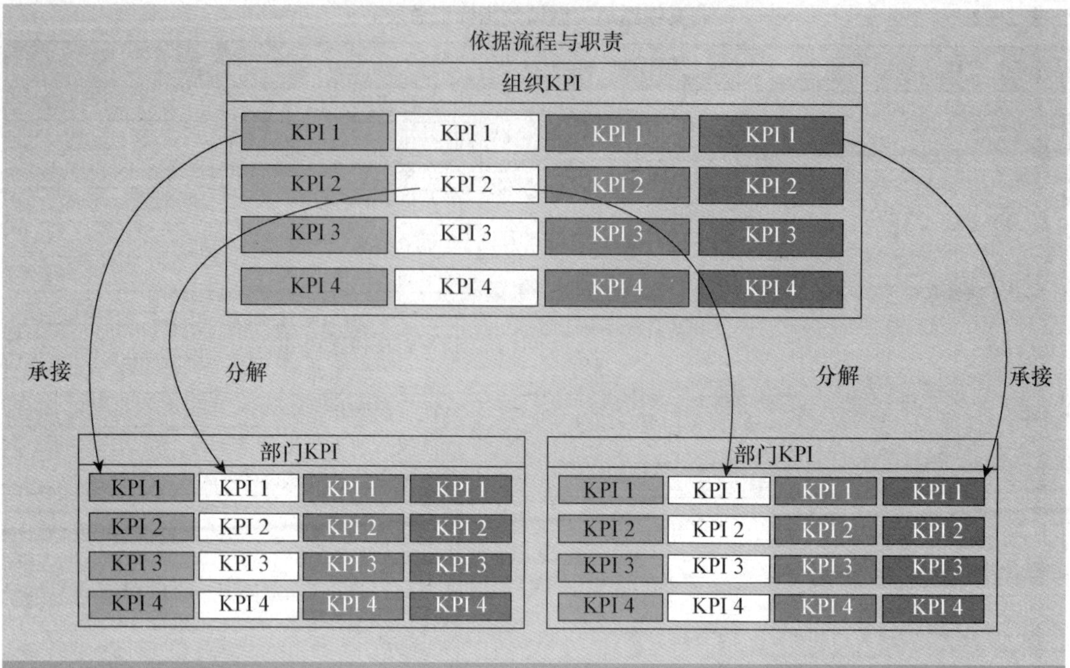

图 2-7　部门 KPI 的确定

第六步，确定个人 KPI 和 PI。个人关键绩效指标和一般绩效指标的确定方式同部门绩效指标的设定过程一样，如图 2-8 所示。个人关键绩效指标是通过对部门关键绩效指标的承接或分解得来的，另一部分一般绩效指标则来自员工个人的工作职责。

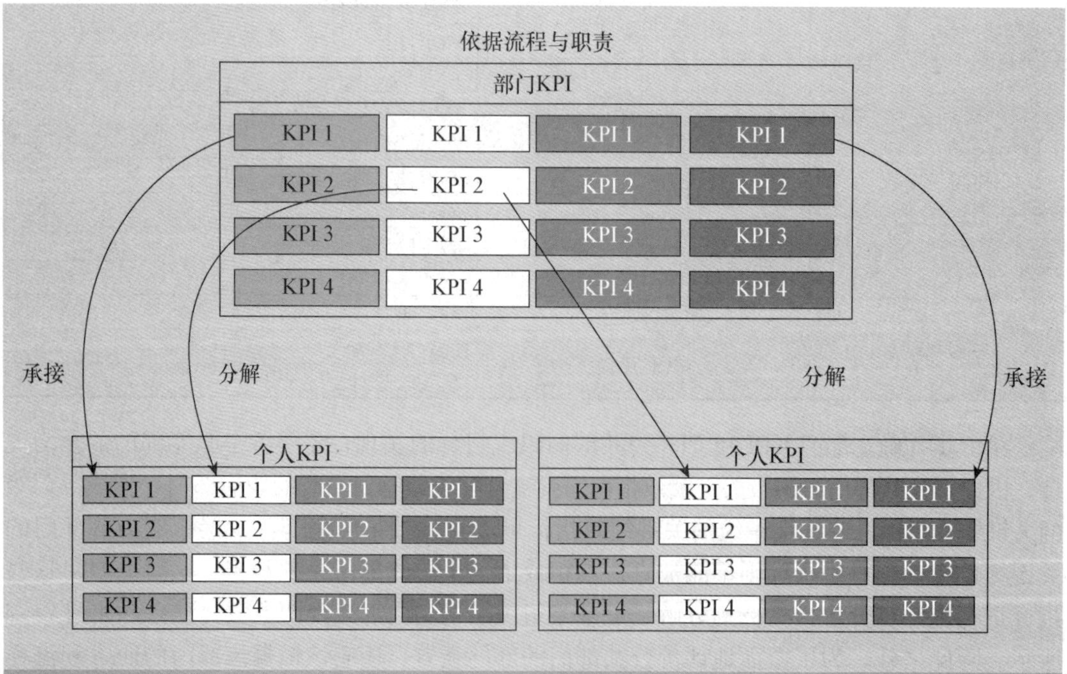

图 2-8　个人 KPI 的确定

至此，组织、部门和个人三个层级的关键绩效指标得以建立。经过一段时间的发展，整个公共部门就可以建立一个比较完整的关键绩效指标库，可以根据不同的发展阶段、不同的战略和组织结构选取不同的关键绩效指标，并可以随着组织的发展和战略目标的改变对绩效指标进行及时的调整和补充。

2.2.4　对关键绩效指标的评价

1. 关键绩效指标的优点

运用关键绩效指标对组织进行绩效管理，有助于发挥战略导向的牵引作用，形成对员工的激励约束机制。关键绩效指标主要有以下优点：

(1) 关键绩效指标是基于组织战略的指标体系，有利于组织战略目标的实现。关键绩效指标是对组织战略目标的层层分解，对关键绩效指标的有效整合和控制，可以使员工的绩效行为与组织战略目标的要求相吻合，有利于保证组织战略目标的顺利实现。

(2) 关键绩效指标的达成，有利于组织利益与个人利益的协调一致。关键绩效指标是对组织目标的层层分解和层层支撑，员工在实现个人绩效目标的同时，也是在实现组织整体的战略目标。因此，关键绩效指标的达成有利于组织整体利益与员工个人利益的和谐统一，实现组织利益与员工利益的共赢。

(3) 关键绩效指标的确定，有利于抓住关键工作。关键绩效指标强调目标明确、重点突出、以少带多。关键绩效指标一般可以避免由于指标庞杂、工作重点不明确而使关键工作受忽视或执行不到位的现象发生。

2. 关键绩效指标的不足

虽然关键绩效指标受到了管理界和学术界的肯定与认可，但随着管理实践的不断深入，关键绩效指标也暴露出某些不足和问题，主要体现在以下几个方面：

(1) 关键绩效指标的战略导向性不明确。关键绩效指标强调战略导向，但是具体的战略类型在关键绩效指标里面并没有明确指出。另外，关键绩效指标没有关注组织的使命、核心价值观和愿景，这种战略导向是不够全面的，也缺乏战略检验和调整的根本标准；在面对不确定性环境的时候，或在战略需要调整和修正的过程中，关键绩效指标的局限性尤为明显。

(2) 关键成功领域相对独立，各个领域之间缺少明确的逻辑关系。关键成功领域是根据战略的需求确定的对战略有贡献的相对独立的领域，这就会忽略领域间横向的协同和合作，相互之间没有逻辑关系，并直接导致了关键绩效指标间缺乏逻辑关系。在管理实践中，关键成功领域没有数量的限制，不同的设计者可能提出不同的关键成功领域，最终就会导出不同的关键绩效指标。

(3) 关键绩效指标对绩效管理系统的牵引方向不明确。各关键绩效指标之间相对独立并且缺乏明确的因果关系，可能导致关键绩效指标对员工行为的牵引方向不一致。关键绩效指标对资源配置的导向作用不明确，甚至出现指标间相互冲突的情况，容易导致不同部门和不同员工在完成各自绩效指标的过程中，对有限的资源进行争夺或重复地使用资源，从而造成不必要的耗费和损失。

(4) 关键绩效指标过多地关注结果，而忽视了对过程的监控。科学高效的绩效管理系统不仅需要关注最终的结果，还需要对实现路径进行全面的关注，以便在过程中加强监控和管理，从而保障组织获得持续稳定的高绩效。

尽管关键绩效指标存在一定的缺点和问题，但是关键绩效指标是绩效管理思想和工具的一个创新和进步。它为管理者们提供了一个新的思路和途径，为以后绩效管理思想和工具的发展提供了一个新的平台。

2.2.5 公共部门关键绩效指标的具体实践

关键绩效指标强调在组织战略的指引下，通过对目标自上而下的层层分解，使组织目标最终达成。由于关键绩效指标在企业领域的广泛使用，国内外有部分公共部门利用关键绩效指标开发绩效评价指标体系，并且取得了丰富的成果。

鹤山市作为珠三角地区的县级市，20 世纪八九十年代就全面实现了农业经济向工业经济的转型。进入新世纪，为了推动鹤山市的跨越式发展，鹤山市确立了“科学规划、集约发展、科教创新、生态优先”的发展战略。围绕政府转变职能，提高效率，改善形象，关注民生，鹤山市不断探索建立与基层治理、机关作风、公共财政、服务效率相关联的绩效考评制度，经历了“实绩考核—绩效评价—绩效管理”三个阶段。2007 年以后，鹤山市明确提出了绩效导向的目标定位，形成了一整套符合基层实际、具有地方特色的政府绩效评价及管理体系。鹤山市依据“促进经济发展、增加农民收入，强化公共服务、着力改善民生，加强社会管理、维护农村稳定，推进基层民主、促进农村和谐”的职能定位，按照“以结果为导向、分片考核、突出重点、体现公民导向”的设计思路，将绩效领域层划分为经济发展、社会发展、人民生活、环境保护四个领域，对镇级政府职能履行情况进行综合评价。在绩效评价的实施方面，鹤山市采用 KPI 考评法，根据政府职能设计了精细化的调查问卷，将话语权交给公众，形成了开放的公民参与机制。

我国工业和信息化部（简称工信部）作为行业管理部门，近年来积极探索开展绩效管理，通过设置关键绩效指标，积极落实重点工作。为了回应社会关切，接受各方监督，工信部试行公开了 5 项 KPI，具体包括国家小型微型企业创业创新示范基地遴选和公告数量，智能制造试点示范 2016 专项行动遴选试点示范项目数量，两化融合管理体系新增贯标试点企业数量、通过评定企业数量，固定宽带家庭普及率，全国 4G 用户总数等。

近年来，建设生态环保城市逐渐成为国内外新兴的城市发展模式。具有代表性的世界公认的生态城市包括：泰国苏梅岛低碳示范城、中国天津于家堡世界金融区、中国新疆吐鲁番新能源示范区、中国深圳光明新区、中国天津生态城等。为了推动低碳示范城市的有序建设，亚太经济合作组织（APEC）发布了亚太区生态城市 KPI 指标体系。这些生态城的规划与开发都是在 2007 年由中国与新加坡的专家合作设定的综合 KPI 的指导下进行的。该 KPI 体系涵盖了生态、经济与社会发展等方面，包括良好的自然环境、人造环境的健康平衡、良好的生活方式习惯、发展活力与效率兼具的经济等，共计 22 项定量指标和 4 项定性指标。

2.3 平衡计分卡

20 世纪 90 年代，随着知识经济和信息技术的兴起，无形资产的重要性日益凸显，人们对以财务指标为主的传统企业绩效评价模式提出了疑问。在此背景下，美国哈佛大学商学院教授罗伯特·卡普兰（Robert Kaplan）和复兴国际方案公司总裁戴维·诺顿（David Norton）针对企业组织的绩效评价创建了平衡计分卡。在两位创始人近20年锲而不舍的努力下，平衡计分卡不断地推陈出新，逐渐发展成为系统完善的战略及绩效管理工具，并被广泛应用于企业、政府、军队、非营利机构等各类组织的管理实践当中。

2.3.1 平衡计分卡的产生与发展

20世纪中后期，以高新技术产业为主导的新科技革命使生产力迅猛发展，知识经济初见端倪，科学技术成为经济发展的决定因素，各类组织面临着充满生机但又荆棘遍布的生存环境。为了应对迅速变化的生存环境和市场需求，管理者需要全面掌握组织的经营业绩和运作情况，尤其是无形资产对组织价值创造的贡献。然而，传统财务绩效评价模式因其固有的滞后性，已无法满足管理实践的现实需要，平衡计分卡（balanced scorecard，BSC）应运而生。

1. 平衡计分卡的产生

1990年，美国毕马威会计师事务所（KPMG）的研究机构诺兰诺顿（Nolan Norton Institute）资助了一个题为“未来的组织业绩衡量”的研究项目。该项目为期一年，共有12家单位参加，包括AMD（Advanced Micro Devices）、美国标准石油（American Standard oil）、苹果电脑公司（Apple Computer）、南方贝尔（Bell South）、GIGNA保险、Conner Peripherals公司、克雷研究公司（Cray Research）、杜邦（DuPont）、美国电子数据系统公司（Electronic Data Systems，EDS）、通用电气公司（General Electric，GE）、惠普（Hewlett-Packard，HP）和加拿大壳牌石油（Shell Canada），涉及制造、服务、重工业和高科技等多个行业。诺兰诺顿的CEO戴维·诺顿担任该项目的负责人，罗伯特·卡普兰教授则担任学术顾问。项目开始后，研究团队搜集和分析了大量有关绩效评价系统创新的案例，最终把目光锁定在模拟设备公司（Analog Devices）的“企业计分卡”上，它不仅包括传统的财务指标，还包括与交货时间、制造流程的质量和周转期、新产品开发效率等相关的绩效指标，研究团队都认为这张计分卡最可能满足项目的预期要求，因此它就成为平衡计分卡的原型。在听取模拟设备公司副总裁阿特·施奈德曼（Art Schneiderman）的经验介绍之后，小组成员进行了深入研究和反复讨论，最终创建了一个新的具有财务、客户、内部业务流程、学习与成长四个独特层面的绩效评价系统，这个新的评价系统被命名为“平衡计分卡”。随后，项目小组在多家参加项目的企业中运用和实施了平衡计分卡，并总结了正反两方面的经验，最终于1990年12月提交了关于平衡计分卡绩效评价系统的可行性和实施效益报告，项目圆满结束。项目结束后，卡普兰和诺顿总结了研究团队的成果，共同撰写了一篇论文《平衡计分卡——驱动业绩的衡量体系》（The Balanced Scorecard：Measures That Drive Performance），发表于1992年1—2月的《哈佛商业评论》。该文的发表标志着最初用于衡量企业组织绩效的平衡计分卡正式问世。

2. 平衡计分卡的发展脉络

平衡计分卡自问世以来，得到社会各界的广泛认可并迅速风靡全球，成为近百年来最具影响力的管理工具之一。据调查统计，在世界500强中有80%的企业应用了平衡计分卡，《财富》杂志公布的世界前 1 000 位公司中，有 70%的公司采用了平衡计分卡。《哈佛商业评论》在庆祝创刊 75 周年和 80 周年时，先后评选了“75 年来最伟大的 75 个管理工具”和“过去 80 年来最具影响力的十大管理理念”，平衡计分卡均名列前茅。二十年来，平衡计分卡被不断地丰富、发展和完善，形成了一批极具价值的研究成果，这些成果集中反映了两位创始人的思想轨迹，生动体现了平衡计分卡的理论演变脉络，如图 2－9 所示。

图 2－9　平衡计分卡的主要理论成果

（1）描述战略。

战略地图作为一种可视化的描述工具，其贡献在于通过四个层面之间层层向下牵引和向上支撑的逻辑关系，将概括性的组织战略转化成一整套清晰明确的战略目标和衡量指标。相对于表述笼统的战略，这些目标和指标不仅清晰具体，而且围绕战略主题高度整合。战略目标之间具有严密的因果关系，相应的衡量指标也具有明显的关联性，战略因此得以清晰准确地描述和诠释。

（2）衡量战略。

卡普兰和诺顿指出，衡量是重要的，“不能衡量就不能管理”。任何一个绩效管理系统，目的都应该是激励所有管理者和员工成功地执行战略。在无形资产决定组织未来的信息时代，组织必须摒弃传统的财务绩效评价模式，在战略的指导下综合财务、客户、内部业务流程、学习与成长四个层面，建立一套全面的、紧密关联的、相互平衡的绩效目标和指标体系，以充分发掘组织核心竞争力的价值源泉。

（3）管理战略。

由于平衡计分卡提供了一个从四个不同层面来描述战略的管理框架，使组织的管理者能够站在全局的高度审视价值创造的绩效结果和驱动因素，因此利用平衡计分卡作为管理平台构建战略中心型组织是管理者们的优先选择，而战略中心型组织的根本特征就是将战略作为组织变革和管理流程的核心。

（4）协同战略。

平衡计分卡针对传统的职能壁垒提出了创造组织衍生价值的主张，介绍了实现战略协同的八个查验点，并阐释了如何在董事会、组织总部、经营单位、支持单元、外部合作伙伴和客户之间实现密切合作、协同作战、对协同效果进行评估以及对协同流程进行管理的详细方法。

（5）链接战略与运营。

卡普兰和诺顿以战略为纲、以运营为目的，以平衡计分卡为管理工具构建起一套包括开发战略、诠释战略、协同组织、规划运营、监控学习和检验调整六个阶段的战略管理体系。该体系从战略制定开始，将关键流程改进和运营计划编制作为链接的节点，以结构化会议形式的战略检验和调整为终端形成了一个良性的管理循环，从而将战略执行和运营管理有效地整合与协同起来。

2.3.2　平衡计分卡的框架及要素

对平衡计分卡的理解，有广义和狭义之分。广义的平衡计分卡是就理论体系而言，其本质是通过以战略为管理核心实现组织整体协同，从而提升战略执行力的管理体系，包括战略地图和狭义的平衡计分卡；狭义的平衡计分卡是指与战略地图并列的一种管理表格。战略地图的价值侧重于描述战略，而狭义的平衡计分卡则侧重于衡量战略，两者通过战略目标这一关键要素紧密连接在一起。通过运用狭义的平衡计分卡和战略地图来描述战略、衡量战略、管理战略、协同战略以及链接战略与运营，从而确保组织战略的成功实施和组织绩效的全面提升。

1. 战略地图及其基本框架

战略地图是对组织战略要素之间因果关系的可视化表示方法，是一个有效诠释和沟通组织战略、说明价值创造过程和描述战略逻辑性的管理工具。为了便于读者理解和记忆，我们把通用的战略地图形象地比喻为一座四层楼的房子。位于楼房顶端的是组织的使命、核心价值观、愿景和战略；房子的主体部分为四个楼层，从上往下依次是：财务层面、客户层面、内部业务流程层面和学习与成长层面。战略地图的基本框架如图 2－10 所示。使命和愿景为组织的发展确定了总的目标和方向，帮助股东、客户和员工正确理解组织的目的和期望。战略是平衡计分卡的核心，是组织在认识其经营环境和实现使命过程中所接受的显著优先权和优先发展方向。组织必须通过制定战略将使命和愿景落实到执行层面，把有限的资源集中到对组织目标实现具有重要推动作用的行动计划上去。

（1）使命（mission）。

使命是组织存在的根本价值和追求的终极目标，概括了组织为人类所做出的贡献和创造的价值。卡普兰和诺顿认为，使命是一个简明的、重点清晰的内部陈述，说明了组织存在的原因，指引了组织行动的基本目标并明确了员工行动的价值。一个组织的使命可能简单明了，但却能够激励人心。使命不等于经济目标，“利润最大化”并不能激励组织中各个层级的成员，并且不具有指导作用。正如管理学家吉姆·柯林斯（Jim C. Collins）所言：

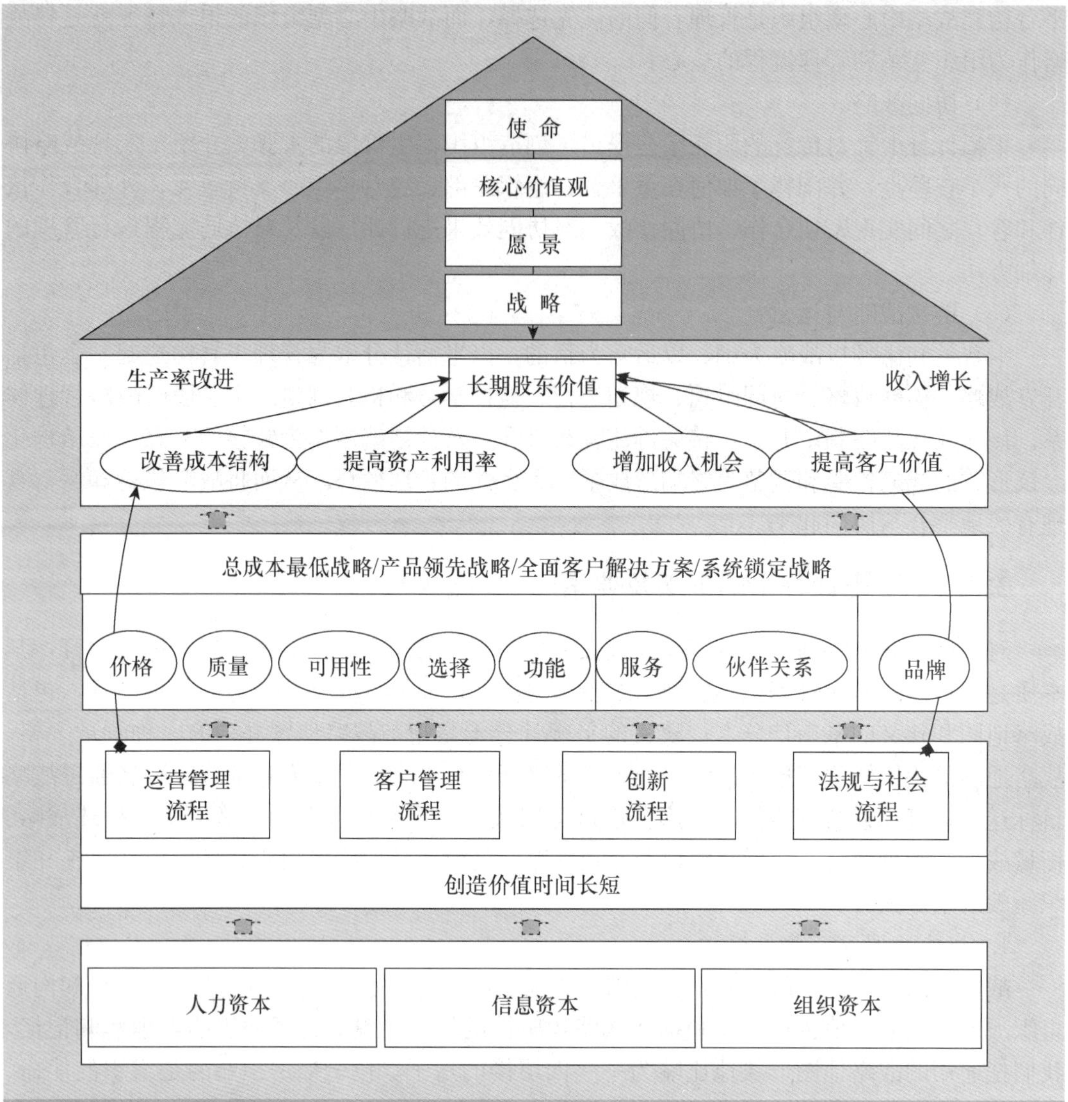

图 2-10 战略地图的基本框架

"对于那些尚未认清真正核心目的的组织来说，'股东财富最大化'是一种现成的、标准的目的，但它实际上是一种无效的替代品。"使命可以延续上百年，因此不能将其和具体的目标、战略混为一谈。目标和战略可以随着组织环境和发展的需要而改变，但是使命却恒久不变；目标和战略可以一步一步地实现，但使命却不可能完全实现。使命就像是地平线上的启明星——是组织永远不可及的追求。虽然使命本身不变，但是它却可以激发改变。恰恰是"使命永远不可能完全实现"这一事实，激励着组织持久地追求。使命就像是组织远航时的灯塔，指引着组织发展的方向，指导和鼓舞着组织成员不懈地努力。因此，在现在这个环境日益多变、竞争日益激烈的时代，组织比以往任何时候都更需要明晰自身的使命，这样才能使组织的工作变得更有意义，更能吸引、留住和激励杰出的人才。表 2-3 列出了几个组织的使命陈述。

表 2－3　使命陈述示例

沃尔玛（Wal-Mart）	帮助顾客省钱，让他们生活得更美好
索尼（Sony）	体验发展技术造福大众的快乐
耐克（Nike）	体验竞争、获胜和击败对手的感觉

（2）核心价值观（core value）。

核心价值观是指组织中指导决策和行动的永恒原则，体现在组织成员日复一日的行动中，反映了组织深层的信仰。卡普兰和诺顿认为，“组织的价值观（通常被称为核心价值观）体现了组织的态度、行为和特质。”高瞻远瞩的组织通常只有几条核心价值观，一般为 3～5 条。因为，只有少数的价值观才是深植于组织内部的、最根本的指导原则。核心价值观是使组织长盛不衰的根本信条，不能将其与特定的文化或作业方法混为一谈，也不能为了经济利益或短期权益而自毁立场。核心价值观可以来源于领导者的个人信仰，但真正的价值观必须能经受住时间的考验，成为组织文化长期积累和沉淀的结果，为全体成员所共同认可和遵从。表 2－4 列出了几个组织的核心价值观。

表 2－4　核心价值观示例

索尼（Sony）	1. 弘扬日本文化，提高国家地位
	2. 成为时代先锋——不追随别人；做不可能的事
	3. 鼓励个体的能力和创造力
迪士尼（Disney）	1. 不冷嘲热讽
	2. 培养和传播“充满生机的美国价值观”
	3. 创造、梦想和想象
	4. 执着地追求持久永恒和细致入微
	5. 对迪士尼神话的保护和控制

（3）愿景（vision）。

愿景是组织勾画的宏伟蓝图和期望实现的中长期目标，是组织内人们发自内心的意愿。愿景能够反映组织的使命、核心价值观，明确指引组织战略的制定，正确指导组织成员执行战略的行动，确保组织沿着既定的方向发展。组织的愿景一般由两部分组成：一是组织中长期内要实现的宏伟、艰难、大胆的目标（big hairy audacious goals，BHAG）；二是对组织完成宏伟、艰难、大胆目标后会是怎样的生动描述。宏伟、艰难、大胆的目标应该是简洁的、可行的并且鼓舞人心的，它是组织成员共同努力的目标，是团队精神的催化剂，能够激发所有人的力量，促使组织团结。而生动描述则是用憧憬的语言传达想要展现给世界的形象。卡普兰和诺顿认为愿景是一个简明的陈述，通常用憧憬的语言传达组织中长期（3～10 年）想要展现给世界的形象。一个清晰的、具有说服力的愿景陈述一般包括三个关键因素：挑战性目标、市场定位和时间期限。表 2－5 是关于愿景的几个示例。

表 2-5　愿景示例

索尼（50 年代）	成为全球最知名的企业，改变日本产品在世界上的劣质形象
耐克（60 年代）	击败阿迪达斯
斯坦福（40 年代）	做西部的哈佛

（4）战略（strategy）。

战略是一种假设，是关于为或不为的选择，是组织在认识其经营环境和实现使命过程中所接受的显著优先权和优先发展方向，描述了组织打算为谁创造价值以及如何创造价值，它是平衡计分卡的核心。卡普兰和诺顿主要是秉承战略定位学派的观点，尤其是迈克尔·波特的思想，从竞争战略层面来探讨战略。波特把战略分为三个层次：一是定位，即战略就是一种独特、有利的定位，关系到各种不同的运营活动；二是抉择，即在市场竞争中做出取舍；三是配置，即在组织的各项运营活动之间建立一种有效的联系。因此，一份完整的战略既要定义“战略是什么”，还应指出“如何实现战略”，具体如图 2-11 所示。

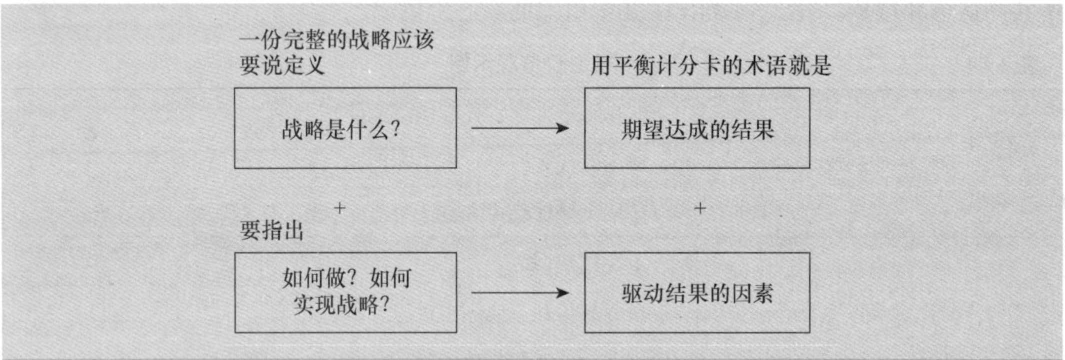

图 2-11　战略的构成

需要注意的是，战略是从组织使命到员工行动这一连续统一体中的一环，它自身无法构成一个独立的管理系统。通常，战略由多个并存且互补的战略主题组成。在制定战略时，全面准确的战略表述需要包括三项基本要素：目标、优势和范围。战略表述示例如表 2-6 所示。

表 2-6　战略表述示例

美国西南航空公司		
目标（O）	战略要达到的最终结果	成为美国最盈利的航空公司
优势（A）	组织为达到目标所采用的方法	以公共汽车、火车的价格、频率及可靠性，提供快速的航空服务
范围（S）	组织想要经营的领域与市场	针对那些注重飞行便利性并对价格敏感的乘客

（5）战略地图的四个层面。

战略地图的主体由四个层面构成，从上到下依次是财务层面、客户层面、内部业务流程层面以及学习与成长层面。前两个层面描述了组织所期望的最终成果，后两个层面则描述了实现战略的过程。战略地图四个层面的关系如图 2-12 所示。

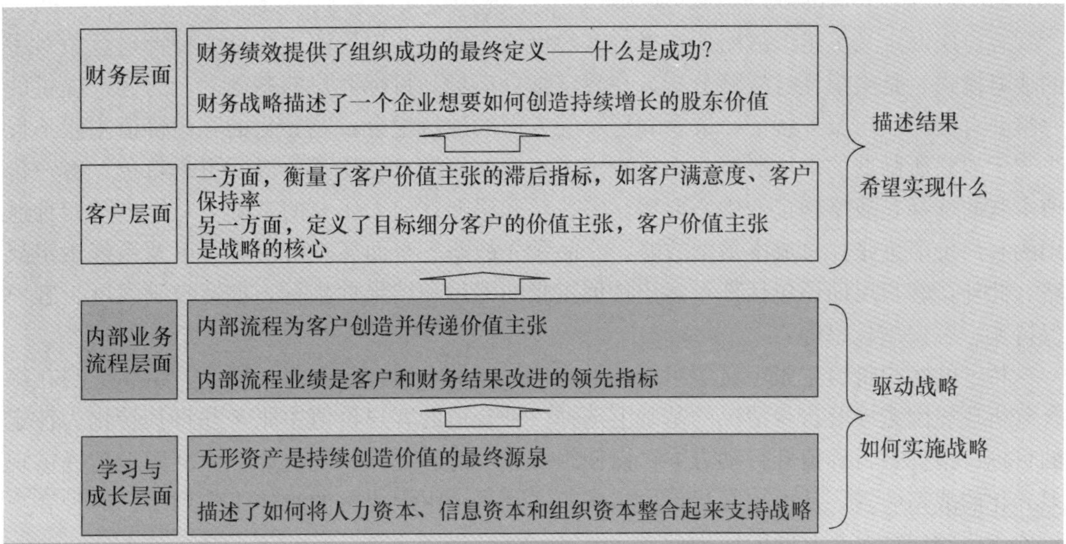

图 2-12　战略地图四个层面的关系

1）财务层面（financial perspective）。

财务层面以传统财务术语（如投资报酬率、收入增长和单位成本等）描述了战略的有形成果，提供了判断组织成功的依据。对于企业来说，平衡计分卡财务层面的最终目标是实现利润最大化，确保股东价值的持续提升。为了达成这一目标，组织可以通过收入增长和生产率改进这两种战略来改善组织的财务绩效，具体如图 2-13 所示。

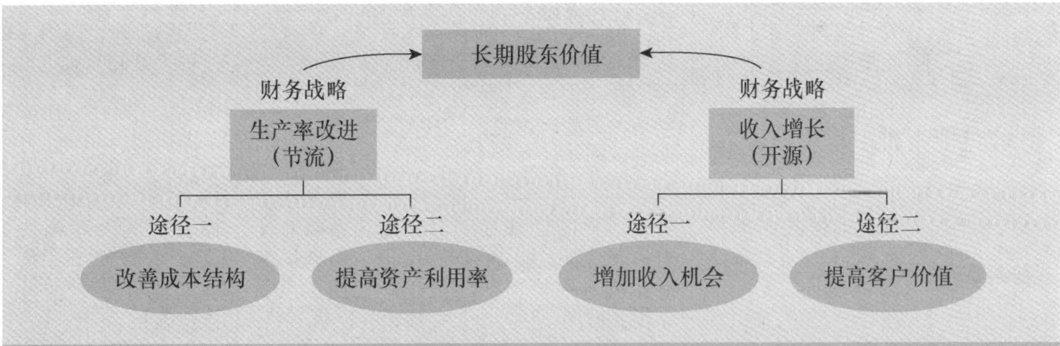

图 2-13　平衡计分卡的两大财务战略

第一，收入增长战略，即“开源”，可以通过两种途径实现：一是增加收入机会，通过销售新产品或发展新的客户来创造收入增长；二是提高客户价值，即加深与现有客户的关系，销售更多的产品和服务。第二，生产率改进战略，即“节流”，也可以通过两种途径实现：一是改善成本结构，即通过降低直接或间接成本来改善成本结构，使得生产同样数量的产品却消耗更少的人、财、物等资源；二是提高资产利用率，即通过更有效地利用财务和实物资产，减少实现既定业务水平所必需的流动资金和固定资本。相对来说，收入增长通常会比生产率改进花费更长的时间。因此，在确定这一层面的目标时，必须同时关注长期

（收入增长）和短期（生产率）两个方面，使组织能够在短期利益和长期目标之间保持平衡。

2）客户层面（customer perspective）。

客户层面定义了组织战略所选择的客户价值主张。客户价值主张是一种针对竞争对手的战略模式，是组织经过战略分析，在界定细分市场和目标客户的基础上，为客户提供的一整套有关产品与服务特征、关系和形象等方面的独特组合。差异化的客户价值主张不仅决定了战略所瞄准的市场群体，而且决定了组织如何使自己比竞争对手更具特色。客户价值主张的选择是战略确定的中心要素。卡普兰和诺顿在前人研究的基础上总结出了四种通用的客户价值主张：总成本最低战略、产品领先战略、全面客户解决方案以及系统锁定战略。此外，客户层面还包括衡量客户价值主张的滞后和结果性指标，如客户满意度、客户保持率、客户增长率等。

特定的客户价值主张定义了组织的战略，战略的本质在于选择。因此，组织应当在综合分析环境因素以及自身情况的基础上选择一种合适的客户价值主张，并将其转化为特定的目标、指标、目标值和行动方案，以便组织成员能够更深入地认识、更准确地把握体现差异化的战略要素，从而把客户价值主张落实到每个组织成员的具体工作当中。四种客户价值主张的内涵及相互间的区别如表 2－7 所示。

表 2－7　　四种通用的客户价值主张

项目＼类型	总成本最低战略	产品领先战略	全面客户解决方案	系统锁定战略
价值定位	为客户提供可靠的、及时的、低成本的、有限选择的产品和服务	为客户提供高品质的、领先的、选择多样化的产品和服务	为客户提供全面的、定制化的产品和周到的、持续性的服务	为客户提供难以转换的、标准化的产品、服务或交流平台
差异化因素	关注价格、时间、质量和品牌	关注时间、功能和品牌	关注服务、伙伴关系和品牌	关注功能、服务、伙伴关系和品牌
代表性企业	丰田、松下电器、西南航空、戴尔、麦当劳、沃尔玛	宝马、奔驰、耐克、索尼、英特尔	IBM、美孚石油公司	微软、思科、eBay、美国运通、Visa、万事达
基本要求	具有很强的成本控制能力，对大众消费口味的调查很在行	具有很强的创新能力和产品研发能力，能够快速地将新产品投入市场	对客户关系管理十分在行，强调同客户建立长期的友好关系	拥有专利、许可协议或专有知识，能够创建行业标准并持续创新

3）内部业务流程层面（internal process perspective）。

内部业务流程层面阐述了创造价值的少数关键业务流程，即为实现客户价值主张所必需做的重点工作。根据创造价值时间的长短，内部业务流程又可以分为运营管理流程、客户管理流程、创新流程以及法规与社会流程四类。运营管理流程是指生产和交付产品或服务的流程，卓越的运营可以为企业带来质量、成本、生产周期和服务效率等方面的巨大改进；客户管理流程是建立并利用客户关系以提高客户价值的流程，它反映了组织选择、获得、保留目标客户并不断扩大客户规模的能力；创新流程是指开发新产品、新服务、新流程和新关系的流程，它是提升客户获得率和增长率、提高客户忠诚度和增加利润的必要条件；法规与社会流程主要是指改善社区和环境的流程，有效的法规与社会流程可以驱动长期股东价值的创造。具体如图 2－14 所示。

运营管理流程	客户管理流程	创新流程	法规与社会流程
生产和交付产品/服务的流程	提高客户价值的流程	创造新产品/服务的流程	改善社区和环境的流程
生产并向客户提供产品和服务	建立并利用客户关系	开发新产品、新服务、新流程和新关系	遵纪守法 满足社会的期望 建立繁荣的社区
1.从供应商那里获得原材料 2.将原材料转变为产品或服务 3.向客户分销产品或服务 4.管理风险	1. 选择目标客户 2. 获得目标客户 3. 保留目标客户 4. 增长客户业务	1. 识别新产品和新服务的机会 2. 管理研发组合 3. 设计和开发新产品和新服务 4. 将产品和服务推向市场	1. 环境业绩 2. 安全和健康业绩 3. 员工雇用 4. 社区投资
短波	中波	长波	长期

图 2－14　四类创造价值的内部业务流程

资料来源：罗伯特・S. 卡普兰，大卫・P. 诺顿. 战略地图：化无形资产为有形成果. 广州：广东经济出版社，2005：36.

4）学习与成长层面（learning and growth perspective）

无形资产是组织持续创造价值的源泉，学习与成长层面描述了组织的无形资产及其在战略中的作用，具体包括人力资本、信息资本和组织资本三个方面。人力资本是指执行战略所需的知识、技能和才干；信息资本指的是支持战略所需信息系统、数据库、网络和技术基础设施；组织资本体现了执行战略所需的动员和维持变革流程的组织能力。这些资产必须被协调好并与关键内部流程保持战略的一致性，具体如图 2－15 所示。

人力资本	信息资本	组织资本
执行战略所需的知识、技能和才干等	支持战略所需的信息系统、数据库、网络和技术基础设施	执行战略所需的动员和维持变革流程的组织能力
有用性(战略能力)	有用性(战略信息)	有用性(变革议程)
1. 知识(工作所需的一般知识) 2. 技能(谈判/协商/项目管理) 3. 价值观(价值取向)	1. 信息系统 2. 数据库 3. 网络和技术基础设施	1. 文化 2. 领导力 3. 协调一致 4. 团队工作

图 2－15　三种无形资产

资料来源：罗伯特・S. 卡普兰，大卫・P. 诺顿. 战略地图：化无形资产为有形成果. 广州：广东经济出版社，2005：42.

第一，人力资本。在战略地图中，人力资本被划分为知识、技能、价值取向等三个方面。其中，知识是指执行工作所要求的一般背景知识；技能是指弥补一般基础知识要求的技能，如谈判、协商和项目管理等技能；价值取向是指在既定工作中能产生突出绩效的特性和行为，例如有些工作要求团队合作精神，有些则要求以客户为导向。

第二，信息资本。信息资本可以分为“硬件”和“软件”两个部分，即技术基础设施和信息资本应用程序。管理者必须知道如何为组织的特定战略选择相应的信息资本组合，以及如何管理支持战略所需的信息资本组合。

第三，组织资本。组织资本被定义为执行战略所需的动员和维持变革流程的组织能力，即将组织拥有的能力和技术协同起来以实现战略目标的能力。为了有效地描述和衡量组织资本，平衡计分卡将组织资本划分为四个组成部分：文化、领导力、协调一致和团队工作。

综上所述，战略地图的四个层面先后回答了四个问题：财务层面回答的是我们如何满足股东的期望；客户层面回答的是我们如何满足目标客户的需求；内部业务流程层面回答的是我们必须做好哪些重点工作；学习与成长层面回答的是我们必须在哪些无形资产上做好准备。这四个层面以特定战略为核心，从上往下层层牵引，从下往上层层支撑，具体如图 2-16 所示。

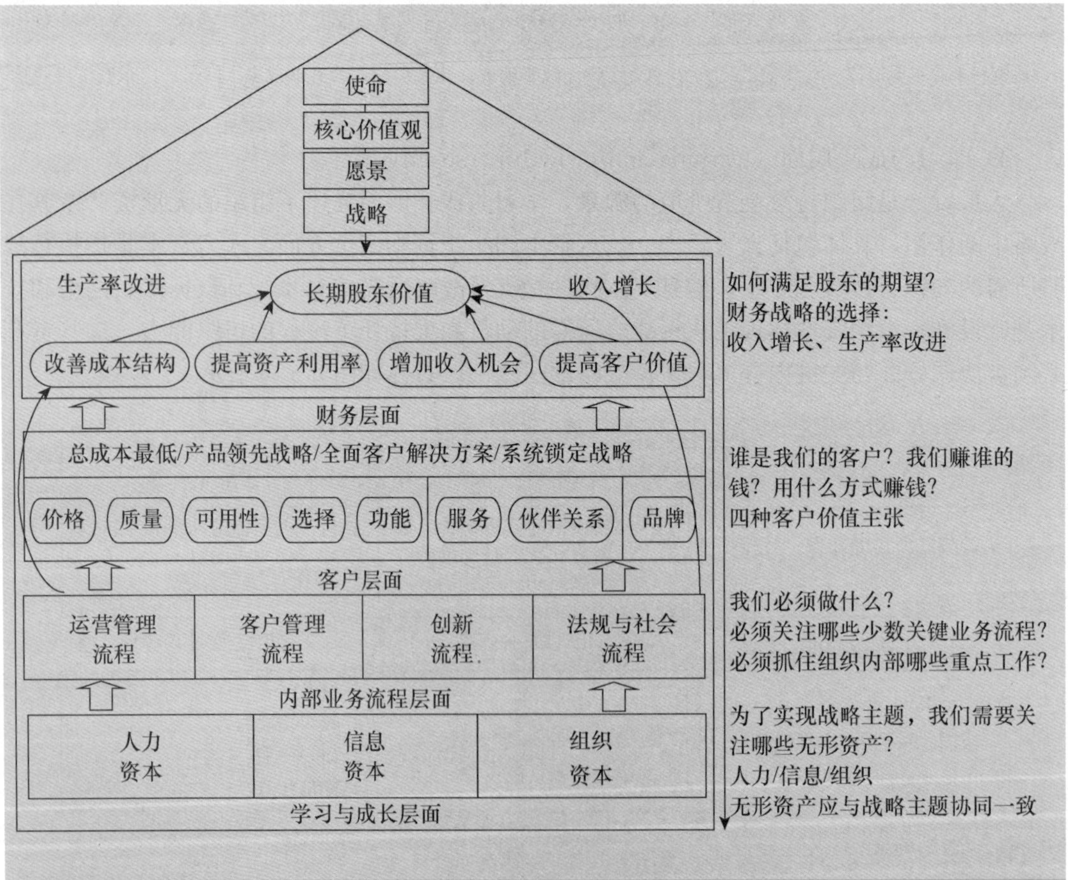

图 2-16　战略地图四个层面回答的四个问题

使命、核心价值观、愿景、战略、四个层面及其构成要素通过逻辑因果关系被有效整合起来，形成了战略地图的具体框架，如图 2－17 所示。这个框架就是卡普兰和诺顿的战略地图通用模板，主要适用于以营利为目的的企业组织，而政府、事业单位、军事机关等公共组织的战略地图框架则需根据组织属性及相应的运营实际进行必要的调整。

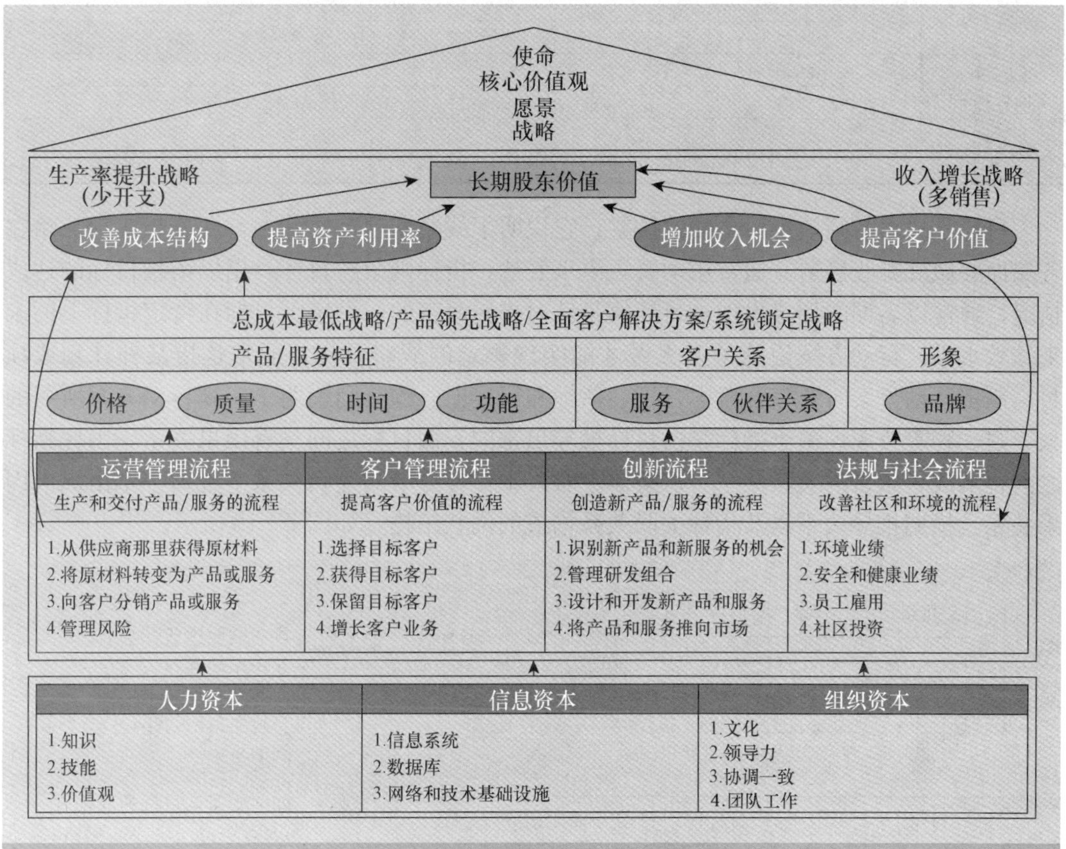

图 2－17　战略地图通用模板

资料来源：罗伯特·S. 卡普兰，大卫·P. 诺顿. 战略地图：化无形资产为有形成果. 广州：广东经济出版社，2005：9.

2. 平衡计分卡的关键要素

狭义的平衡计分卡是一个由财务、客户、内部业务流程、学习与成长等四个层面构成，用以将战略地图的目标转化为可量化的衡量指标和目标值，并制订相应行动方案和预算计划的管理表格。通过制作平衡计分卡，组织建立了用以衡量战略的绩效指标体系，明确了未来所要达到的绩效水平，确定了实现战略所需的行动方案以及相应的资源。需要强调的是，平衡计分卡不是绩效评价量表，平衡计分卡的首要目的是管理而非评价。

平衡计分卡的表现形式是一张二维的表格，如表 2－8 所示。纵向是财务、客户、内部业务流程、学习与成长四个层面，横向是目标、指标、目标值、行动方案、预算和责任制。

表 2-8　　　　平衡计分卡（样表）

要素 层面	目标	指标	目标值	行动方案	预算和责任制
财务					
客户					
内部业务流程					
学习与成长					

目标是战略与绩效指标之间的桥梁，它说明了战略期望达成什么，即若想实现战略在各层面要做好哪些事情，通常用动宾短语来表达；指标则紧随目标，用以衡量目标的达成情况，通常以名词的形式出现；目标值是针对指标而言的，设定了目标在特定指标上的未来绩效水平；行动方案说明了怎么做才能实现预定的战略目标，通常是指某种计划或项目，制定行动方案时要综合考虑目标、指标和目标值；预算则说明了实施行动方案所需的人、财、物等资源。由于指标是由目标推导出来的，而目标之间具有因果关系，因此指标之间也形成了紧密的关联关系。从整体上看，平衡计分卡的逻辑关系呈现为一个由纵向因果关系、横向推导关系以及指标关联关系构成的网状结构，如图 2-18 所示。

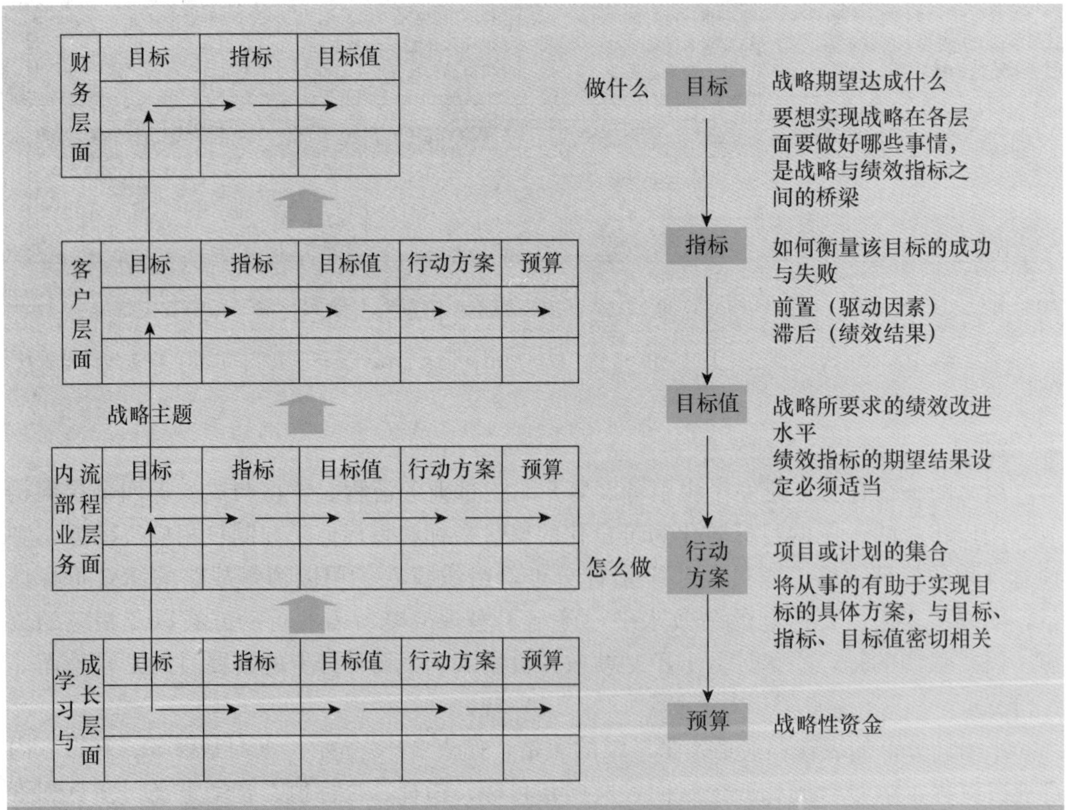

图 2-18　平衡计分卡的逻辑关系

（1）目标。

目标是一定时期内，组织在特定绩效领域所希望取得的理想成果。目标指出了为有效实施战略所必须做好的事情，是对组织使命、核心价值观、愿景和战略的进一步展开和细化，是组织协调一致的核心和关键。具体而言，平衡计分卡的目标主要可以分为以下几种类型：

第一，长期目标、中期目标、短期目标。根据价值创造周期，平衡计分卡中内部业务流程层面的目标可以划分为长期目标、中期目标和短期目标。平衡计分卡的构成是以战略主题为基本单元的，而单个战略主题的确定主要是通过对内部业务流程层面中少数关键流程进行组合。不同时限战略主题的组合能够从整体上直接反映战略的意图，保证组织在短期利益和长远发展之间取得有效平衡，从而实现股东价值的持续性增长。

第二，组织目标、部门目标、个人目标。根据组织的管理层次，平衡计分卡的目标可以划分为组织目标、部门目标和个人目标。组织目标是对组织战略的具体细化和明确界定；部门目标主要是对组织目标的承接和分解；个人目标则是根据职位职责，对其所在部门的目标的承接和分解。

第三，承接目标、分解目标、独有目标。从组织的纵向协同来看，平衡计分卡通过分层承接和分解的方式把战略转化为承接目标、分解目标和独有目标，将各个分散的业务单元和职能部门的不同工作协同起来，实现 1＋1 大于 2 的功效，确保组织价值的最大化。承接目标是指上下级公司、部门（或职位）之间一脉相承的共同目标；分解目标是指从上级公司、部门（或职位）目标分解到下级公司、部门（或职位）的目标；独有目标是指在承接和分解之外，各部门、各职位为完成工作要求而需要独立实现的目标。通过承接目标、分解目标和独有目标，可以有效地联系组织、部门和个人，确保组织战略切实地落实到每位员工，促进组织战略的顺利实现和组织行动的纵向协同。

第四，共享目标、分享目标、独有目标。从组织的横向协同来看，平衡计分卡是按照分工与协作相结合的原则，把部门和个人的目标划分为共享目标、分享目标和独有目标。共享目标是指目标所确定的事项是一个整体，不可分解，需要不同部门或不同员工合作才能完成的目标；分享目标是指目标所确定的事项虽然是一个整体，但是可以分解，不同部门或不同员工根据各自的职责承担部分任务，按照各自所处的流程节点位置进行衔接和配合才能完成的目标；独有目标则是根据职责权限的划分，由单个部门或员工独立完成的目标，通常不需要与他人进行协作。通过目标来实现组织的纵向协同和横向协同，可以有效提高组织的战略执行力，提升组织的核心竞争力，确保组织战略的顺利实现。

（2）指标。

指标是指用以衡量目标实现程度的标尺。通常对单个指标进行评价所形成的结果只能反映绩效目标的某一个方面，只有根据工作的数量、质量、时间、成本等从不同维度进行指标设计和组合，才能得到一个综合的评价结果，从而真实地反映预期绩效和实际绩效的吻合程度。因此，在平衡计分卡中，指标也被划分为不同类别：

第一，财务指标与非财务指标。平衡计分卡在保留财务指标的同时，将非财务指标分为客户类指标、内部业务流程类指标和无形资产类指标，从而形成一个基于目标因果关系链的绩效指标体系。

第二，客观指标与主观判断指标。将指标分为定性指标和定量指标是管理实践中最为常见的做法。实际上，无论是定性指标还是定量指标都能转化为数值形式，从而模糊了两者之间的界限。为避免这一现象，平衡计分卡将定性指标和定量指标改为客观指标和主观判断指标。客观指标的评价依赖于直接的数据，而主观判断指标的评价建立在对数据和信息的综合分析之上，受评价者的知识、经验和主观感受影响。

第三，前置指标与滞后指标。为了凸显价值创造过程中绩效结果和驱动因素之间的因果关系，平衡计分卡将指标划分为前置指标和滞后指标并力求在两者之间取得平衡。把前置指标纳入组织绩效管理的体系中来，弥补了以往绩效管理工具只重视滞后指标的缺陷，使得那些对组织成功有利的、不容易发现和评价的行为能够被衡量，如表 2-9 所示。

表 2-9　　滞后指标与前置指标的比较

	滞后指标	前置指标
定义	一段时期结束时的结果指标 通常具有历史绩效的特征	驱动或导致滞后指标绩效的指标 通常评价目标实现过程和活动的绩效
举例	销售额 员工满意度	花在客户身上的时间 缺勤率
优势	易于辨别和确认	起预测作用 允许组织根据结果随时调整
劣势	侧重于历史，无法反映现时活动 缺乏预测力	难以辨别和确认 许多新指标在组织里缺乏历史数据支持

第四，计分卡指标和仪表盘指标。计分卡指标涉及财务、客户、内部业务流程和学习与成长四个层面，通常是员工的日常行为不能直接影响到的战略性和结果性的指标，并多为聚焦于跨业务和跨职能的滞后性指标，其更新频率往往是以月或年为周期，作用在于牵引组织对关系组织战略实现的关键目标进行衡量；而仪表盘指标则主要涉及内部业务流程层面，通常是员工的日常行为可以影响到的运营性和过程性的指标，并多为聚焦于局部的部门、职能和流程的前置性指标，其更新频率往往是以天甚至小时为周期，作用在于规范员工的具体行为和监测日常运营过程。计分卡指标和仪表盘指标通过目标的衔接而相互联结在一起，形成一个有机的整体。

第五，评价指标和监控指标。为了从众多指标中找出对组织战略成败最具影响的因素，平衡计分卡将绩效指标分为评价指标和监控指标。评价指标又称战略性指标，是指组织为了取得竞争优势而用来界定战略的指标，这类指标一般都需纳入绩效评价量表以便定期对目标进行衡量；监控指标又称诊断性指标，是指那些可以监控组织是否在按部就班地运转并在出现异常现象时需要立刻注意的指标。平衡计分卡中的指标多是帮助组织达成战略的战略性指标，仅有少数是监控组织运行的诊断性指标。通常，一个高水平的平衡计分卡大约包括 30 个指标，只有将平衡计分卡指标控制在一定的数量范围内，才能有效聚焦管理者的注意力和精力，集中有限的优势资源促进组织战略的顺利实现。

（3）目标值。

目标值是指既定目标在相应指标上所期望达到的绩效标准。如果说目标描述了实现战略所需做好的事项，指标显示了如何追踪和评价目标的实现程度，那么目标值则说明了这些关乎战略成败的事项应该做到何种程度。通过有时间限制和具体量化的目标值，可以把笼统的描述性目标转变为明确细化的绩效任务。目标值提供了奋斗的方向，指明了需投入的资源规模和应付出的努力程度，对员工也能产生内在的激励作用；但是，激励作用的形成取决于合理的目标值设置。目标值既要有一定的挑战性，即需要员工经过一定的努力才能达成；同时，又不宜设置得太高，以免使员工望而生畏，影响员工自我效能感、工作满意度的提升和战略目标的顺利实现。

（4）行动方案。

行动方案是指有时间限制的、自主决定的项目或计划。行动方案的制定需要兼顾目标、指标和目标值的要求，将具有时间限制的、量化的目标值转化成具体可操作的实际行动，从而明确实现战略目标所需的途径和方法，帮助组织达成绩效目标。通常，每个非财务类目标至少有一个行动方案来支撑。战略主题将不同目标的行动方案绑定在一起，形成一个整体性的行动方案组合，基于同一战略主题的行动方案必须协调同步。因此，管理者需要对行动方案进行严格的筛选、管理和评估，确保所选的行动方案能够全面支撑战略目标并切实得到有效执行。至此，组织的战略经过目标、指标、目标值和行动方案的步步诠释，已经从一个静态的、笼统的战略谋划变成了组织在一段时间内必须完成的若干个具体的计划或项目。

（5）预算和责任制。

与行动方案密切相关的是预算和责任制。其中，预算要解决的问题是为行动方案提供合理的资金支持，责任制则是要明确实施和管理行动方案的责任人及其职责。平衡计分卡主张将组织的战略制定过程和预算编制过程结合起来进行。利用平衡计分卡来驱动预算程序，可以使组织明确制定预算的根本目的是什么，确保组织将有限的资金分配给最重要的战略性行动方案。同时，在为行动方案提供资金保证的同时，组织应该建立起有关战略执行的责任机制。通常，平衡计分卡要求组织根据管理层级、职责权限以及管理跨业务和跨职能流程的需要，以战略主题为单元为相应的行动方案选择主题负责人和执行团队，并通过一系列管理会议来定期回顾行动方案实施的进程和效果。由此，组织的战略及绩效管理过程形成了一个包括计划、监测、执行、评价、调整和问责等诸环节在内的良性循环，为组织战略的顺利实现提供了清晰的思路和有力的保障。

2.3.3　平衡计分卡的特点与功能

作为一个新的战略及绩效管理工具，平衡计分卡具有自身的鲜明特点和功能定位。了解这些特点及其功能，不仅可以将平衡计分卡与其他管理理论和工具有效区分开来，例如目标管理、关键绩效指标等，而且能够与伪平衡计分卡划清界限，例如 KPI 平衡计分卡和利益相关者平衡计分卡等。同时，还有助于我们在平衡计分卡的设计与实施过程中准确把握其内在本质，充分发挥平衡计分卡的优势和功能。

1．平衡计分卡的主要特点

（1）始终以战略为核心。

平衡计分卡以提升战略执行力为出发点，结合时代背景和环境特征，围绕组织战略，通过描述战略、衡量战略、管理战略、协同战略以及将战略管理与运营管理有效连接等环节，来确保组织战略的有效落地和组织绩效的显著突破。

（2）重视协调一致。

为了实现化战略为行动的目的，平衡计分卡将协调一致提升到了战略的高度，认为协同不仅是创造组织衍生价值的根本途径，也是实现客户价值主张的必要保障。因此，平衡计分卡从逻辑上明晰协同思路、从体系上整合协同主体、从机制上保障协同效果，从而形成一套严谨有效的协同机制以保障组织战略的成功执行。

（3）强调有效平衡。

为了弥补传统绩效评价模式单纯依赖财务绩效指标的局限性以及管理上的短视行为，确保绩效评价的科学合理性，平衡计分卡非常强调有效平衡，即财务指标与非财务指标的平衡，长期目标与短期目标的平衡，外部群体评价指标与内部群体评价指标的平衡，客观指标与主观判断指标的平衡，前置指标与滞后指标的平衡等，以此来确保组织战略的全面实现和组织绩效的整体提升。

2. 平衡计分卡的功能定位

整体来看，平衡计分卡的功能随着理论体系本身的不断发展和完善而发生着变化。这种变化表现在它由最初的绩效评价工具转变为战略及绩效管理工具，乃至发展为整个组织的管理平台，其应用领域也由企业组织逐步扩展到政府部门、非营利组织和军事组织当中。

（1）战略管理工具。

卡普兰和诺顿指出："战略地图创新的重要性丝毫不亚于最初的平衡计分卡本身。管理层找到了战略内在属性和外在力量的可视化表述方法。"平衡计分卡通过战略地图和狭义的平衡计分卡建立了战略协同的机制，填补了传统战略管理过程中战略规划和战略实施之间的模糊地带。同时，平衡计分卡尝试通过战略地图、狭义的平衡计分卡以及仪表盘等工具将战略和运营进行有效链接。这是平衡计分卡的最新理论成果，尽管还存在有待完善之处，但是实现战略和运营无缝链接的取向是将战略转化为员工日常行为，确保战略落地的必然选择。

（2）绩效管理工具。

随着平衡计分卡理论的丰富和发展，绩效管理的计划、监控、评价和反馈环节都纳入了平衡计分卡的理论范畴之内，涉及绩效目标的设置和评价指标的选择、绩效沟通和辅导、绩效监测和评估、绩效结果的反馈和应用等诸多内容，平衡计分卡也因此成为一个以战略为核心的绩效管理工具。作为一个新的绩效管理工具，平衡计分卡不仅克服了传统财务绩效衡量模式的片面性和滞后性，而且相对于目标管理、关键绩效指标等绩效管理工具还在目标制定、行为引导、绩效提升等方面具有明显的管理优势，因而能够为组织绩效目标的顺利实现提供有力保障。

（3）管理沟通工具。

平衡计分卡为组织提供了一个有效的管理沟通平台。首先，平衡计分卡具有一套层次分明、意义明确、表述统一的概念和术语。例如：使命、愿景、战略、无形资产、人力资本、客户价值主张、战略主题等。这些词在统一的平衡计分卡框架内形成了一种新的语言，保证了信息沟通的统一和规范。其次，平衡计分卡是一个具有严密逻辑关系的管理工具。目标之间严密的因果和协作关系以及指标之间的关联关系，明确界定了组织各构成单元和员工所应遵循的沟通渠道、沟通内容以及职责权限。最后，平衡计分卡构建了一套良好的沟通机制。这套机制包括领导者的沟通责任、战略沟通的七七原则、员工培训、战略反馈、结构化会议等，从而可以对沟通的渠道、传播媒介、沟通方式和频次以及沟通管理等内容做出明确界定。

2.3.4　公共部门平衡计分卡的实施

平衡计分卡最初是针对企业组织开发设计的，随着平衡计分卡在企业组织获得的极大成功，它逐渐被公共部门所采纳。卡普兰和诺顿认为，“虽然平衡计分卡最初的焦点和运用是改善营利性企业的管理，但是平衡计分卡在改善政府部门和非营利性组织的管理上效果更好”。但是企业组织追求的是盈利的最大化，而公共部门作为公共服务和公共产品的提供者，追求的是公共价值的实现和公共服务的最优化。鉴于二者在价值取向上的显著区别，在公共部门中实施平衡计分卡时不宜直接沿用企业组织的平衡计分卡模式，而需要根据公共部门自身的特点进行适当调整和重构，才能充分发挥平衡计分卡的战略实现功能。

1. 构建公共部门平衡计分卡的基本原则

由于公共部门的特殊性，公共部门的高层管理者在运用和推行新的绩效管理工具时，需要仔细权衡实施这一绩效管理工具可能产生的社会影响、利益和风险等因素，因此在设计政府组织平衡计分卡之前，明确构建公共部门平衡计分卡的基本原则十分必要。

（1）兼顾共性和个性。从共性来看，公共部门都是在党的领导下开展工作，以提高公共服务水平和满足公众需要为总体目标。因此，在构建公共部门平衡计分卡时，既要充分贯彻党的路线方针政策，坚持行政管理体制改革的正确方向，又要充分考虑到各利益群体的实际诉求，达成各方利益的和谐统一。从个性来看，不同类型、层级和区域的公共部门在发展环境、工作任务、自身特性等诸多方面都存在差异。因此，各公共部门应根据具体情况规划战略和制订目标，不能照搬照抄，否则设计出来的绩效管理体系会因水土不服而无实际效用。

（2）兼顾战略性和协同性。明确战略导向是在公共部门平衡计分卡构建过程中应始终坚持的重要原则。具体而言，在设计公共部门平衡计分卡时，要在组织使命、核心价值观、愿景的牵引下，重点抓住组织的战略绩效领域、少数关键业务流程、核心员工以及战略信息，切忌“眉毛胡子一把抓”。同时，还应紧紧抓住平衡计分卡各层面目标之间的因果支撑关系和各指标之间的关联关系，处理好长期利益与当前利益之间的矛盾，协调好组织与外部环境之间的关系，把握好不同部门和个体之间的职能权限，以保证公共部门平衡计分卡在整体上形成协同效应。

（3）兼顾前瞻性和可行性。一方面，公共部门引入平衡计分卡的根本目的在于提高为经济社会发展服务、为人民服务的能力和水平，因此，在构建公共部门平衡计分卡时要严格遵循这一先进工具的核心理念，切忌将平衡计分卡直接套用在已有的管理方法上，影响平衡计分卡功能的充分发挥。另一方面，公共部门在设计平衡计分卡时，要正确处理继承与创新的关系，深入探讨平衡计分卡与整个政治体制的兼容问题，以便设计出来的公共部门平衡计分卡能够切实可行。

2. 公共部门的使命、核心价值观、愿景和战略

与企业组织相比，公共部门的使命、核心价值观、愿景和战略不仅要体现组织内部管理的特性，还要满足所辖区域内服务对象的需求，因而更具有“组织—社会”的特点。这是因为：一方面，公共部门作为一个组织实体，充分实现内部管理的最优化是公共部门不可回避的关注点，其使命、核心价值观、愿景和战略的设定必须要围绕“打造卓越的组织”这一中心任务；另一方面，对任何一个公共部门而言，其存在的意义就是要为社会提供更好的公共服务，确保公共利益最大化，公共部门社会公共服务这一特性同样不容忽视。因此，在许多公共部门的具体实践中，使命、核心价值观、愿景和战略的“组织—社会”特点都体现得十分明显。

(1) 公共部门的使命。

公共部门的使命相对清晰，归根结底是最大化公众利益。世界银行早在 1997 年的《世界发展报告》中就指出，“每一个政府的核心使命”包括五项最基本的责任：1) 确定法律基础；2) 保持一个未被破坏的政策环境，包括保持宏观经济的稳定；3) 投资于基本的社会服务和社会基础设施；4) 保护弱势群体；5) 保护环境。确定公共部门使命的难点就在于，公共部门通常需要同时负责多个相对独立的基本职责，难以通过概括性的语言进行整合。因此，这就需要公共部门的高层管理团队和员工一起讨论，共同参与制定，明晰对于本级公共部门而言最为根本的存在理由和所做出的最终贡献。正如戴维·奥斯本 (David Osborne) 在《摒弃官僚制：政府再造的五项战略》中所指出的：“充分讨论组织根本方向的过程——争辩各种不同的假设和组织成员所持的各种不同观点，达成一个共同的使命，这是一个有效的过程。如果这件事情做得好，使命陈述可以贯穿组织的始终。”表 2-10 列举了一些公共部门的使命陈述。

表 2-10　　公共部门使命陈述示例

密歇根州商业局	我们支持并促进建立一种增加商业投资、职位及其保有量、州整体经济竞争力的经济发展环境。我们这样做是为了提高密歇根州人民的生活水平和生活质量
美国土地管理局	为美国现在与将来持续享用健康、丰富多彩和多产的土地资源服务
俄勒冈市波特兰警察局	通过与市民合作，保护生命、维护人权、保护财产安全、提升个人责任感和社区认同感，从而保持和改善社区的适居性
美国夏洛特市	了解城市的需要并为其市民提供高水平的服务

(2) 公共部门的核心价值观。

公共部门核心价值观的提炼必须从高层管理者开始，但却不能止步于此。许多公共部门的高层管理者将核心价值观理解为一个静心思考后形成的信条，或者灵光一闪所产生的顿悟式的押韵口号，事实远非如此。虽然我们认为核心价值观大多来源于创始人或高层领导的个人信仰，但是除非它能引起员工的共鸣，否则难以推行。因此，高层管理者应该积极主动地将员工参与纳入组织核心价值观的形成过程中，让每一位员工都有机会发表自己的意见，大家共同思考、发现、讨论、检验和提炼组织的核心价值观。当组织的核心价值

观与员工个人的信仰融为一体时，好处是显而易见的，包括：1）培养强烈的个人效能感；2）培养身为组织一员的自豪感；3）提高对组织的忠诚度；4）促进对工作期望的理解；5）培养协作和团队精神等。表 2－11 列举了一些公共部门核心价值观表述。

表 2－11　公共部门核心价值观表述示例

美国凤凰城	我们致力于服务我们的顾客；我们学习、变革和提高；我们注重团队工作；我们以结果为导向；我们尊重多样性；我们尽我们所能工作；我们用正直之心工作；我们要使凤凰城变得更美好
黑龙江省海林市	学习创新、艰苦创业、团结务实、民主廉政

（3）公共部门的愿景。

与使命和核心价值观的形成过程一样，公共部门的愿景描述需要高层管理者和全体成员一起讨论并反复沟通才能完成。这一过程要求参加讨论的成员明确表达未来一段时间所期望达到的目标。彼得·圣吉（Peter Senge）指出："如果人们没有愿景，他们所做的一切就是签字画押。其结果就是顺从，从没有承诺。"当组织成员将自己内心的愿景表达出来后，通常会发现有许多共同的个人愿望，当这些共同愿景与组织的使命和未来发展趋势结合起来之后，就形成了组织未来一段时间的理想蓝图。表 2－12 列举了一些愿景描述的经典案例。

表 2－12　愿景描述的经典案例

案例一：1963 年 8 月 28 日马丁·路德·金（Martin Luther King）博士在纪念林肯的集会上所作的演说《我有一个梦想》。下面是那次激动人心的演说的一部分：

朋友们，今天我要对你们说，尽管目前还有种种困难和挫折，我仍然怀有一个梦想。这是深深扎根于美国梦中的一个梦想。

我梦想有一天这个国家将站立起来，实践其信念的真谛："我们认为这些真理是不言而喻的：人生来都是平等的。"

我梦想有一天在佐治亚州的红土丘陵上，原奴隶的儿子们和原奴隶主的儿子们将能够像兄弟般坐在一起。

我梦想有一天我的四个小孩将生活在一个不以他们的肤色而以他们的品格内涵来评价他们的国家里。

我今天有一个梦想。

案例二：1961 年 5 月 25 日约翰·F. 肯尼迪（John F. Kennedy）总统在美国国会针对将人送到月球的指控所作的那场激动人心的演讲。下面是肯尼迪总统论点的一小部分：

现在是我们加大步伐前进的时候了——是建立新型美国企业的时候了，是美国在空间发展领域占据独特领先地位的时候了。在许多方面，这是我们地球未来的关键。

我认为美国应该在十年内实现将人送到月球然后再安全返回地球这个目标。

肯尼迪总统的这些话激励了一代人，赢得了他们对这样一件看起来难以实现的任务的认同感。也许，你没有肩负激励数百万人的重任，但作为领导，你确实有责任帮助自己和员工找到工作的价值，成就伟大的事业。

（4）公共部门的战略。

公共部门的战略是指政府组织为达成使命和愿景所选择的一种显著优先权，是在可以预见的较长时期内需集中精力完成的关键任务。卡普兰曾指出："对公共部门而言，战略可能是一个不相关的观念，这些机构缺乏长远考虑。它们试图为每个人做任何事情，结果什么事情也没有做。"这直接指出了明晰战略对公共部门而言的重要性，只有通过战略，才能够明确政府组织期望达成的结果和确定整体的实施途径。保罗·尼文（Paul Niven）提出了一种制定战略的简单方法，这个方法分为以下五个步骤：

1）开始。第一步需要评估准备工作、编制战略制定计划、讨论国家政策和上级指令，并从历史的角度审视组织，包括组织所提供的产品和服务、具有里程碑意义的事件等。

2）实施利益相关者分析。辨认所有关键利益相关者及其对机构的需求。为了取得成功，考虑组织对利益相关者的需求同样重要。

3）开展SWOT分析。优势与劣势通常是组织的内部因素，而机会与威胁则能体现组织的外部环境。在规划战略时，审视SWOT各个因素之间的相互影响至关重要。

4）确认战略主题。战略主题一般与影响组织使命、核心价值观和愿景的基本政策问题或重要挑战密切相关。利用前面步骤获取的信息，可以顺利提炼出组织的战略主题。

5）制定行动方案。通过战略主题分析，形成战略问题清单之后，针对这些问题寻找解决方案。将这些解决方案进行整合并描述，就能够明确组织整体发展的优先方向。

在明确使命、核心价值观、愿景和战略之后，公共部门应当根据组织的特性选择相应的战略地图模板，并在此基础上设计组织平衡计分卡、部门平衡计分卡和个人平衡计分卡。

3. 公共部门的战略地图模式

卡普兰和诺顿指出："衡量政府机构和非营利性组织的经营是否成功，应该视其能否有效地满足纳税人和利益相关者的要求，他们必须为客户或利益相关者定义一个具体的目标。财务因素可以发挥促进或约束的作用，但是很少成为主要的目标。"保罗·尼文同样认为，当平衡计分卡基本模式被应用于公共组织时，战略制定和客户、财务、内部业务流程、学习与成长等层面具体内容的确定就要围绕公共组织的特点进行，充分体现公共组织的非营利性。具体而言，公共部门的最终目标是为公众提供服务，而企业存在和发展的最大动力是获取利润。因此，公共部门战略地图四个层面的设置应该与企业组织有所区别，并且需要充分反映出公共部门的管理特点和战略逻辑。

对于公共部门战略地图基本模式的探讨可谓仁者见仁，智者见智。一些学者认为，公共部门的目标是最大化公共利益，其财务目标不应是组织最重要的关注点，所以在公共部门的战略地图中可以省略财务层面。比如，卡普兰和诺顿提出的公共部门战略地图模板就没有包含财务层面。但是，更多的学者则认为，财务层面应该是任何组织都必须关注的重要领域，正如保罗·尼文所言："任何组织，不论其状况如何，都需要财务资源，这样才能成功经营并满足客户需求。"① 因此，在保罗·尼文提出的公共部门战略地图模板中，客户层面的位置得到了提升，而财务层面作为一项约束条件位于战略地图的底端。与之类似，韩国富川市在设计战略地图时，同样将财务目标作为提升客户满意度的一项重要驱动因素，将财务层面放在与内部业务流程层面并列的位置予以关注。不过也有研究认为，财务层面作为组织的一项产出结果，应该与客户层面并列位于战略地图的顶层，共同作为公共部门最终关注的产出结果，以反映公共部门的经济性。夏洛特市政府的战略地图就反映了这一观点。

在对公共部门战略地图模板进行研究的过程中，我们归纳出一些关键特征：首先，客

① 保罗·尼文. 政府及非营利组织平衡计分卡. 北京：中国财政经济出版社，2004：34.

户层面应该位于战略地图的顶端。对于大多数政府组织来说，“客户”这一概念的外延更为宽泛，包括了社会公众、上级部门、捐赠者、社会团体、中介机构等不同的利益相关群体。公共部门最终目标是为利益相关者提供服务而非盈利。因此，在政府组织的战略地图中，客户层面需要被提升至顶层。其次，财务层面根据组织性质的不同，有不同的摆放方式。尽管财务目标不是公共部门的终极目标，但同样不容忽视。对有些公共部门而言，财务层面是衡量组织成功与否的最终结果，而更多的公共部门则将其作为影响组织工作效果的驱动因素和约束条件。最后，内部业务流程层面和学习与成长层面是实现组织最终目标的重要支撑。无论是公共部门还是企业组织，内部业务流程和无形资产的作用都是至关重要的，它们最终决定着组织能否长期可持续发展。基于此，本书在充分吸收国外研究成果的基础上，结合我国实际提出了我国公共部门战略地图的基本模板，如图2-19所示。

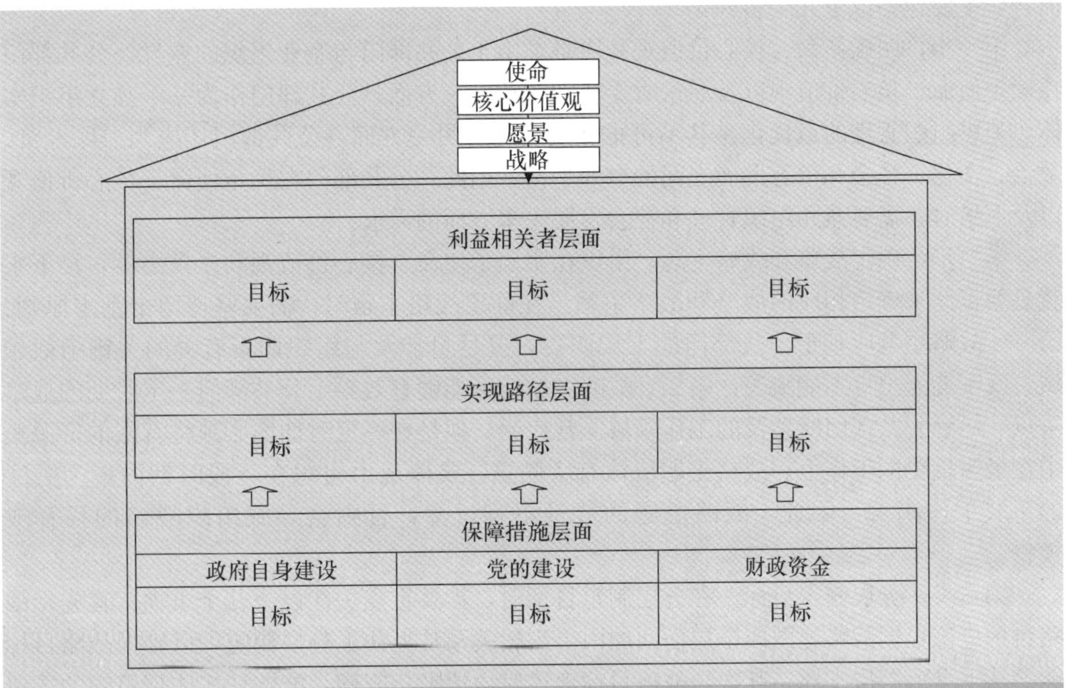

图2-19　公共部门战略地图模板

在该模式中，使命、核心价值观、愿景和战略仍然处于顶层，它们是战略诠释和化战略为行动的指针。该模式的战略地图在层次上则由四层变为三层，分别包括“利益相关者”、“实现路径”和“保障措施”三个层面。利益相关者层面作为绩效结果层面，由平衡计分卡通用框架的财务层面与客户层面改造而成。由于“内部业务流程”一词与公共部门的沟通风格相悖，同时这一层面所描述的是驱动结果层面目标得以实现的因素，因此将创造公共价值的层面命名为实现路径层面。保障措施层面处于最底层，与原来的学习与成长层面相对应。原有的人力资本、信息资本和组织资本不能完整描述我国公共部门的无形资产内容，因此我们在保障措施层面设置了“政府自身建设”和“党的建设”两个战略主题，提高了公共部门无形资产的周延性；同时，还辅以“财政资金”这一有形资产方面的战略主题，从而为实现路径层面提供了无形资产和有形资产双重保障。

4. 公共部门平衡计分卡体系的设计思路

公共部门平衡计分卡体系设计主要有四个步骤：第一步，通过绘制战略地图来描述战略，将组织战略转化为四个层面的具体绩效目标；第二步，通过平衡计分卡根据目标依次导出具体的衡量指标、目标值和行动方案，使战略目标能够被有效地衡量；第三步，通过分级设计战略地图和平衡计分卡，将战略目标落实到部门和个人，从而形成上下联动、左右贯通的平衡计分卡体系；第四步，通过建立绩效评价量表，来实现对绩效的衡量与监控。下面结合政府组织的基本特点，对上述各步骤逐一进行详细的介绍。

（1）绘制战略地图。

卡普兰和诺顿曾指出："战略如果不能描述，就不能衡量；如果不能衡量，就不能管理。"因此，利用战略地图来描述战略是构建公共部门平衡计分卡体系的首要环节。具体而言，主要包括以下几个步骤：

第一步，明确使命、核心价值观和愿景。由于公共部门与企业组织的差异，公共部门在确定使命、核心价值观以及愿景时要特别注意：一方面，公共部门作为一个独立组织实体，追求组织管理的最优化是其不可推卸的责任；另一方面，公共部门还应当兼顾经济、政治、文化、社会和生态发展之间的有效平衡。因此，公共部门在确定使命、核心价值观以及愿景时，需要兼顾组织管理和社会发展等多方面的需求。

第二步，确定战略和战略主题。组织在明确了使命、核心价值观和愿景之后，接下来就是要据此来确定相应的战略和战略主题。在确定战略主题时，需要坚持两个基本原则：第一，战略主题应基于公共部门的工作职责，要尽量涉及与组织职责有关的关键绩效领域，既不能溢出也不能缺失；第二，战略主题应该能够有效界定公共部门一定时期的战略重点。尽管公共部门所涉及的工作领域非常广泛，但是在一定时期内必须将有限的资源集中在最为重要的工作上。战略主题应该有所侧重，要体现出组织在一段时期内最为关注的重要工作内容。因此，战略主题的数量不宜过多，否则会导致组织战略的稀释或模糊。

第三步，分层制定目标。在分层制定目标时，需要重点关注以下几个事项：首先，战略目标应该根据战略地图四个层面间的因果逻辑关系从上往下分层制定，以确保战略目标能够从下至上层层支撑；其次，战略目标表述应该清晰、明确，能够切实体现组织的重要工作；最后，由于战略地图是描述战略的工具，因此体现在战略地图上的目标应该是组织工作的重点，一般而言，战略目标的总数控制在10～20个比较合适。

（2）制作平衡计分卡。

战略地图将战略转化为具体目标，而平衡计分卡的主要作用是根据目标导出指标、目标值和行动方案。具体而言，平衡计分卡的设计可以分为以下几个步骤：

第一步，设计指标。在构建公共部门平衡计分卡时，指标的设计是一个难点所在。一方面，由于公共部门的公共性，其很多工作及产出往往难以用客观指标予以表示，另一方面，很多公共部门的绩效管理基础相对比较薄弱，对一些具体工作的衡量办法研究不足，这两方面因素共同导致了政府组织在设计指标时困难重重。基于已有的理论研究和具体的管理实践，我们认为公共部门在设计绩效指标时可以借鉴以下几点经验：第一，由于指标是对绩效目标的具体衡量，因而应该在对目标进行充分分析的基础上，根据目标的具体内涵和主要特征来设计指标；第二，为了确保目标能够得以充分衡量，有时一个目标可能需要导出多个绩效指标，因此指标的数量往往多于目标数量，总指标数大概是总目标数的 1.5 倍；第三，邀请有关领导、专家、绩效评价主体以及被评价者等共同参与到指标的设计过程中，有利于集思广益，确保指标设计的科学性和合理性。

第二步，设定目标值。目标值是为绩效指标设定的数量化衡量标度，为了使其对员工具有激励作用，目标值的设定必须合理。如果目标值过高，员工会对工作望而却步而不付出努力；如果目标值偏低，员工则会因为工作没有挑战性而失去追求高绩效的动力。目标值的设定主要可以分为两个步骤：一是将整体的价值差距分解到每个战略主题；二是在每个战略主题内，根据战略地图的因果关系分别设置目标值。在设置目标值时，有多种参考标杆：既可以根据上一个绩效周期的目标实现情况及发展趋势设置，也可以借鉴地区或行业在该指标上的平均值，还可以源于对利益相关者需求的充分调查等。

第三步，确定行动方案和预算。行动方案是平衡计分卡的一大特色，它使组织不仅关注如何对绩效进行衡量，还帮助管理者和员工明确绩效目标该如何达成。制定行动方案的过程，就是组织中相关人员深入思考和探讨如何完成绩效目标的过程。预算的编制则可以确保组织有限的资源能够有效地投入到对组织战略实现最为重要的关键领域。要决定每个战略主题行动方案的资金投入数量，就需要有一个自上而下的流程来确定资金配置的等级，同时还需要一个自下而上的流程，来选择应给予资金支持的行动方案。因此，行动方案和预算的确定需要经过相关责任人和主管领导共同协商，以使其能够与绩效指标及目标值合理匹配，确保组织战略目标的顺利实现。

（3）分级开发平衡计分卡。

组织层面的战略地图和平衡计分卡设计完成后，还需要将其逐级分解，依次建立部门及个人层面的战略地图和平衡计分卡，使得战略目标能够层层落实。分级设计平衡计分卡的思路主要是基于目标的承接或分解，而承接或分解的方式既可以根据组织架构，也可以基于业务流程来确定。在这一过程中，协同的理念要贯彻始终。成功的组织不仅需要强有力的领导，而且需要在战略、组织、员工和管理系统之间形成良好的协同。通过战略目标在纵向上将组织、部门、团队和个人协调和整合起来，在横向上将组织中的业务单元和支持单元协调和整合起来，以达到整合组织创造协同效应的目的。

（4）建立绩效评价量表。

利用战略地图和平衡计分卡，组织能够确定不同层级、不同单元的绩效目标、指标和目标值，为了确保这些绩效目标及指标在实际的管理实践中能够被有效地衡量，组织还应该建立相应的绩效评价量表。绩效评价量表的作用之一就是确定各个绩效指标的权重、评价主体、评价周期及评价方法等一系列决策。权重用于解决“指标的重要程度”的问题，因此权重的设置既要能够体现出指标重要性的区别，又不能使权重间的差距过大，导致被评价者“抓大放小”。评价主体用于解决“谁来评价”的问题。对于政府组织而言，绩效评价的主体既可以是上级主管部门，也可以是组织内部的工作人员或外部的群众及企事业单位等，组织应该根据具体的评价内容，选择合理的评价主体。评价周期用于解决“多长时间评价一次”的问题。评价周期不能一概而论，对于不同的指标，应根据具体情况加以区别。评价方法用于解决“如何评价”的问题。政府组织通常采用的评价方法主要是根据绩效指标的内容收集绩效信息，从而对指标的实现程度予以判断。这些绩效信息既包括客观的定量数据，也有主观的定性测评，组织应该将定性评价和定量评价有机地结合起来。

通过以上各步骤，公共部门的平衡计分卡体系就得以建立起来。最后，组织还应建立相应的绩效管理制度和办法，对绩效管理的负责机构、绩效管理的流程、绩效管理结果的应用与反馈等方面进行详细的规定，以确保所构建的公共部门平衡计分卡能够切实落到实处，真正发挥作用。

5. 在公共部门平衡计分卡设计与实施过程中需要注意的问题

为了使平衡计分卡能够在公共部门中发挥出最大效用，公共部门除了要对平衡计分卡的设计环节给予高度重视，还要充分考虑构建公共部门平衡计分卡的准备和实施环节，尤其是要对以下的一些具体问题特别予以关注。

第一，要正确认识和看待平衡计分卡。随着理论的发展和实践的深入，平衡计分卡已经由最初的绩效评价工具发展为有效的战略管理工具，它通过描述战略、衡量战略和管理战略，将战略管理和绩效评价有机结合起来。但是一些政府组织在应用平衡计分卡时，由于对组织战略的重视不足，并且对平衡计分卡的理解不够深入，因而常常将平衡计分卡仅作为一种绩效评价工具来看待，出现“重评价、轻战略”的情况。而事实上绩效评价的目的不只是要对员工的工作进行评定，更重要的是能够使员工在平衡计分卡体系的引导和管控下顺利完成工作任务，最终实现组织的战略目标。因此，公共部门在构建平衡计分卡体系时，应首先从组织的战略入手，对现有战略的有效性进行检验，并据此调整战略或开发新战略，避免根据以往的工作计划或工作总结来绘制战略地图这种“新瓶装旧酒”的做法。

第二，应用平衡计分卡需要获得高层领导的支持。构建平衡计分卡体系是一项“一把手工程”，是否有高层领导成员的支持和参与是决定平衡计分卡体系设计成功与否的关键所在，也是影响平衡计分卡体系推广程度和实施效果的重要因素。一方面，平衡计分卡体系的设计和实施不仅需要组织在时间和财力上的大力投入，还需要动员组织全体成员共同参与，而领导者的态度则直接影响到组织资源的投入力度和员工的参与程度；另一方面，组织中的领导成员对组织的发展战略最为了解，他们最能够把握组织的前进方向，平衡计分卡中的战略目标恰恰必须根据这些发展方向来确定。因此，在平衡计分卡体系的设计与实施过程中，获得高层领导的支持是一项不可或缺的必要条件。

第三，让组织中每个成员理解并接受平衡计分卡。在公共部门推行平衡计分卡时，还经常会遇到员工不配合甚至抵触的情况。这是因为很多人认为平衡计分卡太过复杂、难以理解，并且实施起来费时费力，因而不愿意参与其中。另外，由于一些政府组织以往的绩效管理不正规、不系统，有些员工“干多干少一个样，评与不评一个样”的思想根深蒂固。而平衡计分卡的应用将会彻底改变这一状况，它通过建立科学、规范的绩效管理体系，切实对员工起到有效的激励和约束作用。这也就不可避免地会影响到一些人员的思维习惯和既得利益，引发他们的不满和抵触。对于这种情况，组织应该采取外部培训与内部沟通相结合等方式，积极地帮助员工理解并接受平衡计分卡，使他们认识到平衡计分卡对于个人及组织的重要意义，吸引其真正地参与到平衡计分卡的推行过程当中，鼓励其为平衡计分卡的设计和完善献计献策、贡献力量。

第四，在实践中不断更新和完善平衡计分卡。建立科学的平衡计分卡体系并不是一时之功，而是一个在实践中不断发展和完善的长期过程。因此，不可以抱有一劳永逸的思想，也不能为了追求“完美的设计”而在应用时缩手缩脚。比较可行的做法是在适当时机将平衡计分卡付诸实践，在实践中对其进行检验和调整。随着时间的推移，目标、指标、目标值和行动方案都会不断改变，平衡计分卡体系也会变得更加科学并日益完善。

2.3.5　公共部门平衡计分卡的具体实践

随着平衡计分卡在企业组织被广泛使用且收效显著，不少政府部门和非营利组织开始关注平衡计分卡并尝试将其运用到绩效管理实践中。美国的夏洛特市、美国商务部经济发展管理司、美国能源部、英国国防部、英国伦敦自治区、澳大利亚梅维尔市、奥地利维也纳财政部、日本姬路市、韩国富川市和新加坡地方法院等政府组织都成功应用了这一先进的绩效管理工具。据国际社会保障协会 2004 年发布的报告，在被调查的社会保障机构中，有 60%的单位使用平衡计分卡来实施绩效管理和加强社会保障服务，其中 80%的单位认为平衡计分卡对组织绩效的提升产生了积极的影响。现在，已经有越来越多的公共部门开始或者着手实施平衡计分卡，平衡计分卡的应用对政府组织绩效管理来说，是一个必然的发展趋势。

平衡计分卡中国化模式的研究和实践探索始于中组部 2006 年启动的中澳政府合作项目“中国领导人才绩效评估体系研究”。黑龙江省海林市是该项目的唯一政府组织试点单位，该市借此建立了一套完整的基于平衡计分卡的政府绩效管理体系，取得了宝贵的经验和良好的试点效果。该市依据“四个平衡”（财务指标与非财务指标、组织内部指标与组织外部指标、驱动指标与前置指标、长期目标与短期目标）谋划工作，按照因果关系传递战略，利用无形资产夯实基础，运用考核考评激励干部，有效推进了海林市科学绩效管理体系建设。平衡计分卡业已成为推动海林市经济社会实现跨越式发展的有力工具。

近年来，山东省青岛市一直在积极探索提高机关工作效率的途径和措施，引入了目标管理、绩效考核等方法，以改进机关的绩效管理。2005 年年初，青岛市委、市政府确定了与建设全国重点中心城市和世界知名特色城市的城市发展目标相互促进的“创建高绩效机关，做人民满意公务员”的机关建设目标。青岛市各级机关在总结机关建设经验的基础上开始引入和实施平衡计分卡这一战略管理工具，借以强化公共管理职能。青岛市依据科学发展观的要求，确定了全市创建高绩效机关工作的使命、核心价值观、愿景和战略，并依据政府职能确立了经济绩效、政治绩效、文化绩效、社会绩效和党的建设五大战略主题，形成了“青岛市创建高绩效机关平衡计分卡地图”。鉴于青岛市在机关建设中创新了绩效管理方式，提高了城市核心竞争力，该市在 2008 年的中国城市论坛北京峰会上获得了“中国城市管理进步奖”这一殊荣。

作为首都西北重要的生态屏障，延庆有北京“夏都”之美誉，于 2011 年开始了基于平衡计分卡的党政机关绩效管理体系探索。延庆依据北京市赋予的功能定位和发展实际，依据“聚焦战略、强调战略执行、强化客观指标、绩效考核个性化和注重过程监控”五项原则，分别设计了县级指标图表、处级领导班子指标图表和领导干部个人指标图表，形成了系统完善、内容全面、等级分明的领导班子和领导干部绩效考核体系，由此将每一个县级战略目标都分解落实到具体的领导班子和领导干部身上，实现了化战略为行动。

2.4 主要绩效管理工具的比较及发展趋势

2.4.1 主要绩效管理工具的比较

前面对主要绩效管理工具的具体内涵及特点等内容进行了详细介绍，为了帮助读者加深对绩效管理工具的理解以便在管理实践中正确应用，下面我们将从工具的性质、对象、特征、功能、要素以及指标的设计、关系和类型等方面对目标管理、关键绩效指标和平衡计分卡进行全面的比较（如表 2－13 所示）。

表 2－13　　主要绩效管理工具的比较

工具		目标管理	关键绩效指标	平衡计分卡
时代		50—70 年代	80 年代	90 年代以后
性质		管理思想： 重视工作与人的结合	指标分解的工具与方法 将战略与评价指标结合	集大成的理论体系 将战略管理与绩效管理有机结合
对象		个人	组织、群体、个人	组织、群体、个人
特征		员工参与管理 体现“我想做” 自我管理与自我控制	战略导向 指标的承接与分解 指标层层分解、层层支撑	战略导向 目标的共享与分享，承接与分解 强调因果关系、平衡
功能		管理、考核 （关注结果）	考核、管理 （关注结果）	管理、考核 （关注过程和结果）
要素		目标 指标 目标值	战略 关键成功领域 关键绩效要素 关键绩效指标	使命、核心价值观、愿景、战略、四个层面、目标、指标、目标值、行动方案、预算和责任制
指标	设计	根据组织目标 由上下级协商确定	根据战略 自上而下层层分解	根据使命、核心价值观、愿景、战略等依据目标分层分别制定
	关系	指标之间基本上独立， 彼此没有联系	指标之间基本上独立， 彼此没有联系	目标之间的因果关系导致四个层面的指标之间有关联性
	类型	侧重定量指标	无前置指标和滞后指标之分 强调客观指标	有前置指标和滞后指标之分 客观指标、主观判断指标

1. 工具的性质

三种绩效管理工具的性质截然不同。目标管理是作为一种管理思想提出的，它既纠正了古典管理学派偏重以工作为中心、忽视人的一面，又纠正了行为科学学派偏重以人为中心、忽视与工作结合的一面，而是主张把工作和人的需要统一起来；关键绩效指标是一种指标分解的工具和方法，它通过对战略目标从上至下的层层分解，将组织战略转化为易于衡量的指标体系；而平衡计分卡则是管理思想的集大成者，是一套“描述战略、衡量战略、管理战略、协同组织以及链接战略与运营”的系统完备的管理理论体系。

2. 适用对象

三种绩效管理工具的适用对象也有所区别。目标管理的出现，虽然可以使组织能够根据组织目标来制定个人目标，但是二者之间并未建立起直接的联系，在实践中常常存在个人目标与组织目标相脱离的现象。之后出现的关键绩效指标，尤其是平衡计分卡，则开始将个人目标与部门和组织的目标联系起来，使个人目标、部门目标以及组织目标协调一致，从而对个人绩效、群体绩效以及组织绩效进行全方位的衡量和管理。

3. 基本特征

三种绩效管理工具各具特征。目标管理强调“参与管理和自我控制”，通过以目标给人带来的自我控制力取代来自他人的支配式管理，从而激发人的最大潜力，使员工产生“我想做，我要做”的内在动机。关键绩效指标把目光投向有益于达成组织战略的关键成功领域，通过层层选择来确定组织、部门以及个人的关键绩效指标，继而通过对指标的衡量和管理来驱动个人和部门为实现组织目标而努力。平衡计分卡则强调各战略要素之间的协调一致，在维持各种力量和利益平衡的基础上，理顺各层面目标之间的因果关系以及指标之间的关联关系，制定相应的战略性行动方案和预算，以确保组织战略的顺利实现。

4. 主要功能

三种绩效管理工具所发挥的功能不同。目标管理、关键绩效指标以及平衡计分卡这些绩效管理工具，都强调绩效评价应该从组织的战略层面做起，目标和指标必须与战略相联系。但是，三者的关注点又各有侧重：目标管理虽然强调在员工实现工作目标的过程中应为员工提供必要的指导、训练、协助和奖励，但是该工具的关注点始终在预期目标的达成与否上，因此主张建立一套控制系统，以确保最终实现组织的总目标。与目标管理相比，关键绩效指标的结果导向更为明显，它把管理者的注意力完全集中在绩效周期开始时绩效指标体系和绩效评价标准的确立以及绩效周期结束时绩效结果的评价和衡量上，至于员工的工作过程则不在考虑范围之内。而平衡计分卡则兼容并蓄，既要求对绩效目标和指标进行清晰界定，又要求引导员工在目标实现过程中及时制定和调整行动方案及预算，同时也强调对绩效周期中阶段性成果的反馈和总结，以及在绩效周期结束后对战略的检验和调整。

5. 构成要素

所谓构成要素是指绩效管理工具的关键组成部分。目标管理根据组织目标制定个人目标，然后确定指标和目标值，其主要构成要素包括目标、指标和目标值。关键绩效指标则按照先后顺序逐层分析和确定组织的战略、关键成功领域和关键绩效要素，并以此为依据确定关键绩效指标。因此，关键绩效指标的主要构成要素包括战略、关键成功领域、关键绩效要素和关键绩效指标。平衡计分卡通过明晰组织的使命、核心价值观、愿景和战略，继而明确组织的客户价值主张，并在此基础上按照逻辑关系设计四个层面的目标、指标以及相应的目标值和行动方案。因此，平衡计分卡的主要构成要素包括使命、核心价值观、愿景、战略、客户价值主张、四个层面以及目标、指标、目标值、行动方案及预算和责任制。相对而言，平衡计分卡的构成要素更为全面和系统。

6. 指标体系

三种绩效管理工具在指标的设计、指标之间的关系以及指标的类型上也明显不同。就指标设计而言，目标管理重视目标制定过程中的上下级沟通，要求先由下属根据组织的总目标提出自己的工作目标，然后通过上下级之间的协商来确定目标；关键绩效指标则依据组织的战略，通过层次分析和指标分解得出组织、部门和个人的关键绩效指标；而平衡计分卡是根据组织的使命、核心价值观、愿景及战略，在协调一致的原则下，按照分层、分类、分级的思路设置不同绩效主体的目标和指标。就指标之间的关系而言，目标管理设置的指标较为分散，基本上相互独立，彼此之间没有紧密联系；关键绩效指标在既定关键成功领域的层级之间具有承接或分解的关系，但不同关键成功领域之间的指标则相互独立；而平衡计分卡的所有指标通过目标之间的因果关系相互联系在一起，构成了一个科学的指标体系。就指标的类型而言，目标管理为了便于对目标达成情况进行分析和衡量，偏重于采用定量指标；关键绩效指标通常也侧重于采用客观和可量化的指标，很少涉及主观判断指标。而平衡计分卡则兼顾了客观指标和主观判断指标、前置指标和滞后指标，从而能够确保对组织绩效进行全方位、多角度的衡量与监控。

目标管理、关键绩效指标、平衡计分卡等绩效管理工具，都是现代管理实践和理论的产物。比较而言，目标管理盛行于20世纪50年代至70年代，其缺陷在于过于偏重量化的结果性指标，没有明确目标与战略的关系。关键绩效指标在20世纪80年代广受追捧，但是关键绩效指标的局限性也非常明显，那就是：没有涉及使命和核心价值观，使组织的绩效管理系统脱离了核心理念的指引；没有明确各战略构成要素之间的因果关系，容易导致绩效管理体系设计偏离战略方向；指标分类落后于时代的需求，忽视了非财务类指标和无形资产的重要性；受制于指标分解的思路，难以帮助组织创造协同效应；过分关注量化指标和结果性指标，忽视了对绩效创造过程的有效监控等。因此，相对来说，诞生于20世纪90年代初的平衡计分卡整合了以往绩效管理工具的优点并较好地解决了上述问题，成为一个具有严密逻辑体系的战略性绩效管理工具。随着时代的发展，平衡计分卡逐渐取代关键绩效指标是管理理论和实践发展的必然趋势，同时平衡计分卡也将通过不断地自我否定来持续完善以充分满足管理实践的实际需要。

2.4.2 公共部门运用绩效管理工具的发展趋势

通过学习和研究绩效管理工具的演变过程和政府组织绩效管理理论和实践的发展方向，可以对绩效管理工具的发展趋势做出如下判断：

（1）战略导向。随着战略对组织发展重要性的日益提升，组织的绩效目标与战略目标将紧密联系在一起，而这种联系则需要通过科学的绩效管理工具呈现出来，以便管理者能够将战略管理融入绩效管理过程中。对于公共部门而言，全球化以及多极化的趋势导致公共部门面临的环境更加复杂与多变，不确定性也越来越大。为了适应时代发展的变化和要求，履行好公共部门所承担的职责，重视战略层面的绩效管理工作就显得尤为必要。

（2）多维度评价。早期的绩效评价，尤其是对企业组织绩效的评价，通常是单一维度的，多限于财务类指标，但组织当前的财务状况优良，并不意味着组织就具有持久的核心竞争力。公共部门绩效评价虽然早期关注的是经济和效率，只追求投入产出比的最大化，但受到新公共行政、新公共管理和新公共服务等思潮的影响，也发展到了考虑效率、公平、责任和回应性，注重公民满意度和政府服务质量的阶段。

（3）结果与过程并重。在客户的市场主导地位日益强化的形势下，组织对客户需求及其变化的回应速度便成为组织制胜的关键因素。在这种情况下，组织管理者的决策位置必须前移以加大对经营过程的关注，防止组织陷入被动的局面。由此，绩效管理要做出相应的调整，通过过程评价、动态评价、趋势评价等方式加强对目标实现过程的监督和调控，以确保组织不偏离预定轨道。

（4）多层次评价。在以往的绩效评价模式中有两种现象：一是组织主要对员工，尤其是基层员工的个人绩效进行评价，管理者只充当评价者；二是只对组织绩效进行单一维度的评价，即根据利润目标的达成情况判断绩效的优劣等级，据此决定全员的薪酬水平。我国公共部门的绩效评价分为组织整体绩效评价、部门绩效评价和员工个人绩效评价。员工个人的高绩效并不意味着部门和组织的高绩效，这还涉及公共部门组织、部门与员工个体目标之间的协同问题。因此，需要从个体、部门和组织等不同层次实施全方位、多角度的绩效评价，从而提升公共部门的整体绩效。

本章小结

绩效管理工具作为管理实践与管理理论之间的桥梁与纽带，直接来源于并应用于管理实践。目标管理、关键绩效指标和平衡计分卡，是近年来公共部门和企业组织中最具代表性的绩效管理工具。

目标管理以员工参与为核心，让员工和上级一起根据组织的总体目标协商制定员工的个人目标，并在实施阶段实行权限下放和民主协商，使员工进行自我控制，独立自主地完成工作任务，从而有效激励员工的工作热情。关键绩效指标以战略分解为重点，侧重于抓住对组织发展具有重要意义的关键绩效指标，通过关键绩效指标来落实组织的战略目标和工作重点，促进组织和员工绩效的持续改进与提升。平衡计分卡以平衡协同为标志，在关注传统财务绩效的同时，把目光投向了组织的利益相关者、内部业务流程和无形资产，并在四者之间勾勒出具有严密逻辑性的因果关系，使作为组织价值创造源泉的无形资产和组织终极使命之间形成一个有效的战略连续体。

随着知识经济的快速发展，绩效管理工具正逐步呈现战略导向、多维度评价、多层次评价的发展趋势。公共部门应在清晰认识绩效管理工具优势与不足的基础上，结合公共部门的具体实际，科学合理地导入、应用和完善绩效管理工具，以提高绩效管理水平。

关键术语

目标管理　　关键绩效指标　　关键成功领域　　关键绩效要素　　平衡计分卡

复习思考题

1. 什么是目标管理？它有哪些优点与缺点？如何操作？
2. 什么是关键绩效指标？请说明它的操作程序。
3. 什么是平衡计分卡？请阐述平衡计分卡理论的产生与发展脉络。
4. 什么是战略地图？请阐述如何利用战略地图来规划战略。
5. 简析主要绩效管理工具的差异及其发展趋势。

第3章 公共部门绩效计划

公共部门绩效计划是公共部门绩效管理的第一个环节，是公共部门绩效管理的第一步。通过制定公共部门绩效计划，可以使公共部门的总体发展目标形成系统、全面的绩效目标和指标体系，并明确落实至各个单位及相应人员，使得各级公共部门和员工能够清楚公共部门绩效目标的实现路径，进而提高其对公共部门绩效管理的认同感和承诺感。本章将重点阐释公共部门绩效计划的内涵与类型、公共部门绩效计划的制定、公共部门绩效目标的制定以及公共部门绩效指标的设计等主要内容。

重点问题

- 公共部门绩效计划的内涵与类型
- 公共部门绩效计划的制定
- 公共部门绩效目标的制定
- 公共部门绩效指标的设计

3.1 公共部门绩效计划概述

3.1.1 公共部门绩效计划的内涵

计划是对未来进行预测并制定相应行动方案的过程。现代社会急剧变化，公共部门所面临的宏观、微观环境无时无刻不在发生着变化，公共部门要想真正履行自己的职能，比以往任何时候都需要系统化的前瞻性思考。公共部门管理者必须具有远见并为未来做好准备，否则就会陷入难以预见的困境之中。

根据管理学的一般原理，计划既是制定目标的过程，也是这一过程达成的预期目标，既涉及目标（做什么），也涉及达到目标的方法（怎么做）。计划的目的和作用在于，给出行动的方向，降低变化的冲击，减少浪费和冗余，设立标准以利于控制。同样，绩效计划既是对工作绩效有目的地进行计划的过程，也是这一过程最终形成的绩效目标协议，因此绩效计划同样具有计划的一般功能和特点。

公共部门绩效计划（public sector performance planning）是指在新的绩效周期开始时，公共部门的管理者依据组织的战略规划和年度工作计划，通过与下属进行绩效计划面谈，共同确定组织、部门以及个人的工作任务，并签订绩效目标协议的过程。绩效计划是公共部门绩效管理过程中的首要环节，在公共部门绩效管理体系中发挥着不可忽视的重要作用。

3.1.2 公共部门绩效计划的特征

作为公共部门绩效管理体系的首要环节，绩效计划与传统公共部门强压式分配任务的计划方式相比，具有以下主要特征：

1. 公共部门绩效计划是一个双向沟通的过程

传统上，公共部门绩效计划的制定通常是一个单向的过程，即由上级制定总体目标，下级部门具体执行。在这种体制下，下级在绩效计划环节没有发言权，完全处于被动接受的地位，这不仅会导致绩效指标及标准的设定不合理的情况出现，而且还缺乏对绩效目标实现路径的有效沟通。新的公共部门绩效管理理念要求公共部门绩效计划的制定必须经过双向沟通，这样做至少有三点好处：第一，通过沟通，上级在制定绩效计划时能够更加全面地考虑下属的实际情况，使指标及目标值的设定更加科学；第二，在沟通的过程中，上下级还可就为了达成绩效结果需要采用什么样的方式、做出什么样的努力、进行什么样的绩效改进或技能开发等交换意见，有助于绩效目标的实现；第三，研究表明，人们对于自己亲自参与做出的选择投入程度更大，如果让下级参与到绩效计划环节，则能够增加下级对绩效目标的承诺感，使其愿意主动付出更大的努力，增强目标的可执行性。

2. 公共部门绩效计划是关于公共部门工作目标和标准的契约

在公共部门绩效计划过程中，上级和下级共同制定绩效目标以及实现目标所需的步骤，这包含两方面的内容：做什么和如何做。所谓做什么，实际上就是组织的绩效目标；而如何做是实现目标的手段，对于不同组织，它可能包含着不同的内容。政府绩效计划强调通过互动式的沟通，使上下级在制定绩效管理周期内的绩效目标及如何实现预期绩效目标的问题上达成共识。通常，经过公共部门绩效计划这一过程后，上下级组织应该能够就以下问题达成共识：公共部门绩效计划要面向绩效评价、以结果为导向；各项工作在本绩效管理周期内的目标是什么；每项工作要达到什么样的结果；每项工作完成的期限有多长；每项工作目标在绩效结果中的权重怎样；如果对这些工作结果进行衡量，评判的标准是什么；为实现工作目标，需要提供哪些资源与支持；从什么地方获取工作结果的信息；等。

3. 公共部门绩效计划应面向评价并以结果为导向

公共部门绩效结果必须得到客观公正的评价才能形成有效的绩效信息，并推动公共部门绩效管理战略目的、开发目的和管理目的的实现，因此，公共部门绩效计划必须面向评价，以评价结果的实现为基本导向，不然无论多完美的计划也难以达到预期效果。具体而言，在公共部门绩效计划环节应注意以下几个方面的内容：第一，公共部门绩效计划应具有可操作性，即所有的指标应该能够反映所要评价的基本内容，并且可以被有效测量；第二，公共部门绩效计划应具有可达成性，尽管为激励员工为实现目标而付诸努力，可以适当设置一些有难度的绩效目标，但是目标的制定也必须在可达成的范围内，否则若评价对象认为目标难以实现，就会倾向于放弃努力，这会影响组织目标的最终实现；第三，公共部门绩效计划应具有可控性，即组织的管理体系及配套设施能够与之相匹配，设置一些不切合组织实际的目标，会为绩效信息收集阶段增加难度，最终导致公共部门绩效评价结果不客观的情况出现。

3.1.3 公共部门绩效计划的类型

明确公共部门绩效计划的分类是理解公共部门绩效计划概念外延的有效途径。根据不同的分类标准，可以将公共部门绩效计划分为不同的类别。根据绩效层次的差别，可以将公共部门绩效计划分为组织绩效计划、部门绩效计划和员工个人绩效计划；根据绩效周期的差别，可以将公共部门绩效计划分为任期绩效计划、年度绩效计划、半年绩效计划、季度绩效计划、月度绩效计划、周计划甚至日计划等。各类绩效计划并不是独立的，而是相互影响、相互渗透、相互融合的。绩效管理实践中最普遍的分类方式仍然是公共部门组织绩效计划、部门绩效计划、员工个人绩效计划。

（1）组织绩效计划。公共部门组织绩效计划是对公共部门组织战略目标的分解和细化，公共部门组织绩效目标通常都是战略性的目标。公共部门组织绩效目标和绩效指标是整个公共部门绩效计划体系的指挥棒和风向标，决定着公共部门绩效计划体系的方向和重点。

（2）部门绩效计划。部门绩效计划的核心是从公共部门组织绩效计划分解和承接而来的部门绩效目标体系，是在一个绩效周期之内部门必须完成的各项工作任务的具体化。同时，部门绩效计划还需要反映与部门职责相关的工作任务。

（3）员工个人绩效计划。从广义上讲，公共部门员工个人绩效计划包含组织内所有人员的绩效计划，既包括管理者的绩效计划，也包括普通员工的绩效计划。管理者的绩效计划一般直接来源于组织或者部门的绩效计划，是对组织或者部门绩效计划的承接；普通员工个人绩效计划则是对部门绩效计划的分解和承接，同时也反映了对个人岗位职责的具体要求。

3.1.4 公共部门绩效计划的作用

凡事预则立，不预则废，计划工作在整个管理活动中具有非常重要的作用，绩效管理也是如此。如果没有完备的绩效计划，整个绩效管理过程都无法有效运行，绩效管理的目的也难以达成。因此，绩效计划在公共部门绩效管理体系中具有不可替代的重要地位。

（1）公共部门绩效计划是公共部门绩效管理体系的首要环节。在整个公共部门绩效管理体系中，绩效计划是最先进行的一个环节，后面几个环节都需围绕该环节来展开。公共部门绩效计划明确规定了公共部门绩效评价的对象、指标、标准以及完成期限等具体内容，公共部门绩效监控、绩效评价以及绩效反馈都必须以此为基础。如果没有明确的计划，那么后面的所有工作就都无从着手。首先，公共部门绩效计划为公共部门绩效监控提供了参考。管理人员可以按照公共部门绩效计划中的内容和标准检查评价对象的工作完成情况，并给予相应的监督和指导，确保各项工作目标能够顺利实现。其次，公共部门绩效计划为公共部门绩效评价提供了依据。也就是说，在绩效周期结束时所评价的内容，都应该是在计划阶段就规定好的，而不是随意进行评价，这样既可以使绩效评价的目标明确，还能够避免因沟通不畅而导致的各种问题。最后，公共部门绩效计划为公共部门绩效反馈提供了参照。绩效反馈中的内容必须围绕绩效计划环节设定的目标而进行，通过将绩效评价结果与计划目标相比较，使评价对象认识到自身的优势与不足，以达到绩效改进的目的。

（2）公共部门绩效计划是一种有效的前置控制手段。绩效评价是确保组织及个人工作目标得以实现的有效控制手段，通过绩效评价，能够使各级单位及人员按照组织的要求开展工作，促进整体目标的顺利实现。而公共部门绩效计划作为公共部门绩效管理的首要环节，在组织资源投入阶段起到了前馈控制的作用，公共部门绩效计划不仅能够合理规划任务目标、有效分配组织资源，还可以加强全体人员对组织目标的认同感和承诺感，提高绩效目标的可实现性。因此，在整个公共部门绩效控制过程中，公共部门绩效计划作为一种具有前瞻性的控制手段，为后面的整体控制设定了标准和依据，从源头上提升了控制效果，避免了资源的浪费。

（3）公共部门绩效计划是实现高水平公共部门绩效的必要条件。从具体的表现形式看，公共部门绩效计划是用于指导公共部门行为的计划书。通过制定这样一份计划，各级公共部门可以了解本绩效周期的工作安排和目标，以及将会遇到的障碍和可能的解决方法。由此可以看出，公共部门绩效计划不仅仅是完成一份工作计划那么简单。作为公共部门绩效管理系统的一个环节，公共部门绩效计划的过程更加强调通过互动式的沟通手段使上下级管理者在如何实现预期绩效的问题上达成共识。同时，在公共部门绩效计划环节，应当根据计划的内容，明确评价指标和评价周期两个关键决策，为下一步绩效监控、绩效评价和绩效反馈提供信息，以实现公共部门绩效管理的目的。

（4）公共部门绩效计划是落实公共部门战略规划的重要方式。为了有效提升服务水平、加强对资源的统筹规划，各级公共部门会制定相应的中长期发展规划和每年的工作计划，但是很多内容常常因为没有落实办法和控制机制而变成“空中楼阁”。通过公共部门绩效计划，可以将公共部门战略规划细化为具体的目标和指标体系，并落实到各级单位和每一位工作人员身上，以保证规划的可操作性和可达成性。

3.2 公共部门绩效计划的制定

3.2.1 制定公共部门绩效计划的原则

在制定公共部门绩效计划的过程中，为了充分发挥公共部门绩效计划的指引作用，应该遵循一些基本原则：

（1）战略性原则。公共部门的发展战略明确了在未来一定时期内的阶段性发展重点和努力方向，对公共部门组织及员工的具体行动具有重要的指引作用。在制定公共部门绩效计划体系时，必须坚持战略性原则，在公共部门使命、核心价值观和愿景的指引下，依据战略目标制定公共部门组织绩效计划，然后通过目标的分解和承接，制定出部门绩效计划和员工个人绩效计划。

（2）协同性原则。随着公共部门面临的发展环境日趋复杂，在很多情况下单一部门难以有效执行公共部门政策和方案，加强公共部门组织与部门之间的沟通与协作已经成为当前的发展趋势。公共部门绩效计划体系是以绩效目标为纽带形成的全面协同系统。在纵向上，要求依据战略目标制定的公共部门组织绩效目标、部门绩效目标和员工个人绩效目标是一个协同的系统。在横向上，不同公共部门职能部门的目标也需要相互协同，通过职能部门间的有效联动，创造协同价值。

（3）参与性原则。在制定绩效计划的过程中，为了确保公共部门绩效目标顺利实现和提高公民满意度，必须加强组织内外部利益相关者的参与。从组织内部而言，上下级之间必须进行充分的沟通，确保上下级就绩效计划中绩效目标、绩效指标、行动方案等内容达成共识，以保障在签订绩效协议的时候，做出充分的承诺。从组织外部而言，公共部门要提供有效的公共产品和公共服务，必须充分听取公众等利益相关者的利益诉求，并且在制定公共部门绩效计划时给予妥善的考虑和安排，才能增强公共部门的回应性，提高公民满意度。

3.2.2　制定公共部门绩效计划的步骤

在制定公共部门绩效计划时，首先需要对制定公共部门绩效计划的步骤和方式进行明确的规定，围绕公共部门的发展战略和总体目标来制定绩效计划，以确保制定的计划能够引导各级单位及全体成员沿着组织战略的方向前进。

1．准备阶段

在新的绩效周期开始之前，需要由上级主管领导及绩效管理机构的相关成员组成一个绩效管理委员会，对组织的整体战略和具体目标进行讨论和规划。在公共部门绩效计划的准备阶段，主要工作是 SWOT 分析、交流信息和绩效动员。

SWOT 分析是一种将组织内外部环境和条件等各方面因素进行综合和概括，进而分析组织的优势（strength）、劣势（weakness）、面临的机会（opportunity）和威胁（threat）的一种分析方法。其中，优势和劣势是组织的内部因素，机会和威胁则是组织的外部因素。一个组织的战略应是该组织“能够做的”（即组织的强项和弱项）和“可能做的”（即面临的机会和威胁）的有机组合。因此，进行 SWOT 分析，可以帮助公共部门把资源和行动聚集在自己的强项和机会最多的地方，从而使组织的战略更加清晰、明了。表 3-1 是黑龙江省海林市 2010 年的 SWOT 分析示例。

表 3-1　　黑龙江省海林市 SWOT 分析示例

内部优势（S）	海林市四次党代会确定的目标绝大部分提前两年完成，综合实力迈进“全省十强”第一军团；招商引资“一号工程”成为普遍共识和自觉行动，大项目建设实现历史性突破；城市建设兑现了施工期让群众“一月看到一次变化”的承诺，向“北方生态文明城”目标又迈进了一大步；统筹城乡协调发展，在新农村建设上实现了新跨越；深入开展学习实践科学发展观活动，广大党员干部干事创业的激情进一步释放

内部劣势（W）	"经济总量不大，发展速度不快"的矛盾依然突出；重大项目进展乏力，财源结构还不够合理；经济结构调整尤其迫切，主导产业升级任务繁重；群众关注的一些热点难点问题还没有完全解决好，信访稳定压力仍然较大；部分干部作风还不实，服务意识不强，群众还有怨言，客商还有意见
外部机会（O）	中央继续实施积极的财政政策和宽松的货币政策，继续加大对基础设施、社会事业等方面的投入力度；我省建设"八大经济区"、实施"十大工程"，大力支持县域经济发展，加快旅游名镇建设；绥芬河保税区今年将正式运营，长吉图先导区上升为国家级战略等，为我们加快项目建设，转变发展方式，扩大对外开放提供了更为广阔的舞台
外部威胁（T）	我国正面临着国际贸易保护主义的重压，俄罗斯资源出口限制性政策加剧，对我市的部分战略投资者和林木加工业冲击较大；区域竞争更加激烈，肇东、双城、阿城等"第一军团"发展态势依然迅猛，尚志、宾县、安达竞相发展，穆棱、宝清等地发展迅速，部分县市视我市为赶超对象，既给我们带来了压力，也增添了动力

交流信息主要是在绩效管理委员会和评价对象之间进行，需要交流的信息主要包括两方面的内容：一是公共部门的使命、核心价值观、愿景和战略。无论是下属单位还是员工个人，都需要对公共部门的发展战略和整体目标有全面、深入的理解和把握，这样既可以增强评价对象的大局观念，使其从整体的视角和组织的高度对自身的绩效目标进行审视，又可以使其明确自己对于组织总体绩效的贡献程度，从而激励其努力实现绩效目标。二是评价对象工作和职位的相关信息，如组织职能、职位职责、绩效诉求等等，沟通这些信息有助于使绩效目标的设置更加科学、合理。具体而言，信息沟通的渠道包括每年的总结大会，各单位以及部门的例会和传达会，领导干部的走访和调研，各种文件、通告、内部网络以及内部刊物等，另外一些非正式的沟通渠道也是信息交流的重要方式。

除了 SWOT 分析和交流信息之外，沟通和培训也是这一阶段的主要任务。通过沟通和培训，评价对象能理解公共部门绩效管理的重要作用、公共部门绩效评价体系的运行机制以及相应管理结构的职责权限、自身的权利和义务等内容，这些对于科学地评价公共部门绩效，确保公共部门绩效管理系统有序运行非常必要。通常，公共部门绩效计划阶段的沟通和培训应由公共部门绩效管理的主管机构组织实施，并通过自上而下、层层传达的方式确保各级公共部门组织和全体成员都能够清晰地了解和理解公共部门的使命、核心价值观、愿景、战略及自身的职位职责与绩效之间的关系和链接机制等，使其认识到绩效管理不是束缚的枷锁，而是提升绩效的有效手段，从而使全体成员都积极投身到公共部门绩效管理之中。

2. 沟通阶段

沟通是现代管理实践中的一个重要课题，几乎任何工作都离不开有效的沟通，在公共部门绩效计划阶段也是如此。在做好充分的准备后，上下级双方可就绩效管理周期内的评价内容、评价方法、评价主体、评价周期等内容进行深入的沟通和讨论。在此，再次强调公共部门绩效计划是一个双向沟通的过程，如果评价对象能够成功地参与到公共部门绩效计划的制定过程中，他们会认为自己是组织中重要的组成部分，从而激发其对组织的满足感和认同感。公共部门绩效计划并不是一纸空文，而是各级公共部门组织、部门和员工个人日后的努力目标和行动纲领，如何达成绩效计划协议对于公共部门绩效计划的实施有着非常重要的意义。在任何类型的设计活动中都有一个根本原则，那就是把将要使用系统的相关人员吸收到这个系统的设计过程中来。这意味着上级领导和下属都要对公共部门绩效计划的形成付出自己的努力、做出自己的贡献，使得评价对象在参与自己绩效目标和标准的计划过程中形成一种心理承诺。

在准备阶段，各级公共部门组织和个人都已经了解了组织的使命、核心价值观、愿景、战略以及组织的总体目标，并且明确了自身的职位职责和工作要求，接下来就需要沟通有关具体绩效目标、评价指标以及行动方案的问题。在此阶段中，绩效计划会议是最主要的沟通方式。召开这种会议首先要注意创造良好的环境和气氛，尽可能减少环境和气氛所带来的压力，同时减少来自外界的干扰，并要注意避免任何可能的中断。双方进行公共部门绩效计划沟通时的一个重要原则是多问、少讲，采用引导的方法让评价对象为自己设立目标，而不是告诉他要做什么。通常情况下，公共部门在进行绩效计划沟通时应该至少回答以下四个问题：

（1）该实现什么工作目标？

（2）按照什么样的程序实现目标？

（3）何时实现目标？

（4）花费多少？使用哪些资源？

3. 制定阶段

在经过充分的准备，进行了多次沟通之后，公共部门绩效计划就初步形成了。为了使公共部门绩效计划真正发挥作用，还需要对公共部门绩效计划进行审查和检验，确定以下内容是否达成。

（1）各级公共部门组织和个人的绩效目标与公共部门的使命、核心价值观、愿景、战略和整体目标紧密相联，并且清楚地知道自己的绩效目标与整体目标之间的关系。

（2）公共部门绩效评价指标体系能够切实反映绩效管理周期内各级公共部门组织和个人的工作职责和职位要求，且没有缺失或溢出的情况。

（3）公共部门绩效计划中对各级公共部门组织和个人的主要工作任务、各项工作任务的重要程度、完成任务的标准以及在完成任务过程中享有的权限等都已经达成了共识。

（4）评价双方都十分清楚在完成工作目标的过程中可能遇到的困难和障碍，并且明确相关单位及人员所能提供的支持和帮助。

（5）形成了一个经过双方协商讨论的公共部门绩效协议，该协议中包括具体的绩效目标、绩效评价指标、绩效评价标准及权重，并且主管人员和评价对象双方都要在该文件上签字。

最后要说明的是，保证计划的时效性十分重要，应随时更新和补充内容使公共部门绩效协议更具灵活性和动态性，以适应环境变化和应对挑战。

3.3　公共部门绩效目标

公共部门绩效目标是公共部门绩效计划的关键内容，是连接组织战略与绩效管理系统的纽带。公共部门绩效目标体系是对组织战略的分解和细化，是制定绩效指标、绩效评价标准和行动方案的起点和基础。

3.3.1 公共部门绩效目标的内涵

在公共部门绩效管理系统模型中，公共部门绩效目标是指上级与下级在公共部门的使命和核心价值观的指引下，对愿景和战略进行分解和细化，具体体现为绩效主体在绩效周期内需要完成的各项工作。目前对公共部门绩效目标的理解主要有两种：一种是将公共部门绩效目标理解为绩效指标加上目标值，比如“中心城绿色出行比例达到75%”和“城镇登记失业率小于4%”等；另一种则是将绩效目标理解为绩效的行为对象，具体表述为一个动宾词组，比如“促进基本公共服务均等化”和“保障食品药品安全”等。

公共部门绩效目标的来源主要有两类。首先，公共部门绩效目标来源于对公共部门战略的分解和细化。我国从中央到各级地方政府每隔五年都会制定一次发展规划，明确未来五年时间的发展目标和具体战略。通过对公共部门发展战略的分解与细化，可以形成公共部门组织绩效目标、部门绩效目标和员工个人绩效目标，进而引导各个公共部门都按照组织要求的方向去努力，从而确保组织战略的顺利实现。其次，公共部门绩效目标来源于职位职责。职位职责描述了一个职位在组织中扮演的角色，即这个职位对组织有什么样的贡献或产出。职位职责相对比较稳定，除非该职位本身从根本上发生了变化。

3.3.2 公共部门绩效目标的类型

对公共部门绩效目标进行分类，可以更好地理解什么是公共部门绩效目标。公共部门绩效目标存在多种分类方式，不同的分类标准也决定了不同的公共部门绩效目标类型。

（1）按照绩效层次的不同，可以将公共部门绩效目标分为公共部门组织绩效目标、部门绩效目标和员工个人绩效目标。公共部门组织目标也可称之为公共部门整体目标，是公共部门组织战略的重要组成部分，一般直接指向于公共部门在一定绩效周期内达成的最终结果；部门绩效目标主要来自对公共部门组织绩效目标的分解和承接，同时还包括基于职能部门自身的职责所确立的目标；员工个人绩效目标则描述了员工为实现公共部门组织和部门的目标而需要完成的工作任务和取得的结果。

（2）按照绩效周期的长短，可以将公共部门绩效目标分为短期绩效目标、中期绩效目标和长期绩效目标。短期绩效目标通常是在几天、几周或几个月内完成的绩效目标；中期目标是指在半年或一年，甚至一年多内完成的绩效目标；而长期绩效目标则是指完成时间更长一些，可能要2～3年，甚至更长时间，或者需要划分为几个关键性阶段的绩效目标。

（3）按照目标领域的不同，可以将公共部门绩效目标划分为政治绩效目标、经济绩效目标、文化绩效目标、社会绩效目标和生态绩效目标。政治绩效目标描述了公共部门在政治领域期望获得的结果，其最高目标应该是实现政治文明，一般包括民主、法治等内容；经济绩效目标描述了公共部门在经济领域期望获得的结果，其最高目标应该是实现物质文明，一般包括经济发展与增长、物价稳定、产业结构合理等内容；文化绩效目标描述了公共部门在文化领域期望获得的结果，其最高目标应该是实现精神文明，一般包括国民素质、文化产业、社会风尚等内容；社会绩效目标描述了公共部门在社会领域期望获得的结果，其最高目标应该是构建和谐社会，一般包括公共服务、城乡差距、社会保障等内容；生态绩效目标描述了公共部门在生态领域期望获得的结果，其最高目标应该是实现生态文明，一般包括绿色发展、环境治理、和谐共生等内容。

3.3.3　公共部门绩效目标的制定

在公共部门绩效计划制定过程中，设定绩效目标是其中最为重要的内容，公共部门绩效目标设置的好坏直接影响到后面公共部门绩效管理的各个环节，因此必须对此予以高度重视。

1. 公共部门绩效目标制定的 SMART 原则

在制定公共部门绩效目标时应遵循以下五条原则，通常我们将它们称为 SMART 原则。这五条原则分别是：

（1）绩效目标应该是明确具体的（specific）。所谓明确具体指的是绩效目标应该尽可能地明细化和具体化。因为各级公共部门组织、部门和员工的情况各不相同，公共部门绩效目标应该明确、具体地体现出相应的绩效要求。只有将这种要求表达得尽可能准确和具有可操作性，才能够引导各级公共部门组织和员工个人更好地去实现绩效目标。例如，"尽可能使群众满意"这样的目标就不如"群众满意度达到 80%"这样的目标明确具体，如果用前面这个目标来评价公共部门，不仅会使各级公共部门无所适从，而且会使公共部门绩效评价缺乏有效的依据，而后者则非常清楚地界定了绩效目标的目标值，为公共部门绩效评价提供了可以参考的标准。

（2）绩效目标应该是可衡量的（measurable）。设定公共部门绩效目标是为了能够根据公共部门绩效计划来对各级公共部门组织、部门及其成员起到激励和约束作用。因此，公共部门绩效目标必须可衡量，才能够进行有效的监控、评价和反馈。所谓可衡量，就是可以将各级公共部门组织、部门和员工个人的实际绩效表现与绩效目标相比较，即绩效目标应该提供一种可供比较的标准和目标值。需要指出的是，可衡量并不意味着一定要有绝对的定量指标。对于公共部门而言，定性指标也经常出现在公共部门绩效评价体系当中。

（3）绩效目标应该是有行为导向的（action-oriented）。绩效目标应该能够引导各级公共部门组织、部门及个人的行为，因此公共部门绩效目标应具有行为导向的特征。这实际上是要求绩效目标不应该仅仅是一个能够衡量的最终结果，还应该包含对各级公共部门组织、部门和员工在实现绩效目标过程中行为的约束和引导。举例来说，在对政府组织经济绩效的衡量上，如果仅衡量 GDP 指标，那么就有可能导致政府组织为了实现 GDP 的快速增长而盲目投资和建设，甚至以牺牲生态环境和可持续发展为代价，而如果再加上与资源消耗、环境质量相关的绩效评价指标，就能够有效避免上述现象的发生，促进经济又好又快发展。

（4）绩效目标应该是切实可行的（realistic）。在设置公共部门绩效目标时，还需要考虑到目标的可行性，即制定的公共部门绩效目标既不能过高也不能过低，应该既能恰当反映组织的绩效期望，又需要各级公共部门组织、部门和员工通过努力可以达成。公共部门绩效目标的切实可行包含了两层含义：一是公共部门绩效目标的设置不能过高。当知道无论如何努力，绩效目标都无法实现时，人们通常会放弃努力；二是公共部门绩效目标的设置也不能过低。当绩效目标水平太低，各级公共部门组织、部门和员工无需努力就可以实现目标，便失去了公共部门绩效目标应具备的约束性和激励性。因此，公共部门绩效目标要兼具可行性和挑战性，需要各级公共部门组织、部门和员工为之付出一定的努力才能实现，这样才能真正有效地发挥其作用。

（5）绩效目标应该是受时间和资源限制的（time and resource constrained）。公共部门绩效目标应带有时限要求和资源限制，比如"在A时间内，投入不超过10 000元使S指标增长30%"而不是"在A时间内，在合理投入的情况下使S指标增长30%"。这种时间和资源限制实际上是对目标实现方式的一种引导。不论是时间还是资源的限制，都有一个程度的问题。在目标一定的情况下，这一程度应该根据绩效要求和工作能力等方面的情况确定。另外，公共部门往往会根据需要制定不同阶段的分目标，不论是整个绩效计划的总目标还是分阶段的分目标，每一个目标都应有时间和资源的限制。

2. 公共部门绩效目标制定的注意事项

SMART原则对公共部门绩效目标的设计具有切实的指导作用，但是实施起来却并不容易，特别是在公共部门绩效管理经验不足以及公共部门绩效相对较为模糊的情况下，各级公共部门组织、部门和员工在制定绩效目标的过程中，会遇到诸多挑战。要更好地完成对公共部门绩效目标的设计，还需注意以下几点：

（1）公共部门绩效目标的设计应该以客观事实为基础。在制定公共部门绩效目标时，切忌"拍脑袋"做决策，脱离客观事实的绩效目标往往是不合理的。因此，公共部门在设定绩效目标时，必须尊重现实，既不能急功近利将目标设得过高，也不能为了容易达成而将目标设得过低。应该综合考虑总体发展战略、具体的现实情况、环境和资源的限制以及人员的工作能力与水平等因素，结合以往的绩效目标、发展预期以及标杆单位的情况等，合理确定绩效目标。

（2）让评价对象参与到公共部门绩效目标的设计过程中。前面已经强调过，公共部门绩效计划是一个双向沟通的过程，公共部门绩效目标需要经过评价双方的沟通和协商才能最终确定。但是在实际的公共部门绩效管理过程中，绩效目标往往是上级指令和摊派的结果，这就会不可避免地出现公共部门绩效目标不够科学和合理的情况。让评价对象参与到公共部门绩效目标的制定过程中，能够在一定程度上规避这一问题。当然，在公共部门绩效目标设定的博弈过程中，必须充分考虑评价对象为减轻工作压力而一味讨价还价的情况，主管人员对评价对象的要求和理由不能盲从，而应该在深入调查和充分听取意见的基础上合理制定绩效目标。

（3）在实践中不断完善绩效目标。公共部门绩效目标体系的建立并非一劳永逸，而是要结合公共部门所处情境的变化适时进行更新与调整，这样才能更好地发挥绩效目标的指引作用。尽管公共部门绩效目标的设计难免有些不尽如人意的地方，但是如果迟迟不推行实施，不仅会影响到工作人员的积极性，而且无法及时发挥出公共部门绩效管理应有的效用。可行的做法是在实践中不断地进行检验和调整，并随着时间的推移不断地完善和改进公共部门绩效目标和指标体系。

3.4　公共部门绩效指标

在确定公共部门绩效目标之后，为了衡量这些目标是否达成，就需要进一步开发公共部门绩效指标。将公共部门绩效目标转化为可衡量的公共部门绩效指标，是公共部门绩效计划阶段又一项具有较高技术含量的工作。

3.4.1　公共部门绩效指标的内涵

指标（indicator）是指衡量目标的单位或方法，是指目标预期达到的指数、规格、标准。公共部门绩效指标（public sector performance indicator）是用来衡量公共部门绩效目标达成的标尺，即通过对公共部门绩效指标的具体评价来衡量公共部门绩效目标的实现程度。由于公共部门绩效指标是直接面向绩效评价的，因此公共部门绩效指标也叫公共部门绩效评价指标或公共部门绩效考核指标。由于综合性的绩效评价体系具有多重的价值标准、多向的维度以及多元的评价主体，而单一的成本、效率、产出等指标已经难以反映出大型复杂组织的绩效状况和未来的发展趋势，因此，构建一个有效可行的公共部门绩效指标体系就成为实施公共部门绩效管理的重要前提。约翰·劳斯（John Rouse）认为，有效的绩效指标对于公共部门绩效管理的成功开展起着非常重要的作用。

首先，有效的公共部门绩效指标有助于改善公共部门的内部管理。毫无疑问，在公共部门的决策、执行和监督过程中，公共部门绩效指标能够在公共服务方面为各级管理者提供有关效率、效益以及质量的各种有效信息。与组织拥有的其他信息所不同的是，公共部门绩效指标所反映的信息应该与组织的使命以及各层级的目标体系密切相关。如果缺乏有效的公共部门绩效指标体系，公共部门就难以明确当前的组织绩效以及组织绩效与期望绩效之间存在的差距。因此，西方各国公共部门在实施绩效管理的过程中，都普遍重视公共部门绩效管理信息系统的建设，并将公共部门绩效指标体系视为公共部门绩效管理信息系统中的重要内容。

其次，有效的公共部门绩效指标有助于增强公共部门的责任感。由于公共部门绩效评价的主体多来自公共部门的外部群体，如立法机关、社会公众、大众媒体以及各种社会中介组织等，因此公共部门绩效指标的设计应直接反映各级公共部门组织和管理者实现自身责任的指向和达成程度。通过各种公共部门绩效指标，各级公共部门可以清楚地了解到自己应该承担什么责任，应该对谁负责，以及如何承担具体的责任等。

最后，有效的公共部门绩效指标有助于指引公共部门员工的行为与组织整体目标保持一致。在实施公共部门绩效管理过程中，切忌将公共部门绩效评价指标仅仅用于“控制”的目的，即强调“纠正错误的行为或活动”，这会使员工个人的主动性、积极性和创造性难以得到有效发挥，甚至使员工情绪低落或产生抵触心理。有效的公共部门绩效指标应该立足于“发展”的目的，即强调公共部门绩效指标是“旨在改进和提高管理绩效过程的一部分”，因此它们必须能够切实得到尽可能多的员工内心的认可和承诺。

3.4.2 公共部门绩效指标的类型

公共部门绩效指标有多种分类方式，为了更好地理解和构建公共部门绩效指标体系，我们需要熟悉公共部门绩效指标的分类，并将各类评价指标纳入公共部门绩效指标体系当中。

1. 工作业绩评价指标和工作态度评价指标

根据绩效评价的内容不同，可以将公共部门绩效指标分为工作业绩评价指标和工作态度评价指标。

（1）工作业绩评价指标。所谓工作业绩，就是公共部门履行职能和职责所产生的结果。工作业绩评价指标是对公共部门履行职责效果的直接衡量，反映了公共部门的既定目标是否实现。组织成功的这些关键要素决定了绩效评价中需要确定的关键绩效结果。这种关键绩效结果规定了在评价员工绩效时应着重强调的工作业绩指标。这些指标可能表现为该职位的关键工作职责或一个阶段性的项目，也可能是年度的综合业绩。在设计工作业绩指标时，通常的做法是，将业绩具体表现为完成工作的数量指标、质量指标、工作效率指标以及成本费用指标。这四类指标都属于工作业绩评价指标。

（2）工作态度评价指标。在组织中常常可以看到这样的现象：一个能力很强的人出工不出力，未能实现较高的工作业绩；而一个能力一般的员工兢兢业业，却做出了十分突出的工作业绩。这两种不同的工作态度产生了截然不同的工作结果。因此，工作态度在一定程度上也影响了一个员工的实际工作业绩。为了对员工的行为进行引导从而达到绩效管理的目的，在绩效评价中应引入对工作态度进行评价的指标。

2. 硬指标和软指标

根据绩效指标的形式，政府绩效指标可以分为硬指标和软指标。

（1）硬指标。所谓硬指标，指的是那些可以以统计数据为基础，把统计数据作为主要评价信息，建立评价数学模型，以数学手段求得评价结果，并以数字表示评价结果的评价指标。

使用硬指标进行绩效评价能够摆脱个人经验和主观意识的影响，具有相当的客观性和可靠性。在处理硬指标的评价结果时，如果需要完成复杂或多变的计算过程，还可借助电子计算机等工具来进行，以有效提高评价的可行性和时效性。但是，当评价所依据的数据不够可靠，或者评价的指标难以量化时，硬指标的评价结果就不够客观和准确了。另外，硬指标的评价过程往往比较死板，在评价的过程中缺乏人的主观性对评价过程的影响。所以，一方面硬指标的评价结果具有客观准确的优点；另一方面也有缺乏灵活性的弊端，毕竟单凭统计数据并不能完全说明所要评价的事实情况。

（2）软指标。软指标指的是主要通过人的主观评价得出评价结果的评价指标。在行为科学中，人们用专家评价来指代这种主观评价的过程。所谓专家评价，就是由评价者对系统的输出做出主观的分析，直接对评价对象进行打分或做出模糊评判（如很好、好、一般、不太好或不好）。对这种评价指标的判断和评价完全依赖评价者的知识和经验，容易受各种主观因素影响。所以，软指标的评价通常由多个评价主体共同进行，有时甚至由一个特定的集体共同做出一个评价结论，以相互补充，从而得出一个相对客观、准确的结论。之所以将软指标评价称为专家评价，是因为这种主观评价在客观上要求评价者必须对评价对象所从事的工作相当了解，能够通过不完整的数据资料，在利用大量感性资料的基础上看到事物的本质，做出准确的评价。

运用软指标的优点在于，这类指标不受统计数据的限制，可以充分发挥人的智慧和经验。在这个主观评价的过程中往往能够综合更多的因素，考虑问题更加全面，避免或减少统计数据可能产生的片面性和局限性。尤其是在评价所需的数据很不充分、不可靠或评价指标难以量化的时候，软评价能做出更有效的判断。因此，软指标评价能够更广泛地运用于评价各种类型的员工。随着科学的发展和模糊数学的应用，软指标评价技术得到了迅猛发展。通过评价软指标并对评价结果进行科学的统计分析，我们能够将软指标评价结果与硬指标评价结果共同运用于各种判断和推断，以提高绩效评价结果的科学性和实用性。当然，软指标同时也具有不可忽视的弱点。软指标评价的结果容易受评价者主观意识的影响和经验的限制，其客观性和准确性在很大程度上取决于评价者的素质。对软指标进行评价得出的评价结果往往缺乏稳定性，尤其在民主氛围不佳的环境中，个人专断性的主观判断经常造成严重的不公平，引起评价对象对评价结果的强烈不满。

在实际评价工作中，往往不会单独使用硬指标或软指标进行评价，而是将两类指标加以综合应用，以弥补各自的不足。在数据比较充足的情况下，以硬指标为主，辅以软指标进行评价；在数据比较缺乏的情况下，则以软指标为主，辅以硬指标进行评价。在绩效评价中，对于硬指标的评价往往也需要一个定性分析的过程，而对于软指标评价的结果也要应用模糊数学进行定量化的换算过程。因此，我们在建立指标体系的时候，应尽量将指标量化，收集相关的统计资料，提高评价结果的精确度。同时，还要考虑评价对象的具体情况，将硬指标与软指标的评价技术有效地结合起来使用。

3. “特质、行为、结果”三类绩效指标

在很多理论和实证研究中，综合运用“特质、行为、结果”这三类指标进行绩效指标体系的设计是一种比较常见的方式，这三类评价指标详细比较如表 3-2 所示。

表 3-2　“特质、行为、结果”三类绩效指标对照表

	“特质”绩效指标	“行为”绩效指标	“结果”绩效指标
适用范围	● 适用于对未来的工作潜力做出预测	● 适用于评价可以通过单一的方法或程序化的方式实现绩效标准或绩效目标的岗位	● 适用于评价那些可以通过多种方法达到绩效标准或绩效目标的岗位
不足	● 没有考虑情境因素，通常预测效度较低 ● 不能有效地区分实际工作绩效，易使员工产生不公平感 ● 将注意力集中在短期内难以改变的人的特质上，不利于改进绩效	● 需要对那些同样能够达到目标的不同行为方式进行区分，以选择真正适合组织需要的方式，这一点是十分困难的 ● 当员工认为其工作重要性较小时，意义不大	● 结果有时不完全受评价对象的控制 ● 容易诱使评价对象为了达到一定的结果而不择手段，使组织在获得短期效益的同时丧失长期利益

资料来源：杨杰，方俐洛，凌文辁．对绩效评价的若干基本问题的思考．中国管理科学，2000（4）．

西方学者指出，在这三类绩效评价指标中最好的选择就是：给评价指标名称贴上“特质”的标签，评价指标的定义和尺度则采用行为导向与结果导向相结合的方式。关于这一点，我们将在介绍绩效评价方法时做进一步的论述。

此外，按照不同分类标准，绩效指标还有多种分类方式。比如，在平衡计分卡中还将绩效指标分为如下几类：财务指标和非财务指标、客观指标与主观判断指标、前置指标与滞后指标、计分卡指标和仪表盘指标、评价指标和监控指标。这种分类方法具有较高的科学性和合理性，越来越多的管理者采用这种分类方式来认识或管理绩效指标。

3.4.3 公共部门绩效指标的设计

1. 公共部门绩效指标的设计要求

在公共部门绩效指标体系的设计过程中，需要根据绩效评价的总体原则，遵守指标设计的具体要求，以体现和反映公共部门绩效评价活动的科学性和严谨性。

（1）整体性。公共部门绩效评价项目和指标若是单一的，则无法有效地反映指标之间的有机联系。因此，有必要选择有代表性的、能反映公共部门管理客观实际的重要指标，来构建公共部门绩效指标体系。根据前面提到的公共部门绩效管理的内涵和结构，可以从管理层级、政府职能、价值标准和运作流程等几个方面设计公共部门绩效指标体系的总体框架，进而再从每个内容中选择有代表性的指标组成指标体系。

（2）准确性。对指标含义界定和表述的准确性程度直接影响到绩效指标的正确执行、监控、评价和反馈。因此，若有的公共部门绩效指标有多种口径，则需要选择最接近实际的内涵界定。另外，为了使不同地区、不同层级的公共部门之间有一定的可比性，公共部门绩效指标一般使用平均数、比例、指数等相对数作为目标值，而尽量避免采用绝对数。

（3）独立性。独立性指的是公共部门绩效指标之间的界限应清楚明晰，不会产生含义上的重复。这要求各个评价指标尽管有相互作用或相互影响、相互交叉的内容，但一定要有独立的内容，有独立的含义和界定。公共部门绩效指标的命名要讲究，使每一个指标的内容界限清楚，避免产生歧义。在必要的时候可通过具体、明确的语言给出操作性的定义，避免指标之间出现重复。

（4）可测性。如果不能描述，便不可以衡量；如果不能衡量，则不可以管理。公共部门绩效指标的可测性是得出绩效评价结果的前提和基础，公共部门绩效指标只有具有可测性，才能对公共部门组织或者员工的工作目标完成情况做出准确的判断，从而为进一步的管理决策提供依据。在确定公共部门绩效指标时，应考虑到评价中可能遇到的种种现实问题，确定获取所需信息的渠道以及是否有相应的评价者能够对该指标做出评价等。公共部门绩效指标本身的特征及其在评价过程中的现实可行性共同决定了指标的可测性。

（5）差异性。人们在对公共部门管理活动进行评价时，往往发现绩效指标所起的作用是不同的。也就是说，不同的绩效指标对绩效评价结果的影响存在一定的差异性，有些绩效指标影响大，有些绩效指标影响小。绩效指标对绩效评价结果影响的大小，显示了其重要性的不同。可以通过一定的数量值来说明绩效指标的重要性，这就是指标的权值，也称权重或加权。一般来说，指标值比较重要的，它的权值就较大；相对次要的指标，它的权值就较小。绩效指标的权值大小，往往由公共部门评价主体、专家学者根据排序法、层次分析法、权值因子判断法等来决定。

2. 公共部门绩效指标设计的影响因素

由于公共部门绩效结构的多元性和绩效内容的复杂性，根据不同的评价导向和具体环境，公共部门绩效指标体系的内容也会有所不同。概括起来，影响公共部门绩效指标设计的因素主要包括地方经济与社会发展水平、公共部门发展战略、利益相关者的诉求以及公共部门绩效管理的价值取向等几个方面。

（1）地方经济与社会发展水平。经济与社会发展水平直接影响社会各类主体对公共部门管理和服务的需求。例如，对于经济欠发达地区，社会各界可能更倾向于要求政府着重搞好经济建设，将提高 GDP 作为政府工作的重心，因而相应的绩效指标多是以经济类指标为主，同时兼顾一些其他类型的指标。而对于经济发达地区来说，社会各类主体对公共服务的需求趋于多元化，而不仅仅满足于经济水平的提高。同时，政府也因具有较强的财力而能够提供多样化的公共服务，这在绩效评价指标设计上则表现为评价重点可能不再是经济类指标，而是公民的满意度、环境生态状况等指标。

（2）公共部门发展战略。随着战略管理在政府组织中的逐渐兴起，实行公共部门绩效管理就成为落实公共部门组织战略的有力工具。不少国家的公共部门绩效管理都借鉴和采用了企业的目标管理、关键绩效指标和平衡计分卡等绩效管理工具，以实现对公共部门战略规划和目标的层层分解和支撑，进而推动公共部门战略的有效实施。公共部门的发展战略和规划对公共部门绩效指标体系的构建起到了导向性的重要作用。例如，一个城市的战略目标如果是“争创文明旅游城市”，那么该城市的绩效指标的设计就应重点突出“旅游景点创优争先”“社会治安”“风景园林建设和保护”“城市合理布局和规划”“娱乐文化设施建设”等；而如果是“创建最适合投资的经济开发区”，则其绩效指标就应突出“税收和投资政策”、“公正执法”和“政府办事效率”等。

（3）利益相关者的诉求。要使公共部门绩效指标能够切实体现公共利益和公共价值，健全的民主制度和公民诉求机制是不可缺少的前提条件。社会公众参与各级公共部门绩效指标和标准的设计、参与绩效评价和对绩效评价过程的监督，可以有效强化“以民为本”的价值观。但是，究竟哪些政府工作是最符合长期利益和整体公共利益的，则需要经过多元主体之间的博弈、协调和整合。一种可行的路径就是建立政府、专家、公众和其他社会组织的沟通与协商机制，通过多种形式的博弈与磨合，找到真正的公共利益。

（4）公共部门绩效管理的价值取向。公共部门绩效管理的价值取向，是指公共部门在绩效管理过程中对其利益和导向所做的一种理性选择。早期的公共部门绩效管理关注提升政府效率，所以政府绩效指标主要是关于经济增长之类的效率指标。随着公共管理实践的发展，公共部门绩效管理开始关注经济、效率、效益、公平、责任等多元的价值体系，公共部门绩效指标体系逐渐丰富和多元，如引入了公民满意度等指标。价值取向作为公共部门绩效管理的灵魂，影响着公共部门绩效管理的各个方面。从战略定位到指标的设计，再到评价主体的选择和评价结果的运用等，无不受到价值取向的影响。

3. 公共部门绩效指标的筛选原则

公共部门绩效指标是一种度量公共部门绩效优劣的工具，要使这种测度工具有效而可信，评价结果能够全面、客观、准确地反映公共部门绩效的实际水平与发展趋势，在遴选时应该遵守以下几项基本原则：

（1）系统性原则。公共部门绩效系统是由公共管理、经济发展、社会稳定、教育科技、生活质量和生态环境等方面综合集成的，各个模块必须通过一些相应指标才能反映出来，这就要求所建立的公共部门绩效指标体系具有足够广的涵盖面，能够充分反映公共部门绩效的系统性特征。同时，公共部门绩效评价体系并不是各个公共部门绩效指标的简单堆积，而应该是根据某些因果关系合理地将各个公共部门绩效指标有效地链接起来。

（2）目标一致性原则。公共部门绩效指标体系是一组既相互独立又相互关联，能够完整地反映公共部门绩效管理系统战略和导向的评价要素。它需要与公共部门的战略目标和公共部门绩效管理的最终目的保持一致。具体而言，一方面，公共部门绩效指标体系要充分体现出不同的公共部门绩效管理导向对公共部门绩效指标体系的要求。在不同的战略导向、评比导向以及测评导向下，公共部门绩效指标体系的设计是不尽相同的。当公共部门的战略和目标导向发生变化时，公共部门绩效指标也需相应地发生变化。另一方面，公共部门绩效指标体系应充分体现出评价对象的绩效输出，并能够有效引导评价对象产生符合组织总体发展目标的行为和产出，既不能缺失，也不能溢出。

（3）可操作性原则。公共部门绩效指标体系设计的首要目的是确保其在公共部门绩效评价中能够得到有效应用，这就要求所建立的绩效指标体系具有可行性和可操作性。具体而言，主要包括四方面的内容：一是数据信息的可获得性，数据资料尽量可以通过查阅全国性和地方性统计年鉴与各种专业年鉴（如地区统计年鉴、教育统计年鉴、科技统计年鉴、工业统计年鉴等）获得，或者在现有资料基础上通过简单加工整理获得，抑或是通过对研究对象进行问卷调查和现场访谈获得；二是数据资料可量化，定量的公共部门绩效指标数据要保证其真实、可靠和有效，并尽量少采用定性指标或尽量选取那些能够通过专家间接赋值、测算以转化为定量数据的定性指标；三是公共部门绩效指标体系的设置应尽量避免形成数量庞大或层次复杂的指标，绩效指标应尽可能少而精，否则会导致公共部门绩效评价缺乏重点、流于形式；四是选入公共部门绩效指标体系的各项指标应具有不可替代性，要选择反映信息最多、最能恰当反映目标工作特点和完成程度的绩效指标。

（4）突出重点与全面系统相结合原则。公共部门管理工作的多重性和复杂性，决定了公共部门绩效指标体系必须是一个既突出重点又全面开放的系统。一方面，公共部门绩效指标体系要突出一些重点领域和关键性的工作，设计一些关键性的指标来反映公共部门的绩效水平。另一方面，公共部门绩效指标体系也是一项涉及面广的工作，必须对绩效做出恰如其分的全面评价，使得公共部门绩效评价工作真正达到总结经验、肯定成绩、找出差距、不断提高公共部门绩效水平的目的。因此，在确定公共部门绩效评价指标体系时，既要突出重点又要做到全面概括，系统地反映出公共部门绩效的实际内容。

4. 公共部门绩效指标体系的设计思路

从国内外公共部门绩效评价的研究与实践出发，公共部门绩效指标体系设计的基本思路主要包括以下几种类型：

（1）以公共部门内部管理为视角设计公共部门绩效指标。

美国希拉丘斯大学马克斯韦尔学院的帕特丽夏·英格拉姆教授等学者，推崇从管理能力的视角设计公共部门绩效指标体系，这一观点主要反映在美国联邦政府绩效项目（Government Performance Project，GPP）中。在该项目中，研究者提出了“管理黑箱理论”，认为人们对于公共部门内部输入与输出之间相互转化的过程知之甚少，政府绩效就像是经过暗箱里的一系列操作而产生的。在 GPPⅠ中他们将绩效指标体系分为财政管理、信息技术管理、人力资源管理、资本管理和面向结果的管理，给每个体系相应地设计了一系列评价指标，并根据被评价政府部门的反馈意见加以完善。在 GPPⅡ中，研究者们对前一阶段的指标体系进行了修正和调整，将 GPPⅠ中所关注的绩效项目由原来的 5 个减少到 4 个，并加入了信息和基础设施的绩效评价内容。

（2）以绩效审计为视角设计公共部门绩效指标。

在现代公共部门中，绩效审计为各国公共部门提高公共管理的效果、明确公共管理责任、加强公众对政府的监督、提高政府行为透明度等提供了一个有效的途径。经过半个多世纪的发展，政府绩效审计已形成了包括经济性、效率性和效果性三个方面的评价要素体系。经济性、效率性和效果性三个要素是相互区别而又相互联系的：经济性审计主要局限于资源方面，即“投入”方面。效率性审计主要涉及对资源使用情况的审查，即“投入”与“产出”的关系。如果以较少的投入取得一定数量的产出，或以一定数量的投入获得更多的产出，都可以说效率是高的。效果性审计则是对经济活动产出情况的审查。目前，随着社会的不断发展和政府职能的进一步转变，一些学者还提出政府绩效审计应该增加两个新的要素——公平性和环保性。

（3）以项目逻辑为视角设计公共部门绩效指标。

根据公共部门绩效产出的逻辑关系，公共部门绩效的产生过程可简单划分为投入、过程、产出和结果四个环节，这四个环节构成了公共部门绩效产出的价值链。投入类指标通常是对支持所有公共部门工作的资源的衡量，例如工作人员数量、工作场所、信息化程度等。过程类指标来源于开展政府各项工作的基本过程，包括具体的工作量、工作时间投入、工作实施的具体状况等。需要特别区分的是产出类和结果类两种指标，二者在公共部门绩效评价的过程中常常被混淆，有效区别二者之间的逻辑关系对全面有效地衡量公共部门绩效具有非常重要的意义。具体而言，产出表示的是一个项目操作过程的表现及阶段性成功，而结果是项目最终的效果。根据项目逻辑，产出几乎没有内在的价值，因为它并不直接构成收益。但产出是必要的，因为它会影响未来的收益或者引发改变而达到理想的期望值。产出指标应该被看作是成功的必要条件而非充分条件，产出是一个项目工作的直接产品和服务，如果没有高质量的、数量适宜的产出，一个项目工作就不能产生预期的结果。通常来说，产出的产生在很大程度上受项目的管理者所控制，而结果则更多地受项目外所不能控制的因素影响。因此，产出的产生并不能保证会得出结果。产出类指标和结果类指标的区别如表 3-3 所示。为了监控项目工作的绩效，对产出和结果进行评价是非常有必要的。

表 3-3　　产出类指标与结果类指标的区别

项目工作	产出	结果
犯罪控制项目工作	对求助电话的应答	减少犯罪行为
	犯罪调查成效	减少犯罪导致的伤亡
	进行拘捕	减少犯罪导致的财产破坏和损失
	破案	
公路建设项目工作	项目设计	公路容量增加
	建成公路的里程	提高车流量
	重建公路的里程	减少旅程耗时
艾滋病预防项目工作	应答热线电话	增加对与艾滋病相关的知识和治疗方法的了解
	测试艾滋病抗体研讨会	减少危险的行为
	治疗艾滋病患者	减少 HIV 携带者
	接待患者的咨询并指导	减少因艾滋病而死亡的人数

资料来源：西奥多·H. 波伊斯特. 公共与非营利组织绩效考评：方法与应用. 北京：中国人民大学出版社，2005：39.

（4）以战略管理导向为视角设计公共部门绩效指标。

20 世纪 80 年代以来，随着公共部门战略思维的逐渐兴起及其对科学化绩效管理的迫切需求，战略性绩效管理进入了公共部门的视野，并在管理实践和理论研究方面发展迅速，逐渐成为帮助公共部门落实组织战略、强化绩效管理的有效途径。美国行政学会（American Society for Public Administration，ASPA）的责任和绩效中心（Center for Accountability and Performance，CAP）通过五年的研究探索，于 2000 年开发出了一个实施绩效管理的战略框架，如图 3-1 所示。这一模型的特点主要包括以下几个方面：一是由分析环境、明晰使命和愿景、设置目标体系、制定整合各种资源的行动方案、评价和测量结果、实施跟踪和监控等逐级递进的过程所组成，系统性强，层次清晰，有较强的可操作性。二是这一模型的目的在于建立“以结果为导向”的公共服务提供体系。三是该模型强调绩效测量的目的在于落实责任和持续改进。四是通过这一模型可以整合并且提高组织各层面以及各领域的绩效水平，并使其保持相互之间的协调一致。每个部门和人员都可以通过这一框架提供的逻辑思路来清楚地了解自己未来工作的路线图：我们现在身处什么位置？我们想要到哪里？我们如何才能到达那里？为了到达那里，我们如何测定我们的进程？如何判别我们最终是否实现目标？在所有的管理模型中，对核心概念的界定是非常重要的一步。在责任和绩效中心的战略管理模型中，这些重要概念包括：使命、愿景、目的、目标、产出和结果等。

此外，随着目标管理、关键绩效指标、平衡计分卡等绩效管理工具在企业组织中的应用日趋成熟，公共部门也开始逐步引进和导入先进的绩效管理工具来探索和构建有效的公共部门绩效指标体系，以确保公共部门使命、核心价值观、愿景及战略的全面落地。美国在尼克松政府时期曾举国推行目标管理，而源于目标管理思想的“目标责任制”也是我国

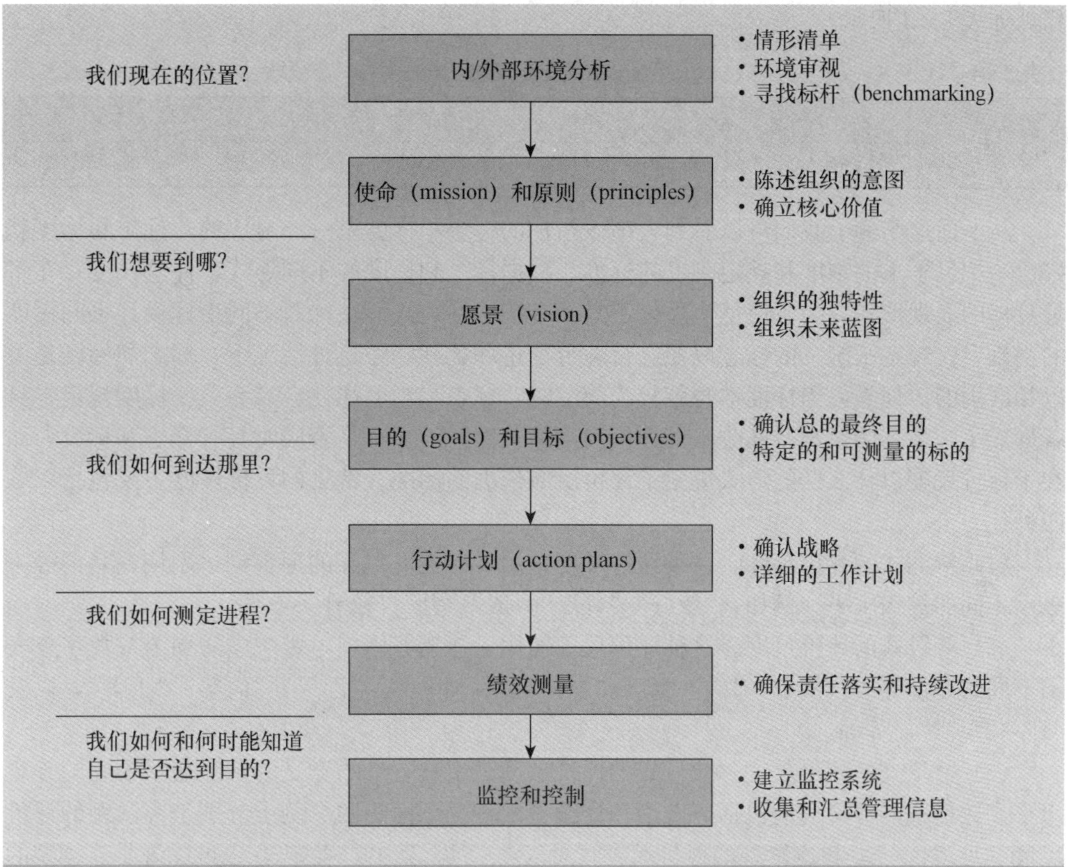

图 3－1　融入目的、目标和绩效测量的战略管理模型

资料来源：CAP. Performance measurement：concepts and techniques. Washington D. C.：ASPA，2000.

最早应用于公共部门绩效管理实践中的探索之一；关键绩效指标近些年在公共部门中的应用也日渐广泛，很多关于公共部门绩效指标体系设计的研究都借鉴了关键绩效指标的思想；平衡计分卡更是凭借其理念的先进性和设计的科学性，迅速被很多公共部门所关注，美国、英国、韩国以及日本等一些国家的公共部门都引进并应用了平衡计分卡，我国的一些公共部门也于近些年开始了对平衡计分卡的应用探索。

3.4.4　公共部门绩效指标的评价尺度及权重

评价指标的设计是构建绩效评价体系的核心内容，但是评价指标并不是评价体系的全部，在绩效指标体系设计完成后，还需要明确与之相关的评价尺度、评价权重等一系列决策。只有这样，才能确保公共部门绩效评价能够切实可行，真正发挥公共部门绩效指标体系的衡量作用和引导作用。

1. 评价尺度

评价尺度是指绩效指标的标志和标度，标志是指指标中用于区分各个级别的特征规定，而标度则用于对标志所规定的各个级别的范围进行界定，即标度是用于揭示各级别之间差异的规定。下面以“协作性”这一绩效指标为例，具体地对指标的标志和标度进行解释，如表 3－4 所示。

表 3－4　绩效指标举例

标志	S	A	B	C	D
标度	合作愉快	肯合作	尚能合作	偶尔合作	我行我素

从上面这个例子我们可以看到，绩效指标的标志和标度是一一对应的。标志和标度就好比一把尺子上的刻度和规定刻度的标准。根据标志和标度的不同形式，评价尺度存在多种具体的表现形式。为了使整个评价工具具有统一性，人们在针对不同指标设计不同标度的基础上，规定了统一的标志以便进行综合衡量和统计。在这种情况下，标志和标度是可以相区别的。但是，当标度本身就较为简单时，标志和标度往往合二为一。标度规定本身就形成了一系列的标志。区分不同评价尺度的关键并不在于是否同时具有标志和标度，而在于评价尺度以什么样的形式规定了评价所应依据的标准。常见的评价尺度主要包括以下四种：

（1）量词式的评价尺度。这种评价尺度采用带有程度差异的形容词、副词、名词等来表示不同的等级水平。例如，“较好”“好”“一般”“差”“较差”。

（2）等级式的评价尺度。这种评价尺度使用一些能够体现等级顺序的词语或数字来表示不同的评价等级。例如，“优”“良”“中”“差”，“甲等”“乙等”“丙等”“丁等”，以及“1”“2”“3”，等等。

（3）数量式的评价尺度。数量式的评价尺度是用具有量的意义的数字表示不同的等级水平。数量式的评价尺度包括离散型和连续型两种。下面的两个例子分别是离散型的评价尺度（见表 3－5）和连续型的评价尺度（见表 3－6）。其中，表 3－6 也可以说是连续型的评价尺度与量词式的评价尺度混用的做法。

表 3－5　离散型的评价尺度

评价指标	指标定义	标度（尺度）				
计划能力	是否能够有计划、有步骤地完成领导交给的工作，使本业务领域的工作能与整个部门或所在工作团队的工作目标相匹配。	0 分	3 分	6 分	9 分	12 分

表 3－6　连续型的评价尺度

评价指标	标志（尺度）				
	3 分以下	3～3.4 分	3.5～3.9 分	4～4.4 分	4.5～5 分
协作性	极差	较差	一般	尚可	很好

（4）定义式的评价尺度。当设计者对评价尺度中的标度进行了详细的定义和界定，我们就将这种评价指标的尺度称为定义式的评价尺度。在定义式的评价尺度中，设计者针对评价指标的不同标志制定了相应的标度。相对于前面三种评价尺度而言，定义式的评价尺度较为复杂，但这种评价尺度体现出的评价标准也更为具体并更有针对性，能够有效地提高评价的客观程度，更好地发挥绩效评价的行为引导作用，因而，它在公共部门绩效评价

中得到了越来越广泛的运用。表 3－7 是定义式评价尺度的一个例子，在这个例子中，设计者为“内部沟通制度建设”这一指标设计了不同的定义式评价尺度。

表 3－7　　定义式评价尺度示例

评价要素	优秀（A）	良好（B）	合格（C）	需改进（D）
内部沟通制度建设	建立了规范的内部沟通制度，能够及时有效传递并正确诠释信息，沟通顺畅	建立了较规范的内部沟通制度，能够有效传递并正确诠释信息，沟通情况较好	建立了内部沟通制度，能够传递并正确诠释信息，沟通情况一般	内部沟通制度不完善，无法有效传递并正确诠释信息，沟通情况较差

为指标确定评价尺度，实际上就暗含了一个因素，那就是指标的目标值。对于任何一套公共部门绩效指标体系来说，指标的目标值是其基本构成要素，每一个指标的目标值反映了公共部门在这个指标所衡量的绩效领域内要达到的预期结果。因此，我们在确定绩效指标的同时，要为指标设定一个合理的目标值，既要达到促使公共部门绩效优化的目的，又要保证公共部门通过努力确实能够达到，任何脱离实际的目标值都会使公共部门工作陷入混乱，导致整个公共部门绩效指标体系失去实际意义。

2. 评价权重

公共部门绩效具有多样性和复杂性，涉及政治、经济、社会等多个领域和多个层面，各项工作之间相互联系、互相作用，这就决定了公共部门绩效指标体系必须是一个既突出重点又全面开放的系统。公共部门绩效指标的设计必须覆盖公共部门工作任务和责任的所有重要方面和关键领域，某一重要领域的指标缺失，会产生严重的误导，在理论上影响评价体系的科学性和合理性，在实践中导致有关部门不重视该项工作，从而产生消极后果。但是，作为一个绩效指标体系，不可能也没有必要面面俱到、事无巨细，而是必须突出一些重点领域和战略性的工作，设计一些关键性的指标来综合反映公共部门组织和部门的绩效水平，这就需要我们在指标体系全面的基础上，根据公共部门工作的重要程度和难易程度等对不同的指标进行权重的划分。因此，在进行公共部门绩效指标体系设计时，要根据公共部门的使命、核心价值观、愿景、战略以及宏观的整体目标，有倾向性地设计指标权重。对于不同类型的指标，可以采用不同的方法确定权重，对于定量指标来说，可以通过层次分析等统计学方法为其设定权重，这样既可以保证权重设定的客观性，也相对简便。但是，对于公共部门绩效指标体系来说，其中有很大一部分指标是非量化的，不能够用统计分析的方法确定权重，这时就需要专家进行主观判定，利用专家的经验和知识，尽可能准确地为定性指标确定权重。具体而言，常见的权重设计方法主要有以下几种：

（1）专家经验判定法。

专家经验判定法是最简单的权重确定方法。它是决策者个人根据自己的经验和对各项绩效指标重要程度的认识，对各项绩效指标的权重进行分配。有时决策者也会召集相关人员和专家学者共同讨论，听取大家的意见，共同商定权重的大小。也可以请多个专家为每个绩效指标打分，然后取专家赋值的平均值为权重。

这种方法基本上是基于个人的经验决策，往往带有片面性。对比较简单的绩效评价工作来说，这个办法花费的时间和精力比较少，容易被接受。但在实际的应用过程中，应注意不同利益主体之间观点的平衡，避免决策专断的现象。

（2）权值因子判断表法。

权值因子判断表法是指由评价人员组成评价专家小组，由专家组制定和填写权值因子判断表，然后根据各位专家所填写的权值因子判断表来确定权重的方法。这种方法的实施主要由以下几个步骤构成：

1）组成评价的专家组。专家组一般由绩效管理部门的人员、评价专家以及其他相关人员等构成。根据不同的评价对象和目的，专家组的构成可以有所不同。

2）制订绩效指标权值因子判断表，如表 3－8 所示：

表 3－8　　权值因子判断表

行$_i$ / I_{ij} / 列$_j$		绩效指标				
		F_1	F_2	F_3	…	F_n
绩效指标	F_1					
	F_2					
	F_3					
	⋮					
	F_n					

3）专家填写权值因子判断表。方法如下：将每行因子与每列因子相互对比，若采用四分制时，非常重要的指标为 4 分，比较重要的指标为 3 分，同样重要的为 2 分，不太重要的为 1 分，相对很不重要的为 0 分。

4）对各位专家所填写的权值因子判断表进行统计。

首先，计算每一行绩效指标得分值：

$$D_{iR} = \sum_{i=1}^{n} a_{ij} (j \neq i)$$

式中：　n——绩效评价指标的项数；

a_{ij}——绩效评价指标 i 与绩效评价指标 j 相比时，指标得分值；

R——专家序号。

其次，求绩效指标平均分值：

$$P_i = \sum_{R=1}^{L} \frac{D_{iR}}{L}$$

式中：　L——专家人数。

最后，计算绩效指标权值：

$$W_i = \frac{P_i}{\sum_{i=1}^{n} P_i}$$

（3）层次分析法。

层次分析法是对人们的主观判断进行形式的表达、处理与客观描述，通过判断矩阵计算出相对权重后，进行判断矩阵的一致性检验，克服两两相比的不足。层次分析法确定权重的步骤如下：

1）建立树状层次结构模型。这个步骤就是建立一个组织完整的绩效指标体系。

2）确立思维判断定量化的标度。在两个因素互相比较时，需要有定量的标度，假设使用前面的标度方法，则其含义如表3－9所示。

表3－9　　因素比较定量标度

标度	含义
1	表示两个因素相比，具有同样重要性
3	表示两个因素相比，一个因素比另一个因素稍微重要
5	表示两个因素相比，一个因素比另一个因素明显重要
7	表示两个因素相比，一个因素比另一个因素强烈重要
9	表示两个因素相比，一个因素比另一个因素极端重要
2，4，6，8	为上述相邻判断的中值

3）构造判断矩阵。运用两两比较方法，对各相关元素进行两两比较评分，根据中间层的若干指标，可得到若干两两比较判断矩阵，如表3－10所示。

表3－10　　因素比较判断矩阵

A	A_1	A_2	…	A_n
A_1	a_{11}	a_{12}		a_{1n}
A_2	a_{21}	a_{22}		a_{2n}
⋮				
A_n	a_{n1}	a_{n2}		a_{nn}

4）计算权重。首先，将判断矩阵每列正规化；其次，将正规化后的判断矩阵按行相加；再次，计算权重；最后，计算矩阵的最大特征根。

（4）加权平均法。

传统的确定绩效指标的方法是将绩效指标人为地划分为一定比例，这种方法在管理实践中常常出现权重分配不完全的现象。采用加权平均法来确定绩效指标权重的方法，操作性和科学性都较高。具体做法包括如下三个步骤：首先，将所有指标划分为三类并赋予其不同的权重系数，即全局性指标的权重系数为5，局部性指标的权重系数为3，事务性指标的权重系数为1；其次，每个指标的满分赋值为100分，考核主体依据考核标准进行打分，经权重系数加权，得到每个指标的加权得分；最后，对所有指标加权得分进行求和，并根据指标数量对权重进行求和，取两者的商即为最终评价得分。计算公式如下：

$$\bar{x}=\frac{x_1f_1+x_2f_2+\cdots+x_kf_k}{f_1+f_2+\cdots+f_k}=\frac{\sum_{i=1}^{k}x_if_i}{\sum_{i=1}^{k}f_i}\qquad（可简记为\ \bar{x}=\frac{\sum x_if_i}{\sum f_i}）$$

下面以北京市延庆县①八达岭镇领导班子的绩效评价为例对此进行讲解。我们对每个指标都按照全局性指标、局部性指标和事务性指标分类并分别赋予权重系数为5、3和1，而每个指标的满分都为100分，每个指标的具体得分乘以权重系数就是该项指标的最后得分。但是不同类型的组织或部门在分配不同层面的绩效指标的权重系数时，比重需要根据自身特点进行调整。比如八达岭镇突出过程导向，将利益相关者层面的权重设定为20%，实现路径层面定为60%，保障措施层面则定为20%，三个层面合计100%。该镇绩效指标的具体情况（示例）如表3-11所示。也有的组织在绩效评价中，突出结果导向，那么该组织在设计组织层面绩效指标权重分配的时候就需要与之相适应。比如北京市延庆县环保局的绩效指标权重分别是利益相关者层面占50%，实现路径层面占30%，保障措施层面占20%。

表3-11　　北京市延庆县八达岭镇领导班子绩效评价量表（示例）

层面	指标	目标值	满分	权重系数	数据来源	评价主体
利益相关者（20%）	农村经济总收入年增长率	10%	100分	5		
	旅游收入年增长率	25%	100分	5		
	空气质量二级和好于二级的天数占全年比重	85%	100分	3		
	大气指数	达到县级要求	100分	1		
实现路径（60%）	有机农业产值年增长率	达到县级要求	100分	5		
	以旅游为基础的消费性服务业年收入	达到县级要求	100分	3		
	食品安全事件发生次数	达到县级要求		减分项		
	创建绿色村庄数量	1个		加分项		
保障措施（20%）	党建工作	达标	100分	5		
	各类基础数据库健全度	达标	100分	3		
	行政问责次数	0次/年		减分项		
	社会融资总额	元		加分项		

这一思路的特点是所有指标的满分赋值相同，所有情形下同一指标的权重系数相同。其优点在于，指标的权重结构统一、简单，便于进行指标设计与管理；被考核对象的得分不受指标数量及其权重结构的限制，避免了组织指标设计时经常遭遇的容量问题；指标赋值和权重系数统一，便于对不同组织、岗位的绩效进行比较分析，也有利于保持指标权重分配的一致性。当然，这一思路也有其难点，即如何科学划分指标类型。也就是说，哪些指标是全局性的，哪些指标是局部性的，哪些指标是事务性的，其判定标准是什么。实际上，这些问题的根源在于考核内容本身，其破解之道依赖于考核内容的设计思路和质量。

3.4.5　公共部门绩效指标体系示例

美国和欧洲公共部门绩效管理开展得比较早，不仅通过立法的形式对公共部门绩效管理进行了规范，而且很多政府组织和研究机构都对公共部门绩效管理进行了深入的研究，我国公共部门近年来也开始了对公共部门绩效指标体系的探索。本节将选取几个比较有代

① 2015年11月，经国务院批准，撤延庆县，改延庆区。

表性的公共部门绩效指标体系和框架进行介绍。

1. 美国国家绩效审查委员会的政府绩效指标体系

20世纪90年代初，重塑政府成为美国公共部门绩效管理发展的里程碑。1993年3月，克林顿政府专门成立了由副总统戈尔领导的国家绩效审查委员会（National Performance Review，NPR），负责统筹联邦政府绩效改革计划的实施，同年通过的《政府绩效与结果法案》（Government Performance and Results Act，GPRA）要求所有的联邦机构采用和实施绩效评价技术并向公民报告绩效状况。1997年2月，美国国家绩效审查委员会召开首次政府间基准比较研讨会，会议颁布了《顾客需求战略规划最佳实践的基准比较研究报告》，并希望借此引发一场政府绩效评价的新高潮。

在《政府绩效与结果法案》指导下，美国国家绩效审查委员会建立了一整套较为完善的衡量政府部门和个人工作绩效的绩效指标体系，该体系包括以下六大类指标：

1）投入指标：这些指标衡量某一项目或服务消耗的资源，如提供某一项服务所花费的资金数量或雇员小时数。

2）能力指标：这些指标度量一个机构提供服务的能力，可以帮助部门主管评价本部门雇员培训的程度、物质设施状况及系统准备就绪的程度。

3）产出指标：这些指标衡量为服务对象提供的产品数量或服务单位数量，同时也包括"工作量"指标，如警察逮捕罪犯的人数等。

4）结果指标：这些指标衡量项目和服务的结果和效果，如社会公众满意度等。

5）效率和成本效益指标：这些指标集中于一个项目是如何实现的，效率指标反映服务的程度与提供服务所需资金与人力资源的成本之比，用来衡量单位产出或结果的成本，如收集每吨垃圾所花费的成本。

6）生产力指标：根据戴维德·N. 阿曼斯的理解，生产力指标将效率与效益结合成一个单一指标，如"每个劳动时间修补路程数"反映效率、"正确修补路程数的百分比"（如6个月内不需要重新修补）反映效益、"有效修补每公尺路所需的单位成本（或劳动小时）"则反映生产力。

2. 欧盟通用评价框架的指标体系

20世纪80年代之后，在席卷西方的公共管理改革运动的影响下，许多公共部门开始尝试引入私营部门的一些管理方法和工具，以推进政府管理的现代化，提高政府管理水平。1998年，欧洲质量管理基金会将其开发的"卓越模型"引入公共部门，并专门设立了公共部门质量奖，对公共机构的绩效进行评价和管理。1998年和1999年，由欧盟成员国公共管理局局长会议下属的一个非正式的工作小组——公共服务创新小组的专家们，在欧洲质量管理基金会"卓越模型"的基础上，初步开发设计了通用评价框架。经过一些公共部门试用之后，在2000年第一届欧洲公共管理质量大会期间，发布了通用评价框架的正式版本。根据随后两年在多个欧洲国家公共部门的应用经验，专家们对该模型进行了修改与完善，并于2002年在第二届欧洲公共管理质量大会期间发布了通用评价框架的修订版本。通用评价框架中指标体系的结构设计及内涵表述等对政府组织绩效指标体系的设计和制定具有一定的指导和借鉴意义。

在2002年5月通过的新版通用评价框架中，指标体系仍然分为促进要素（enablers）

和结果要素（results）两部分，共九大指标。其中，有五个指标属于促进要素，四个指标属于结果要素，具体如图 3-2 所示。并且，这九大指标下的次级指标数目，由旧版通用评价框架的 43 个减少到 27 个，具体如表 3-12 所示。

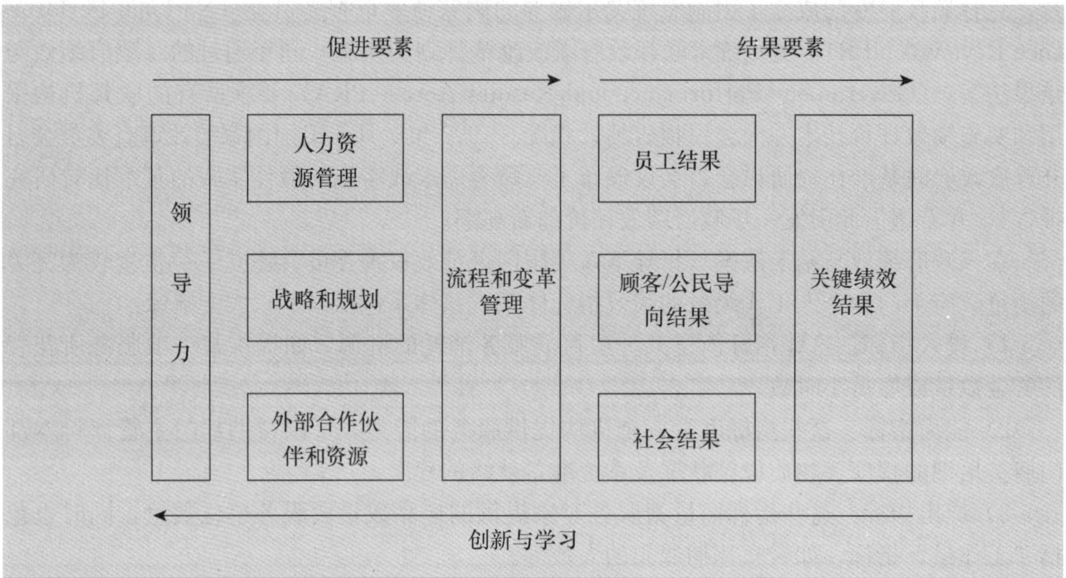

图 3-2 通用评价框架的结构

资料来源：孙迎春，周志忍．欧盟通用绩效评估框架及其对我国的启示．兰州大学学报（社会科学版），2008（1）：34-43.

表 3-12 通用评价框架指标体系

要素	指标	次级指标
促进	1. 领导力	1.1 在开发和传递组织愿景、使命和价值观方面给予的指导
		1.2 开发和实施组织管理的系统
		1.3 激励和支持员工并担当起恰当角色
		1.4 协调与政治家和相关利益人之间的关系
	2. 战略和规划	2.1 收集与相关利益人当前和未来需求有关的信息
		2.2 开发、评估和修正组织的战略和规划
		2.3 在整个组织内实施战略和规划
	3. 人力资源管理	3.1 规划、管理和改进与战略和规划密切相关的人力资源
		3.2 围绕个人、团队和组织的目标，确认、开发和运用雇员能力
		3.3 面向雇员开展对话和授权
	4. 外部合作伙伴和资源	4.1 开展和实施关键的合作伙伴关系
		4.2 与公民/顾客开展和实施合作伙伴关系
		4.3 知识管理
		4.4 财务管理
		4.5 技术管理
		4.6 房屋和资产管理
	5. 流程和变革管理	5.1 确认、设计、管理和改善过程
		5.2 面向公民/顾客开发和提供服务、产品
		5.3 对现代化和创新的规划与管理

续前表

要素	指标	次级指标
结果	6. 顾客/公民导向结果	6.1 顾客/公民满意度测量的结果
		6.2 顾客/公民导向的测量指标
	7. 员工结果	7.1 员工满意度和激励度测量的结果
		7.2 员工结果的指标
	8. 社会结果	8.1 社会绩效结果
		8.2 环境绩效结果
	9. 关键绩效结果	9.1 目标的取得
		9.2 财务绩效

3. “中国政府绩效评价研究”课题组开展的政府绩效指标体系探索

人事部“中国政府绩效评价研究”课题组在总结国内外相关指标体系设计思想和技术方法的基础上，经过深入调查，并组织有关专家论证分析后，提出了一套适用于中国地方政府绩效评价的指标体系，如表 3-13 所示。

表 3-13　中国地方政府绩效指标体系

一级指标	二级指标	三级指标
职能指标（60%）	经济调节（30%）	GDP 增长率（40%） 城镇登记失业率（30%） 财政收支状况（30%）
	市场监管（20%）	法规的完善程度（40%） 执法状况（40%） 企业满意度（20%）
	社会管理（20%）	贫困人口占总人口比例（40%） 刑事案件发案率（35%） 生产和交通事故死亡率（25%）
	公共服务（20%）	基础设施建设（40%） 信息公开程度（30%） 公民满意度（30%）
	国有资产管理（10%）	国有企业资产保值增值率（40%） 其他国有资产占 GDP 的比重（25%） 国有企业实现利润增长率（35%）
影响指标（20%）	经济（40%）	人均 GDP（30%） 劳动生产率（40%） 外来投资占 GDP 的比重（30%）
	社会（30%）	人均预期寿命（30%） 恩格尔系数（30%） 平均受教育程度（40%）
	人口与环境（30%）	环境与生态（30%） 非农业人口比重（50%） 人口自然增长率（20%）

续前表

一级指标	二级指标	三级指标
潜力指标（20%）	人力资源状况（35%）	行政人员中本科以上学历所占比例（25%） 领导班子团队建设（40%） 人力资源开发战略规划（35%）
	廉洁状况（35%）	腐败案件涉案人数占行政人员比例（30%） 机关工作作风（40%） 公民评议状况（30%）
	行政效率（30%）	行政经费占财政支出的比重（35%） 行政人员占总人口的比重（35%） 信息管理水平（30%）

资料来源：桑助来，等．政府绩效评估研究．北京：中国人事出版社，2005：79-122.

该绩效指标体系共分三层，由职能指标、影响指标和潜力指标 3 个一级指标，11 个二级指标以及 33 个三级指标构成。

（1）职能指标。

职能指标反映政府在职能范围内所表现出的绩效水平，它具有直接性和主体性，考察的是社会保障问题、社会稳定问题等政府应解决的基本问题是否已解决。测量和评价职能绩效水平的指标就是职能指标。

在市场经济体制下，政府的管理职能主要是经济调节、市场监管、社会管理和公共服务等。另外，由于我国经济结构中以国有经济为主体，确保国有资产的保值增值是各级政府的一项重要职责，因此职能指标包括经济调节、市场监管、社会管理、公共服务以及国有资产管理等 5 个二级指标。根据现代经济学理论和我国具体实际，经济调节的成败主要体现在经济增长、社会就业和政府财政收支状况等方面，故在经济调节这一指标下，确定了“GDP 增长率”、“城镇登记失业率”和“财政收支状况”等三级指标。市场监管是一项维持市场经济秩序的执法活动，其绩效水平首先表现在法规的完善程度上，其次是执法的规范和效率问题，最终要体现在执法和服务对象的满意程度上，因此在这一指标下选择了“法规的完善程度”、“执法状况”以及“企业满意度”等三级指标。社会管理的内容很多，但解决贫困问题、维护社会稳定和保障安全生产及避免交通事故的发生应是各级政府的基本职责，故在此确定了“贫困人口占总人口比例”、“刑事案件发案率”和“生产和交通事故死亡率”等三级指标。公共服务是现代政府要着力加强的职能，“基础设施建设”是硬件，“信息公开程度”是建设服务型政府的标志，“公民满意度”是检测公共服务质量的最终标准，由这三个三级指标来反映公共服务水平是比较恰当的。最后，在国有资产管理上，一方面要评价国有资产的保值增值和国有企业实现的利润，另一方面也要评价非经营性国有资产所占用和消耗的比重，因此要着重衡量“国有企业资产保值增值率”、“国有企业实现利润增长率”和“其他国有资产占 GDP 的比重”等三级指标。

（2）影响指标。

影响指标用来测量政府管理活动对整个经济社会发展成效的影响和贡献，它具有间接性和根本性，这一指标直接考察的是政府作为反映在人民生活上的实实在在的效果。主要表现在经济的增长、社会的进步和人民生活水平的提高上。

影响指标反映的是社会经济发展的最终成果，按照全面发展的思路，应包括经济、社会、人口与环境等内容。在经济方面，“人均 GDP”是人们物质生活水平高低的标志，“劳动生产率”衡量社会技术发达的程度，“外来投资占 GDP 的比重”是一个地区经济活力的表现。在社会方面，“人均预期寿命”是社会进步的综合反映，同时健康长寿也是人类自身发展的追求目标，“恩格尔系数”通常用来测量社会发展的不同阶段，“平均受教育程度”是社会文明的尺度。而在人口与环境方面，选择了“环境与生态”、“非农业人口比重”以及“人口自然增长率”等三级指标，强调以人为本、人与自然的协调发展，突出农村城镇化的迫切要求。

（3）潜力指标。

潜力指标反映的是政府内部管理水平，它是履行职能的基础，也是政府绩效持续发展的保证，同时也体现了人民政府在廉洁、公正、高效上的政治要求。潜力指标实际上衡量了政府如何才能更有效率、更好地实现其基本职能，它关注的不仅仅是现在，还有其未来发展潜力，这有利于引导政府制定长期的战略规划和部署。因此，潜力指标具有相当重要的作用，与影响指标一样是职能指标的必要补充。

潜力指标包括人力资源状况、廉洁状况和行政效率等三个方面。人力资源状况主要反映公务员的素质和领导班子的团队建设情况，据此选取了“行政人员中本科以上学历所占比例”、“领导班子团队建设”以及“人力资源开发战略规划”等三级指标。廉洁是对公务员的基本要求，同时也是政府绩效的一个重要方面，特别是在现阶段，反腐倡廉是我国衡量政府管理工作的重要标准。因此，在这一指标下确定了“腐败案件涉案人数占行政人员比例”、“机关工作作风”及“公民评议状况”等三级指标。另外，提高行政效率是政府管理的追求，为此选取了“行政经费占财政支出的比重”、“行政人员占总人口的比重”和“信息管理水平”等三个指标。

为了使绩效指标体系能够在地方政府绩效评价中真正发挥效力，人事部课题组还针对绩效指标体系设置了指标权重，划分了评价标准，并确定了计分方式。

（1）指标权重。为了区分指标的重要程度，人事部课题组采用专家意见法（德尔斐法）对指标权重进行了设定。主要做法是，先由课题组设计问卷，然后由课题组成员与有关方面的专家学者、有丰富实践经验的政府领导干部共同填写完成，经过对专家意见的归类整理及统计分析，最终确定该指标体系的权重。

（2）评价标准。评价标准即是本书前面所提到的指标的评价尺度，也就是说如何对指标进行绩效分级。在该指标体系中，指标可以大致分为定量和定性两类。针对不同类别的指标，课题组为其设置了不同的评价标准，比如城镇登记失业率、人口自然增长率等指标用定量标准进行评价，而领导班子团队建设、人力资源开发战略规划等指标则采取定性的方式将其划分为不同的等级。

（3）计分方式。三级指标得分是将所达成的实际绩效与评价标准进行比较后计算得出的。不同性质的指标的计算方式略有不同：有的指标得分可以根据实际数据与预期标准等级的比较结果进行计算；有的指标需要将多个评价主体的数据加总平均后计算最后得分；还有些指标则根据不同评价主体的重要程度将权重考虑进来。三级指标得分确定后，再依据以下公式依次计算出总分：

$$二级指标得分 = \sum (三级指标得分 \times 权重)$$

$$一级指标得分 = \sum (二级指标得分 \times 权重)$$

$$总分 = \sum (一级指标得分 \times 权重)$$

本章小结

公共部门绩效计划是公共部门绩效管理的首要环节，它是指在新的绩效周期开始时，公共部门组织和员工依据组织的战略规划和年度工作计划，通过绩效计划面谈，共同确定组织、部门以及个人的工作任务，并签订绩效目标协议的过程。在公共部门绩效计划制定的过程中，应遵循 SMART 原则，兼顾影响绩效目标和绩效指标设计的相关因素，综合运用科学的方法明确评价尺度和评价权重，以确保公共部门绩效计划的合理性和科学性。

公共部门绩效目标是指上级与下级在公共部门的使命和核心价值观的指引下，对愿景和战略进行分解和细化，具体体现为绩效主体在绩效周期内需要完成的各项工作。公共部门绩效指标是用来衡量公共部门绩效目标达成的标尺，即通过对公共部门绩效指标的具体评价来衡量公共部门绩效目标的实现程度。由于公共部门绩效结构的多元性和绩效内容的复杂性，在设计公共部门绩效指标时需要考虑地方经济与社会发展水平、公共部门发展战略、利益相关者的诉求以及公共部门绩效管理的价值取向等几个方面的综合影响。在对公共部门绩效指标进行设计时，通常有以下四种思路：以公共部门内部管理为视角设计公共部门绩效指标；以绩效审计为视角设计公共部门绩效指标；以项目逻辑为视角设计公共部门绩效指标；以战略管理导向为视角设计公共部门绩效指标。

关键术语

公共部门绩效计划　　SMART 原则　　公共部门绩效目标　　公共部门绩效指标

复习思考题

1. 公共部门绩效计划的内涵是什么？它有哪些特征？
2. 请阐述公共部门绩效计划的制定过程。
3. 公共部门绩效目标的内涵是什么？它包含哪些类型？
4. 公共部门绩效指标设计的影响因素有哪些？
5. 简答公共部门绩效指标设计的基本思路。
6. 简述绩效指标权重设计的主要方法。

第4章 公共部门绩效监控

公共部门绩效监控作为公共部门绩效计划和绩效评价的中间环节，在公共部门绩效管理中具有非常重要的地位和作用。有效的公共部门绩效监控可以全面监测公共部门绩效目标的实现情况，及时发现并解决公共部门绩效计划实施过程中出现的问题与偏差，确保公共部门绩效目标的顺利实现。因此，本章将着重论述公共部门绩效监控、绩效沟通、领导风格、绩效辅导以及绩效信息等相关内容。

重点问题

- 公共部门绩效监控的内涵与方式
- 公共部门绩效沟通的内涵与技巧
- 公共部门绩效辅导的内涵与实施
- 公共部门绩效信息的来源与收集

4.1 公共部门绩效监控概述

4.1.1 公共部门绩效监控的内涵

管理学的基本职能包括计划、组织、领导和控制。不能简单地将绩效监控与管理学中"控制"的概念等同起来，更不能将其简单视为一个束缚下属手脚的贬义词。绩效监控是为了达成组织战略目标和实现竞争力的全面提升，而对绩效计划实施情况进行全面监控的过程，涉及管理学原理的组织、领导、控制等基本职能。

本书认为公共部门绩效监控（public sector performance monitoring）是指在绩效计划实施过程中，公共部门的管理者与下属通过持续的绩效沟通，采取有效的监控方式对下属的行为及绩效计划的实施情况进行监控，并提供必要的工作指导与工作支持的过程。其目的是确保公共部门组织、部门及员工个人绩效目标的达成。对公共部门绩效监控概念的把握，需要注意以下几个方面：

第一，公共部门绩效监控旨在通过提高公共部门员工个体的绩效水平来改进部门和组织的绩效。公共部门绩效监控的重点是上级对下级的绩效计划实施情况进行全面监控，即通过对下级工作行为及结果的全面监控，来实现部门和组织绩效的持续提升，绩效监控的最终目的是实现公共部门的既定战略发展目标。

第二，公共部门绩效监控是一个持续沟通的过程。公共部门绩效监控是上级管理者为了掌握下属的绩效情况而进行的一系列沟通活动。一个优秀的管理者必须善于与下属持续沟通，以便观察、预防和解决绩效周期内可能存在的问题，从而更好地完成绩效计划。绩效监控的优点就是通过持续的绩效沟通，随时发现绩效计划执行过程中出现的问题并及时加以调整。

第三，绩效辅导和收集绩效信息是公共部门绩效监控的重要任务。公共部门绩效监控的工作重点是在发现问题或潜在危机之后，提供及时的绩效辅导，清除绩效计划执行过程中可能出现的障碍。另外，绩效监控和绩效评价决策都需要建立在准确、有效的绩效信息之上，因此，准确记录并定期汇总员工工作中的关键事件和绩效数据是公共部门绩效监控的重要任务之一。

4.1.2 公共部门绩效监控的分类

公共部门绩效监控的内容一般是指绩效周期内各级公共部门组织、部门和员工对既定绩效计划的实施和完成情况。具体而言，公共部门绩效监控的内容就是在公共部门绩效计划环节中所确定的评价要素、绩效目标和评价指标，而公共部门绩效监控过程中所得到的信息也正是公共部门绩效评价阶段所需的绩效信息和评价依据。因此，公共部门绩效监控作为公共部门绩效管理过程中耗时最长的一个环节，其监控内容需要与公共部门绩效计划和公共部门绩效评价保持高度一致，以达成公共部门绩效管理的最终目的。需要注意的是，针对不同层级的公共部门组织、不同类型的职能部门以及不同级别的员工，公共部门绩效监控的具体内容并非是统一的、固定的，而需要根据实际情况来确定。公共部门绩效监控可以分为对公共部门组织和部门的绩效监控以及对员工个体的绩效监控。

1. 公共部门组织和部门的绩效监控

在公共部门绩效监控的组织和部门层面，公共部门绩效监控从监控主体上可以分为外部绩效监控和内部绩效监控。外部绩效监控主体可以分为社会公众、社会中介机构以及大众媒体等；在公共部门绩效监控实践中，内部绩效监控主体主要为上级主管部门、政府机关内设的监察部门和效能办（机关效能建设领导小组）等。监察部门的主要职责是贯彻落实各级政府组织和部门有关行政监察工作的决定，监督各级政府组织和各部门执行国家政策和法律法规、国民经济和社会发展计划及上级政府组织颁发的决议和命令的情况等；而效能办的主要职责则体现为制定和实施行政效能监察工作计划，协调、督促和指导行政效能监察工作以及接受与处理对政府机关的效能投诉等工作。因此，对于公共部门组织或部门绩效，绩效监控机构的职能具体可以概括为两项主要工作：第一，通过持续不断的绩效沟通，发现和指出各级公共部门在工作中存在的问题和偏差；第二，通过深入调研和积极反馈，科学处理和帮助解决各级公共部门在绩效计划实施过程中出现的问题和障碍，以保证政令畅通、维护行政纪律、改善行政管理、提高行政效能。

2. 公共部门员工的绩效监控

公共部门员工的绩效监控主体主要是公共部门内部的监察部门、效能办等绩效监控机构以及员工个体的直接上级领导。政府监察部门和效能办等对公务员个体实施绩效监控的重点体现在监察各级政府组织和部门党政领导干部和公务员的党风廉政情况，以及处理各级政府组织和部门党政领导干部和公务员违反法规法纪的行为等。而上级领导作为公务员个体的直接管理者，对于下属公务员具体的工作职责、工作目标和工作进度等有着更为深入的了解和把握，因此，对于公务员个体而言，最为直接和有效的政府绩效监控主体无疑是其上级领导。在公共部门绩效监控阶段，上级管理者主要承担两项任务：一是通过持续不断的绩效沟通对下属的工作给予支持和指导，并及时调整和合理修正绩效计划；二是观察和记录员工绩效计划实施过程中的关键事件或绩效数据，为后续的公共部门绩效评价提供有效的绩效信息。因此，为了开展有效的绩效监控，上级领导应采取恰当的领导方式，积极指导下属的工作，进行定期的绩效沟通和辅导，预防和解决绩效周期内可能发生的各种问题，从而更好地实现既定的绩效目标。

4.1.3　公共部门绩效监控的目的

公共部门绩效监控对于基于公共部门绩效监控信息的政策制定、绩效管理以及行政问责来说必不可少且至关重要。具体而言，持续有效的公共部门绩效监控对于公共部门绩效管理活动的意义主要体现在以下几个方面：

（1）为各级公共部门管理决策的制定和开发提供支持。公共部门绩效监控可以识别和掌握公共部门组织、部门和员工的绩效完成情况及出现问题的原因，为更有效的公共部门管理活动提供可靠的绩效监控信息和数据。

（2）帮助公共部门进行有效的管理。通过公共部门绩效监控可以及时发现和识别公共部门组织、部门和员工在实现绩效目标过程中的问题和困难，比较和分析相似公共部门组织、部门和员工之间的绩效差距，有利于进行有针对性的绩效沟通和辅导，从而保证绩效目标的顺利实现。

（3）增强公共部门绩效的透明度并巩固行政问责关系。有效的公共部门绩效监控可以增强公共部门绩效的透明度，巩固和强化问责关系，例如政府与公民之间的问责关系，政府内部中央政府部门和地方政府之间、各级政府组织与部门机构之间以及上级领导与下属公务员之间的问责关系等，强有力的行政问责关系可以为持续的公共部门绩效改进提供有效的激励。

4.1.4　公共部门绩效监控的方式

选择合适的绩效监控方法对公共部门绩效进行全面监控，是确保公共部门组织战略目标顺利实现的重要方式。公共部门的领导者需要充分了解每种绩效监控方法的优缺点，并能针对具体情况选择一种或多种监控方法，从而确保各层次绩效目标和组织战略的顺利达成。目前，最常用的绩效监控方法有书面报告、绩效会议和走动式管理三种。

1. 书面报告

书面报告是公共部门绩效监控中最常用的一种方法，主要指下级以文字或图表的形式向上级报告工作进展情况。书面报告可以分为两种类型：一类是定期的书面报告，比如工作日志、周报、月报、季报、年报等；另一类是不定期的书面报告，主要是在绩效管理实践中，就对绩效影响重大的工作所做的各种专项报告，可以根据工作进展情况做具体的安排。

书面报告能提供大量全面的绩效信息，也可以在上级领导与下属无法面对面沟通时进行及时的监控。在具体使用该方法时，需要注意以下三点：首先，汇报内容需要做到重点突出；其次，尽量通过绩效信息平台实现绩效信息的共享；最后，与其他方法组合使用，确保信息的双向沟通并避免汇报内容的形式化。

2. 绩效会议

绩效会议是指上级领导和下属就重要的绩效问题通过召开会议的形式进行正式沟通的绩效监控方法。为了使绩效会议能达到预期目的，管理者需要注意绩效会议的目的、过程以及基本技术等关键点。

召开绩效会议的目的主要有：对绩效计划实施情况进行例行检查；对工作中暴露的问题和障碍进行分析和讨论，并提出必要的应对措施；对重大的变化进行协调或通报；临时布置新任务。

虽然绩效会议形式有差别，但是一般都包含如下几个基本步骤：会议准备、确定议程、进行会议沟通、达成共识、制定行动方案等。通常需要做好会议记录，并将会议记录及时反馈给所有与会者。

为了达到有效监控的目的，公共部门的管理者在召开绩效会议时要注意以下几点：营造平等和谐的氛围；给予下属充分的表达机会，充分激发下属的积极性；会议目的具体、明确，不开无谓的和冗长的会议；等。

3. 走动式管理

有效的绩效监控需要建立在对绩效计划执行情况充分了解的基础上，但是对于职位职级较高的管理者而言，仅仅通过下属的汇报，往往不能准确掌握绩效计划执行情况，还需要进行实地调研，与绩效计划执行者进行面对面的沟通。走动式管理是实施公共部门绩效监控的有效方式之一。

走动式管理（management by wandering around 或 management by walking around，MBWA）是美国管理学者彼得斯（Thomas J. Peters）与沃特曼（Robert H. Waterman）在《追求卓越》一书中提出的，是指高层管理者为了实现卓越绩效，经常抽空前往各个办公室走动，以发现更丰富、更直接的员工工作问题，并及时了解所属员工工作困境的一种策略。走动式管理不是说管理者到各部门随便走走，而是通过非正式的沟通和实地观察，尽量搜集第一手绩效信息，发现问题或潜在危机，并配合情境做出最佳的判断。同时，走动式管理也是对下属汇报的绩效信息进行再核查的过程，即带着问题到工作实践中去分析原因和排除障碍。

在运用走动式管理进行政府绩效监控时，公共部门的管理者需要注意以下几点：第一，需要走进基层和一线，接触工作实际，通过现场的观察和沟通来了解下属的工作进度、实际困难和潜在能力，并获得他们的信任与尊重。管理者需要通过对下属工作的全面观察和与下属的沟通，敏锐地捕捉重要的绩效信息。第二，不一定每次走动都能获得重要的信息，但是管理者经常走动，对防范重大的绩效事故有很大的帮助，不必等到事故发生之后再焦头烂额地处理。第三，走动式管理不仅是一种有效的绩效监控方法，还是一种情感管理、现场管理方法。在运用走动式管理的时候，管理者需要思考如何实现管理方法和领导艺术的有效融合，有效提升组织绩效，从而使组织获得持续的竞争优势。

4.2　公共部门绩效沟通

公共部门绩效管理是一个包含公共部门绩效计划、公共部门绩效监控、公共部门绩效评价以及公共部门绩效反馈的循环系统。公共部门绩效沟通作为贯穿整个公共部门绩效管理过程的重要内容，是促进公共部门绩效管理目标顺利达成的有效途径。但是，在具体的公共部门绩效管理实践中，人们往往忽视了公共部门绩效沟通的重要作用。为了有效地开展公共部门绩效沟通，更好地运用各种沟通技巧，首先应当对公共部门绩效沟通的内涵有深入的理解和把握。

4.2.1　公共部门绩效沟通的内涵

沟通是指按照一定的目标，把信息、观念和情感在个人、群体和组织之间进行传递，并最终达成共识的过程。通常，绩效沟通是指管理者与员工在共同工作的过程中传递和接收相关绩效信息的过程。这些信息包括：绩效目标的制定、工作进展情况、工作中的潜在障碍和问题以及绩效评价结果等相关绩效信息。但是，由于公共部门绩效的层次性，绩效沟通的上述定义并不能直接应用到对公共部门绩效沟通的界定当中。

公共部门绩效沟通贯穿于公共部门绩效管理的全过程，概括而言，公共部门绩效沟通（public sector performance communication）是指将公共部门绩效信息传递给相关信息接收方（政府组织、部门、公务员、社会公众、中介机构和媒体等），使得公共部门绩效信息能够得以传达、理解和回应的过程。通过这一互动的沟通过程，公共部门绩效目标能够被更好地执行并实现，公共部门绩效水平能够持续提高和改善。理解公共部门绩效沟通时，需要特别注意以下几个方面：

第一，公共部门绩效沟通是一种平等的沟通。沟通最本质的目的就是思想的传递，为了让对方真正了解自己的想法，信息发出者应该通过了解听者的需要和可能的反应，决定自己要使用的沟通手段和方式。思想顺利传递的基础就是沟通主体在心理上地位平等，“己所不欲，勿施于人”。双方坚持换位思考，从对方的立场出发思考问题，就能够找到最佳的沟通方式。管理者无法通过沟通影响他人的重要原因之一就是，他们误解了沟通的本质。只有坚持平等原则，才有利于形成信息沟通的环路。否则，管理者高高在上，信息传递通常不顺畅，即使有信息传递，信息本身的准确性和及时性也会受到影响。

第二，公共部门绩效沟通是一种有效的沟通。绩效沟通是一个封闭的环路，管理者必须准确地知道计划执行的情况，下属要及时将绩效计划执行的情况向上级反映，并且传递的信息要能被双方充分理解。沟通更重要的意义在于传递想法而非传递信息本身，让发出的信息（语言或行为）被接收者充分理解才是真正有效的沟通。

第三，公共部门绩效沟通是一种持续的沟通。绩效沟通贯穿于整个公共部门绩效管理的四个环节，在绩效监控中持续时间最长，但是却最容易受到忽视。在绩效计划执行过程中，管理者和下属需要持续地就相关工作进展情况、潜在障碍和问题、解决问题的措施以及管理者帮助下属的方式等信息进行沟通，最好能在障碍产生前就能识别和指出相应问题，并能通过沟通找到解决方案。绩效沟通的中断会导致管理者与下属之间产生各种各样的摩擦，使绩效管理成为下属与管理者之间不断产生争执和冲突的重要原因。因此，充分了解绩效沟通，掌握绩效沟通的技巧是每一名管理者必须掌握的管理技能之一。

第四，公共部门绩效沟通是一种建设性的沟通。绩效沟通是以解决问题为目的的沟通，是在不损害人际关系的前提下进行的。建设性沟通技巧是每一名政府组织的管理者都需要掌握的重要的沟通技巧。许多管理者仅仅关心下属能否通过沟通理解自己的意图，并不真正关心下属的感受。这种情况下的沟通往往是非建设性的，并不能取得应有的成效。研究表明，下属与管理者之间的良好关系会产生较高的工作绩效。管理者与下属之间不良的关系是双方沟通的一大障碍，而不良的关系往往就是不良的沟通方式带来的恶果。因此，为了实现组织的战略目标，管理者应该坚持使绩效沟通具有建设性。

4.2.2 公共部门绩效沟通的类型

具体来说，根据公共部门绩效沟通的对象不同，可以将公共部门绩效沟通分为内部沟通和外部沟通。内部沟通是指在公共部门绩效管理过程中，公共部门内部即上下级之间、部门之间以及员工个人之间就相关绩效信息进行的沟通。外部沟通是指在公共部门绩效管理过程中，公共部门作为一个组织整体与社会各界之间就相关公共部门绩效信息进行的沟通互动活动。

根据公共部门绩效沟通的方向来划分，公共部门绩效沟通可以分为横向沟通和纵向沟通。横向沟通主要是指公共部门组织之间、部门之间、员工之间为了达成既定的公共部门绩效目标所进行的沟通协调过程，同时还包括公共部门与社会公众、中介机构、大众媒体之间关于公共部门绩效信息的传递和理解过程；纵向沟通主要是指公共部门内部上级与下级之间就绩效相关信息所进行的沟通过程。具体如图 4－1 所示。

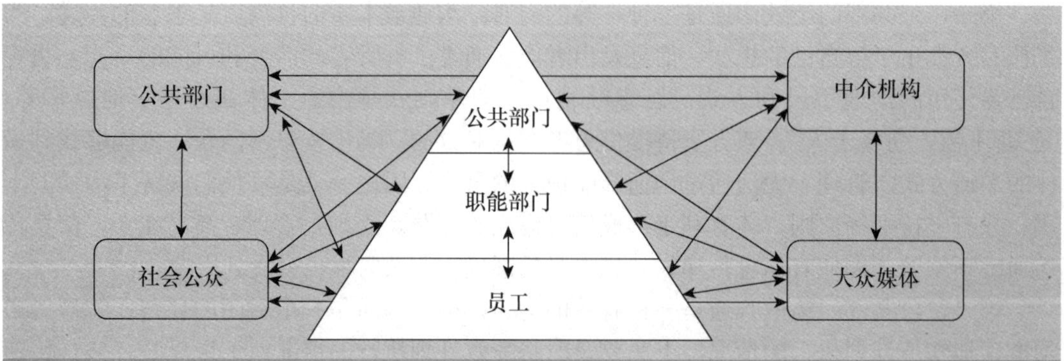

图 4－1　公共部门绩效沟通示意图

4.2.3　公共部门绩效沟通的方式

公共部门绩效沟通能保持信息渠道的畅通，确保公共部门绩效管理的科学性、客观性和民主性。对各级公共部门的管理者而言，与下属之间的沟通是一门科学，更是一门艺术。下面将对公共部门内部上级管理者与下属之间沟通的方式及技巧进行简要的介绍。

1. 正式的绩效沟通

正式的公共部门绩效沟通是指在公共部门内部，依据一定的组织原则所进行的信息传递与交流。例如，书面报告和定期会面等。

（1）书面报告。

很多领导都会要求下属定期上交工作汇报，以了解下属的工作情况和遇到的各种问题。书面报告最大的优点就是简单易行，并且能够提供文字记录。但是，下属通常认为书面报告浪费了大量的时间，将其视为工作的负担，往往敷衍了事。实际上，这正是书面报告的优点所带来的问题：书面报告简单易行的原因在于它不需要双方之间进行面对面的会谈，使沟通成为一种单方向的信息流动，而没有及时的信息反馈过程。因此，在实际的管理工作中，还需要结合其他沟通方式来克服正式书面报告的这个弊端。例如，当上级领导通过报告中提供的信息了解到工作过程中出现的问题时，可以到工作现场直接指导下属解决问题，或通过面谈与下属进行交流，共同寻求解决问题的途径。另外，书面报告的质量在很大程度上取决于下属的文化水平。对于不同文化程度的下属，工作报告的要求往往是不同的。为了让下属能够更好地完成书面报告，上级领导应该让下属有权决定他们在报告中写些什么，而不应由领导全盘决定。当双方就这个问题达成一致意见后，上级领导可以设计出一个统一的样表，以方便下属填写。

（2）定期会面。

书面报告毕竟不能够代替上级领导与下属之间面对面的口头沟通。为了更好地寻求解决问题的途径，领导与下属之间的定期会面是十分必要的。这种面对面的会谈不仅是信息交流的最佳机会，而且有助于在领导与下属之间建立亲近感、培育凝聚力和鼓励团队合作。最常见的会面形式是上级与下属之间一对一的面谈和正式会议。

1）一对一的面谈。在每一次的面谈开始时，上级领导应该让下属了解这次面谈的目的和重点。例如，领导可以这样开头："今天我想和你谈一谈你的工作进展情况。上次会谈中谈到的问题是否得到了解决，是否又有什么新的问题……"大多数领导都会犯的一个错误就是过多地"训导"而忘记倾听。因此，在一对一面谈中，上级领导应该将面谈的重点放在解决下属面临的问题上，更多地鼓励下属进行报告和自我评价，然后再进行评论或提出问题，以确保面谈更具实效。

2）正式会议。群策群力是解决问题最好的方式之一，正式会议能够实现信息的共享，使得每个下属都会因为了解和掌握了其他同事的工作信息和观点而从中受益。但是，这也意味着选择合适的交流内容变得更加重要。会议的目的和重点要明确，不合适的内容会浪费更多人的时间，而且可能造成下属之间不必要的摩擦或矛盾。这就要求上级领导对哪些信息需要共享做出判断。上级领导可以要求每个与会人员都介绍一下自己工作的进展和遇到的困难，并通过结构化的问题提纲和时间表来控制进程。例如，上级领导可以要求每个参会的人员谈一谈工作的进展情况、遇到的问题以及可能的解决方法。如果在会议中找到了问题并能够很快地解决，就应立即安排解决方案并责任到人，以确保问题得到及时解决。如果不能在规定的时间内找出问题的解决方法，可采取的解决方式是，计划开一个规模更小的小组会或要求某个人在规定时间内草拟一份方案等。不能由于个别难以解决的问题而影响整个会议的进度。需要注意的是，涉及个人绩效方面的严重问题不应轻易成为正式会议的话题。任何人都有犯错的时候，这种公开的讨论是最严厉的惩罚。不同的文化背景决定了人们对这种情况的承受能力和接受能力。通常情况下，这种针对个人的绩效警告应该在私下进行。

（3）电子邮件沟通。

在信息技术迅速发展的今天，电子邮件沟通成为一种经济、方便、快捷的沟通方式。这种沟通方式不受地理位置的限制，可以实现远距离、低成本、高效率的沟通，因此，已被各级公共部门广泛地使用。通常，在解决简单的问题或发布信息时采用这种方式。如下的几种情境可以采用电子邮件方式进行沟通：发送文件，沟通简单的工作问题，提交工作报告和发布信息等。

2. 非正式的绩效沟通

上级领导与下属之间的绩效沟通并不仅仅局限于正式会面或书面报告等正式沟通的形式。对于各种亟待解决的问题，必须采取更加灵活的沟通方式——非正式绩效沟通。非正式绩效沟通的最大优点在于它的及时性。事实上，上级和下属在工作过程中或工作之余的各种非正式会面为他们提供了非常好的沟通机会。当下属在工作中遇到问题时，上级领导可以与之进行简短的交谈，从而促使问题得到及时解决。非正式绩效沟通没有固定的模式，是正式沟通渠道以外的信息交流和传递，它不受组织的监督，不需要按照正规的组织程序、隶属关系和等级层次来进行。非正式沟通的形式主要有走动式管理、开放式办公、各种聚会等。

（1）走动式管理。

走动式管理是指上级领导在工作期间，抽出时间前往下属的工作地点走动，关心和了解下属的工作情况，解释下属提出的问题，及时解决下属的困难，以获得更丰富、更直接的一线信息。因此，走动式管理并不是简单地到各个部门走走而已，而是要搜集最直接的信息以弥补正式沟通渠道的不足。正式沟通透过管理层级逐级上传或下达，容易生成过滤作用。不论是由上而下还是由下而上的信息传达，在经过层层转达之后，不是原意尽失就是上情没有下达或下情没有上达；并且，透过正式沟通渠道搜集到的信息，缺乏实际情境的辅助，不利于上级领导做出正确判断，因而往往会错失解决问题的先机。走动式管理就是要上级领导勤于搜集最新信息，并结合情境做出最佳的判断，以及早发现并解决问题。但是，这种方式可能产生的问题是，如果上级领导掌握不好走动的频率和方式，则会让下属感到被监视和产生不信任的感觉，进而产生因过多干涉导致的逆反情绪。

（2）开放式办公。

开放式办公是指上级领导的办公室随时向下属开放，在非特殊情况下，下属可以随时进入领导的办公室与领导进行交流，向他们咨询问题。目前，这种方式已经被很多政府组织所采用，其最大的优点是下属处于相对主动的位置，能够及时与领导讨论所遇到的问题，向领导汇报近期的想法。但是，这种沟通方式也有其不可避免的不足。首先，下属随时进入领导的办公室会干扰领导的正常工作，使领导忙于解答下属的问题而影响本职工作的进度；其次，下属来回走动会在一定程度上影响组织的工作气氛，可能会引起其他同事的猜疑和不满，不利于营造融洽的组织气氛。

（3）各种聚会。

聚会包括联欢会、文体活动和各种宴会等。通过这些聚会，上级领导可以与下属在一种较为轻松愉快的氛围中进行沟通，从而取得更好的沟通效果。并且，在各种庆祝活动的宽松环境中，绩效评价负面反馈信息的刺激效果也会大大降低，从而使其变得相对易于接受。另外，这种团队式的沟通还有助于领导发现存在的问题并及时解决问题。

根据不同的沟通时机、对象与内容，正式沟通与非正式沟通会发挥各自不同的作用并达到不同的效果。作为正式沟通的重要补充，同正式沟通相比，非正式沟通往往能更迅速、灵活地适应事态的变化，并能够提供大量正式沟通渠道难以获得的信息，以真实地反映下属的思想、态度和动机，从而为领导的管理决策做出重要贡献。因此，在公共部门绩效沟通过程中，应该合理搭配、综合使用正式沟通和非正式沟通，以确保公共部门绩效沟通的有效性。

4.2.4　公共部门绩效沟通的技巧

1. 坚持建设性沟通的基本原则

公共部门内部绩效沟通是上级领导和下属之间就绩效问题进行的沟通。所谓建设性沟通，就是指这种沟通是在不损害人际关系的前提下进行的，具有解决特定问题的作用。为了确保上级领导者与下属之间的沟通准确高效，应该坚持建设性沟通的以下基本原则：

（1）完全性原则。

所谓完全性原则，指的是沟通信息的发出者应在沟通中注意：沟通中是否提供了全部的必要信息；是否根据听者的反馈回答了全部问题；是否为了实现沟通的目的，提供了必要的额外信息。我们往往会以为已经把需要告诉对方的信息都表达了，但实际上，这往往只是自己的想当然。在公共部门绩效管理实践中，信息不完全的情况是十分常见的。在为新入职的员工做上岗培训时，完全性原则往往就可能被忽视。由于该部门领导熟知该职位的工作内容，因此往往会将一些他认为新入职员工理所当然应该知道，但实际上却是新入职员工从未涉及的工作内容忽略掉。这种信息的不完全将不利于新入职员工快速适应新的工作岗位。

（2）对称性原则。

所谓对称性原则，指的是提供的信息对沟通双方来说应该是准确、对称的。如果说完全性原则要求信息源提供全部的必要信息，那么对称性原则就是要求信息源提供精确的信息。沟通信息的精确性要求根据不同的环境和对象采用相应的表达方式，从而帮助对方精确领会全部的信息。为了实现对称性原则的要求，我们应注意以下两个方面。首先，对于沟通双方来说，信息来源都应该是准确和可靠的，这是对称性原则的基本要求。其次，沟通者应采用沟通双方都能接受的表达方式。这包括两层含义：一是采用双方都能够理解的媒介手段，二是采用恰当的语言表达方式。所谓媒介手段，包括会谈、书面报告、电子公告栏等各种各样的形式。在选择媒介时，不能仅凭信息发出者的意愿，而要结合沟通对象的特征、沟通的目的以及各方面的环境因素等进行综合考虑。所谓语言表达方式，包括恰当的词汇和恰当的语言风格两个方面。沟通的语言可以分为正式语言、非正式语言和非规范语言三个层次。这三个层次的语言运用于不同的沟通方式，服务于不同的沟通对象和沟通目的。在上级领导与下属进行非正式沟通时，会更多地运用非正式的语言进行交流，甚至会使用一些在工作场所中大家都能够理解的非规范语言。但是在正式的书面沟通（如定期的工作报告）中，就会倾向于使用正式的语言来精确地表达信息内容。

（3）对事不对人原则。

在公共部门绩效沟通中经常存在两种导向：问题导向和人身导向。所谓问题导向，指的是沟通关注问题本身，注重寻找解决问题的方法；而人身导向的沟通则更多地关注出现问题的人，而不是问题本身。人身导向的沟通往往会带来很多负面的影响。但是，人们在遇到问题时往往会非常直接地将问题归咎于人。人身导向的沟通往往会引起对方的逆反和防卫心理，而不能为解决问题提供任何积极可行的措施。在这种情况下，沟通不但不能解决问题，还会对双方的关系产生破坏性的影响。需要注意的是，人身导向的沟通不适用于批评，同样也不适用于表扬。如果没有与任何具体的行为或结果相联系，即使你告诉对方“你好优秀啊”，也可能会被认为是不切实际的吹捧或虚伪的讽刺而造成对方的极度反感。因此，建设性沟通中对事不对人的原则要求沟通双方针对问题本身提出看法，充分维护他人的尊严，不轻易对人下结论，从解决问题的目的出发进行有效的沟通。

（4）责任导向原则。

所谓责任导向就是在沟通中引导对方承担责任的沟通方式。与责任导向相关的沟通方式有两种——自我显性的沟通与自我隐性的沟通。典型的自我显性的沟通使用第一人称的表达方式；而自我隐性的沟通则采用第三人称或第一人称复数，如“有人说”“我们都认为”等。通过自我显性的沟通方式，能够更好地与对方建立联系，表达合作与协助的意愿。“我想这件事可以这样……”，“在我看来，你的问题在于……”等说法都能够给人这样的感受。与此相对应，人们往往通过自我隐性的沟通方式逃避责任。这往往给人一种不合作、不友好的感受。如果不能引导对方从自我隐性的沟通方式转向自我显性的沟通方式，就不能实现责任导向的沟通，不利于实际问题的解决。在建设性沟通中，应该使用责任导向的自我显性的表达方式，与沟通对象建立良好的关系。因此，当下属员工使用自我隐性的沟通方式时，上级领导应该以要求对方举例的方式引导下属采用自我显性的沟通方式。

（5）事实导向原则。

事实导向原则在沟通中表现为以描述事实为主要内容的沟通方式。特别是在上级领导向下属指出其缺点和错误的时候，更应该恪守这一原则。在这种情况下，通常上级领导可以遵循以下三个步骤进行描述性的沟通：第一步，上级领导应描述需要修正的情况。这种描述应基于事实或某个特定的、公认的标准。例如，“你在本年度的服务对象满意度调查排名中处于本部门最后一名的位置”，“这个月你迟到了三次”，等等。这种描述能够在很大程度上避免下属的抗拒心理。但是，仅仅描述事实是不够的。第二步，在描述事实之后，还应该对这种行为可能产生的后果做一定的描述。例如，“你的评价结果出乎我的意料，这将对我们整个部门的形象产生不良的影响”，“迟到次数超过三次将会影响你年终奖的评比和奖金的发放”，等等。在这里，上级领导应该注意不要使用过于严厉的责备式的口吻，否则下属会将精力集中于如何抵御和反驳，而不是接受和解决问题。第三步，上级领导可以提出一个具体的解决方式或引导下属主动寻找可行的解决方案。当然在现实的公共部门绩效沟通中，并不是所有情况下都能够遵循这三个步骤。但需要明确的是，在可能的情况下用事实根据来代替主观判断，能够最大限度地避免对方的不信任感和抵御心理，从而帮助我们更加顺利地进行建设性的沟通。

2. 积极倾听

每个人在形成对某种事物或观念的正确判断之前，往往对其只有一些简单的、模糊的认识，仅仅通过自己的思考很难得到充足的信息。在这种情况下，积极的倾听能够帮助我们获取信息，整理思路，从而更好地解决问题。但在实际的公共部门绩效沟通过程中，大多数领导经常忽视积极倾听的意义。尤其是在与下属进行沟通时，他们往往会失去应有的耐心。沟通的实践表明，传递信息不仅可以通过口头或书面语言，还可以通过肢体语言。例如，当下属走进上级领导的办公室，开始汇报工作情况时，领导一边嘴里“嗯、嗯”着，一边还在翻看手中的文件。这时，上级领导就使下属接收到了这样的反馈信息：他手中的文件才是有意义的事，他并不关心我要谈的问题。可想而知，这样的沟通无法达到应有的效果。因此，积极倾听的沟通技巧是每一名公共部门领导必须具备的管理技能之一。具体而言，积极倾听的技巧分为以下五种：

（1）解释。倾听者要学会用自己的语言解释讲话者所讲的内容，从而检验自己是否真的理解了。例如：

讲话者：我觉得很压抑，因为我自愿加班加点，尽了最大努力，按时完成了项目，可是好像人人都不赞同我。

听者：看上去你很失望，你没有得到足够的支持。

讲话者：是的，正是这样，并且……

（2）向对方表达认同。当有人表达某种情感或很情绪化时，对其感受表示认同能够帮助对方进一步表达他的想法。例如：

讲话者：我真是烦极了。这项预算非常不精确，他们希望我严格管理，我花费了大量的时间来熟悉它们、发现错误，却耽误了我的正常工作。

听者：是的，这真是够烦的。

讲话者：就是啊！关键是我还有好多其他的事要做，而且我的大脑需要休息。

听者：听起来你确实烦恼极了，该怎么办呢？

讲话者：我想建议……，应该……就好了。

（3）简要概括对方表达的内容。将对方所说的内容进行简要的概括，表明确实了解了对方所要表达的内容，并促使对方进一步说明他的观点，从而使话题更加深入。例如：

讲话者：你不在时发生了许多事情。李撞了车，需要好几天才能治好；王患了流感；张扭伤了脚。此外，我们的一份重要文件还莫名其妙地丢失了，我正在做一个替代的文件。这一切真是糟透了，你回来了我真高兴。

听者：看来这段时间你做了大量的工作，一直忙到现在，对吗？

讲话者：是呀！如果由我来安排，我会让一切都井井有条的。当然，现在我已经在做了。

（4）综合对方表达的内容，得出一个结论。与第三种做法不同，听者不仅可以总结概括对方的观点，还可以形成一个结论性的观点，以使话题能够进一步展开。例如：

讲话者：有这么几个问题。首先，没有人能够预言政策的改变；其次，我们最好的一个技术人员刚刚辞职了，而这个项目的最后期限就在眼前！我认为我们该想想怎么应付这些问题。

听者：你是说，这一系列的障碍使完成这个项目成了一件十分困难的事？

讲话者：是的，我认为最关键的是掌握政策变化的动向。如果政策不变，我们还会有机会。

（5）站在对方角度进行大胆的设想。通过换位思考的方式，引导对方进行进一步的思考和沟通。例如：

讲话者：我真不知该如何抉择，每项议案都有人提出赞成和反对的意见，而且反应都相当强烈。

听者：如果我处在你的位置上，我想我宁愿慢些做出决定，以免得罪某一方。

讲话者：是的……我想我需要更多的信息，或许应该再收集一些意见，向所有在这方面有经验的人请教一下。

学会倾听是成功的管理者的基本素质。有许多学者针对积极倾听的技巧展开研究。下面是一项研究成果，相信能够给大家带来许多启示。

积极倾听的八点建议

1）为听做好准备。

沟通是一个双向的过程，听者与说者应该共同承担提高沟通效率的责任。听者应尽力去思考说者所说的内容，而不是思考自己应当说什么。做准备还包括态度的准备——包括对注意力、领悟力和理解力的准备，另外，还应该确保自己掌握了与沟通内容相关的必要的背景知识。

2）培养自己的兴趣。

要记住听者与说者同样有激发对方兴趣的责任。要从沟通的过程中寻找可能与你、你的工作、你的兴趣相关的信息。要对说者所说的内容表示出兴趣。“毕竟没有人愿意对着空房间说话”，要问自己：“如果我是讲话者，感觉又怎样？”

3）倾听主要的观点。

不合格的倾听者倾向于只注意听取事实。要学会区分事实和理论、观点和例证、证据和辩解。提炼主要观点的能力取决于听者组织信息和传递语言的能力以及说者是否进行了必要的重复。说者可能在沟通的开始、中间或结尾阐述他的主要观点。因此，听者必须一直仔细倾听。

4）以批判的态度听。

应当在无偏见的情况下对说者相应的假设和辩解持批判的态度，并小心估量主要观点背后的证据的价值和所运用的逻辑基础。

5）集中注意力，避免分心。

人的注意力具有波动性和选择性的特点。在听的过程中注意力会下降，而在结束时又上升。听者应当特别注意避免这种趋势，使自己的注意力保持稳定。不要由于说者的衣着、外表、风度，说者使用的词汇，以及说者使用可视的、口头的与书面的辅助物而分散注意力。

6）善于做笔记。

如果所说的内容十分重要，就有必要将所说内容的要点和可能会遗忘的个别例子等内容做大致的记录。但要注意的是听者最首要的任务是听。等说者说完一个意思之后再记笔记也许更好些，因为记笔记也可能是一种分心。

7）帮助说者。

要表现出你对说者所说内容的反应——可以是简短的评论，也可以是一个小小的动作。用这些反应表明你的兴趣，但反应要平静和简单，不能干扰说者的思路。

8）克制自己。

作为一个好的倾听者，最困难的或许就是尽力克制自己不插话了。即使对方停顿也往往并不意味着说者已经讲完了，所以一定要耐心。“倾听是一个克制的过程。”

资料来源：尼克·斯坦顿．控制沟通．北京：高等教育出版社，2000：18.

3．重视非言语沟通的作用

沟通并不是一个简单的语言传递过程。在沟通的过程中，沟通双方往往需要通过非言语的信息传递各自的想法。在积极倾听的技巧中，我们已经谈到了肢体语言对于沟通对象的影响。沟通双方能否很好地运用非言语沟通技巧是影响沟通成败的一个重要因素。

有学者在著作中列举了各类肢体语言的基本含义，这些肢体语言基本上涵盖了日常生活中各种常见的情况。需要注意的是，当肢体语言脱离了具体的沟通环境时，这些肢体语言往往是空洞、没有意义的。为了真正理解肢体语言所表达的内容，我们必须结合沟通发生的环境、双方的关系和沟通的内容等进行综合判断。但是，了解下列常见肢体语言的一般含义能够帮助我们更敏锐地观察和理解沟通对象的想法，并学会更好地控制自己的行为，以避免造成不必要的误解和沟通障碍。常见肢体语言及其基本含义见表 4-1。

表 4-1　常见肢体语言及其基本含义

肢体语言	基本含义
1. 说话时捂嘴	说话没有把握或撒谎
2. 摇晃一只脚	厌烦

续前表

肢体语言	基本含义
3. 把铅笔等物放到嘴里	需要更多的信息，焦虑
4. 没有眼神的沟通	试图隐瞒什么
5. 脚置于朝着门的方向	准备离开
6. 擦鼻子	反对别人所说的话
7. 揉眼睛或捏耳朵	疑虑
8. 触摸耳朵	准备打断别人
9. 触摸喉部	需要加以重申
10. 紧握双手	焦虑
11. 握紧拳头	意志坚决、愤怒
12. 手指头指着别人	谴责、惩戒
13. 坐在椅子的边侧	随时准备行动
14. 坐在椅子上往前移	赞同
15. 双臂交叉置于胸前	防御，不同意
16. 衬衣纽扣松开，手臂和小腿均不交叉	开放
17. 小腿在椅子上晃动	不在乎
18. 背着身坐在椅子上	支配性
19. 背着双手	优越感
20. 脚踝交叉	收回
21. 搓手	有所期待
22. 手指叩击皮带或裤子	一切在握
23. 无意识地清嗓子	担心、忧虑
24. 有意识地清嗓子	轻责、训诫
25. 双手紧合指向天花板	充满信心和骄傲
26. 一只手在上，另一只手在下，置于大腿前部	十分自信
27. 坐时跷二郎腿	舒适、无所虑
28. 眨眼过于频繁，不停地做吞咽动作，冒虚汗和频繁地耸肩	撒谎

上面这些肢体语言往往是人们在沟通过程中无意识地表现出来，或无意识地接受并做出反应的。学习肢体语言的可能含义能够帮助我们在沟通中有意识地认识这些无意识的反应，从而更好地把握沟通对象的真正意图。

4.3 公共部门绩效辅导

在日趋复杂和充满挑战的社会环境中，任何部门、组织乃至国家都离不开管理者的领导和管理。领导和管理是两个互不相同但又互为补充的行为体系，两者相辅相成、缺一不可。约翰·科特（John P. Kotter）认为，领导的工作是确定方向、整合资源、激励和鼓舞下属，其最终目的是产生变革；而管理的工作是计划、组织、配置、控制及解决问题，其最终目的是建立秩序。只有领导而无管理，领导的意图和目的往往难以实现；只有管理而无领导，则管理的愿望和目的同样难以达成。因此，在公共部门绩效监控的过程中，不仅需要系统、有效的组织、监督和控制，以预防和解决绩效计划实施过程中出现的问题和偏差，而且需要持续有效的指导、辅导和激励，促使组织、部门和员工努力工作以实现既定的组织目标。在这一监控、辅导和帮助各级公共部门组织、部门和员工实现其绩效目标的过程中，各级公共部门的管理者发挥着至关重要的作用。

4.3.1　公共部门绩效辅导的内涵

所谓绩效辅导（performance coaching），是指管理者采取恰当的领导风格，在进行充分的绩效沟通的基础上，根据绩效计划，针对下属工作进展中存在的问题和潜在的障碍，激励和指导下属，以帮助其实现绩效目标，并且确保其工作不偏离组织战略目标的持续过程。管理者作为绩效辅导的主导者和推动者，不仅需要对下属提出的各种要求做出积极回应，还需要能够前瞻性地发现潜在问题并在问题出现之前加以解决。绩效辅导包含以下几个方面的内容：

第一，管理者提供帮助是绩效辅导的关键。绩效辅导的目的是通过帮助下属完成绩效目标，来实现部门和组织的绩效目标，进而实现组织战略目标。下属在执行绩效计划的过程中遇到困难或障碍而需要帮助时，管理者需要及时地提供各种必要的帮助和支持；在必要的时候，还应该为下属提供培训的机会，使其具备完成绩效计划必备的知识和技能。管理者不仅是在问题出现时进行辅导，更重要的是着眼于提升下属获取持续高绩效的能力。

第二，激励下属是绩效辅导的重要职能。绩效责任制是实现绩效目标的基本保障。绩效辅导时管理者不能越俎代庖，绩效改进的主要责任者还是下属本人。因此，在绩效辅导中，管理者需要注重培养下属的主人翁意识和责任感，帮助其树立自信和提高工作的成就感，促使其为了实现绩效目标而不断超越自我，为承担更具挑战性的工作任务而不断提升知识、技能和对组织的承诺水平。

第三，领导风格对绩效辅导效果有重要影响。管理实践中面对的实际情况是多种多样的，但是管理者的领导者风格却是相对稳定的。绩效辅导由管理者具体执行，管理者的领导风格和特征对绩效辅导有较大的影响。因此，在绩效管理实践中，需要注意管理者领导风格和绩效辅导之间的匹配。

第四，根据绩效计划的执行情况，及时与下属沟通是绩效辅导成功的基本保障。这要求管理者全面搜集绩效计划执行的各种信息，做出正确的辅导决策。对绩效不佳的员工给予及时的辅导，甚至为其提供培训机会；对成功达成或超额完成预期目标的员工，则需要及时表扬，激励其为实现更高的绩效目标而不断努力。

4.3.2　公共部门绩效辅导的风格

不同领导风格的选择是决定管理者领导效果的关键因素之一。不同的管理者在公共部门绩效监控过程中，通常会表现出不同的领导风格。在实际工作中，一些管理者往往会忽视下属的心理感受和主观能动性的发挥，表现出下属难以接受的领导风格，造成与下属之间不应有的误解和摩擦，影响预期效果的达成和工作的顺利开展。因此，如何选取适宜和有效的领导风格是摆在每个公共部门管理者面前的重要课题。目前，有关这方面的研究主要集中在组织行为学领域的领导权变理论。领导权变理论认为，领导的有效性依赖于情境因素，而这些情境因素可以被分离出来，作为影响管理者行为和绩效结果的中间变量。经常被使用的中间变量包括：领导—成员的关系、任务的结构化程度、管理者的职位权力、下属的成熟度、群体规范、下属对管理决策的认可度以及下属的工作士气等。被广泛接受的领导权变理论有：情境领导理论和路径—目标理论等。

1. 情境领导理论

保罗·赫西（Paul Hersey）和肯·布兰查德（Ken Blanchard）在1969年提出的情境领导理论（situational leadership theory）又被称作领导生命周期理论，是一个具有较大影响力的领导权变理论。情境领导理论把领导划分为任务行为和关系行为两个维度，并根据这两个维度将其组合成四种不同的领导风格：指示型、推销型、参与型和授权型（见图4-2）。

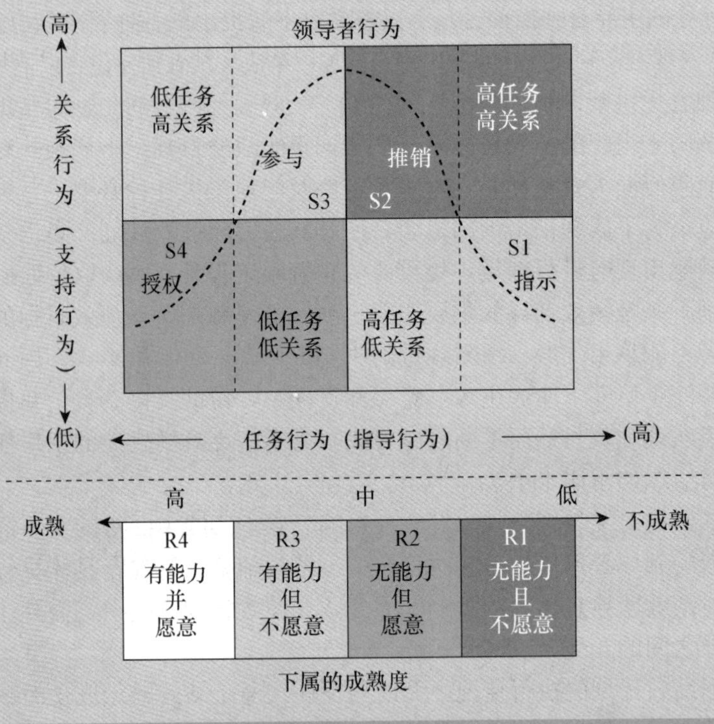

图4-2 情境领导理论

S1 指示：高任务—低关系领导风格；

S2 推销：高任务—高关系领导风格；

S3 参与：低任务—高关系领导风格；

S4 授权：低任务—低关系领导风格。

情境领导理论认为，领导风格的选择实际上取决于下属的接纳程度和能力水平的高低。可以根据下属的成熟度，即下属完成任务的能力和意愿程度，将下属分成四种类型：

R1：下属既无能力又不愿意完成某项任务，这时是低度成熟阶段；

R2：下属缺乏完成某项任务的能力，但是愿意去从事这项任务；

R3：下属有能力但不愿意去从事某项任务；

R4：下属既有能力又愿意完成某项任务，这时是高度成熟阶段。

情境领导理论的核心内容就是将四种基本的领导风格与下属的四种成熟度阶段相匹配的过程。随着下属成熟度水平的提高，管理者不但可以减少对工作任务的控制，而且可以减少关系行为。具体来讲，在 R1 阶段，管理者应采用给予下属明确指导的指示型风格，告诉下属应该做什么以及如何去做；在 R2 阶段，管理者需要采用高任务—高关系的推销型风格，为下属提供相关的帮助和指导，以强化下属的工作意愿和工作热情；到了 R3 阶段，参与型风格的领导最为有效，管理者应当采取鼓励下属参与管理的态度，以增强彼此之间的信任；而当下属的成熟度达到 R4 阶段，管理者就无须再做太多的事情了，只需授权即可。

2. 路径—目标理论

罗伯特·豪斯（Robert House）于 1971 年提出了另一种领导权变模型，即路径—目标理论。该理论认为，管理者应采用特定的措施，帮助下属通过一定的路径来实现目标。管理者的领导风格能否被下属所接受，使下属产生工作上的满足感，取决于下属对管理者领导风格的认知和拥护程度。因此，管理者应选择合适的领导风格以适应下属的需求和下属的工作环境。如图 4－3 所示，豪斯提出了四种领导风格：

（1）指示型领导：由管理者发布指示，下属不参加决策。

（2）支持型领导：管理者对下属很友善，而且会更多地考虑下属的要求，关怀下属。

（3）参与型领导：下属参与决策和管理，管理者主动征求并采纳下属意见。

（4）成就导向型领导：管理者为下属设置挑战性的目标，并相信下属能达到这些目标。

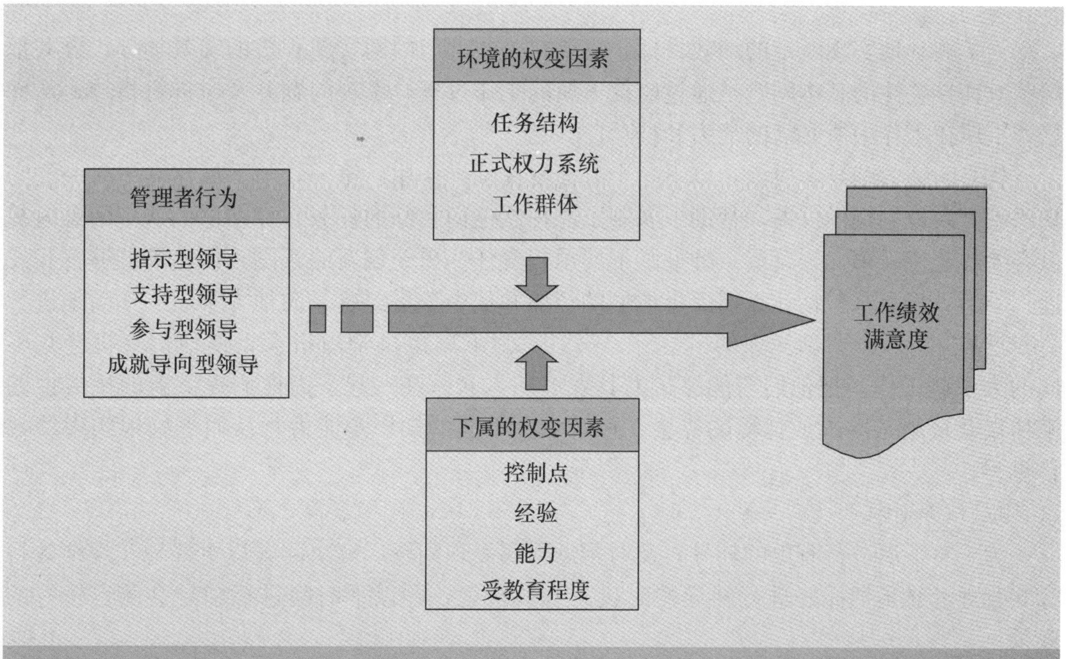

图 4－3　路径—目标理论模型

路径—目标理论同时提出了两种权变因素作为管理者行为与绩效结果之间的中间变量：一种是下属控制范围之外的环境，包括任务结构、正式权力系统、工作群体等；另一种是下属个性特点中的一部分，如控制点、经验、能力、受教育程度等。豪斯指出，领导风格的选用是弹性灵活的，没有固定不变的公式，同一位领导可以根据不同的情境因素选择不同的领导风格。

路径—目标理论认为，领导就是通过指导、引导和培养下属以帮助下属实现目标的过程。管理者应该帮助下属明确他们的目标以及实现这些目标的路径。如果遇到障碍，管理者需要帮助下属排除或者绕开这些障碍。因此，当面对模糊不清的任务时，指示型领导会获得更高的满意度；而当任务明确具体时，支持型领导会获得较高的绩效水平和满意度；对于内控型的下属而言，他们认为自身对工作环境有较强的控制力，因此应采取参与型领导，而外控型下属认为绩效更多取决于运气和命运，故应采取指示型领导；成就导向型领导可以激发下属的成就动机和自信心，使其坚信他们有能力实现目标。

在崇尚绩效管理的今天，绩效管理的理念逐渐被接受，在任何一个组织中承担绩效管理责任的管理者正在或即将发挥越来越重要的作用。在整个绩效周期内，管理者的领导风格对下属乃至整个组织绩效目标的实现有着极其重要的作用。随着知识经济时代的到来，员工受教育程度不断提高、学习能力不断增强、需求层次不断提升，导致员工越来越追求自我价值的实现。因此，在对这些知识型下属的领导和管理上，建议管理者们采用合作、参与和授权的领导风格，以强化其工作动机，帮助其更好地实现绩效目标。

4.3.3 公共部门绩效辅导的实施

为了顺利地实现既定的绩效目标，需要在公共部门内部实施积极的绩效辅导。公共部门绩效辅导关注的基本问题是通过监控下属的工作过程，发现问题并及时进行指导，从而培养下属在工作中所必需的能力和技巧。

优秀的绩效辅导者应该在以下三个方面发挥辅导作用：第一，与下属建立一对一的密切联系，向他们提供反馈，帮助下属制定能拓展他们目标的任务，并在他们遇到困难时提供必要的支持。第二，营造一种鼓励下属承担责任、勇于创新的氛围，促使其能够自我发展、不断进步。这包括让下属反思他们的经历并从中获得经验、向他人学习、不断地进行自我挑战并寻找学习新知识的机会等。第三，为下属提供学习机会，使他们有机会与不同的人一起工作。把他们与能够帮助其发展的人联系在一起，为他们提供新的挑战性的工作以及接触某些人或情境的机会，使其掌握不同的知识和能力，从而更好地实现绩效目标。

1. 辅导时机

为了对下属进行有效的辅导，及时帮助下属发现问题、解决问题以更好地实现绩效目标，管理者必须把握好进行辅导的时机。一般来说，在以下时间进行辅导会获得较好的效果：

（1）正在学习新技能时；

（2）正在从事一项任务，而如果采取其他方法能够更加有效地完成任务时；

（3）被安排参与一项大的或非同寻常的项目时；

（4）面临崭新的职业发展机会时；

（5）未能按照标准完成任务时；

（6）不清楚工作的重要性时；

（7）刚结束培训学习时。

在对下属进行绩效辅导时，管理者首先需要掌握关于下属的绩效信息。需要注意的是，公共部门绩效监控不是一项被动或偶尔为之的活动，而是使用特定的方法持续长久地收集数据的过程。因此，在进行公共部门绩效辅导之前，持续的公共部门绩效监控将有助于各级公共部门的管理者获得反映下属绩效情况所必需的信息，从而确保管理者在进行绩效辅导时能够有的放矢。

2. 辅导方式

每个人都有一种天生的或者具有倾向性的辅导风格。各级公共部门的管理者需要根据自己的辅导风格，结合恰当的辅导时机，最大限度地增强对下属的辅导效果。图 4－4 是一个简单的辅导风格图，其中一端是教学型辅导者，另一端是学习型辅导者。尽管管理者的“自然”风格可能在这个连续区间内保持不变，但为了获得满意的绩效辅导效果，必须采用权变的观点，即根据具体的实际情况采用不同的风格来进行辅导。

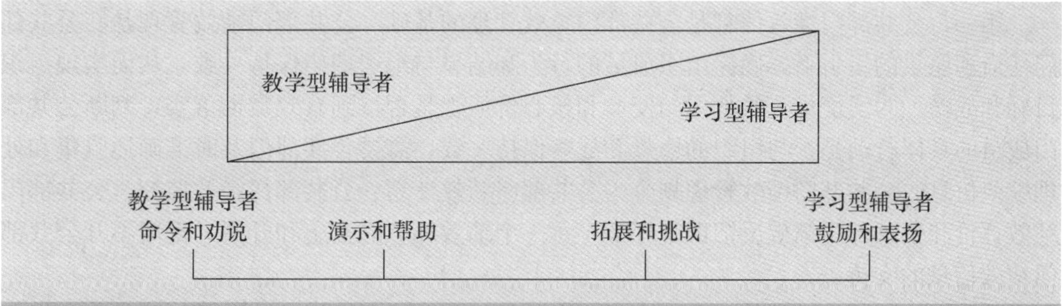

图 4－4　辅导风格

（1）教学型辅导者。这种类型的辅导者喜欢直接告诉下属该如何去做。通常，他们都具有某一方面的专长，他们凭借自身的经验向下属传授完成工作任务所需的技能和知识，并希望通过向下属传授这些知识和经验使其能够独立完成一项具体的工作任务。一般这种辅导非常适合那些需要依据某种“恰当”方法进行重复操作的岗位上的工作人员。

（2）学习型辅导者。这种风格的辅导者更加喜欢提问和倾听，而不是直接告诉下属该如何去做。这种辅导者传授的是广博的专业知识，而不是具体的技术经验。他们相信每个人都有潜力，他们能够为下属提供各种迎接挑战、施展才能以及学习知识的机会。通常，这种辅导在一个问题存在多种解决方案，而不是只有唯一解决途径的时候非常有效。

4.4 公共部门绩效信息

公共部门绩效监控是贯穿整个公共部门绩效管理过程的重要环节，其最终目的是实现公共部门的既定发展战略目标。为了对公共部门组织和员工个体的行为表现及结果做出及时有效的监控和评价，需要及时、准确地收集公共部门绩效信息。公共部门绩效信息是公共部门绩效管理的关键所在，为了充分发挥公共部门绩效信息对公共部门绩效管理的支撑作用，需要明确公共部门绩效信息的内涵和功能，及时准确地收集公共部门绩效信息。

4.4.1 公共部门绩效信息的内涵

公共部门绩效信息（public sector performance information）是在公共部门绩效管理过程中所产生的与公共部门结果和产出有关的信息，可以为判断公共部门组织或者个人的行为表现和绩效结果提供依据。公共部门绩效信息一般与公共服务的产出、结果、效率和效果等密切相关，多数情况下是量化、加总且公开的数据。Pollitt 将绩效信息定义为“由旨在生产这些信息的系统和流程而产生的（不管是有意的还是无意的），描述公共项目和组织的产出与结果的系统性信息”①。为了充分认识公共部门绩效信息的内涵，需要把握以下几个方面：

第一，公共部门绩效信息是公共部门绩效管理的基础。公共部门绩效管理是在公共部门使命和愿景的指引下，确保组织成员的行为和结果与组织期望保持一致，从而实现组织目标和战略。为了衡量公共部门的使命和核心价值观是否得到有效贯彻落实，判断公共部门成员的具体行动是否与组织的愿景和战略保持一致，需要公共部门及时准确地收集和处理绩效信息。公共部门绩效管理划分为公共部门绩效计划、公共部门绩效监控、公共部门绩效评价和公共部门绩效反馈四个环节，每一个绩效环节的实施和开展，都离不开公共部门绩效信息的支持。

第二，公共部门绩效信息是以定量为主的信息。公共部门绩效信息是与公共部门组织或个人的产出、结果或效率有关的信息，因此往往是以定量的信息为主。有学者认为公共部门绩效信息是为城市公共服务提供结果的数值信息或指标，如效率、质量或案件处理时间等。公共部门绩效信息的量化特征，为公共部门绩效的评价和判断提供了一种尺度，便于对公共部门的绩效做出比较和判断，从而为公共部门绩效改进和管理决策制定提供依据。

第三，公共部门绩效信息应体现公共部门的价值取向。与企业等私营组织的绩效信息相比，公共部门绩效信息应体现出公共性、服务性等价值追求。公共部门的主要职能在于提供公共产品和社会服务，其宗旨在于满足社会、公众等利益相关者的需求。公共部门绩效信息应不仅限于对经济发展指标的局部关注，而需要将社会建设、公众满意度考虑进

---

① Pollitt C. Performance information for democracy the missing link. Evaluation, 2006, 12 (1): 38-55.

来，以此来检验公共部门职责是否得到有效履行。

4.4.2　公共部门绩效信息的来源

目前，通常采用多渠道收集来保障公共部门绩效信息的准确性和客观性。很多组织采用 360 度的全方位收集法来收集绩效信息，要求公共部门组织、部门及个人等都参与绩效信息的收集。针对具体岗位，需要明确每种信息来源在绩效评价中的权重，对于最重要的绩效信息应该保证其完整、全面和准确。下面对不同绩效信息来源进行简要说明。

（1）上级是绩效信息的主要来源。上级掌握的绩效信息比较全面，能够从宏观和整体角度看待下属的绩效表现，对绩效结果的判断也比较客观和全面。在任何类型的组织中，上级都是最主要的信息来源之一。但是，上级也不可能了解下属工作的所有信息；另外，上级也有个人喜好和价值取向，在绩效信息收集过程中，完全可能存在偏见。因此，仅有上级信息来源还不够，必须保证绩效信息来源的多样性。

（2）同事、下级、本人也是绩效信息的重要来源。随着战略协同和团队化工作在组织管理中的普及，同事作为绩效信息的来源在绩效信息系统中的重要性越来越受到重视，同级评价所占的权重也越来越大。在对管理人员的绩效进行评价时，下级成为重要的信息来源。下级对管理人员进行评价的时候，必须采取完全匿名并且保密度非常高的评价方法，否则很难收集到真实信息。在现代管理中，自我管理和自我评价也越来越受到重视。虽然目前在绩效信息收集的实践中自我评价受到的重视程度仍然不高，但是评价者可以通过对比真实绩效水平和自我期望或自我评价的差距，积极主动地做出调整，这对绩效目标的达成和绩效改进具有重要作用。

（3）外部公众是必要的信息来源。作为公共部门的服务对象，外部公众对公共部门的绩效表现有着更为直观的认识。为了全面判断公共部门的真实绩效表现情况，在公共部门绩效信息的收集过程中需要更加重视外部公众的意见和看法。但针对公众收集的公共部门绩效信息应具有针对性，并坚持知情原则，从而确保从外部公众那里获取的绩效信息的真实性和客观性。

4.4.3　公共部门绩效信息的收集

采用科学的信息收集方法获取准确、有效和全面的公共部门绩效信息是做出科学的绩效管理决策的基础，对提升公共部门绩效管理的决策质量有重要的意义。不同的公共部门绩效信息需要通过不同的绩效方法收集，管理者在设计信息收集渠道的时候需要选择最优的方法以保障信息收集工作的质量。目前主要的公共部门绩效信息收集方法有如下几种：

（1）工作记录法。对需要详细工作记录的工种进行监管的时候，就需要使用工作记录法收集相应的绩效信息。工作记录法要求使用规范的信息收集表格，在条件允许的情况下，还需要使用电子表格或绩效信息系统进行收集，便于信息的存储、统计、汇总和分析。

（2）观察法。观察法是管理者直接观察下属的工作表现。在各种渠道中，观察一般是最可靠的。观察是一种收集信息的特定方式，通常是由管理者亲眼所见、亲耳所闻，而不是从别人那里得知。管理者常常采用走动式管理方法，对工作现场进行不定时的考察，从而获取第一手绩效信息。

（3）抽查或检查法。这种办法常常与工作记录法配合使用，是为了核对相关绩效信息的真实性而采用的一种信息收集方法。管理者或专门的部门可以对绩效信息进行抽查或检查，确保原始信息的真实性。

（4）关键事件法。这种方法要求在绩效实施过程中，特别对突出或异常失误的关键性事件进行记录，为管理者对突出业绩进行及时奖励和对重大问题进行及时辅导或纠偏做准备，并为绩效评价和绩效改进做基础信息收集。

具体来讲，管理者在绩效信息收集过程中主要要做如下几个方面的工作：定期安排与下属的会面来评价他们的绩效；对照事先建立的职位说明书或行动计划检查工作的进展，考察绩效是否达到了目标；回顾在评价周期开始的时候形成的报告或者目标列表；到各处巡视工作的进展情况，并与下属进行非正式的讨论；从下属的同事那里获得关于下属绩效相关信息的反馈（正式或非正式的）；检查工作的产出和结果，以检查其质量或者准确性；要求下属做工作进展报告；提出要求后，检查任务完成情况，或者看下属是否有需要帮助解决的问题；通过分析工作结果、讨论改进方案，评价工作任务完成或绩效目标实现的情况；关注顾客的投诉和满意度（内部或外部），以便评价、检查员工的绩效。

4.4.4 公共部门绩效信息的使用

赫伯特·西蒙认为“决策过程中至关重要的因素是信息联系，信息是合理决策的生命线”。全面准确和客观公正的公共部门绩效信息是做出公共部门绩效管理相关决策的基础，公共部门绩效信息的质量在一定程度上决定了公共部门绩效管理的成败。在公共部门绩效监控过程中，管理者需要持续地收集和积累大量准确有效的公共部门绩效信息，为公共部门绩效管理的监控和评价工作提供翔实的信息基础，这也是公共部门绩效管理成功的基础和关键之一。作为一项长期的基础性工作，公共部门绩效信息收集主要用于以下几个方面：

（1）公共部门绩效信息为公共部门绩效监控提供基础。通过对公共部门绩效计划执行过程中各种绩效信息的收集和分析，可以发现公共部门绩效计划执行中存在的问题。这有利于管理者对公共部门绩效计划总体情况进行通盘掌控，在下属需要帮助的时候提供及时有效的帮助和支持，更重要的是在重大绩效事故出现之前就做出正确的预判，从而避免重大绩效事故的发生。同时，也可以通过关键事件树立典型标杆，有利于员工在计划执行过程中的自我改进和调整；在员工需要绩效辅导时，能基于现有信息提出正确的辅导措施，以帮助员工达成绩效目标。

（2）公共部门绩效信息为公共部门绩效评价提供依据。公共部门绩效评价的权威性、科学性和公平性是保障公共部门绩效管理系统有效性的重要方面。公共部门绩效评价需要建立在准确翔实的绩效信息基础上，同时避免评价的主观随意性或根据记忆来进行评价。因此，在公共部门绩效监控过程中，收集公共部门绩效信息，为公共部门绩效评价环节提供全面的信息基础，具有重要的意义和价值。

（3）公共部门绩效信息为公共部门绩效改进提供保障。通过对公共部门绩效信息的系统整理和全面分析，梳理和挖掘出绩效优秀的原因，并发现影响公共部门绩效提升或导致绩效低下的各种问题，为组织绩效的持续提升做信息资源保障。比如，可以对绩效优秀者和绩效一般者进行全面的对比研究，特别是对绩效优异的关键事件和绩效低下的关键事件进行对比分析，挖掘其深层次的原因。对成功经验及时推广，而对绩效低下者提供培训，对系统性的问题则需要及时整改，以达到绩效持续改进的目的。

本章小结

公共部门绩效管理的目的不仅仅是客观地评价公共部门绩效，其更重要的作用是帮助各级公共部门组织、部门和员工实现其既定的绩效目标。有效的公共部门绩效监控可以全面监测公共部门绩效目标的实现情况，及时发现并解决在公共部门绩效目标实施过程中出现的问题与偏差，确保公共部门绩效目标的顺利达成。根据监控对象的不同，可将贯穿整个公共部门绩效管理过程始终的公共部门绩效监控，具体细化为对公共部门组织绩效、部门绩效和员工绩效的监督与控制。

公共部门绩效沟通作为贯穿整个公共部门绩效管理过程的重要内容，是促进公共部门绩效管理目标顺利达成的有效途径。根据绩效沟通的对象不同，可以将公共部门绩效沟通分为内部沟通和外部沟通。根据绩效沟通的方向来划分，公共部门绩效沟通可以分为横向沟通和纵向沟通。公共部门绩效辅导关注的基本问题是通过监控下属的工作过程，发现问题并及时进行指导，从而培养下属在工作中所必需的能力和技巧。不同的领导风格是决定绩效辅导效果的重要影响因素，管理者需要慎重思考和合理选取适当的领导风格和绩效沟通方式。公共部门绩效信息是在公共部门绩效管理过程中所产生的与公共部门结果和产出有关的信息，为了促进公共部门绩效管理决策的科学化并保障其有效性，必须重视公共部门绩效信息的收集和使用。

关键术语

公共部门绩效监控　　公共部门绩效沟通　　公共部门绩效辅导　　情境领导理论　　公共部门绩效信息

复习思考题

1. 公共部门绩效监控的内涵是什么？它包含哪些类型？
2. 公共部门绩效沟通的内涵是什么？有哪些沟通技巧？
3. 公共部门绩效辅导的内涵是什么？如何实施绩效辅导？
4. 请阐述公共部门绩效信息的收集和使用。

第5章

公共部门绩效评价

作为公共部门绩效管理的关键环节，公共部门绩效评价是提高公共部门绩效的有效途径。公共部门绩效评价有助于促进公共部门重新定位机构职能，积极树立效率意识、责任意识和服务意识。探讨和建立适合我国国情的公共部门绩效评价理论框架、体系及操作流程，对推进我国公共部门绩效评价的发展具有十分重要的意义。本章将从公共部门绩效评价的内涵界定出发，对公共部门绩效评价的主体、方法、程序和周期等进行详细介绍和阐述。

重点问题

- 公共部门绩效评价的内涵与类型
- 公共部门绩效评价的主要功能
- 公共部门绩效评价主体的确立
- 公共部门绩效评价方法的选择
- 公共部门绩效评价的操作程序
- 公共部门绩效评价周期的设置

5.1 公共部门绩效评价概述

5.1.1 公共部门绩效评价的内涵①

对于公共部门绩效评价的内涵，中外学者从不同的角度对其进行了界定。经过梳理和

① 在英文文献中 performance appraisal，performance evalution 和 performance measurement 几个概念含义非常相近，特别是 performance appraisal 和 performance evalution 几乎没有区别，两者和 performance measurement 的区别也不是很大。略微的差别在于，前两者是指针对绩效所做的评价或考核，强调的是过程，而后者更多地是指如何对绩效进行衡量，强调的是方法。需要注意的是，在中文文献中，绩效评价、绩效测评、绩效考核、绩效考评等都是上述几个英文概念的中文译法，本书将它们作为同一层面的概念加以使用。

分类，可以将公共部门绩效评价的定义分为以下几种类型：

第一，从评价目的的角度进行定义。一些学者从评价目的的角度对公共部门绩效评价进行了界定，认为公共部门绩效评价的目的是建立一种体系或机制，据此来评价公共部门绩效，改善政府管理水平，提高政府工作的效率和效果。如西奥多·H. 波伊斯特（Theodore H. Poister）认为，绩效评价致力于提供关于项目和组织绩效的各种客观的相关信息，这些信息可以用来强化管理和为决策提供依据。

第二，从评价内容的角度进行定义。一些学者从评价内容的角度对公共部门绩效评价进行了定义，认为公共部门绩效评价是检验公共部门效率、服务质量、公共责任和公众满意程度等内容的方法，通过对这些方面的分析和比较来评定公共部门绩效。如美国学者威尔逊认为公共部门的绩效评价应包括责任、公平、回应性、效率和成本等五个主题。胡税根认为公共部门绩效评价是指政府组织、非营利组织以及公共企业等特定的社会组织在履行公共责任的过程中，在追求内部管理与外部效应、数量与质量、时间与效益、经济因素与伦理政治因素平衡的基础上，对其获得的公共产出进行评审。

第三，从评价过程的角度进行定义。一些学者从评价过程的角度对公共部门绩效评价进行了定义，将公共部门绩效评价定义为一个包括收集绩效信息、评定绩效结果等环节的管理过程。美国国家绩效管理小组在《美国公共服务：绩效评估的最佳实践》中指出，绩效评估是测量达到既定目标的情况——包括将资源转化为公共物品及服务的效率、产出的质量及在达成计划目标的过程中政府运作的效率——的一个过程。保罗·艾普斯汀认为，绩效评价是指开发指标、收集资料以便描述、报告和分析绩效。

综合国内外学者的观点，本书认为公共部门绩效评价（public sector performance appraisal）是指相关评价主体依据公共部门既定的使命和目标，遵循一定的程序，综合运用多种评价方法和技术，对一定时期内公共部门的管理和服务情况进行评定和判断的过程，其最终目标是通过评价来提高公共部门的效率和效果，促使公共部门绩效持续改进。

5.1.2 公共部门绩效评价的类型

对于公共部门绩效评价，根据不同的划分原则有不同的划分方式，比如根据评价主体的特征可以将公共部门绩效评价划分为内部评价和外部评价，根据评价指标的属性可以将绩效评价划分为定性评价和定量评价，等等。本书根据公共部门绩效评价的对象，将其划分为组织和部门绩效评价、公共政策评价、项目绩效评价以及公务员绩效评价等类型。

1. 组织和部门绩效评价

组织和部门绩效评价是指运用科学的方法、标准和程序，对各级政府组织和部门的业绩、成果和实际作为，从组织、部门层面做尽可能全面、准确的评价。公共部门的组织绩效评价具有复杂、多层次和难以界定的特点，因而难度相对较大，是世界各国面临的共同难题。近年来，随着行政体制改革的深化，公共部门组织层面的绩效评价也受到了越来越广泛的关注，成为公共管理理论和实践研究领域的新热点。到目前为止，在世界范围内已经涌现出许多卓有成效的绩效评价方法与技术，比较有代表性的有目标管理、标杆管理及平衡计分卡等，这些方法与技术在推动公共部门职能转变、提高公共产品与服务质量等方面发挥了重要的作用。

2. 公共政策评价

政府制定的公共政策是否取得了预期的目标和效果，必须采用有效的评价标准和方法来进行衡量。具体而言，公共政策评价是依据一定的标准和程序对政策的效益、效率及价值进行判断的过程，目的在于取得这方面的信息，将其作为决定决策变化、政策改进和制定新政策的依据。公共政策评价不仅有利于发现政策取得的成绩和存在的问题，而且有利于根据政策的执行情况对政策进行及时修改和更正。根据各国政府实行政策评价的情况，可以将其分为单项政策评价和全面政策评价两种类型。其中实施全面政策评价的代表国家是英国、法国、日本及韩国等，这些国家通过立法、设立专门评价机构等方式对政策进行全面系统的评价。实施单项政策评价的国家则有很多，例如，实施环境政策评价的国家有美国、加拿大、西班牙、荷兰、德国、澳大利亚、新西兰等；在开展住房政策评价方面，比较有代表性的国家是新加坡；几乎所有实行市场经济的国家都在实施财政政策评价；此外，许多国家也实施土地政策、教育政策、产业政策及科技政策评价等。目前，公共政策评价在世界范围内已经发展成为一种趋势，政策评价在改进政策制定系统、克服政策实施中的弊端和障碍、增强政策活力和效益等方面发挥了重要的作用。

3. 项目绩效评价

项目绩效评价是指评价主体运用社会研究方法，定期系统地对公共项目的进展情况进行调查和监控的过程。根据实施项目绩效评价的阶段，项目绩效评价可以分为项目前期评价、项目中期评价、项目终期评价和项目后期评价；根据项目绩效评价的评价主体，项目绩效评价可以分为外部评价、内部评价和联合评价；根据项目绩效评价的内容，项目绩效评价可以分为项目可评价性评价、项目需求评价、项目理论评价、项目过程评价、项目效果及效率评价等。在美国、加拿大、澳大利亚等国的公共部门绩效评价体系中，项目绩效评价占据着十分重要的位置，而我国的项目绩效评价尚处于起步阶段，还需在不断的研究和实践摸索中进一步完善和发展。

4. 公务员绩效评价

所谓公务员绩效评价，是对公务员在实现其既定目标过程中的工作业绩和工作态度所进行的客观、准确的评价。公务员绩效评价有利于培养、开发和激励公务员的工作潜力，加强上级领导和下属公务员之间的有效沟通，促使公务员个人目标与政府组织目标协调一致及其绩效目标顺利实现。20世纪末，英国、美国等国家逐渐废除了公务员的终身制和资历工资制，注重对公务员个人的绩效评价，并将评价结果作为决定公务员薪酬、培训和职位变动的主要参考因素。随后，很多国家相继制订了公务员的评价办法和评价机制。我国也自1993年起，先后颁布了《国家公务员暂行条例》、《国家公务员考核暂行规定》、《中华人民共和国公务员法》和《公务员考核规定（试行）》，对公务员考核的基本原则、内容和标准、程序、结果的使用及相关事宜做了全面的规定，为我国公务员个人绩效的评价提供了依据。

公共部门绩效评价是一个多层次、宽范畴的概念，对于不同的绩效评价内容，其评价方法、技术、程序以及结果应用等方面可能会存在一些不同，需要有针对性地加以区别对待。通常所说的公共部门绩效评价是指对公共部门整体绩效的评价以及对公共部门内部员工个人绩效的评价，而项目评价、政策评价往往被视为公共部门绩效评价的补充内容。因此，本书所涉及的公共部门绩效评价主要是指公共部门组织和部门绩效评价以及公共部门内部员工的个人绩效评价。

5.1.3 公共部门绩效评价的功能

作为公共部门绩效管理的核心环节，公共部门绩效评价是改善公共部门绩效的有效途径。对公共部门内部而言，公共部门绩效评价可以提高公共部门绩效水平和激发员工个人的工作动机；对公共部门外部而言，公共部门绩效评价可以提高公民满意度和改善公共部门形象。概括起来，公共部门绩效评价的功能包括以下四个方面：

（1）提高公共部门绩效。公共部门绩效管理的核心目的在于提高公共部门的绩效水平。要提高公共部门绩效，必须先了解公共部门当前的绩效表现如何。如果不能测量公共部门绩效，就不能改进公共部门绩效。由于公共部门的特殊性，公共部门的绩效产出难以有效衡量，公共部门的运行效率也比较低下。通过公共部门绩效评价来提高公共部门的绩效水平主要表现在以下方面：一是可以发现公共部门工作中存在的问题及障碍，使管理者及时提出针对性的解决方案与对策；二是通过对绩效完成过程的把控，为下一个绩效流程的优化提供依据；三是管理者可以针对下属在任务完成过程中的不足之处提出进一步的人才培养和开发计划，从而提高下属的工作能力和素质。

（2）促进公共部门问责。公共部门绩效评价可以向社会公众提供客观、可靠的公共部门绩效信息，为促进公共部门问责提供依据。公共部门问责是一个具有前瞻性的过程，通过它，公共部门的领导干部要对行政决策、行政行为和行政结果进行解释，对其正确性进行维护，并据此接受失责的惩罚。政府组织作为社会公众的代理人，享有社会公众让渡的公共权力，必须不断改善公共服务，提高行政效能，以提高公众满意度。通过公共部门绩效评价，可以检验公共部门的职责是否得到有效履行，判断公共部门的预期目标是否顺利达成。如果没有公共部门绩效评价，那么公共部门问责将难以有效实施。

（3）完善公共部门管理。公共部门绩效评价不仅可以为促进公共部门问责提供依据，还能完善公共部门管理。通过对公共部门绩效完成过程的监控与结果的评价，公共部门可以发现政策制定落实中存在的主要问题，并且提出有针对性的对策与方案，从而制定出更为科学合理的政策方案。而且，公共部门绩效管理包括战略目的、管理目的和开发目的。公共部门绩效评价不仅可以提升组织绩效和实现组织发展战略，还可以为公共部门的人力资源管理和开发决策提供依据。公共部门绩效评价并不局限于对目标达成与否的评价，还十分关注员工个体在任务完成过程中的行为表现。通过对员工能力素质的判断可以制定相应的培训开发计划，而员工的绩效考核结果又为其职位升迁、薪酬调整等提供了直接的参考依据。

（4）改进公共部门激励。公共部门管理与企业管理虽然存在较大的差异，但是二者都追求提高组织成员的工作积极性，从而提升工作效率和改善绩效结果。戴维·奥斯本和彼得·普拉斯特里克认为，绩效激励必须与绩效评价结合起来，“你提供什么样的结果，就会得到什么样的奖励”①。很多国家都将员工的绩效评价结果用于人事管理与开发决策，

---

① 戴维·奥斯本，彼得·普拉斯特里克. 政府改革手册：战略与工具. 北京：中国人民大学出版社，2004：203.

对于绩效表现优异的员工增加其薪酬和福利，在职务升迁时也予以优先考虑，借此激发员工的工作动机，不断改善工作绩效。对于绩效表现欠佳的员工，则会在进行绩效结果反馈的基础上，明晰员工的能力发展需求，通过制定专门的培训开发计划，提高其能力素质。

5.2 公共部门绩效评价主体

公共部门绩效评价主体选择得合理与否，在很大程度上影响着公共部门绩效评价的结果和效果。由于公共部门的绩效具有复杂性和宽泛性的特点，任何一个单独的评价主体都无法对公共部门绩效进行全面准确的判断，因此公共部门绩效评价主体多元化成为保证公共部门绩效评价的准确性、客观性和公平性的迫切要求。

5.2.1 公共部门绩效评价主体的内涵和类型

公共部门绩效评价主体即公共部门绩效的评价者，是对公共部门绩效进行价值判断的组织、部门和个体。与公共部门绩效的层次相对应，公共部门绩效评价主体在纵向上应分为组织绩效评价主体、部门绩效评价主体以及员工绩效评价主体。根据评价主体与评价对象的相对位置又可以将公共部门绩效评价主体分为内部评价主体和外部评价主体。公共部门绩效评价主体类型及结构关系如图 5－1 所示。

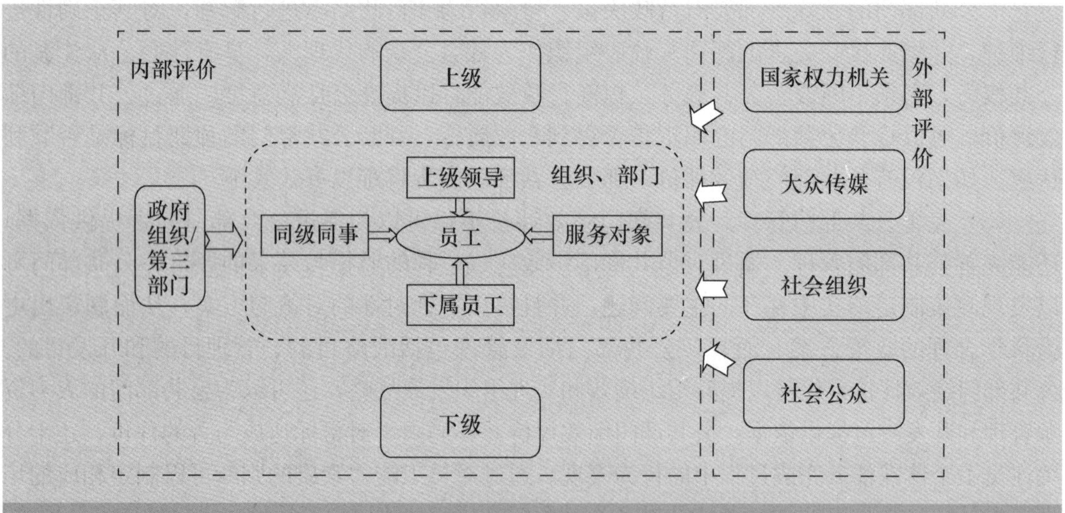

图 5－1 公共部门绩效评价主体类型及结构关系图

对员工个体绩效而言，公共部门的内部绩效评价主体类型分为上级领导、下属员工、同级同事、服务对象以及自我评价，外部绩效评价主体分为国家权力机关、大众传媒、社会组织以及社会公众；对公共部门组织或部门绩效而言，内部绩效评价主体类型分为上级组织或主管部门、同级相关组织或部门、下级组织或部门以及自我评价，外部绩效评价主体分为国家权力机关、大众传媒、社会组织以及社会公众。下面将对主要公共部门绩效评价主体的类型及内涵进行介绍和阐述。

1. 内部绩效评价主体

内部绩效评价主体是指从评价对象的组织管理体系内部产生的公共部门绩效评价主体。同时，它们对评价对象的绩效所进行的评价也被称为内部绩效评价。在我国公共部门绩效评价的实践中，根据公共部门绩效评价主体的相对位置及作用，可以将内部绩效评价主体分为四种：

（1）纵向绩效评价主体。

纵向绩效评价是指公共部门组织、部门和员工根据各自上下级隶属关系开展的公共部门绩效评价过程。纵向绩效评价分为上级评价和下级评价，对应的绩效评价主体有两类：一是上级组织、主管部门或上级主管领导；另一类是下级组织、隶属职能部门或下属员工。由于纵向绩效评价主体在日常的工作活动中接触沟通的机会较多，对于彼此的工作职责、职能和绩效目标都相对熟悉，更容易了解双方绩效评价的目的、内容和目标实现情况。这构成了纵向绩效评价主体在公共部门绩效评价中的独特优势，也是它们广泛参与公共部门绩效评价的主要原因。

（2）横向绩效评价主体。

横向绩效评价是指相关公共部门组织、部门或员工个体对与其相对应的同一层级的组织、部门或员工个体的绩效情况进行评价的过程。此类绩效评价通常强调评价主体与评价对象在相关业务领域内的绩效表现，包括办事效率、办事态度、协作满意度及凝聚力等等。横向绩效评价一般不会单独进行，而是经常作为纵向绩效评价的补充，从侧面了解公共部门组织、部门或员工的绩效情况。横向绩效评价的主要优点在于评价主体熟悉评价对象的工作，通过对评价对象之间的比较，对评价对象与评价主体之间的比较，在一定程度上保证公共部门绩效评价的客观性。但其缺点在于直接相关的同级评价主体和评价对象在绩效评价结果上会出现打“友情分”的情况，即评价主体的评价不是对评价对象绩效指标完成情况的客观评价，而是夹杂了对评价主体和评价对象之间关系好坏和紧密程度的判断。

（3）自我评价。

自我评价是指公共部门组织、部门或员工个体针对自身绩效而开展的评价过程。美国《政府绩效与结果法案》规定，美国所有的联邦机构都要制定一个至少未来 5 年工作目标的战略规划，并将战略规划分解成年度执行计划，同时每年都要对年度计划执行情况进行评价，形成年度计划执行情况报告。各机构的规划制定情况及工作绩效的评价结果将与来年的财政预算相联系。而对于员工个体而言，自我评价一般通过述职报告的形式完成。自我评价的优势体现在以下几个方面：首先，自我评价的评价主体更为直接和详细地了解评价内容、评价指标和评价标准，有利于节约评价成本和提高评价效率；其次，自我评价可以促使公共部门组织、部门和员工在评价的过程中发现绩效差距，激发其自我完善和自我发展的内在动机；再次，自我评价可以提升公共部门组织、部门和员工参与公共部门绩效管理过程的积极性和主动性，促进公共部门绩效管理和绩效评价工作的顺利开展。但是，自我评价的局限性体现在评价主体既是“运动员”又是“裁判员”，在评价结果上容易倾向突出成绩而回避不足，影响公共部门绩效评价的客观性和公正性。

（4）专职评价机构。

专职机构评价是指由公共部门组织内部专门的绩效评价机构开展的绩效评价过程。专职评价主体具有专职的机构和人员，在进行公共部门绩效评价时具有一定的优势：第一，了解和熟悉公共部门绩效评价过程中的重点和难点；第二，熟练掌握公共部门绩效评价的方法和工具；第三，专职评价主体的立场相对客观和中立，能够在一定程度上保障公共部门绩效评价的公正性和有效性。但其局限性在于成本相对较高，需要较多的人力物力来组织、实施和配合公共部门绩效评价工作。对我国的政府组织而言，其专职评价分别由政府组织内部的审计部门、人力资源部门、监察部门和效能办来完成。

2. 外部绩效评价主体

外部绩效评价主体是指从公共部门体系外部对公共部门绩效进行评价的主体。外部绩效评价主体的情况比较复杂，大体可以划分为国家权力机关评价主体、社会公众评价主体、社会组织评价主体和大众传媒评价主体四类。

（1）国家权力机关评价主体。

我国国家权力机关是指各级人民代表大会及其常务委员会。国家权力机关评价是指作为国家和公民权力代表的国家权力机关为维护国家宪法、法律的尊严和统一，维护人民的根本利益和代表人民的意志，运用国家权力依照法定形式和程序对国家行政、审判、检察机关的工作进行监督、督促、纠正和处置的过程。政府是国家权力机关的执行机关，它由国家权力机关产生并向国家权力机关负责。因此，在我国，各级人民代表大会及其常务委员会是公共部门绩效评价的权威主体。全国和地方各级人民代表大会审查政府工作报告的工作，既是权力机关履行自身职责和权力的过程，也是对政府在过去一年中的工作绩效进行评价的过程。

（2）社会公众评价主体。

社会公众评价主要是公民以个人或团体的名义对公共部门绩效进行直接评价。社会公众作为社会活动的主要参与者，在公共部门管理和社会自治方面起着重要的作用。公共部门绩效管理的好坏与政策执行情况的优劣，都与社会公众的合法权益有着密切的联系。因此，作为关键性的公共部门绩效评价主体，社会公众影响甚至决定着公共部门绩效评价的内容、标准及方式等。许多西方国家都通过法律、法规和相关的规范性文件的形式将社会公众绩效评价的主体资格予以界定。比如，英国通过《公民宪章》明确将社会公众纳入公共部门绩效评价的主体范畴之中。通常，社会公众主要通过两种途径来参与到公共部门绩效的评价过程中：首先，公共部门绩效及其评价指标的设计需要以“社会公众导向”为原则；其次，公共部门通过吸引社会公众参与满意度调查问卷以反映公众对公共部门服务的满意度及公共部门绩效水平的高低。

（3）社会组织评价主体。

社会组织评价主体是指国家或政府之外的所有与公共部门绩效评价相关的民间组织，其组成要素是各种非国家或非政府所属的公民组织，包括各种行业性评价机构，部门性评价机构，各类专家委员会，高校研究评价机构以及由专家、学者和公民代表等共同组成的综合性委员会等。社会组织由于其公共性、公益性、非市场性、非公共权力性的基本特征，在从事公共部门绩效评价方面具有不可取代的独特优势。在欧美等国家，公共部门绩效评价有一个很重要的经验就是社会组织积极、广泛参与。例如，美国著名的民间政府绩效评价与研究机构——锡拉丘兹大学坎贝尔研究所，该组织自 1998 年以来每年都对各州或市的政府绩效进行评价并发布评价报告，其报告的客观公正性得到了美国政府和社会公众的广泛关注和好评。

（4）大众传媒评价主体。

大众传媒是指拥有读者、观众或听众的信息传播载体，即报纸、期刊、广播、电视和网站等。大众传媒的主要任务是发布信息，最大限度地满足公众和社会信息获取的需要；其主要目的在于传递国家和社会的有关信息，表达媒体自身及社会、公众的观点，期望引起公众对某一现象、某一事件的了解、关注和评论。大众传媒是政府与公众之间的桥梁和纽带，一方面它把有关公共部门绩效的信息传递给社会公众，另一方面它又通过民意调查等形式把公众的意见和建议反馈给公共部门。大众传媒能够引发的强大的社会舆论力量对公共部门行为形成了有力的监督和约束，使其成为社会公众对公共部门行为进行监督和评价的主要形式之一，并在公共部门绩效评价中发挥着不可替代的作用。特别是随着信息时代的来临，大众传媒对政府行为、政策制定、项目执行的监督和评价力度越来越大，其所提供的信息不仅影响或引导着公共部门的注意力，而且在某种程度上决定着政府决策的轻重缓急。

5.2.2　公共部门绩效评价主体的选择与培训

公共部门绩效评价主体的选择与培训是决定公共部门绩效评价科学性和有效性的一个关键因素。首先，公共部门绩效评价主体需要与评价目的、评价内容、评价对象合理对应，对多元评价主体进行有效选择成为公共部门绩效评价的一个重要问题；其次，无论选取哪一类评价主体，公共部门绩效评价主体都是由具有不同心理特征和心理活动的具体的个人组成的，在绩效评价时难免会出现常见的心理误区。为了避免和减少心理误区的发生，需要对公共部门绩效评价主体进行培训，以有效提高公共部门绩效评价的专业性和客观性。

1. 公共部门绩效评价主体选择的一般原则

公共部门绩效评价主体的选择在很大程度上与所要评价的内容相关，同时也影响着公共部门绩效评价内容的选择。通常，公共部门绩效评价主体选择的一般原则有以下三个：

第一，公共部门绩效评价主体所评价的内容必须基于公共部门绩效评价主体可以掌握的情况。如果要求公共部门绩效评价主体对其无法了解和掌握的情况做出评价，那么这种评价一定是不准确的，必将对整个公共部门绩效评价的准确性和公正性产生不良的影响。

第二，公共部门绩效评价主体需要对评价对象的工作职责有一定的了解。公共部门绩效评价主体除了需要熟悉评价内容，还需要对评价对象的工作职责进行全面的了解和把握。公共部门绩效评价对象的投入、行为和产出等并不是孤立的，而是基于其工作职责为了实现绩效目标而做出的努力。因此，对评价对象工作职责缺乏了解的公共部门绩效评价主体容易做出以偏概全的错误判断。

第三，公共部门绩效评价主体必须坚持客观、公正的原则，秉承严谨、认真的专业精神。公共部门绩效评价是公共部门绩效管理过程中十分严肃和重要的活动，对评价主体的素质和能力有着较高的要求。因此，公共部门绩效评价主体必须能够熟悉和掌握国家和相关部门的方针、政策，始终坚持原则、客观理性、公道正派。

2. 公共部门绩效评价主体的心理误区

公共部门绩效评价的信度不仅取决于公共部门绩效评价指标的信度和效度，而且直接受公共部门绩效评价主体心理因素的影响。在公共部门绩效评价的过程中，公共部门绩效评价主体的经历、知识、态度、偏好以及绩效信息的收集和感知等方面的偏差都可能会造成公共部门绩效评价主体的心理误区。常见的评价主体的心理误区有以下八种：

(1) 晕轮效应（halo effect）。

晕轮效应最早是由美国著名心理学家爱德华·桑戴克（Edward Lee Thorndike）于20世纪20年代提出的。他认为，人们对人的认知和判断往往只从局部出发，扩散而得出整体印象，即常常以偏概全。一个人如果被标明是好的，他就会被一种积极肯定的光环笼罩，并被赋予一切都好的品质；如果一个人被标明是坏的，他就被一种消极否定的光环所笼罩，并被认为具有各种坏的品质。当我们以个体的某一种特征形成对该个体的总体印象时，就会受到晕轮效应的影响。在政府绩效评价过程中，晕轮效应是指公共部门绩效评价主体对公共部门绩效评价对象个别特性的判定会影响对其整体印象的倾向。例如，下属员工一般会对那些和颜悦色、平易近人的上级领导有好感。即使这样的上级工作能力不强、绩效目标实现情况一般，下级评价主体也往往倾向于对该上级评价对象的整体绩效给予较高的评价。因此，由于晕轮效应的存在，公共部门绩效评价主体往往容易形成对评价对象的成见或偏见，这会对公共部门绩效评价结果的有效性产生非常不利的影响。

(2) 逻辑误差（logic error）。

逻辑误差是指评价主体在对某些具有逻辑关系的评价要素进行评价时，以评价对象外部的一些表面特点为线索，结合自己的固有经验，运用简单的逻辑推理而形成的知觉偏见。在政府绩效评价中产生逻辑误差的主要原因是评价要素之间高度相关的逻辑假设。例如，在实际的公共部门绩效评价当中，很多公共部门绩效评价主体认为工作能力强与工作绩效良好之间有着必然的逻辑关系。公共部门绩效评价主体会做出这样的推理："该评价对象的工作能力强，工作能力强的员工工作绩效必然好，所以该评价对象的工作绩效肯定优秀。"但事实上，工作能力强的员工并不一定能够很好地完成既定的绩效目标，这与努力程度、工作态度等各方面因素有关。因此，这种凭借经验和假设进行推理的方法是一个简单化的人际知觉方法，往往会造成与事实不相符的认知偏差，干扰和影响公共部门绩效评价主体的准确判断。

(3) 宽大化倾向（leniency tendency）。

宽大化倾向是指评价主体放宽评价标准，对评价对象做出高于其实际成绩的主观评价。这是在实际公共部门绩效评价工作中最为常见的一种绩效评价误差。评价主体宽大化倾向产生的原因主要有：绩效评价标准不明确导致的评价主体对于绩效评价标准的理解偏差；评价主体对评价工作缺乏自信，试图避免引起评价结果纠纷；评价主体刻意偏袒和保护评价对象；等等。在宽大化倾向的影响下，公共部门绩效评价的结果会产生极大的偏差和不良的影响。第一，绩效出色的评价对象会对没有区分度的评价结果产生不满，影响他们的工作积极性和持续提升绩效水平的动力；第二，绩效较差的评价对象无法了解自身的绩效差距，使得绩效水平难以提高，导致绩效管理的目的无法实现。

(4) 严格化倾向（strictness tendency）。

严格化倾向是与宽大化倾向相对应的另一种评价主体的心理误区，是指评价主体对评价对象的绩效评价过分严格的倾向。现实中，有些公共部门绩效评价主体在对评价对象进行评价时，喜欢采用比绩效评价标准更为苛刻的判定标准。通常，严格化倾向产生的原因有：评价主体对评价标准的错误理解；评价主体受自身利益的驱使；评价主体的情绪不佳；等等。绩效评价结果的应用与评价对象的切身利益息息相关。如果对评价对象的绩效评价过分严格，会很大程度上影响评价对象的晋升、奖金和荣誉等。同时，也会误导评价对象对自身实际绩效水平的了解，打击评价对象的自信心，不利于评价对象的进一步发展和进步。

(5) 中心化倾向（central tendency）。

中心化倾向是指评价主体对一组评价对象做出的评价结果相差不多或都集中在评价尺度的中心附近，使得绩效评价结果呈现居中趋势和中心化倾向，导致绩效评价结果难以区分优劣和拉开差距。例如，在公务员年度绩效评价过程中，绩效评价等级分为优秀、称职、基本称职和不称职四个等次。公务员绩效的评价主体往往会避开最高的等级（优秀）和最低的等级（不称职），而将评价对象都评定在称职和基本称职这两个等级上，使得公共部门绩效评价难以达到预期的目的和效果。通常，造成绩效评价中心化倾向的主要原因有：评价主体不愿意做出极端评价，以规避责任；评价主体对评价对象缺乏深入的了解，难以做出准确评价；评价要素的说明不准确；等等。

(6) 首因效应（primacy effect）。

首因效应在心理学中也叫“第一印象”效应，第一印象是指在短时间内以片面的资料为依据在头脑中形成并占据主导地位的印象。在绩效评价中，首因效应是指评价对象在绩效评价初期的绩效表现会对评价主体以后的绩效评价产生延续性的影响。例如，某公务员在刚刚进入某个部门之初踏实肯干、工作成绩突出，给上级评价主体留下了深刻的印象。因此，在进行绩效评价时评价主体可能会根据先入为主的最初印象给予其高度的评价。但事实上，该评价对象在整个绩效评价周期的综合表现和工作绩效并不一定很好。因此，首因效应会给公共部门绩效评价工作带来消极的影响，使绩效评价结果不能正确地反映评价对象的真实情况。

(7) 近因效应（recency effect）。

近因效应与首因效应相反，近因效应是指评价主体只凭借评价对象在绩效评价周期末期的绩效表现情况来进行评价，而掩盖了其以往形成的对评价对象的判断和评价。在实际的绩效评价工作中，评价主体不太可能回想起评价对象在整个绩效评价周期中发生的与评价要素相关的行为表现。因此，评价主体很容易倾向根据评价对象在评价周期末期的绩效情况来对其进行评价。评价主体这种只注重评价对象近期的表现和绩效，以近期印象代替评价对象整个绩效评价周期绩效的情况，容易造成绩效评价的误差，影响绩效评价的客观、公正和准确。

(8) 刻板效应（stereotype effect）。

刻板效应是指人们用刻印在自己头脑中的关于某人、某一类人的固定印象作为其判断和评价依据的心理现象。刻板印象在绩效评价中通常表现为：评价主体根据以往的经验对评价对象的个人特征或人格特质等进行归纳和固化。例如，认为男人工作能力、事业心和竞争力更强，而女性则依赖性、归属需求更强。这种主观上的认知偏差会对评价对象造成极大的不良影响，不利于评价对象公平竞争和发展。因此，评价主体应该抛开自己的个人偏见，从实际出发、用事实说话，进行客观、公正的评价。

3. 避免公共部门绩效评价主体心理误区的方法

公共部门绩效评价归根结底是评价主体根据其主观价值判断对公共部门组织、部门和员工个人的绩效进行判断和评估的过程，在实施评价的过程中难免会产生各种各样的心理误差。因此，为了提高公共部门绩效评价的信度和效度，应采取有效的措施和方法避免和降低公共部门绩效评价主体的心理误差。

第一，清晰界定绩效评价指标，避免晕轮效应、逻辑误差以及各种错误倾向的发生。绩效评价指标的内涵和标准需要具体明确、具有可操作性，应极力避免指标内涵和标准表述含糊不清和相互重叠的情况发生。为了确保评价主体和评价对象对绩效评价指标和标准有全面深刻的把握，在制定绩效计划时双方需共同参与绩效目标协议的商讨和制定。这样公共部门绩效评价主体在进行评价时，就能够根据清晰的绩效评价指标和标准对评价对象进行有针对性的判断和评定。

第二，综合运用多种绩效评价方法。每一种绩效评价方法所采用的信息、切入的角度和思路都是不同的，因此，各种绩效评价方法都有其优点和不足。在具体的公共部门绩效评价实践中，应该综合运用多种绩效评价方法。例如，运用目标管理法和量表法对绩效评价指标和标准进行界定，采取强制分布法对绩效评价结果进行规范和约束，从而有效避免和减少宽大化倾向、严格化倾向和中心化倾向等，提高绩效评价结果的信度和效度。

第三，优化公共部门绩效评价主体构成，提高公共部门绩效评价主体的责任感。公共部门绩效评价主体多元化是确保公共部门绩效评价有效性的一个重要原则。多元评价主体可以有效克服和消除各类绩效评价主体的局限性，减少评价误差。但是，公共部门绩效评价主体多元化并非全员参与，需要考虑绩效评价的目的和成本，适当增加专家和专业社会中介组织的比重，优化公共部门绩效评价主体的构成。同时，为了避免公共部门绩效评价主体的心理误差，应使公共部门绩效评价全过程透明化和规范化，以此来约束公共部门绩效评价主体的行为，增强其责任感。

4. 公共部门绩效评价主体培训的主要内容

训练有素和专业严谨的公共部门绩效评价主体是公共部门绩效评价结果客观公正的重要保证。但由于多元公共部门绩效评价主体在知识、背景和经历等方面存在差异，公共部门绩效评价主体的相关实践经验和理论基础水平参差不齐。因此，加强对公共部门绩效评价主体的理论指导和培训十分必要。通过公共部门绩效评价主体培训可以达到以下几个方面的目的：一是使公共部门绩效评价主体掌握具体的绩效信息收集方法和评价方法，熟悉公共部门绩效评价的程序和流程；二是统一公共部门绩效评价主体对评价指标和评价标准的理解；三是帮助公共部门绩效评价主体学习绩效反馈和绩效指导的方法。一般来说，公共部门绩效评价主体培训主要包括以下几个方面的内容：

（1）公共部门绩效信息收集方法培训。

公共部门绩效信息是公共部门绩效评价的基础和依据。国外公共部门绩效信息收集已形成长期记录、定时收集的制度安排，但在我国具体的公共部门绩效评价实践中，公共部门绩效信息的收集方法尚不规范，甚至出现在公共部门绩效评价时缺乏必要的历史数据和绩效信息的情况。因此，对公共部门绩效评价主体进行绩效信息收集方法的培训，使公共部门绩效评价主体掌握绩效信息收集的方法和技能，是公共部门绩效评价主体培训的重要内容。公共部门绩效信息收集方法主要有审阅法、访谈法、调查问卷法、抽样法、观察法等等。通常，公共部门绩效评价主体的培训以讲座的形式进行，同时，也可以通过生动的录像来进行现场演示。但需要注意的是，工作性质不同、职位不同，绩效信息获取的渠道也各不相同，应根据评价主体的具体情况有针对性地进行培训。

（2）公共部门绩效评价指标和标准的培训。

公共部门绩效评价主体如何理解公共部门绩效评价指标及其标准将在很大程度上影响其对每个评价对象的评价结果。公共部门绩效评价主体只有在正确理解各个公共部门绩效评价指标和评价标准的基础上，才能够准确、客观地对评价对象的绩效水平进行评价。因此，需要通过公共部门绩效评价指标和标准的培训，使得公共部门绩效评价主体熟悉和掌握各个公共部门绩效评价指标的真正内涵及其标准，统一各个公共部门绩效评价主体对同一绩效指标及其尺度的理解，确保公共部门绩效评价主体对公共部门绩效评价指标及其标准理解的统一性，减少和避免晕轮效应、逻辑误差以及由其他心理误区所造成的评价误差。

（3）公共部门绩效评价方法的培训。

公共部门绩效评价中可能采用的绩效评价方法多种多样，各有利弊。在公共部门绩效评价过程中，经常采用的评价方法有：描述法、排序法、强制分配法、等级择一法、行为锚定量表法和目标管理法等等。公共部门绩效评价方法必须与公共部门绩效评价指标相匹配是选取公共部门绩效评价方法的一个重要原则。因此，要针对不同的公共部门绩效评价指标，对公共部门绩效评价主体进行培训，使公共部门绩效评价主体充分掌握在实际公共部门绩效评价过程中需要采用的各种评价方法及其注意事项，以充分发挥该绩效评价方法的优势，提高公共部门绩效评价的效率和效果。

（4）公共部门绩效反馈的培训。

公共部门绩效反馈培训是公共部门绩效评价主体培训中的一个重要内容，它关系到公共部门绩效管理目标的顺利实现。通过公共部门绩效反馈的培训，公共部门绩效评价主体能够全面掌握公共部门绩效反馈的过程、方法及应注意的问题，灵活运用绩效诊断和绩效反馈面谈中所需的各种技巧和方法与评价对象进行有效的沟通，将公共部门绩效评价结果及时反馈给评价对象，帮助其发现和弥补自身的绩效差距，促进其不断地改进和持续发展。

5.2.3 多元化公共部门绩效评价主体的构建

在公共部门绩效评价中，任何一个业已确定的评价主体都有其自身独特的评价角度，有着不可替代的比较优势及自身难以克服的局限，因此构建多元化公共部门绩效评价主体是保证公共部门绩效评价效度和信度的一个重要原则。

1. 积极制定相关法律确保公共部门绩效评价主体多元化

积极制定相关法律、法规确保公共部门绩效评价主体的多元化，形成科学合理的公共部门绩效评价主体多元结构，是构建多元化公共部门绩效评价主体的前提保障。大部分西方国家都通过法律、法规和相关规范性文件的形式对多元公共部门绩效评价主体及其评价范围、评价内容、评价方式和评价方法等进行了明确的界定。例如美国通过《政府绩效与结果法案》，规定了联邦政府管理与预算办公室专门审批各部的年度绩效计划；英国、澳大利亚、新西兰等国家也都通过议会或国会制定了公共部门绩效评价的法律和法规以保障公共部门绩效评价主体的地位，并通过议会下设专门的委员会来负责具体的公共部门绩效评价工作。我国黑龙江省哈尔滨市于 2009 年率先出台了政府绩效管理地方规章《哈尔滨市政府绩效管理条例》，首次从法规的角度明确了自评、上级评和群众评“三位一体”的政府绩效评价主体地位，在法律上树立了多元政府绩效评价主体的权威性。因此，为了确保公共部门绩效评价主体的权利、规范公共部门绩效评价主体的利益表达及保护弱势群体的利益诉求，各级人民代表大会及相关政府部门应逐步制定和出台公共部门绩效评价的相关法律、法规，为公共部门绩效评价主体多元化参与提供坚实的法律和制度保障。

2. 合理配置公共部门绩效评价主体

公共部门组织、部门和员工有其独特的职能、职责和相应的利益相关者，在选择公共部门组织、部门和员工的绩效评价主体时应有所侧重。同时，不同的公共部门绩效评价主体由于所处的层面和角度不同，在公共部门绩效评价中发挥的作用也不同。即使是对同一评价对象进行评价，不同公共部门绩效评价主体的组合也会得出不同的绩效评价结果。因此，针对不同层级、不同职能的公共部门绩效评价对象，盲目、单一地采取“万人评议”“一锅端”的绩效评价的方式是不可取的。在公共部门绩效评价过程中不仅需要引入多元公共部门绩效评价主体，而且各个评价主体之间还要进行有效的组合和搭配。通常，公共部门绩效评价主体的选择在很大程度取决于评价对象、评价目的和评价内容。在公共部门绩效评价主体的配置上，需要从评价对象的职能、职责、服务对象、绩效目标等角度出发，在多元公共部门绩效评价主体的基础上，全面系统地筛选相应的公共部门绩效评价主体，选取对评价对象的工作职责、绩效目标、目标实现情况等比较熟悉和了解的评价主体，确保每一个公共部门绩效评价对象都能被其理想的评价主体进行科学合理的绩效评价。

3. 科学设置公共部门绩效评价主体的比例

公共部门绩效评价主体是一个多元结构，但这并不意味着各个相关评价主体可以等量齐观，它们之间是一种相互竞争、相互配合和相互整合的关系。在公共部门绩效评价主体已经确定的情况下，针对同一公共部门绩效评价对象，各个公共部门绩效评价主体之间的比例关系甚至会对公共部门绩效评价结果产生决定性的影响，这也成为公共部门绩效评价主体结构搭配是否科学的重要依据。通常，公共部门绩效评价主体的比例关系主要是通过各评价主体承担的指标在整个公共部门绩效评价指标体系中的构成和权重分配比例来体现的。从国内外公共部门绩效评价实践来看，不同评价主体在公共部门绩效评价体系中的权重比例并没有固定的标准和模式，需要根据具体的评价目的、评价内容、评价对象来设置。长期以来，我国公共部门绩效评价都是政府主导，主体单一。但从长远来看，以公民、专家、专业社会组织为主的外部评价主体在公共部门绩效评价中的权重比例将逐渐加大，这是公共部门绩效评价发展的必然趋势。

5.3　公共部门绩效评价方法

公共部门绩效评价方法是指公共部门绩效评价主体在评价具体绩效评价指标时所使用的方法。公共部门绩效评价方法的选择是公共部门绩效评价的重点和难点，也是公共部门绩效管理过程中一个技术性很强的问题。正确地选择公共部门绩效评价方法，对于得到公正、客观的公共部门绩效评价结果具有重要的意义。在公共部门绩效评价实践中，各种公共部门绩效评价方法各有特点，并无优劣之分，可以根据具体的公共部门绩效评价指标和评价对象的特点来合理搭配和综合使用，以适应不同发展阶段公共部门绩效评价的需要。

5.3.1　公共部门绩效评价方法的分类

公共部门绩效评价方法的分类与公共部门绩效评价标准的分类密切相关。一般来说，公共部门绩效评价中运用的评价标准可以分为两类：一类是相对标准，另一类是绝对标准。与此相对应，公共部门绩效评价也可以分为相对评价和绝对评价。相对评价又称比较法，是在公共部门各类评比工作中最为常见的评价方法，这种方法不需要事先制定统一的评价标准，而是通过在公共部门内对评价对象进行相互比较而做出评价。相对评价的主要方法有排序法、配对比较法和人物比较法等。绝对评价是根据统一的标准尺度衡量相同职位的人，也就是将个人的工作情况与客观工作标准相比较，通常使用量表法来进行评价。这种利用客观尺度进行的绝对评价是绩效评价发展的大趋势。实施绝对评价之前，我们必须通过研究和分析，事先确定一个客观的评价标准。这种客观标准的表现形式在各种具体的评价方式中各不相同。例如，我们可以用数量、质量、时间等因素来表示工作业绩的客观标准（结果导向型评价指标），或者可以把一些具体的关键事件的发生情况作为客观的评价标准（行为导向型评价指标）。绝对评价的标准不以评价对象为转移，是客观存在的、固定的。由于绝对评价的这个特点，我们可以采用这种方法对组织成员单独进行评价。具体而言，绝对评价的主要方法有等级择一法、行为锚定量表法、混合标准量表法和综合尺度量表法等。

此外，还有一种比较特殊的评价方法，即描述法。描述法，又称事实记录法、叙述法、鉴定法等，顾名思义，就是指评价者用描述性的文字对评价对象的能力、态度、业绩、优缺点、发展的可能性、需要加以指导的事项和关键事件等做出评价，由此得到对评价对象的综合评价。通常，将这种方法作为其他评价方法的辅助方法，主要用于观察并记录评价所需的事实依据，以避免近因效应、溢出效应等评价误差的产生，并为绩效反馈提供必要的事实依据。

综上所述，关于公共部门绩效评价方法的简单分类如表 5－1 所示。

表 5-1　　公共部门绩效评价方法的分类

比较法（相对评价）	排序法 配对比较法 人物比较法
量表法（绝对评价）	图尺度量表法
	等级择一法
	行为锚定量表法
	混合标准量表法
	综合尺度量表法
	行为对照表法
	行为观察量表法
描述法	态度记录法
	工作业绩记录法
	指导记录法
	关键事件法

1. 相对评价——比较法

比较法（comparison method）就是对评价对象进行相互比较，以决定其工作绩效的相对水平。在实际的公共部门绩效评价工作中，很多公共部门绩效评价目标和指标都难以明确绝对的评价标准，通常公共部门绩效评价主体会倾向于对评价对象进行相互比较和分析，以确定一个相对的评价标准，据此来对评价对象进行绩效评价。由于比较法是相对简单的评价方法，评价结果一目了然，实施成本较低，因此在公共部门绩效评价中得到了广泛的运用。但是采用相对评价法得出的评价结果无法在不同评价群体之间进行横向比较，最终评价结果的合理性和客观性也可能会受到评价对象的质疑。因此，在实践中相对评价往往与绝对评价结合使用。常见的比较法主要有以下三种：排序法、配对比较法和人物比较法。

（1）排序法。

排序法（ranking method）就是根据评价对象的绩效水平按照一定的顺序进行排列，最终得出每一评价对象的相对等级和名次的评价方法。排序法是使用得比较早的一种方法，这种方法有几个优点。首先，排序法易于设计和使用，且实施成本较低。评价时只需简单的评价表格，操作和使用方法也易于理解和掌握，不需要投入过多的设计和培训费用。其次，排序法能够有效地避免宽大化倾向、中心化倾向以及严格化倾向。但是，排序法也有一些缺点：首先，排序法的评价依据不是客观的标准，因此无法通过绩效评价这一过程对评价对象的行为进行明确的引导；其次，排序法在评价过程中的主观性和随意性较强。当若干评价对象的绩效水平相近时，则难以进行客观公正的排列，容易发生晕轮效应。因此，在公共部门绩效评价实践中，不能单纯将排序法得出的评价结果作为各种人事及管理决策的依据。具体而言，排序法主要分为直接排序法和交替排序法两种类型。

1）直接排序法。直接排序法是最简单的排序法。评价主体经过通盘考虑后，以自己对评价对象工作绩效的整体印象为依据，将所有被评价对象从绩效最高者到绩效最低者进行排序。表 5-2 是直接排序法的一个简单例子。

表 5-2　直接排序法示例

顺序	等级	评价对象
1	最好	A
2	较好	B
3	一般	C
4	较差	D
5	最差	E

2）交替排序法。交替排序法与直接排序法类似，也是根据评价标准将评价对象从绩效最好的到绩效最差的进行排序，但是具体的操作方法与直接排序法略有不同。交替排序法需要评价主体先将所有评价对象的名单列出，去除不熟悉的评价对象；然后从余下的评价对象中选出绩效最好和绩效最差的评价对象，继而再在剩下的评价对象中选出绩效最好和绩效最差的评价对象，依此类推，直至将全部评价对象的顺序排定。表 5-3 是使用交替排序法进行评价时所使用的评价表格。

表 5-3　交替排序法示例

顺序	等级	评价对象
1	最好	C
2	较好	B
3	一般	E
3	差	D
2	较差	A
1	最差	F

（2）配对比较法。

配对比较法（paired comparison method）亦称平行比较法、成对比较法，是由排序法衍生出来的一种评价方法。配对比较法的操作程序是：评价主体按照所有的评价要素将每一个评价对象与其他评价对象一一进行比较，最后将各评价对象的得分相加，根据最终的得分排出评价对象的名次。

举例来说，假定要对五个评价对象进行绩效评价。在运用配对比较法时，首先需设计出如表 5-4 所示的表格，其中标明了需要评价的对象。需要注意的是，当评价内容不是针对整体工作绩效而是特定的评价要素时，还要注明所要评价的要素。表中“0”表示两者绩效水平一致，“+”表示横向上的评价对象比纵向上的评价对象绩效水平高，“—”的含义则与“+”的含义相反。将每一个评价对象得到的“+”相加，得到的“+”越多，绩效得分就越高。从表 5-4 中可以看出 B 共得到了四个“+”，绩效得分最高。A 和 C 的情况相同，共得到 2 个“+”，处于中等水平。而 D 和 E 都是只得到一个“+”，处于较差的等级上。

表 5-4 配对比较法示例

评价对象	A	B	C	D	E
A	0	+	+	−	−
B	−	0	−	−	−
C	−	+	0	+	−
D	+	+	−	0	+
E	+	+	+	−	0
对比结果	2+	4+	2+	1+	1+
	中	最好	中	差	差

(3) 人物比较法。

人物比较法亦称标准人物比较法，是一种特殊的比较法。这种方法的评价标准与前两种比较法不同：前面两种比较法都是人与人之间相互比较，而这种比较法则是所有的人与某一个特定的“标准人物”进行比较，在一定程度上能够使评价的依据更客观。

人物比较法的实施方法是：在评价之前，先选出一位成员，以他的各方面表现为标准，将其他人与之相比较，从而得出评价的结果。人物比较法可以使用如表 5-5 所示的表格。

表 5-5 人物比较法示例

评价项目：业务知识　　标准人物：孙

被评价人姓名	A 非常优秀	B 比较优秀	C 相同	D 比较差	E 非常差
赵					
钱					
李					
王					

人物比较法能够有效地避免宽大化倾向、中心化倾向以及严格化倾向，该方法容易设计和使用，成本很低，比其他方法更能提高成员的工作积极性。同时，它也存在一些难以克服的问题：标准人物挑选困难，无法与组织的战略目标相联系，很难发现问题存在的领域，不便于提供反馈和指导，容易发生晕轮效应和产生武断评价。

2. 绝对评价——量表法

量表法（scaling method）就是将一定的分数或比重分配到各个评价指标上，使每项评价指标都有一个权重，然后由评价者根据评价对象在各个评价指标上的表现情况，对照标准对评价对象做出判断并打分，最后汇总计算出总分，得到最终的评价结果。

作为一种绝对评价法，量表法所采用的评价标准一般都是客观的职位职能标准，因此，评价结果更客观、准确，并且可以在不同员工之间进行横向比较。使用量表法得出的评价结果能够直接有效地运用于各类人力资源管理决策（如人员晋升、薪酬等）。但量表法的设计要耗费大量的时间和精力，并且由于评价指标和权重的设计专业性很强，因此通常需要专家的协助。另外，如果对评价指标的解释不一致，会出现主观误差。

量表法是将评价指标的四个要素（指标的名称、定义、标志和标度）设计成表格用于评价的一种方法，而不同种类的量表法之间的区别就反映在所使用的评价尺度的类型上。我们可以将评价尺度分为量词式的评价尺度、等级式的评价尺度、数量式的评价尺度（数量式的评价尺度又包括连续型和离散型两种）和定义式的评价尺度。表 5－6 就是根据量表中所使用的评价尺度的不同对量表法进行的归类。

表 5－6　　量表法归类表

所使用评价尺度的类型		评价方法名称（量表法）
非定义式的评价尺度 （包括量词式、等级式、数量式的评价尺度）		图尺度量表法 等级择一法
定义式的评价尺度	行为导向型量表法	行为锚定量表法 混合标准量表法
	结果导向型量表法	（无单纯运用此量表的方法）
	综合运用以上两者	综合尺度量表法
其他		行为对照表法 行为观察量表法

（1）图尺度量表法。

图尺度量表法（graphic rating scale，GRS）是最简单且应用最广泛的评价技术之一，它在图尺度的基础上使用非定义式的评价。表 5－7 是典型的图尺度量表，该表列举了一些评价要素，规定了从 s（极优）到 d（差或不令人满意）的等级标志，对每个等级标志都进行了说明并规定了不同的得分。另外，不同的评价指标被赋予了不同的权重。评价者在熟悉评价量表及各个评价要素的含义后，根据标准结合评价对象的日常表现给出每个评价要素的得分。另外，图表中还留有空白供评价者填写评价结果和一般说明。

表 5－7　　图尺度量表法样表

评价要素	评价尺度	权重	得分	事实依据及评语
专业知识：经验以及工作中的信息知识		30%	a	（略）
计划能力：对要完成工作的有效设计	15　12　9　6　3 s　a　b√　c　d	15%	b	（略）
沟通能力：以书面和口头方式清晰、明确地表达思想、观念或者事实的能力	10　8　6　4　2 s　a√　b　c　d	10%	a	（略）
……	……	……	……	……
s：极优 a：优 b：良 c：中 d：差	最终得分：62 分 最终档次：s　a　b√　c　d	档次划分		s：80 分以上 a：65～79 分 b：49～64 分 c：33～48 分 d：16～32 分

（2）等级择一法。

等级择一法的原理与图尺度量表法完全相同，只是在规定评价尺度时没有使用图示，而是采用了一些有等级含义的短语来表示。表 5－8 和表 5－9 是两个例子。

表 5－8　　等级择一法（一）

评价对象：　　部门：　　评价者：　　评价日期：

评价指标	权重（%）	优秀（5）	良好（4）	满意（3）	尚可（2）	不满意（1）	得分
工作数量	10						
评语							
工作质量	15						
评语							
专业知识水平	15						
评语							
合作精神	20						
评语							
可靠性	15						
评语							
创造性	15						
评语							
工作纪律	10						
评语							
总得分							

表 5－9　　等级择一法（二）

评价指标	评价尺度				
	优秀	良好	满意	尚可	不满意
专业知识	5	4	3	2	1
沟通能力	5	4	3	2	1
判断能力	5	4	3	2	1
管理技能	5	4	3	2	1
工作质量	5	4	3	2	1
团队合作能力	5	4	3	2	1
人际关系能力	5	4	3	2	1
主动性	5	4	3	2	1
创造性	5	4	3	2	1
解决问题能力	5	4	3	2	1

目前尽管评价的方法有数百种，但是像图尺度量表法和等级择一法这类非定义式评价

尺度方法仍然是许多组织使用的最主要的方法，原因是此类方法使用方便、开发容易、成本较低。由于评价指标的名称、定义和尺度具有普遍性，因此几乎可以适用于组织中所有的职位，应用时只需要根据职位的不同进行一定程度的调整即可。在确定了适合本组织情况的一个指标库之后，为各个职位设计此类评价量表就变得十分方便了。另外，使用此类评价方法能够方便地在员工之间进行横向比较。

当然，这两种评价方法也有很多缺点。由于抽象的评价尺度与组织的战略目标缺乏联系，这两种量表无法对组织成员的行为起直接的指导作用。图尺度量表法和等级择一法不能清楚地指导成员必须做什么才能达到某个确定的评分等级，组织成员无法通过这两种方式了解如何才能支持组织目标和改善个人绩效。例如，在计划能力上某人的绩效等级为最低等，但仅仅通过这两种方法，他并不知道如何对自己的计划能力进行改进。另外，图尺度量表法和等级择一法也不能为具体的、易于接受的绩效反馈提供足够的信息。我们知道，当负面的反馈集中在模糊的个人特征上时，往往会令员工感到难以接受。例如，评价者告诉某员工他的服务态度差，他很可能会感到不服气。如果能够用具体的事实给出反馈，则会收到更好的效果。例如，告诉他上个月有 4 名顾客针对他的服务态度进行了投诉，这时他会更容易接受评价的结果。因此，这两种方法在使用时，往往需要与各类描述法（常见的是关键事件法）结合使用，从而帮助员工从评价结果中找到明确的指导，并对评价结果做出一定的解释。

由于使用的是抽象的等级概念即模糊的绩效标准，这两种评价方法的信度和效度较差。例如，两名评价者可能会用非常不同的方式解释“合理”的含义，因而可能对同样的绩效表现做出截然不同的评价。这种不明确规定标度的评价指标容易导致各种评价误差的产生。因此，有人认为这两种评价方法都基于主观的判断，存在很大的问题。

（3）行为锚定量表法。

行为锚定量表法（behaviorally anchored rating scale，BARS）是由美国学者帕特里夏·凯恩·史密斯（Patricia Cain Smith）和洛恩·肯德尔（Lorne Kendall）于 1963 年在美国全国护士联合会的资助下研究提出的。它由传统的绩效评定表（图尺度量表法或等级择一法等）演变而来，是图尺度量表法与关键事件法的结合，是行为导向型量表法的最典型代表。在这种评价方法中，每一水平的绩效均用某一标准行为来加以界定，在一定程度上克服了其他评价方法的弱点。

行为锚定量表法通常分为以下五个步骤：

1）寻找关键事件。让一组对工作内容较为了解的人（被评价者本人或其直接上级）找出一些代表各个等级绩效水平的关键事件，并进行描述。

2）初步定义评价指标。再由这些人将获取的关键事件合并为几个（通常是 5～10 个）评价指标，并给出指标的定义。

3）重新分配关键事件，确定相应的评价指标。让另外一组同样熟悉工作内容的人对关键事件进行重新排列，将这些关键事件分别归入他们认为合适的绩效要素中。如果第二组中一定比例的人（通常是 50％～80％）将某一关键事件归入的评价要素与前一组相同，那么就能够确认这一关键事件应归入的评价要素。

4）确定各关键事件的评价等级。后一组的人评定各关键事件的等级（一般是 7 点或 9

点的尺度，可能是连续尺度的，也可能是非连续尺度的），这样就确定了每个评价要素的“锚定物”。

5）建立最终的行为锚定评价体系。

表 5－10 和图 5－2 分别是两种不同类型的行为锚定量表法的应用示例。

表 5－10　　行为锚定量表法示例一：对宿管老师的评价

姓名： 工作部门： 评价主体： 评价日期：		
评价指标：关心学生		
指标定义：积极结识住宿学生，发现他们的需要、真诚地对待他们的需要并做出反应		
评价等级	（1）最好	当学生面有难色时上前询问是否有问题需要一起商量
	（2）较好	为住宿学生提供一些关于所修课程的学习方法上的建议
	（3）一般	发现住宿学生时上前打招呼
	（4）较差	友好地对待住宿学生，与他们讨论困难，但随后不能跟踪解决困难
	（5）最差	批评住宿学生不能解决自己遇到的困难
评价结果：		

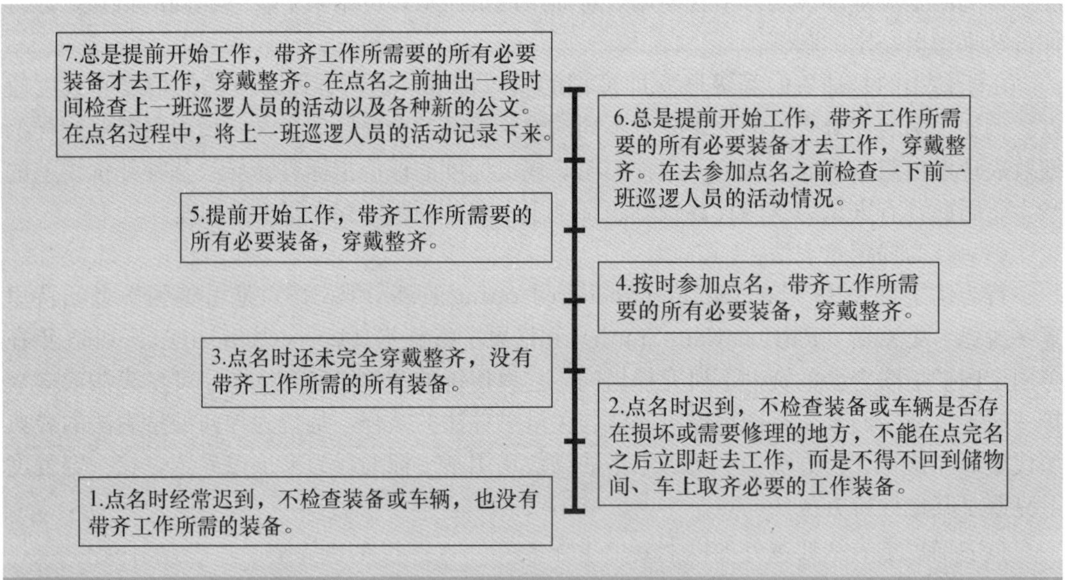

图 5－2　行为锚定量表法示例二：巡逻警官巡逻前的准备

行为锚定量表法是量表法与关键事件法综合运用的产物。这一方法与一般量表法最大的区别在于，它是用特殊的行为锚定的方式规定评价指标的尺度。为了进一步说明行为锚定量表法的特点，我们将它与图尺度量表法进行对比后可以看出：行为锚定量表法和图尺度量表法都要求评价者根据特征对评价对象打分，但是，行为锚定量表法使用的评价尺度与图尺度量表法不同。行为锚定量表法不是使用数字或一系列的形容词来描述不同的绩效水平，而是使用能反映不同绩效水平的具体工作行为的例子来锚定每一个评价指标的标志。

与其他绩效评价方法相比，行为锚定量表法需要花费更多的时间，设计时比较麻烦，适用的工作类型也有限（仅适用于不太复杂的工作）。但是，这种方法也有一些十分突出的优点：

第一，评价指标之间的独立性较高。在设计过程中，设计人员将众多的关键事件归纳为5～8种评价指标，使得各绩效要素之间的独立性相对较强。例如，用关键事件来界定“服务态度”和“工作积极性”，人们就不容易将这两种评价要素混同起来。

第二，评价尺度更加精确。行为锚定量表法是由那些对工作最熟悉的人编制对应于某个特定标志的关键事件的“锚定物”，因而能够更确切地找出最适合某个特定职位的评价尺度。评价尺度以工作分析为基础，依据客观行为，有利于评价者更清楚地理解各个评价等级的含义，避免产生各类评价误差，能够比其他评价方法更准确地对工作绩效进行评价。

第三，具有良好的反馈功能。能够将组织战略与组织所期望的行为有效地结合起来，可以有效地向成员提供指导和信息反馈，指出行为缺陷，有助于实现各类绩效管理目的。

第四，适合用来为分配奖金提供依据。一方面，行为锚定量表法能够提供可供成员之间相互比较的评价结果，因而适用于为奖金分配提供依据；另一方面，员工参与的程度高，决策依据的是客观事实，比较容易被员工接受。

（4）混合标准量表法。

混合标准量表法（mixed standard scale）是美国学者布兰兹（Blanz）于1965年提出的。混合标准量表法最主要的特征是，所有评价指标的各级标度被混在一起随机排列，而不是按照评价指标的一定顺序来进行排列，因而评价主体需要对每一个行为锚定物做出“高于”、“等于”或者“低于”的评价。具体的做法是：在确定绩效评价指标之后，分别对每一个维度内代表好、中、差绩效的标度用行为和结果描述相结合的方式加以阐明，最后，在实际绩效评价表格中将所有指标的三个标度混合在一起供评价主体选择。

为了帮助大家更好地了解量表的内容，以表5-11和表5-12做简单示例。在表5-11的左侧给出了描述对应的评价指标（这在正式的表格中是不必给出的），从表5-12中则可以看到赋分的标准以及计算最后得分的过程。

表5-11　　混合标准量表法示例（一）

<table>
<tr><td colspan="2">被评价的三个维度</td><td colspan="2">绩效等级说明</td></tr>
<tr><td colspan="2">主动性、智力、与他人的关系</td><td colspan="2">高、中、低</td></tr>
<tr><td colspan="4">说明：请在每一项陈述后面标明评价对象的绩效是高于陈述水平的（填“＋”）、相当于陈述水平的（填“0”），还是低于陈述水平的（填“－”）</td></tr>
<tr><td>主动性</td><td>高</td><td>1. 该公务员确实是个工作主动的人。个人一贯都是积极主动地做事，因此从来不需要上级来督促。</td><td>＋</td></tr>
<tr><td>智力</td><td>中</td><td>2. 尽管该公务员可能不是一个天才，但是他/她确实比我认识的许多人都更聪明。</td><td>＋</td></tr>
<tr><td>与他人的关系</td><td>低</td><td>3. 该公务员有与别人发生不必要冲突的倾向。</td><td>0</td></tr>
<tr><td>主动性</td><td>中</td><td>4. 虽然通常来说工作还是积极主动的，但是有时候也需要由上级来督促其完成工作。</td><td>＋</td></tr>
</table>

智力	低	5. 尽管该公务员在理解问题的速度方面比某些人要慢一点，在学习新东西方面也比别人要花更长的时间，但是他/她还是具有一般的智力水平。	+
与他人的关系	高	6. 该公务员与每一个人的关系都不错，即便是在与别人意见相左的时候，他/她也能够与其他人友好相处。	—
主动性	低	7. 该公务员有坐等指挥的倾向。	+
智力	高	8. 该公务员非常聪明，他/她学东西的速度非常快。	0
与他人的关系	中	9. 该公务员与大多数人相处得比较好，只是在少数情况下偶尔会与他人在工作上产生冲突，这些冲突很可能是要受到监督的。	—

表 5-12　　混合标准量表法示例（二）

赋分标准：

陈述			得分
高	中	低	
+	+	+	7
0	+	+	6
—	+	+	5
—	0	+	4
—	—	+	3
—	—	0	2
—	—	—	1

根据上述评价等级确定分数的过程举例：

	陈述			得分
	高	中	低	
主动性	+	+	+	7
智力	0	+	+	6
与他人的关系	—	—	0	2

与行为锚定量表法相比，混合标准量表法具有两个突出的优点。首先，混合标准量表法打散了评价指标的各级标度。这种方式能够避免人们受到等级规定的影响而不能客观地根据标度的描述进行评价。其次，混合标准量表法采用了特殊的评分方式。在合理设计标度的前提下，可以通过寻找评价结果中是否有自相矛盾的情况来判断评价者是否认真地进行了评价。

（5）综合尺度量表法。

综合尺度量表法是将结果导向量表法与行为导向量表法相结合的一种绩效评价方法。在该方法中，评价指标的标度描述采用了行为与结果相结合的方式。这种方式既能够有效地引导评价对象的行为，又能够对绩效评价结果进行有效的反馈。运用综合尺度量表法最大的困难在于如何设计与评价对象工作职责相关的指标尺度，因此，使用这种评价方法需要较高的设计成本。表 5-13 是用于评价公务员工作协作性的例子。

表 5－13　综合尺度量表法示例

评价要素名称：协作性　　职位等级：中层管理者　　职位类别：职能管理

评价要素定义：在工作中能否对本部门在工作流程中所扮演的角色有充分认识，考虑他人的处境，主动承担责任，协助上级、同事做好工作。

等级	定　义	评分
S	正确认识本部门的工作职责和功能定位，具有较强的合作意识，自发主动地配合其他部门的工作，积极地推动组织整体工作的顺利进行。	20
A	愿意与其他部门进行合作，在其他部门需要的时候，能够尽量配合工作，从而保证组织整体工作的正常进行。	16
B	大体上能够按规定配合其他部门的工作，基本上能够保证组织整体工作的正常进行。	12
C	有时候有不配合其他部门工作的现象，存在部门本位主义倾向，从而导致组织整体工作有时会遇到困难。	8
D	根本不与其他部门进行沟通和协调，具有明显的部门本位主义倾向，在工作中经常与其他部门发生冲突，导致组织整体工作陷入僵局。	4

（6）行为对照表法。

行为对照表法亦称普洛夫斯特法，是由美国圣保罗人事局的 J. B. 普洛夫斯特在 1920 年创立的一种评价方法。在运用这种方法时，评价者要根据相关部门提供的描述行为的量表，将其实际工作行为与表中的描述进行对照，找出准确描述了评价对象行为的陈述（即评价者只要做出符合或不符合的二选一的决定），评价者选定的项目不论数量多少都不会影响评价的结果。这种方法能够在很大程度上避免因评价者对评价指标的理解不同而出现的评价偏差。

制作行为对照表是一项十分繁杂的工作。由于行为对照表中列举的内容与评价对象的工作内容密切相关，因而必须由熟悉评价对象工作内容的人逐项进行核定。表 5－14 是一个简化的例子。

表 5－14　行为对照表法

评价	评价项目		项目计分（不公开）
□√	懒惰		－2
□	对自己的工作十分熟练		1
□	行动迟钝		－1/－2
□√	值得信赖		1
□	语言粗鲁		－1/－2
□	态度十分明朗		1
□√	人际关系良好		1
……	……		……

在这个例子中，左边的“评价”一栏中打钩的项目就是评价者认为评价对象的行为与项目描述一致。右边的“项目计分”栏在实际的评价表中是不公开的，这是为了避免由于了解评价项目的加分或减分情况而影响评价者的判断。

行为对照表法的优点在于评价方法简单，执行成本很低，只需对项目和事实进行一一核实，并且可以回避评价者不清楚的情况，不容易产生晕轮效应等评价者误差。此外，评价标准与工作内容高度相关，有利于进行工作行为引导；可以进行个人之间的横向比较，为发放奖金提供可靠的依据。

与此同时，行为对照表法存在的一些缺点影响了该方法的普及程度。一是评价因素/项目所列举的都是日常工作中的具体行为。无论如何，这种列举不可能涵盖工作中的所有行为。二是设计难度大，成本高。在拟定各个项目、确定排列方式和各项目的分数比重时，需要高度的专业知识，必须借助专家的力量才能完成。三是由于评价者无法对最终结果做出预测，因而可能降低评价者的评价意愿。四是能够发现一般性问题，但无法对今后个人工作绩效的改进提供具体、明确的指导，因而不是特别适合用来提供建议、反馈、指导。

总之，行为对照表法能够通过简单、易行的评价过程避免评价者的主观与草率。但是，如果不能科学地进行设计并谨慎地控制评价过程，很可能会导致不良的后果，在使用中须加留意。

（7）行为观察量表法。

行为观察量表法（behavioral observation scale，BOS）是通过针对各个评价项目列出一系列有关的有效行为的方式来进行绩效评价的。在使用行为观察量表时，评价者通过指出评价对象发生各种行为的频率来评价他的工作绩效。如下面的例子所示，一个5分的量表被分为从“几乎没有”到“几乎总是”5个等级。通过将评价对象在每一种行为上的得分相加，得到各个评价项目上的得分，最后根据各个项目的权重得出评价对象的总得分。行为观察量表法实际上是图尺度量表法和行为导向量表法的结合。在行为观察量表法中我们只需要找出有效行为，并通过有效行为的发生频率对评价对象的绩效做出评价。前面我们曾谈到，行为锚定量表法有一个很明显的问题，即评价者在尝试从量表中选择一种代表某人绩效水平的行为时往往会有困难，因为有时一个人的行为表现可能出现在量表的两端。在行为观察量表法中，这个问题得到了有效的解决。行为观察量表法的示例如下：

评价项目：工作的可靠性

1. 有效地管理工作时间。

几乎没有　1　2　3　4　5　几乎总是

2. 能够及时地符合项目的截止期限要求。

几乎没有　1　2　3　4　5　几乎总是

3. 必要时帮助其他下属工作，以符合项目的期限要求。

几乎没有　1　2　3　4　5　几乎总是

4. 必要时愿意推迟下班和周末加班工作。

几乎没有　1　2　3　4　5　几乎总是

5. 预测并试图解决可能阻碍项目按期完成的问题。

几乎没有　1　2　3　4　5　几乎总是

总分＝

0～13分：很差　14～16分：差　17～19分：一般　20～22分：好　23～25分：很好

由于行为观察量表法能够将组织发展战略与组织所期望的行为结合起来，因此能够为评价对象提供有效的信息反馈，指导其如何得到较高的绩效评分。管理人员也可以利用量表中的信息有效地监控评价对象的行为，并使用具体的行为描述提供绩效反馈。与各种行为导向型评价方法一样，在开发行为观察量表时以工作分析为基础，而且每一个职务的评价量表都需要单独进行开发，因此开发成本相对较高。行为观察量表法使用起来十分简便，成员参与性强，容易被接受。

但是，这种方法存在以下缺陷：一是只适用于行为比较稳定、不太复杂的工作。只有这类工作才能够准确、详细地找出有关的有效行为，从而设计出相应的量表；二是不同的评价者对划分等级的理解有差异，导致评价的稳定性下降。这一问题类似于在图尺度量表法和等级择一法中理解“优异”“优秀”“较差”等概念时的问题。

3. 描述法

描述法（essay method）作为各类评价方法必要的补充，被视为另一类特殊的评价方法。描述法在设计和使用上比较容易，实用性很强，因而适用于对任何人进行单独评价。但是，描述法没有统一的标准，难以对多个评价对象进行客观、公正的比较，而且与评价者的文字表达能力关系较大，因而不适用于评价性评价，而较适用于发展性评价。

根据所记录事实的不同内容，描述法可以分为态度记录法、工作业绩记录法、指导记录法和关键事件法。

（1）态度记录法。

所谓态度记录法，就是评价者通过对评价对象日常工作情况的观察，将其在工作中表现出来的工作态度记录下来的评价方法。在记录过程中，记录者应该注意，不仅要将评价对象在所评价态度方面表现出来的优点和长处记录下来，同时，要有针对性地将评价对象的不足之处也记录下来。这样的记录能够更好地运用于对评价对象的绩效进行指导。表 5－15 是工作态度观察记录卡的一个样本。

表 5－15　　工作态度观察记录卡

姓名：　　所属部门：　　职位名称：

观察期间：　　记录人：

项目	具体事实	
	长处	短处
积极性		
服务意识		
责任意识		
自我开发意识		
……		

另外，在运用态度记录法时，我们还可以让记录者记录对评价对象的一些综合性的评语或指导意见。在记录表中还可以添加一栏，用于在评价结束之后让评价对象对自己是否认可所记录的内容表明态度。我们可以采用如表 5－16 所示的表格形式。

表 5-16　　态度记录法的补充

指导意见	
评价对象意见栏	你是否同意上述记录及对你的评价？为什么？
	若无其他意见，请在相应位置签字表示认可。 被评价人：　　日期：

（2）工作业绩记录法。

工作业绩记录法要求评价者填写工作业绩记录卡，观察并记录评价对象在工作过程中的各种事实，分阶段记录所达到的工作业绩。另外，还可以用该表记录该工作人员在遵守某些规章制度方面的表现。这种记录卡往往与前面谈到的目标管理法结合使用。表 5-17 给出了一个单纯用于记录工作业绩的样表。

表 5-17　　工作业绩记录卡

姓名：　　所属部门：　　职位名称：
观察期间：　　记录人：

任务内容	进度	结果
任务一：……	1月： 2月： ……	……
任务二：……	……	……
……	……	……
缺勤记录		
迟到或早退情况		

（3）指导记录法。

指导记录法要求上级将其对下属的日常指导记录下来。这种方法多用于发展性评价。指导记录法可以与各种评价方法结合使用。表 5-18 给出了一个样表。

表 5-18　　指导记录表

姓名：　　所属部门：　　职位名称：
指导期间：　　直接上级：

时间	地点	相关事实	指导意见	改进目标

（4）关键事件法。

关键事件法是由美国学者弗拉纳根（Flanagan）和巴拉斯（Baras）创立的。所谓关键事件（critical incidents），是指那些会对部门的整体工作绩效产生积极或消极的重大影响的事件。关键事件一般分为有效行为和无效行为。关键事件法要求评价者通过平时观察，及时记录评价对象的各种有效行为和无效行为，是一种最为常见的典型的描述法。由英国内政部发布的公务员胜任力框架中就规定，公务员是否具备某项胜任力一般通过其行为表现予以判断，当其表现出有效行为（effective behaviors）时就可以判断其具备该项胜任力，而表现出无效行为（ineffective behaviors）时则可以认为其不具备该项胜任力。表 5－19 分别展示了处长与主任级别的公务员在改变与提高（changing and improving）维度下的有效行为表现和无效行为表现。

表 5－19　　英国公务员胜任力框架示例（处长与主任级别）

改变与提高： 在该胜任力中表现优异的人具有积极回应、富有创造性和寻找有效的改变机会等特征。对所有公务员来说，都需要接受变革，以积极改进的态度做事，并以更专注和聪明的方式工作。高级公务员则需要创造或建立一种鼓励创新、允许独立思考和承担风险的文化。这意味着需要持续寻求提供政策执行力的方法，以及建立一支更精简、更灵活和更具回应性的公务员队伍；也意味着需要尽量利用数字化和共享服务等替代方式	
有效行为	无效行为
● 挑战机构制定的决策，在机构和系统内配置资源结构和流程，以创建一个精简、扁平和高效的组织 ● 寻求变革机会，勇于承担风险并对现行行为采取有步骤的修正 ● 反思体制与合作方式，以精简机构与公务员队伍 ● 建立弹性和责任文化，使机构能对变革重点做出迅速反应 ● 挑战现状及那些在整个公务员队伍最高层次上的原有假设 ● 充分考虑组织文化变革的影响，拓宽政府结构和保持经济增长	● 造成或容忍官僚主义和降低效果的无效工作方式 ● 主张维持现状，支持目前的做法，活动和过程没有挑战，规避创新和风险 ● 延续无效的体制和合作方式 ● 容忍团队运行的呆板和官僚化 ● 支持在孤立领域采用渐进式改革，而不采取任何根本性的变革方式 ● 采用碎片化的方式管理变革，以损害组织的文化和士气为代价专注工作任务

关键事件法的优势突出地体现在绩效反馈的环节中。评价者根据所记录的事实及各类评价标准进行评价，最后把评价结果反馈给评价对象。由于关键事件法是以事实而不是抽象的行为特征为依据的，评价者可以依据所记录的事实进行绩效沟通与反馈。关键事件法还能够帮助评价者实事求是地进行评价，不容易挫伤评价对象的积极性。因为对评价对象来说，低评价针对的不是他的人格，而是他的工作行为，而且是可以明确指出的特定行为，所以比较容易得到评价对象的认同。更重要的是，通过使用关键事件法，评价者在绩效反馈时能够更清晰地告诉评价对象，要想在下一次工作中获得高评价，应该如何行动。总结以上内容，关键事件法的优点有：

1）能够将组织战略和组织所期望的行为结合起来。

2）能够向评价对象提供指导和信息反馈，提供改进依据。

3）设计成本很低。大多以工作分析为基础，所衡量的行为有效。

4）参与性强，容易被接受。

需要着重指出的是，关键事件法往往是对其他评价方法，特别是各种量表法的补充。关键事件法在认定评价对象的良好表现和不良表现方面十分有效，而且有利于制定改善不良绩效的规划。但是如果单纯运用关键事件法，会产生以下问题：

1）对于比较复杂的工作，要记录评价期间所有的关键事件是不现实的。关键事件法适用于行为要求比较稳定、不太复杂的工作。

2）运用关键事件法无法在员工之间进行横向比较，无法为员工的奖金分配提供依据。

3）记录关键事件是一件非常烦琐的事，需要大量时间。尤其是当一名基层主管要对许多员工进行评价时，将会耗费很多时间。因此，关键事件法的应用成本很高。

4）容易造成上级对下级的过分监视，导致关系紧张。

5）由于评价报告是非结构化的，因此容易产生评价误差。

从上述几种方法的介绍中可以看出，描述法的核心作用是为绩效评价和绩效反馈环节提供充分的事实依据。因此，使用描述法的关键就是以客观、公允的态度，及时、准确地记录各类事实情况。在通常情况下，不主张单独使用描述法，但在现实的绩效评价和绩效管理系统中，描述法往往作为手段之一与其他各类评价方法结合使用，起到了非常重要的作用。

5.3.2 各种公共部门绩效评价方法的比较和选择

不同的绩效评价方法具有不同的特点，因而适用于不同的评价指标以及不同的评价对象。表 5-20 对几种常见的公共部门绩效评价方法进行了简单的比较。

表 5-20　　几种常见公共部门绩效评价方法的比较

评价方法	比较的维度			
	成本最小化	员工开发（提供反馈指导）	分配奖金和发展机会	有效性（避免评价错误）
描述法	一般	不确定	差	不确定
排序法	好	差	一般	一般
等级择一法	一般	不确定	差	不确定
行为锚定量表法	一般	好	好	好

从表 5-20 中可以看到，不同的公共部门绩效评价方法各有特点，在评价的有效性、结果的适用性以及使用成本上优劣不一。因此，只有选择合适的公共部门绩效评价方法，才能在管理的成本和效用上做到有机的结合。一般而言，公共部门绩效评价指标是选择公共部门绩效评价方法的主要依据，即需要根据不同类型指标的特性选择相应的公共部门绩效评价方法，从而形成一个基于指标的公共部门绩效评价方法组合。具体来说，在选择公共部门绩效评价方法时需要考虑每个指标的特性、所需数据的可获得性和便利性、可选绩效评价方法的使用成本等因素。

1. 绩效评价指标的特性

根据绩效评价指标的分类可知，不同类型的绩效评价指标在结果导向/行为导向、主观/客观、前置/滞后等方面具有各自的特性。例如，软指标一般需要通过行为锚定和主观判断相结合的方式来进行评价，而硬指标则只需通过客观数据的统计分析即可做出评价。因此，管理者应该以每个绩效评价指标的特性为基本依据来确定公共部门绩效评价方法的类型，进而选取具体的绩效评价方法。

2. 绩效数据的可获得性

基于公共部门绩效评价指标来选择合适的绩效评价方法，不仅要考虑该公共部门绩效评价指标的特性，而且要分析获取该公共部门绩效评价指标所需数据的可行性和便利性。不同的公共部门绩效评价指标对于绩效数据的类型、来源、规模、采集和分析过程等有着不同的具体要求。因此，管理者需要根据公共部门绩效评价指标在绩效数据上的差异化需求来选择相应的绩效评价方法。例如，用于衡量普通公务员的两个主观判断性指标“协作性”和“组织文化认知度”。前者需要通过综合尺度量表来分析该公务员在工作协作上的表现，而后者则需要通过认知度调查来收集该公务员对于组织文化的认知程度以及相应的行为表现。

3. 评价结果的应用目的

同一个评价指标由于评价结果的应用目的不同，所选择的评价方法也会出现差异。评价结果的应用目的主要是绩效改进和为人力资源管理决策提供依据。由于薪资调整和奖金发放、培训和开发、晋升等不同管理职能需要通过绩效评价提供与之相对应的决策依据，因此选择评价方法时需考虑并满足这一管理需求。例如，“财政收入完成率”这个指标，如果用于支持晋升决策，可以使用配对比较法；如果用于分析培训需求，则可以使用工作业绩记录法。

4. 评价方法的使用成本

不同的公共部门绩效评价方法对于成本的需求有较大的差异。相对来说，量表法对专业人员和资金投入的需求要高于比较法和目标管理法。因此，对于同一个公共部门绩效评价指标，管理者应根据组织的具体实际情况，在保证绩效评价结果客观有效的基础上，选择恰当的绩效评价方法。

5.4　公共部门绩效评价程序

公共部门绩效评价是公共部门绩效管理的核心环节，科学、规范的公共部门绩效评价程序是保证公共部门绩效评价得以顺利实施的重要保障。公共部门绩效评价的实施涉及评价对象的确定、评价机构的设置、评价方案的制定、评价信息的收集以及评价结果的应用等多个环节，为了确保公共部门绩效评价的有效实施，有必要规范公共部门绩效评价的实施程序，得出准确的公共部门绩效评价结果，从而为公共部门绩效的持续改进创造条件。

5.4.1　公共部门绩效评价程序概述

公共部门绩效评价程序是实施绩效评价所需的必要工作步骤，是绩效评价从开始到结束所需要的各个环节。我们通常把评价程序划分为若干个大的步骤，每个大的步骤又可分为若干个小的工作环节。在我国，根据财政部发布的《资产评估准则——基本准则》，正常评价程序可分为八个步骤，即明确评价业务基本事项，签订业务约定书，编制评价计划，现场调查，收集评价资料，评定估算，编制和提交评价报告，以及工作底稿归档。

本书认为，公共部门绩效评价程序是指在公共部门使命、核心价值观、愿景和战略的指引下，为了确保公共部门绩效评价的科学性和有效性，而对公共部门绩效评价的实施过程所做出的具体的、规范的计划和安排。制定规范的公共部门绩效评价程序，其目的在于为公共部门绩效评价的实施提供方向上的指引，确保公共部门在开展实际的绩效评价工作时有章可循，有据可依。科学、规范的公共部门绩效评价程序一般具有以下特点：

（1）规范性。公共部门绩效评价程序是开展公共部门绩效评价工作时所应遵循的必要步骤，为公共部门绩效评价的具体实施提供行动上的指引。在实际的公共部门绩效评价过程中，评价主体、评价指标等多种因素导致公共部门绩效评价难以摆脱价值、观念等主观因素的影响，公共部门绩效评价的客观性、系统性和全面性难以得到有效保证。强调公共部门绩效评价程序的规范性，就是要通过制定科学、合理的公共部门绩效评价程序，对公共部门绩效评价实施过程中的各个环节进行指导和约束，尽量减少评价者主观因素的影响，减少绩效评价的主观性和随意性，避免绩效评价信息的扭曲和失真，从而得出相对客观、公正的结论。

（2）稳定性。处理任何事情，一般都需要一定的步骤、方法和程序，一旦这种程序确立下来，就为以后处理类似情况提供了经验上的指导。公共部门绩效评价程序的确立也应具有一定程度的稳定性，不能因为个别评价者的主观意志而随意更改。著名政治哲学家罗尔斯认为，程序代表着最基本的正义，程序正义是实体正义的必要条件，为结果的正当性提供最根本保障作用的归根结底只能是正义的程序。美国国会在 1993 年通过的《政府绩效与结果法案》，首次以国家法律的形式规定了政府绩效评价的程序，以减少绩效评价的随意性，保证绩效评价的严肃性、公正性和可靠性。由此可见，保证公共部门绩效评价的稳定性，既是确保公共部门绩效评价活动连续性的必要条件，也是彰显公平正义的客观要求。

（3）指导性。程序规定了完成某项目标或者具体任务时所需的具体、明确、规范的计划和安排。公共部门绩效评价程序的确立，则明确了公共部门在开展绩效评价工作时的具体计划安排。它明确了公共部门绩效评价有哪些具体步骤、每一个步骤需要做些什么、谁来负责完成这些工作以及各个步骤需要达成的目标是什么等问题。由此可见，公共部门绩效评价程序具有较强的指导意义，评价者可以在绩效评价程序的指引下，拟定具体的公共部门绩效评价方案，有序推进和落实公共部门绩效评价决策。

（4）连续性。公共部门绩效评价程序确立了开展公共部门绩效评价工作时所应遵循的具体步骤和方法，为了确保公共部门绩效评价有条不紊地顺利开展，必须对每一个步骤进行详细的安排，使之保持一定程度的连续性。同时，对于每一个步骤的具体实施时间也应有较为具体的规定，这样，当前一个步骤完成时，后一个步骤能顺利地继续进行，确保不同的绩效评价步骤之间能够有效地衔接，从而保证公共部门绩效评价工作的时效性。

5.4.2 公共部门绩效评价的实施程序

公共部门绩效评价是公共部门绩效管理中技术性最强的环节之一，涉及多个主体、多个环节和多种方法技术。开展公共部门绩效评价时，通常要经过以下五个过程，具体模型如图 5-3 所示。通过这个模型可以看出，公共部门绩效评价的过程实际上就是一个收集信息、整合信息、做出判断的过程。

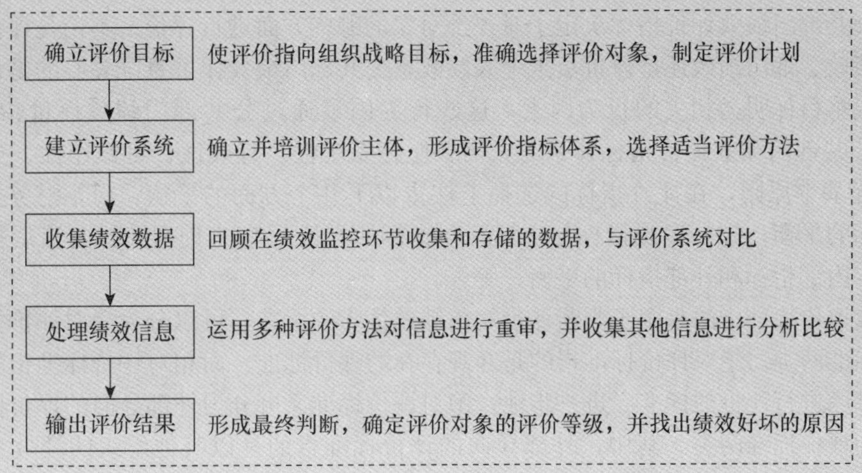

图5-3　公共部门绩效评价的程序

1. 确立评价目标

一般意义上的评价除了可以对评价对象做出基本的判断之外，还可以用于选择和预测，并发挥导向作用。公共部门绩效评价作为公共部门绩效管理系统中的关键环节，其最核心的目标就是通过它的选择、预测和导向作用实现公共部门的战略目标。不论是评价公共部门组织绩效、部门绩效还是员工个人绩效，都要基于这个共同的目标，所以我们必须将评价组织绩效、部门绩效与个人绩效联系起来考虑如何进行公共部门绩效评价系统的设计。

公共部门绩效评价的对象不同，评价的具体工作也不同。一般来说，公共部门绩效评价包括三种评价对象：一是公共部门组织绩效，二是部门绩效，三是员工个人绩效。评价员工个人、部门负责人或高层管理者的绩效关系到奖惩、升降等人力资源管理的决策问题，而评价组织绩效和部门绩效则关系到组织、部门的发展和重点任务等问题。另外，评价个人绩效也会由于其在组织中的地位以及工作性质的不同而影响评价系统中的其他要素。例如，基层员工的绩效评价主体就不会涉及下级，而基层管理者的绩效评价主体则往往可以包括他的直接下级；不同职位的个人之间绩效评价标准也有很大的不同。

为了确保公共部门绩效评价的有序进行，在开展公共部门绩效评价之前，需要拟定详细的公共部门绩效评价计划。评价计划的内容应该包括：评价的频率、评价的标准、评价本身的布局及内容、解决评价者与被评价者争端的程序、记录评价结果的安排、指导该方案的引入、执行及后续安排等。简言之，公共部门绩效评价计划需要明确评价主体、评价对象、评价内容、评价方法、评价的具体实施步骤、评价中可能遇到的问题、评价的结果如何等具体内容。除此之外，还需要对评价的资源、涉及的部门和人员进行安排。在确定公共部门绩效评价计划后，需要进一步制定具体的行动方案，从而推进公共部门绩效评价的有效实施。

2. 建立评价系统

公共部门绩效评价系统应当包括确立合理的评价指标和评价标准，选择适当的评价主体等。公共部门绩效评价指标决定了对评价对象的哪些方面进行评价。不论是评价公共部门组织绩效、部门绩效还是评价员工个人绩效，公共部门绩效评价系统关心的是评价对象与组织战略目标明显相关的行为因素，这些行为因素通过公共部门绩效评价指标体现。在构建公共部门绩效评价指标体系时，需要坚持系统性、有效性、可操作性、可比性和独立性等基本原则，在评价指标的选择上注重以下几个方面的平衡：（1）财务指标与非财务指标的平衡；（2）客观指标与主观判断指标的平衡；（3）前置指标与滞后指标的平衡；（4）内部指标和外部指标的平衡；等等。

绩效评价标准指的是用于判断评价对象绩效优劣的标准，可以分为绝对评价标准和相对评价标准两类。绝对评价标准指的是客观存在的评价标准，而相对评价标准指的是通过对比和排序进行评价的标准。进一步地，绝对评价标准又可分为外部导向的评价标准和内部导向的评价标准两类。其中，外部导向的评价标准指的是以其他组织的绩效为评价标准，而内部导向的评价标准则指的是评价标准来源于组织内部，通常是根据相关部门或人员过去的绩效情况来确定的。我们所熟悉的标杆法（benchmarking）就是典型的外部导向的绩效标准。

所谓评价主体，指的是那些直接从事评价活动的人。一般而言，公共部门绩效评价主体涉及上级组织、主管部门和领导等公共部门内部评价主体，还包括社会公众、社会组织等外部评价主体。为了增强公共部门绩效评价结果的客观性和系统性，构建多元化的公共部门绩效评价主体已经成为当前公共部门绩效评价的趋势。总体而言，在选择和确定公共部门绩效评价主体时，应确保评价主体具备以下条件：（1）具有一定的政治素质和政策水平，熟悉国家和相关部门的方针、政策；（2）具有基本的公共行政、财务会计、数学统计及法律等方面的专业知识；（3）熟悉公共部门绩效评价指标体系，与被评价者具有管理与被管理、服务与被服务的关系，有较强的综合分析能力和沟通协调能力；（4）坚持原则，清正廉洁，秉公办事，公道正派；（5）由于评价方式的信息化发展趋势，需要具备相关的基本专业知识。为保证评价主体达到以上资格要求，须对评价主体进行定期培训，使其掌握所需的评价技术，以确保评价结果的真实有效①。

3. 收集绩效数据

准确的数据是保证评价公正性的重要保障，公共部门绩效评价的一个主要目的是把管理从依靠直觉和预感转变为以准确的数据和事实为依据。在公共部门绩效监控阶段收集的数据一般是零散的，因此有必要把这些零散的数据整理成系统的体系。在公共部门绩效监控阶段，我们往往记录了一些关键事件，此时要在不带任何主观色彩的条件下对这些关键事件进行分析、界定、归类，然后将所记录的关键事件、绩效结果和文档归入相应的评价标准级别中。可以说，不带任何主观色彩是很难做到的，但主观判断必须是科学的、反映客观事实的，这就需要评价者具有较高的职业素养和丰富的经验。

为了做出准确、全面的公共部门绩效判断，必须广泛收集公共部门绩效的相关信息。

---

① 张旭霞. 公共部门绩效评估. 北京：对外经济贸易大学出版社，2007：137.

从绩效数据收集的内容来看，所收集的资料主要包括有关法律法规、服务承诺、工作计划与方案、工作报表、回复与解释公众提出问题或抱怨的信件与电话数量的统计与记录、解决实际问题的数量、实际取得的服务结果与社会效果、会议记录、物质投入与消耗、成果鉴定结果、管理方法的改进与调整等。值得注意的是，反映公共部门绩效表现情况的绩效数据不仅应包括公共服务的产出与效果，还应该包括公众满意度、公共服务的质量等。从绩效数据收集的渠道来看，信息资料主要来源于政府公共部门、社会公众以及对实际效果的鉴定、评价者所进行的调查和听证等，应拓宽公共部门绩效数据收集的渠道，同时运用计算机信息技术等手段全面收集政府以及公众的相关绩效信息。从绩效数据收集的方法来看，应采用多样化的数据收集方式，综合应用访谈法、问卷调查法、统计资料法、个案法等方法手段，确保公共部门绩效数据的真实性和客观性。

4. 处理绩效信息

处理绩效信息就是运用具体的评价方法来确定公共部门绩效评价结果的过程。绩效评价要根据公共部门的特点、评价对象的职位特点、评价内容和评价目的，选择合适的方法和形式。对于政府组织领导干部的评价指标主要是围绕战略实施展开的相关指标和管理状况，述职的形式恰好能够达到这样的目的。对于普通员工的绩效评价相对就比较简单，主要围绕员工对于组织目标的贯彻落实情况以及自身岗位职责的履行情况等。

在收集公共部门绩效信息的相关数据之后，需要对现有的资料进行判断、处理和归类。评价小组依据掌握的评价对象情况，首先对评价中的数据进行处理，将记录的各种分散的信息，经过分类加总汇集成有用的信息，一般包括对数据信息进行手工检查校正、编码、录入、利用计算机对录入数据再次核对检查等过程。数据处理最终结果的反映形式是编制成各种表格。在编制了各种交互表之后，评价小组就需要对这些已处理的信息以及收集的其他一些信息进行初步讨论和分析，以确定其准确性和全面性。接着要根据选定的评价标准，计算出基本指标的分值，再进行修正，得出实际分数；最后根据指标模型权重以及维度指标得出绩效评价的总分①。同时，为了提高公共部门绩效评价结果的准确性和客观性，应该积极听取专家咨询组的意见，对绩效评价方法的选用、绩效评价指标的确立以及绩效结果的形成等内容进行必要的讨论和论证，特别是针对一些有争议的结论，需要听取他们对结果的分析以及建议。

5. 输出评价结果

在使用适当的评价方法进行评价后，就要对评价对象做出一个具体的评价结果，形成绩效评价报告。评价结果不仅是好坏的评价或者简单的绩效得分及绩效排名，而且应当对绩效不佳的具体原因进行分析，以便在下一个绩效管理周期得以改进。评价报告是评价工作组向评价组织机构提交的说明评价目的、评价程序、评价标准、评价依据、评价结论以及评价结果分析等基本情况的文本文件，也是公共部门绩效评价工作最终结果的体现。评价报告主要由内容提要、正文和附录组成。其中，内容提要主要写明评价对象、评价委托机构和评价实施机构；正文主要写明评价委托方评价依据的数据来源、评价指标体系和方法、采用的评价标准值、评价结果和结论以及评价责任等内容；附录主要详细分析评价报

---

① 蔡立辉. 政府绩效评估. 北京：中国人民大学出版社，2012：101.

告、有关基础数据核实确认及调整情况、重要事项的说明、评价计分、有关评价工作文件和数据资料等。

需要再次强调的是，绩效管理不是为了简单地进行评价，更重要的是为了运用绩效评价的结果。只有详尽的绩效评价输出结果，才能为进一步的绩效反馈和结果应用提供依据。作为公共部门绩效评价的最后一个环节，评价结果的使用是保证公共部门绩效评价有效性的重要环节。一般而言，公共部门绩效评价结果的使用包括以下三个方面的目的：首先，评价结果可以用于绩效改进，通过公共部门绩效信息的收集发现公共部门组织或个人在实现绩效目标过程中存在的主要问题，从而提升公共部门的绩效水平；其次，绩效评价结果可以与公共部门人事管理决策配套使用，为薪酬调整、人事安排、人才培养开发计划等提供依据；再次，公共部门绩效评价结果的公示，可以推动公众对公共部门的监督，提升公共部门工作的透明度。

5.5 公共部门绩效评价周期

公共部门绩效评价周期设定得是否合理对公共部门绩效管理的科学性有着显著的影响。绩效评价周期既不能过长，也不能过短。如果周期太长，评价结果会带来严重的“近期误差”，而且也不利于公共部门绩效的迅速改善；而如果周期过短，一方面会导致工作量加大、成本提高，另一方面会由于许多工作的绩效无法在短时间内体现，使得绩效评价结果不够准确。为了合理设定评价周期，就必须对绩效评价周期及其相关概念以及影响绩效评价周期的主要因素进行全面了解。

5.5.1 与评价周期相关的概念

(1) 绩效管理周期。在实际操作过程中，绩效评价周期与绩效管理周期是经常容易被混淆的两个概念，如果不能有效区分，会影响公共部门绩效评价的合理性。绩效评价周期用于界定“多长时间评价一次”的问题，针对不同的指标和管理特点，会有不同的评价周期，比如有些指标可能需要每月评价一次，而有些指标则需要每年评价一次，因此绩效评价周期不能一概而论，应该根据具体的实际情况合理设置。而绩效管理周期则是指从绩效计划、绩效监控、绩效评价一直到绩效结果的应用与反馈这一系列过程的时间汇总，是一个相对比较稳定的概念，大多数组织通常以一年作为绩效管理周期的时限。

(2) 数据收集频率。容易与评价周期相混淆的概念还有数据收集频率，它是指多长时间收集一次数据，数据收集的最终目的是用于绩效评价。同评价周期一样，不同指标的数据收集频率也不尽相同，有的指标数据需要每天收集，有的数据则一年收集一次即可。但是数据收集频率并不等同于评价周期，通常一次或多次收集的数据会用作一次评价周期的计量，因此数据收集频率往往是短于或等于评价周期。区分这两个概念的意义在于，在实施绩效评价时，切不可到评价环节才去收集数据，而是要根据不同的指标特点等，实时对相关数据进行收集，这样才能确保绩效评价结果的准确和有效。

5.5.2　评价周期设置的影响因素

在设置绩效评价周期时，要综合各项因素进行考虑。一般来说，评价周期与评价指标类型、绩效管理实施时间、绩效管理成本、绩效评价目的等因素有关。

（1）评价指标类型。对于不同的评价指标，要选择不同的评价周期。对于公共部门运作流程前端的指标，其评价周期要相对较短，这是由于公共部门运作流程前端环节的绩效状况直接影响到公共部门活动的最终结果，需要进行不断的监控和评价；而结果性指标则要在较长一段时间内才能反映出来，其评价周期可以相对较长。另外，有些评价指标在短期内是评价不了的，比如政府出台的一些政策等，则应当根据情况适当延长绩效评价周期，即按照政策完全产生效果的时间等来确定绩效评价周期。

（2）绩效管理实施时间。绩效管理的实施要经历由初始的摸索期到后来的成熟期几个阶段，公共部门绩效管理系统的完善不是一蹴而就的，需要经过几个绩效周期的经验积累。因此，在刚实施和运行新的公共部门绩效管理系统时，绩效评价周期不能过长。如果这时绩效评价周期过长，绩效管理系统中的问题需要较长时间才能暴露出来，不利于维持绩效管理系统的有效性和稳定性。以绩效评价指标的选择为例，由于缺乏相应的经验积累，选择的绩效评价指标可能并不能很好地反映评价对象的真实情况和绩效水平，这就需要缩短绩效评价周期，通过对员工绩效进行短期评价，来检验绩效评价指标的信度和效度，及时对绩效评价指标体系进行修正和完善，并在下一个绩效评价周期中对新修订的绩效评价指标体系进行新一轮的检验和调整。

（3）绩效管理成本。在确定绩效评价周期时还需考虑到管理成本的问题，绩效评价周期短往往意味着绩效管理成本相应较高。因为，绩效评价通常需要涉及人员、机构、时间以及资源等多个方面的配合，特别是在公共部门绩效管理经验不够成熟的情况下，如果没有合理的规划和充足的保障，不仅会造成资源上的浪费，而且会造成绩效管理过程的混乱，最终影响到管理效果的顺利实现。因此，公共部门可以考虑在绩效管理系统相对成熟，相应的管理条件和保障体系比较完善的情况下，再逐渐有针对性地缩短绩效评价周期，实现绩效管理的精细化，提升绩效管理的有效性。

（4）绩效评价目的。一般来讲，绩效评价目的有两个：一是了解并准确评估绩效水平；二是分析并改进绩效。当绩效评价是为了评估绩效水平时，必须要把员工在评价周期内的所有绩效表现全部纳入进来，并作为薪酬、晋升、培训与开发等决策的依据。但有很多结果性指标需要较长时间才能完成，只有将评价周期设置得相对长一些，才能保证所有层次的绩效结果都有足够的时间显现出来，从而保证评价的准确性和完整性。当绩效评价是为了了解绩效水平时，评价周期一般以一季度、半年或一年为宜。当绩效评价是为了分析并改进绩效时，则需要对绩效进行短期回顾与评价，以日、周、月为周期对绩效进行评价，以便能够及时发现绩效问题并加以改进。

本章小结

公共部门绩效评价是指相关评价主体依据公共部门的既定使命和目标，遵循一定的程序，综合运用多种评价方法和技术，对一定时期内公共部门的管理和服务情况进行评定和判断的过程，其最终目标是通过绩效评价来提高公共部门的效率和效果，促使公共部门绩效水平的持续改进。根据公共部门绩效评价对象的不同，可以将公共部门绩效评价划分为组织和部门绩效评价、公共政策评价、项目绩效评价以及公务员绩效评价等类型。

作为公共部门绩效评价的核心要素，公共部门绩效评价主体是指对公共部门绩效进行价值判断的组织、部门和个体。由于公共部门绩效具有复杂性和宽泛性的特点，公共部门绩效评价主体多元化成为保证公共部门绩效评价的准确性、客观性和公平性的迫切要求。在对公共部门绩效进行评价的过程中，公共部门绩效评价主体应根据绩效评价指标合理选取相应的绩效评价方法。公共部门绩效评价程序明确了公共部门绩效评价活动的步骤和方法，是保证公共部门绩效评价顺利实施的重要前提，也是影响公共部门绩效评价结果的准确性、客观性和公正性的重要因素。为了对公共部门组织和员工个人的绩效表现做出合理判断，还需要注意公共部门绩效评价周期的设置。

关键术语

公共部门绩效评价　　比较法　　量表法　　配对比较法　　行为锚定量表法

复习思考题

1. 公共部门绩效评价的内涵是什么？它包含哪些类型？
2. 公共部门绩效评价的主体有哪些？如何选择？
3. 公共部门绩效评价的常用方法有哪些？如何选择？
4. 请阐述公共部门绩效评价的程序。
5. 请简述设置公共部门绩效评价周期的影响因素。

第6章

公共部门绩效反馈

公共部门绩效反馈是公共部门绩效管理体系中不可或缺的重要环节之一，它是在公共部门绩效评价的基础上，通过报告、面谈等方式，使评价对象认识到自身绩效的优势与不足，以便进一步改进和提升绩效的过程。公共部门绩效反馈既可以让管理者帮助下属制定绩效改进计划，又可以增强组织目标和个人目标的一致性，提升组织效能。本章将就如何实施绩效反馈、怎样管理绩效申诉以及如何应用绩效评价结果等进行阐释。

重点问题

- 公共部门绩效反馈的内涵与方法
- 公共部门绩效反馈面谈的实施
- 公共部门绩效申诉的实施
- 公共部门绩效评价结果的运用

6.1 公共部门绩效反馈概述

6.1.1 公共部门绩效反馈的内涵

公共部门绩效反馈是绩效管理的最后一个环节，其基本任务就是负责组织实施绩效管理的机构或人员将绩效评价的结果反馈给被评价的组织、部门和员工，评价对象接到绩效反馈后，根据实际绩效结果对绩效的达成情况进行分析，查找其中存在的不足及其原因，并寻求改进绩效的途径。公共部门绩效反馈在评价主体与评价对象之间搭建了一个必要的沟通渠道，是绩效沟通的主要形式，也是一种重要的激励手段。

公共部门绩效反馈（public sector performance feedback）是指在绩效评价结束后，公共部门的管理者通过绩效反馈面谈，将评价结果反馈给下属，并共同分析绩效不佳的方面及其原因，制定绩效改进计划的过程。心理学家发现，反馈是使人产生优秀表现的重要条件之一。如果没有及时、具体的反馈，人们往往都会表现得越来越差，因为在这种情况下，人们无从对自己的行为进行修正，甚至可能丧失继续努力的动力。同理，员工绩效表现不佳的一个可能的原因就是没有得到及时、具体的反馈。有学者认为，缺乏具体、及时的反馈是绩效不佳最普遍的原因之一。

6.1.2 公共部门绩效反馈的意义

公共部门绩效反馈是由上级领导或绩效主管单位的人员就评价对象在评价周期内的绩效情况进行反馈，在肯定成绩的同时，找出工作中的不足并加以改进。由于绩效反馈是在绩效评价结束后实施，而且是对评价对象整个绩效周期内的工作完成情况进行全面回顾，因此有效的绩效反馈对公共部门绩效管理起着至关重要的作用。

（1）公共部门绩效反馈有利于就绩效评价结果达成共识。公共部门绩效反馈在公共部门绩效评价结束后为评价双方提供了一个良好的交流平台。一方面，相关管理人员能够对下级单位或人员的绩效进行充分反馈，不仅仅是告知其评价结果，而且会就评价结果出现的原因进行深入的分析，使评价对象能够充分地理解和接受绩效结果；另一方面，评价对象也可以就一些具体问题或自己的想法与上级领导进行交流，指出绩效管理体系或评价过程中存在的问题，解释自己超出或没有达到预期目标的主要原因，并对今后的工作进行计划与展望。公共部门绩效反馈为绩效评价双方建立起了一座沟通的桥梁，不仅让评价对象成为主动因素，更赋予了其一定的权利，使评价对象拥有知情权和发言权，有效降低了评价结果不公正所带来的负面效应，确保了公共部门绩效评价结果的公平和公正。

（2）公共部门绩效反馈有利于评价对象了解自身取得的成绩与存在的不足。绩效反馈还是一个对绩效水平进行全面分析的过程。通常，公共部门绩效表现为正反两个方面，既有优良和值得鼓励的地方，也有不足需加以改进之处。因此，公共部门绩效反馈也应该从正反两方面着手。当被评价的单位或人员取得成绩时，上级领导给予的认可和肯定，可以对下属起到积极的正向激励作用；与此同时，上级领导也要让评价对象认识到自身存在的缺点与不足，并提出改进绩效的相应建议。通过公共部门绩效反馈，评价对象既获得了鼓励，又发现了不足，从而可以为进一步提升公共部门绩效水平奠定重要的基础。

（3）公共部门绩效反馈可以减少组织目标与个体目标之间的冲突，有利于增强公共部门的核心竞争力。任何一个组织的组织目标和个体目标都在一定程度上存在着矛盾和冲突。个体目标与组织目标若能够协调一致，可以有力推动组织不断发展和进步，反之则会产生负面影响。有效的公共部门绩效反馈，可以通过对公共部门绩效评价过程及结果进行检视与讨论，发现个体目标中的不和谐因素，借助组织中的激励手段，促使个体目标朝着组织目标方向发展，进而有效提升组织目标和个人目标的一致性和协同性。

（4）公共部门绩效反馈有利于绩效改进计划的制定与实施。公共部门绩效反馈的一个重要目的是实施绩效改进，即针对评价对象当前绩效存在的不足提出改进计划，为下一周期绩效管理的有效开展提供帮助和指导。公共部门绩效改进计划对于绩效不佳的单位或个人尤为重要，如果相关管理部门对此不能给予充分重视，评价对象本人也缺少绩效改进的动力，不去分析导致绩效偏差的原因，那么绩效不佳者很难发现改进绩效的有效途径和方式，也就无法达到提高绩效水平这一重要目的。另外，让评价对象参与到公共部门绩效改进计划的制定过程，他会更容易接受绩效改进计划，增强对绩效改进的承诺，有利于绩效改进计划的贯彻落实。

(5) 公共部门绩效反馈能够对下一周期绩效目标的制定起到参考作用。绩效管理是一个往复不断的循环过程，一个绩效周期的结束恰好是下一个周期的开始。在公共部门绩效反馈阶段，还可以征询评价对象对公共部门绩效评价体系、方法、流程的看法及建议，有利于促进公共部门绩效管理系统的不断完善。与此同时，通过公共部门绩效反馈可以了解各级员工对本期绩效目标及标准的想法，以及对下一期绩效目标及标准的具体意见，以便制定出更为科学合理的绩效评价目标、指标和目标值。

6.1.3　公共部门绩效反馈的方法

公共部门绩效反馈方法的类型和数量较多，在此主要介绍对错误行为的反馈方法、对正确行为的反馈方法、自我反馈机制以及 360 度反馈计划四种绩效反馈方法。

1. 对错误行为的反馈方法

管理者针对下属的错误行为进行反馈的目的，是通过让下属了解自身存在的问题，有效引导其纠正错误。对错误行为的反馈就是人们通常所说的批评。在大多数人的印象中，批评往往是消极的，但是实际上批评应该是积极的和建设性的。在下属表示接受某种批评之后，管理者还应该通过一些认同的表示，加强反馈的效果。可见，这种积极的和建设性的反馈方式明显优于负面反馈。现在越来越多的管理者已经认识到中立反馈的重要性，许多学者也试图找到一些方法使越来越多的管理者学会这种方法。建设性批评是一种典型的中立反馈。美国加州大学洛杉矶分校的心理学家亨德里・温辛格（Hendry Wensinger）对中立反馈做了大量的研究，发现七条原则能够有效地促成建设性的批评。这七条原则分别是：

(1) 建设性的批评要有计划性；

(2) 建设性的批评要维护对方自尊；

(3) 建设性的批评要发生在恰当的环境中；

(4) 建设性的批评要以进步为导向；

(5) 建设性的批评应是互动式的；

(6) 建设性的批评应是灵活的。

(7) 建设性的批评应能够传递帮助信息。

我们相信，只要管理者在针对错误行为进行绩效反馈时注意反馈的方式，就能够避免无效的负面反馈，将中立反馈变成积极的建设性反馈，从而达到绩效管理的目的。

2. 对正确行为的反馈方法

通常人们更加倾向于关注对错误行为的训导，而忽视对正确行为的反馈。事实上，对正确行为的反馈与对错误行为的反馈同等重要，两者的最终目的都是提高下属的绩效。管理者忽视对正确行为的反馈的原因很多，比如他们可能会声称找不到合适的方式进行这种反馈。实际上，最好的肯定方式就是直接对下属的行为表示认同和赞扬，像“这件事你做得棒极了!”这类简单的方式往往能够取得很好的效果。对“什么是正确的行为”的理解不准确也常常使管理者疏于对正确行为进行反馈。例如，还有相当一部分管理者只知道在下属很好地完成了一项工作之后给予及时的肯定，但却对下属犯错误的数量或频率减少的情况视而不见，因为这些管理者认为对改正错误的行为进行肯定就相当于宽恕已经犯下的错误，或者他们可能找不到合适的表达方式来表扬那些改正错误的下属。事实上，称赞下属减少犯错误的行为并不等于称赞这个错误本身。下面是管理者在进行正面反馈时应遵循的四个原则：

（1）用正面的肯定来认同下属的进步，例如“成功率的提高”比“失败率的降低”更具有激励效果；

（2）明确地指出受称赞的行为；

（3）当下属的行为有所进步时，应给予及时的反馈；

（4）正面的反馈中应包含这种行为对本人、部门乃至整个组织的贡献。

3. 自我反馈机制

自我反馈是一种特殊的绩效反馈方式。通常绩效反馈是通过管理者与下属之间的沟通进行的，而自我反馈是指在建立一套严格、明确的绩效标准基础上，使下属自觉地将自己的行为与标准相对照的机制。这种机制能够帮助下属对自己的绩效表现有正确的认识。自我反馈是管理者进行绩效反馈的必要补充，在实际工作中自我反馈机制发挥着十分重要的作用。自我反馈机制的首要前提就是制定一套反馈时可供使用的绩效标准，然后建立相应的机制，使下属能够自觉地根据这一标准对自己的工作情况进行反省与检视。这种自我反馈的方法在高重复性或例行的常规工作上比较容易实施，对于创新性工作而言，这种机制也十分重要，因为管理者不可能每时每刻都关注到下属的工作行为和工作进展。对于那些制定绩效标准相对困难的工作，可以通过设置较为宽泛或灵活的绩效标准来解决这个问题。

4. 360 度反馈计划

360 度反馈是 20 世纪 80 年代由美国学者爱德华兹和尤恩（Edwards & Ewen）在一些企业组织中不断研究发展形成的，它是一种全方位的反馈机制，主要适用于管理人员。理解这个概念需要注意以下几个方面：第一，该计划涉及的反馈主体包括管理者本人、上级、下级、同事、与之发生工作关系的内外部客户等。这些人员观察的视角不同，提供的信息内容也不同。第二，该计划的作用在于提供绩效信息方面的反馈，而不是进行绩效评价。反馈信息主要用于管理人员的培训和开发，而不能直接用于薪酬和晋升决策。这是许多组织使用 360 度反馈计划时在功能定位上常犯的错误。第三，该计划主要适用于管理人员，而不是一线员工。该计划在日本被称为管理者适应性评价技术，指通过反馈信息来评估管理者能力，进而判断其对本职工作的适应状况。而一些企业将 360 度反馈计划作为一种绩效评价或考核的方式在整个组织内推行的做法是不妥的。与传统的单一式绩效反馈相比，360 度反馈计划具有以下优点：

（1）360 度反馈计划强调组织关心人们付出的行动甚于所获取的结果。360 度反馈计划能帮助人们通过各种“软性”的尺度对绩效做出全方位的评价。采用这种形式的反馈，一方面可以避免对“硬性”（量化的）绩效目标的过分依赖；另一方面也避免了只重视评价双方意见的危险做法。

（2）如果 360 度反馈出自熟悉和了解评价对象工作的评价主体，则能够向评价对象提供更为全面和有价值的绩效信息，从而为评价对象的绩效改进起到积极的促进作用。这种绩效反馈方式与只有上级和下属两方介入的反馈方法相比，在全方位、多视角地发现下属的优点和不足方面优势明显。

（3）360 度反馈计划有利于提高下属对绩效反馈信息的认同程度。在传统的反馈方法中，因为只有上级管理者的反馈，所以下属有可能对反馈的绩效信息持怀疑的态度，认为它可能带有个人的主观偏见。但是，在 360 度反馈计划中，如果评价对象从上级、同事、下级和服务对象等多个渠道都得到了类似的绩效反馈信息，那么评价对象对该绩效信息的认可程度就会较高，一般不会对其提出疑问，这对于评价对象深入反思和综合考虑绩效改进的方法和途径十分有利。

当然，这种反馈方式还存在一些缺点。如果过分地依赖 360 度反馈计划，将会削弱绩效目标的意义，使人们更加认同“不是你做了什么，而是你做的方式”的说法。实际上，360 度反馈计划只有与其他反馈方法一起使用时，才能最大限度地发挥作用。另外，360 度反馈计划涉及的信息比单一渠道反馈要多得多，这个优点同时也意味着收集和处理信息的成本相对较高。360 度反馈计划最重要的价值在于开发，而不是评价。任何方法的成败都是由人而不是由技术来决定的，从这种方法得到的并不是各方所填写的那些表格，而是通过这些信息所发现的评价对象的长处与不足，以帮助评价对象不断提高和改进绩效。因此，大多数专家认为采用 360 度反馈计划的结论来决定职务升降或薪酬发放是一种冒险的做法，谨慎的做法是将它作为一种为评价对象提供全面的绩效信息的有效方式，而不是将它作为最后管理决策的参考和依据。

6.2　公共部门绩效反馈面谈

绩效反馈主要有书面报告和反馈面谈两种方式。作为绩效评价之后进行的一种正式的绩效沟通，绩效反馈面谈在公共部门并没有得到足够的重视，他们往往将填写评价表格、计算评价结果视为绩效评价乃至绩效管理的终点。事实上，如果缺少了将评价结果和管理部门的期望传达给评价对象这个环节，就无法很好地实现公共部门绩效评价和绩效管理的最终目的。如何将公共部门绩效评价结果化为绩效改进的动力，是公共部门绩效管理中非常重要的内容，而绩效反馈面谈则是实现这一转化的关键。

6.2.1　公共部门绩效反馈面谈的原则

公共部门绩效反馈面谈是指由上级与评价对象进行面对面的沟通，制定绩效改进计划的活动。在公共部门绩效管理体系中，根据评价对象的不同，反馈面谈双方也有所区别。一般而言，组织或部门层面的绩效反馈，反馈主体应为其相应的主管领导，面谈对象应为组织或部门的负责人或相关领导成员；而个体层面的绩效反馈，反馈主体应为其直接上级，而面谈对象则是员工本人。公共部门绩效反馈面谈是一种面对面的沟通，它可以将评价结果更好地反馈给评价对象，使激励、奖惩和培训等功能得到更充分的发挥。但是，并不是任何形式的沟通都能起到良好的效果，如果把握不好，不仅不能发挥绩效反馈面谈应有的管理和激励功能，甚至还可能会适得其反。因此，在公共部门实施绩效反馈面谈时，要重点把握好以下几点原则：

（1）直接具体原则。面谈交流要直接具体，不能抽象地泛泛而谈或仅做一般性评价。对于主管人员来说，无论是赞扬还是批评，都应有具体、客观的结果或事实来支撑，使面谈对象明白自己哪些地方做得好，并清楚地了解差距与缺点在哪里。如果面谈对象对绩效评价结果有不满或质疑的地方，可以向主管领导进行申辩或解释。唯有如此，绩效评价结果的反馈才能够具体、准确、透明、公平，真正取得实效。

（2）互动原则。面谈是一种双向的沟通，为了获得对方的真实想法，主管人员应当鼓励面谈对象多说话，充分表达自己的观点。由于职位和沟通角色的差异，主管人员常常处于发话、下指令的位置，下属只是在被动地接受。然而，管理者所得到的信息不一定就是真实情况，因此应当允许下属针对模糊或疑惑之处进行询问和辩解，上级不应打断与压制。对下属提出的好建议应该予以充分肯定，也要坦承自己有待改进的地方，从而促进双方共同进步。

（3）基于工作原则。绩效反馈面谈所涉及的是评价对象的实际绩效，即具体工作是怎么做的、采取了哪些行动与措施、效果如何等等。因此，主管人员在进行绩效面谈时必须以此为基础，而不应根据自己的主观臆测来下结论、做判断。在明确客观事实的基础上，面谈双方才能够根据绩效评价结果展开深入的分析和讨论，从而实现绩效反馈面谈的目标。

（4）相互信任原则。没有信任，就没有交流，缺乏信任的面谈会使双方都感到紧张、急促，充满冷漠和抵触情绪。绩效反馈面谈应是一个双方沟通的过程，要想沟通顺利地进行，并最终促进双方的相互理解和共识的达成，就必须营造一种彼此互相信任的良好氛围。

6.2.2　公共部门绩效反馈面谈的实施

1. 公共部门绩效反馈面谈的前期准备

为了达到公共部门绩效反馈面谈的目的，面谈双方都应该做好充分的准备，需要事先安排的事项主要包括以下几个方面：

（1）选择合适的面谈时间。

公共部门绩效反馈面谈时间的选择对于最终的绩效反馈效果有很大影响，应该根据工作安排确定一个面谈双方都有空闲的时间。尽量不要在接近上、下班的时间安排绩效反馈面谈。除非能够得到评价对象的充分认同，否则不要试图利用非工作时间进行绩效反馈面谈。另外，确定的时间并不应是一个时间点，而应当是一个合适的时间段，其长短要适宜，时间过长会使面谈对象疲倦、注意力不集中，从而增加产生信息交流误差的可能性，难以把握谈话要点；时间过短则会由于信息没有得到充分完全的传递而达不到沟通的目的，面谈势必难以深入，刚刚进入状态就草草收场会使得面谈流于形式。

（2）选择合适的面谈地点和环境。

地点和环境是对绩效反馈面谈效果起作用的另外两个影响因素。一般来说，在办公环境下，主要的面谈地点有管理者的办公室、会议室、接待室，其中小型会议室或接待室是比较理想的选择。当然，现实中往往由于条件所限，管理者的办公室成为最常见的选择。但是在办公室进行绩效反馈面谈，务必要确保面谈不被干扰或者中途打断，管理者最好能够拒绝接听任何电话，停止接待来访的客人，以避免面谈受到不必要的干扰。此外，面谈的场所最好是封闭的。

管理者还应该注意安排好双方在面谈时的空间距离和位置。图 6－1 展示了在办公室环境下常见的面谈距离和位置关系。这些不同的位置关系往往会营造出不同的面谈氛围。

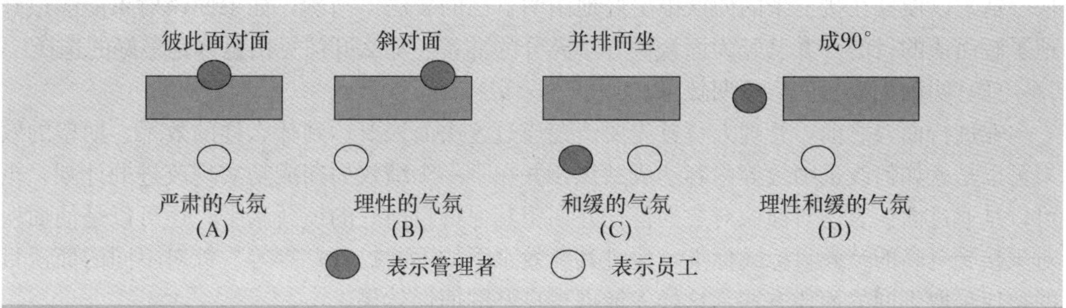

图 6－1　绩效反馈面谈的位置与距离

面谈双方的距离要适当，距离太远会影响信息传递的效果，而距离太近又会使交谈双方感到压抑。比如图 6－1（B）就会由于距离过远，造成缺乏亲密感的不良结果。与图 6－1（B）相对应的是图 6－1（C），这种距离可以拉近双方的心理距离，在和缓的气氛中谈论个人的工作问题，但是有相当一部分人不能接受这种过于亲密的方式，这种气氛会令他们感到不自在，甚至是尴尬。

从位置上来讲，图 6－1（A）中那种面对面的方式是效果最不好的，因为面谈的双方相互直视，容易给面谈对象造成心理压力，这种严肃的气氛不适合绩效反馈这样沟通式的面谈，后三幅图上所显示的位置就避免了双方直视的尴尬局面。图 6－1（B）中这种方式，双方可以根据情况选择是互相对视还是调整视线。图 6－1（C）的情况则是图 6－1（A）的反例，这种位置的不足在于不利于观察对方的表情。综合考虑以上各种位置的优缺点，我们认为图 6－2（D）表示的双方位置和距离最适合绩效反馈面谈。管理者和面谈对象呈一定的角度（在方桌的情况下即呈 90 度角）而坐，能够避免目光的直视，缓和心理紧张，给面谈对象一种平等、轻松的感觉，同时也有利于观察和接收对方表达的信息，营造出理性和缓的沟通氛围。

（3）收集整理面谈所需要的信息资料。

管理者和面谈对象都要收集和整理日常积累的有关绩效的各种信息。绩效反馈面谈之前，管理者必须准备并且熟悉面谈所需的资料，这些资料主要包括绩效评价表格、工作情况的记录和总结、该绩效周期的绩效计划、绩效评价结果以及评价对象的基本信息。在面谈的过程中，面谈对象往往会根据自己的实际情况陈述整个周期的工作情况，因此也应该充分收集整理一些能够表明自己绩效状况的事实依据等，另外还可以准备好一些与绩效管理有关的问题，以便在面谈中向管理人员提问和咨询。

2．公共部门绩效反馈面谈过程的设计

事先设计一个完整而合理的绩效面谈过程是成功进行绩效反馈面谈的保证。在进行面谈前，公共部门绩效管理部门可能会提供一个面谈用的提纲，但是具体进行面谈的管理人员要在面谈提纲的基础上对面谈的内容进行详细的计划。公共部门绩效反馈面谈过程的设计可以从以下几方面入手：

（1）根据具体情况选择开场白。

在公共部门绩效反馈面谈中，管理人员可以以一个轻松的话题开头，帮助面谈对象放松心情，以便其在接下来的面谈中更好地阐明自己的看法。当然，如果面谈对象能够很好地了解面谈的目的，并已经为面谈做好了充分的准备，那么开门见山也许是最好的选择。

（2）明确面谈目的与预期效果。

在进行面谈之前，管理人员首先要清楚通过这次面谈要达到什么样的效果。期望的效果可以是就如何改进绩效等内容达成共识，并在下一个绩效周期成功实现改进的计划；也可以是通过面谈表达对面谈对象的信任并期望其保持目前好的绩效水平；还可以是使面谈对象接受更高的绩效目标或标准，促进其绩效水平的不断提升；等等。针对不同的面谈目的，应采取不同的面谈方式，这样才能取得良好的面谈效果。

（3）确定面谈顺序。

在明确了面谈的主要目的之后，就要确定面谈的顺序，也就是先谈什么，再谈什么的问题。首先要列出评价对象的所有关键工作事项，然后分别根据重要性、有效性以及初步评价结果对这些工作要项进行排列，最后，综合以上因素确定面谈顺序。一般而言，需要考虑到评价对象的心理承受能力，先谈表现好的工作要项，之后再谈有待改进的地方。还可以按照工作要项的重要性，一般先谈重要的，后谈次要的，最后是不重要的。这样逐项进行沟通，双方意见一致就进入下一个项目，如果双方的意见不一致，就要通过讨论争取达成一致，如果实在无法达成一致，可以暂时搁置。

当然这种逐项进行的方式并不是唯一的选择，比如有的管理人员会先让面谈对象叙述自己的工作表现并做出评价，管理者再表达自己的意见。无论采取什么方式，管理者都应该耐心听取面谈对象的意见，看他们是否有不同的看法。建设性沟通技巧可以帮助管理者更好地达到绩效反馈面谈的目的。

3．分析和诊断绩效问题

绩效的多维性、多因性和动态性等特征使得影响最终绩效结果的因素有很多，因此应当从多方面查找导致最终绩效结果的真正原因。对公务员个人绩效而言，管理者可从以下几个方面进行分析：

知识：是否具备完成任务的知识和经验？

技能：是否掌握了应用知识和经验的技能？

态度：对工作的态度是否端正？

激励机制：激励政策是否影响了公务员的积极性？

资源：是否是由于缺乏资源导致最终的不良绩效？

流程：组织的流程是否影响高绩效的实现？

组织氛围：组织的人际关系、气氛等是否不利于实现绩效目标？

外部障碍：是否存在影响绩效的外部不可控因素？

……

管理人员只有清楚地分析了这些影响因素后，才能对绩效结果有一个客观的认识和诊断，找出导致绩效不佳的真正原因，并在此基础上与面谈对象达成共识，制定解决问题的最终方案。

4. *确定解决问题的方法*

一旦弄清楚导致绩效差距的原因，接下来就要寻求解决问题的办法以纠正偏差并改进绩效。针对不同的问题应有相应的解决方案。以公务员个人绩效为例，如果是该公务员缺乏知识与技能导致不良绩效，可以通过培训等方式使公务员掌握工作所需的知识与技能。对于目标不合理、资源匮乏所导致的绩效问题就需要尽量合理地设计目标与分配资源，或者进行必要的职位调整。态度问题是非常重要的而且是必须要解决的关键问题，必须要端正公务员的工作态度，建立一套有效的激励约束机制，充分调动组织中公务员的工作积极性，否则任何工作都无法顺利开展。对于外部环境中的不可控因素，管理人员只能在职权范围内尽量排除或减少其负面影响，以最大限度地排除外部障碍。

6.2.3　公共部门绩效反馈面谈过程中应该注意的问题

公共部门绩效反馈面谈是一个双向沟通的过程。管理人员只有获得面谈对象的认可与信任，才能够与其达成共识。因此，掌控绩效反馈面谈的过程非常重要，管理人员在面谈中应该注意以下几个方面：

（1）“开始”并不是无关紧要的。许多管理人员并没有认识到谈话开始时的重要性，急于切入主题而忽略讨论方式是许多人的通病，实际上最初的几分钟谈话往往就决定了整个面谈能否成功。因此，在确定面谈计划时，应该设计好开场白，用简单有效的语言明确本次面谈所要达到的真正目的。

（2）及时调整反馈的方式。好的计划并不一定在任何时候都能派上用场，但是根据情况的变化及时调整是永远正确的。绩效反馈面谈中常见的反馈方式主要有：指示型、指导型和授权型。指示型是比较传统的反馈模式，有时管理人员急于解决问题，或者把自己看作权威并主张控制，就会采取这种指示型的反馈方式。与指示型相比，指导型和授权型需要更多面谈时间。指导型是一种教与问相结合的方式，管理人员向面谈对象解释评价结果并询问其想法，并在适当的时机纠正其错误的思想。授权型方式以面谈对象陈述和回答为主，以解释和纠正为辅，管理人员实际上主要起引导作用。

（3）多强调进步与优点。公共部门绩效反馈面谈往往不受欢迎的一个重要原因在于：面谈中难免要谈论面谈对象在上一阶段工作中的失误，可能会挫伤其自尊心，而鼓励与表扬则是赢得其合作的有效方法。只有充分地激励，才能够有效实现绩效反馈的目的。因此，在面谈时应将批评与表扬结合起来，面谈对象绩效完成较好的地方不能一带而过，而应当花一些时间进行讨论，赞扬不仅可以使面谈对象保持好的工作作风，还具有一定的激励作用。对于绩效不良的方面也不能一味批评，而应当肯定其努力与贡献，这样会使得面谈对象更容易接受和理解。

（4）注意倾听。公共部门绩效反馈面谈是一个双向沟通的过程，必须让面谈对象有充分表达自我观点的机会。有效的沟通不能忽略倾听的重要性，倾听有助于全面地了解情况，印证或改变管理人员自己的看法。保持讲述与倾听之间的平衡是进行绩效反馈面谈的要义。管理人员在面谈时要学会倾听，鼓励面谈对象大胆说出自己的想法，在倾听中予以积极回应，不要轻易打断下属，更不要急于反驳。

（5）把重点放在解决问题上。管理人员在绩效反馈面谈时通常会犯的一个错误是：他们往往把绩效反馈看成是一个对绩效不良单位或人员进行惩罚的机会，总是告诉这些人，他们的绩效是如何糟糕。这种做法只会伤害面谈对象的自尊或强化他们的抵触情绪，不利于绩效改善。因此，管理人员必须努力寻找造成不良绩效的真正原因，采取解决问题的态度来进行绩效反馈面谈。

（6）将绩效反馈集中在行为或结果上而不是人身上。在进行绩效反馈面谈时，需要把握好对事不对人的原则，将面谈重点集中在绩效结果本身或结果产生的原因上，而不应讨论面谈对象个人的性格，性格特点本身不应作为评价绩效的依据。否则，既偏离了绩效反馈面谈的主要目的，又可能会伤害到面谈对象，从而影响绩效反馈面谈的最终效果。

（7）坦诚与平等应该贯穿面谈的始终。由于绩效评价的结果涉及薪酬、晋升等比较敏感的问题，管理人员可能担心影响双方的非正式关系，以至影响自己今后工作的开展，因而难以启齿，但是这种回避的方式并不能解决任何问题，最好的做法就是坦诚相见，直接向面谈对象展示评价结果。同时，管理人员在发现问题或认识出现偏差时，应当坦率地承认，这种态度将会有助于与面谈对象进行深入沟通并解决问题。

（8）避免冲突与对抗。冲突与对抗可能彻底摧毁面谈对象对管理人员的信任，导致其产生抵触情绪，双方一旦产生隔阂，问题就不仅仅是一次面谈的失败，很可能会影响今后的工作。因此，当面谈中出现不同意见时，管理人员不能用领导的权威对面谈对象进行压制，而应就有不同见解的问题与面谈对象进行耐心的沟通，争取得到理解，同时要站在对方的立场，设身处地为其着想，争取在平和的氛围中就争议问题达成共识。

（9）形成书面记录并确定改进计划。在就上一期绩效结果达成共识之后，面谈双方还需要共同探讨下一步的改进措施，并形成书面记录。在面谈结束之后，一定要和面谈对象形成双方认可的备忘录，就面谈结果达成共识，对暂时还存有异议的问题，可以和面谈对象约好下次面谈的时间，就相应问题进行二次面谈。这样一方面能够让面谈对象感到他的看法受到了重视，另一方面也能够避免因遗忘而带来的问题。最后，应以鼓励的话语结束面谈，强化对面谈对象的激励效果。

6.3 公共部门绩效申诉

由于公共部门绩效评价会受到评价标准模糊不清、评价主体的个人偏见、绩效信息收集不准确等因素的影响，因此评价结果可能存在不准确的情况，如果处理不善，绩效评价的可靠性和权威性就会受到影响。为了尽可能避免这种状况的出现，有必要建立科学的绩效申诉与争议处理制度。当评价对象对评价结果有异议时，可以通过正规途径进行申诉，保护自身的权益，同时提高绩效评价的公平性。在国外的公共部门绩效评价体系中，绩效申诉与争议处理早已成为整个绩效管理体系中不可或缺的重要环节，很多国家都通过立法或制度化的方式对其加以规范。在我国，公共部门绩效评价申诉机制的建立还需要一个过程，如何建立评价对象的申诉通道、提高绩效评价争议处理的效果，还需要结合我国具体国情进行探索。

6.3.1　公共部门绩效申诉实施的必要性

所谓公共部门绩效申诉（public sector performance appeal），是指由于评价对象对评价结果持有异议，依照法律、法规或规章向有权受理申诉的机关提出申诉申请，受理部门依照规定的程序对相应的绩效评价过程和结果进行审查、调查并提出解决办法的过程。绩效申诉对于公共部门绩效管理具有十分积极的意义，不仅有利于维护绩效结果的公平性，而且对规范公共部门行为、防止权力滥用等也具有显著效果，其必要性主要体现在以下几个方面：

（1）公共部门绩效申诉能够保障评价的顺利进行，提高公共部门绩效评价的公平性。公共部门绩效申诉作为纠错机制可以通过申诉程序，启动相应的调查，对评价中的问题进行裁决，纠正评价中的错误，消除评价对象的不满，保障评价的顺利进行，促进评价的公平与公正。公共部门管理活动极为复杂，要对其进行评价并确保较高的信度和效度并不容易；另一方面，包括社会公众、同级相关部门以及下级部门等在内的多样化评价主体可能对被评价单位专业性较强的业务工作不是很了解。这两方面因素均可能导致公共部门绩效评价过程出现偏差，评价结论失实或不准确。由于评价对象对其工作内容最为了解，掌握的信息也最为全面，因此通过接受评价对象的申诉意见可以进一步获取评价信息，从而使绩效评价信息更翔实。

（2）公共部门绩效申诉有利于防止评价主体滥用权力。在公共部门绩效评价过程中，评价主体可能会出现滥用权力的情况。一种情况是评价主体不负责任，对绩效评价不够重视，对评价对象进行随意而不是基于客观事实的评价，影响评价结果的客观公正性；另一种情况是评价主体受不正当动机和目的的支配，致使评价背离正确目的，在评价过程中出现营私舞弊、打击报复等不正当行为。通过公共部门绩效申诉，可以为这些错误行为提供纠错机制，由评价对象将上述问题反映到公共部门绩效申诉的主管部门，相关部门一经查实，在纠正绩效评价结果的同时，还应严惩滥用权力者，避免类似情况再次发生，从而有效规范和制约评价主体的行为。

（3）公共部门绩效申诉有利于增强评价对象对公共部门绩效评价的信任感。如果绩效评价存在的不公正或腐败现象使评价对象遭到不公正待遇并且无处申诉，评价对象就会对评价主体失去信任，进而导致对公共部门绩效评价工作不信任。反之，如果公共部门绩效评价体系拥有通畅的申诉通道和规范的申诉机制，即使评价体系和评价过程存在一定的问题，评价对象仍然具有纠错的机会，那么他们会相信公共部门绩效评价总体而言是公正公平的，愿意积极参与公共部门绩效评价，并乐于接受绩效评价结果，进而增强对公共部门绩效评价的信任感。

（4）公共部门绩效申诉能够保证评价结果的有效运用。作为一种管理手段，绩效评价的目的在于提高公共部门管理水平，因此评价结果还要进一步运用到改进工作中去。绩效评价结果被运用于改进公共部门工作的一个前提条件是评价结果要获得评价对象的理解和接受。如果评价结果不正确而被运用到工作中，只会使工作变得越来越糟，无法实现提高管理水平的目的。如果评价结果不被评价对象理解和接受，评价对象可能只做表面文章，或者无法正确地将评价结果运用到工作中去，当然也不可能提高管理水平。绩效申诉有助于评价主体了解评价事项的前因后果，有助于评价双方彼此沟通，由此得出双方均认可的评价结论，从而让评价对象愿意接受评价结果并采取切实措施改进绩效。

6.3.2 公共部门绩效申诉的基本原则

公共部门绩效申诉制度的基本原则是贯彻在公共部门绩效申诉过程中，对公共部门绩效申诉具有普遍指导意义的基本准则。它至少应包括以下四个方面：

（1）合法原则。必须是拥有相应权力的机关才能受理申诉，在处理过程中应按照法定的程序进行；所做出的申诉决定必须以事实为根据，以法律为准绳。

（2）合理原则。申诉受理机关应本着对申诉各方负责的态度，深入细致地查明与案件有关的事实，做出准确的认定；申诉受理机关做出的决定也必须合理，不能徇私舞弊。

（3）公开原则。在申诉过程中，申诉处理应尽量公开进行，以使各方了解有关情况，监督申诉处理，消除误解。所涉及的申诉信息，除法律规定保密的之外，应尽量公开。此外，申诉处理决定也必须公开，让申诉各方和公众知晓处理结果。

（4）及时原则。公共部门绩效申诉作为一种有效的绩效改进手段，不能拖延推诿。这就要求公共部门绩效申诉的各个步骤都必须在限定的期限内完成，申诉受理机关要尽快完成对案件的审查，并及时做出处理决定。

6.3.3 公共部门绩效申诉体系的构建

公共部门绩效申诉体系的构建是一个系统工程，具体而言，包括确定申诉参与方、界定申诉范围、明确申诉管辖权和设计申诉程序等环节。

1. 确定申诉参与方

申诉参与方主要包括申诉方、被申诉方以及申诉管理机构。（1）申诉方。申诉方是指对评价结果持有异议，依据相关法律法规的规定以单位或个人名义向有权受理申诉的机关提起申诉的组织或人员。简单地说，申诉方就是对评价主体的评价结果不服而提起申诉的评价对象。（2）被申诉方。被申诉方是指评价对象就评价争议案件提起申诉的组织，也就是评价主体。被申诉方是多元化的，主要包括评价对象的上、下级组织和同级组织等。公众虽然也是评价主体，但其不能成为被申诉方，因为公众较分散且人数众多，无法确定被申诉方。公民评议公共部门绩效得出诸如民意测验等形式的评价结果，若评价对象对公民评议结果不认可，不能借助申诉机制，但可通过网络等传媒手段向公众澄清情况，获取公众的理解与支持。（3）申诉管理机构。申诉管理机构是指受理绩效申诉的机构或部门，一般而言，该机构的职能由公共部门绩效管理机构承担，因为该机构全面负责公共部门绩效评价的各项工作，当评价对象对评价结果表达异议时，理应予以解决。此外，权威的第三方机构也可以作为绩效申诉的管理机构，因为这类机构立场中立、行事客观，但是职能权限和信息障碍等方面的限制，会加大其受理申诉工作的难度。

2. 界定申诉范围

申诉范围是指申诉管理机构接受评价争议案件的范围。它涉及评价对象合法权益的保障程度，也涉及申诉申请的管辖权限。评价对象可提起申诉的事项至少包括以下几个方面：(1) 评价结果。评价结果可用于对评价对象的奖惩，用于指导评价对象以后的工作，是绩效评价中相当重要的一部分。由于评价结果正确与否关系到评价对象的利益，影响到政府工作的改进，因此，评价对象对评价结果持有异议的，应当允许其提起申诉。(2) 评价程序。评价程序科学与否影响到评价结论的正确性，进而影响评价对象的利益。因此，如果评价对象认为评价主体没有按照科学的或法定的程序进行评价，他有权提起申诉。(3) 评价方法。评价方法的选择依赖于具体的绩效指标，如果选择的评价方法不妥，会影响评价结果的准确性。同时，不同评价主体在评价方法上可能出现差异，从而出现使用不同衡量尺度评价同一个评价对象的情况，进而导致评价结果有所不同。因此，如果评价对象认为评价主体所用的评价方法不科学或不适合本部门的实际，可以向申诉管理机构提起申诉。(4) 评价指标。与评价方法一样，由于公共部门工作的特性，并不是每个部门都适用同样的评价指标。因此，如果评价对象认为评价主体所用的评价指标不科学或不符合本部门的实际，可提起申诉。(5) 评价信息。用于评价的信息正确与否、真实与否关系到评价的准确性和可靠性。因此，如果评价对象认为评价主体用于评价的信息不真实、不可靠，可向申诉管理机构提起申诉。

3. 明确申诉管辖权

申诉管辖是指有权受理绩效申诉的组织接受申诉方的申诉请求，并收集资料审查评价行为本身，最后依法做出裁决，同时终结绩效申诉活动的行为，它解决的是当评价对象质疑评价主体的评价时应向谁提起申诉的问题。当评价对象对评价结果质疑时，如果评价主体是上级、同级组织，评价对象可向与评价主体同级的申诉管理机构提起申诉。如果评价主体是其下级组织，评价对象应向与其同级的申诉管理机构提起申诉，以避免作为上级组织的评价对象利用自己的权力和地位优势影响申诉管理机构的裁决。如果评价对象是各级人民政府而评价主体是其下级组织时，评价对象应该向其上级政府的申诉管理机构提起申诉，而不能是同级的申诉管理机构。因为行政监察部门属于各级政府领导，向同级申诉管理机构提起申诉，不利于做出公正的裁决。另外，当中央各部委是评价对象时，评价对象可向国务院行政监察部的申诉管理机构申诉。

4. 设计申诉程序

申诉程序是申诉管理机构处理申诉时必须遵守的时间、步骤和方式等内容。科学、合理的程序是绩效申诉有序进行的保障，申诉管理机构应该按照法定的科学程序进行申诉的处理，以保证绩效申诉处理的公平、公正。科学的申诉程序应包括：(1) 申请。当评价对象对评价结果产生疑问，向申诉管理机构提出申诉申请时，就开始进入申诉程序。绩效申诉是依照“不告不理”原则，依申请而进行的，如果评价对象不提起申请，就不能进入申诉程序。(2) 受理。申诉管理机构在接到评价对象的申请后，进行审查，看其是否符合申诉范围，是否符合受理的有关条件等，再决定是否受理。如符合条件，就应立案受理。(3) 审理。绩效申诉受理后，申诉管理机构应调取相关证据，让申诉各方充分表达自己的意见和立场，围绕评价中的问题展开辩论。(4) 裁决。经过充分的论证和审查后，申诉管理机构应该以事实为根据做出公正的裁决，并将裁决结果送达申诉各方。(5) 执行。绩效申诉裁决后，申诉各方应在法定期限内依法执行。申诉管理机构应加强对申诉处理决定执行情况的监督。对不履行或无正当理由拖延履行的，申诉管理机构应责令其限期履行。(6) 期限。科学的程序必须为各个步骤设置一定的处理期限，如立案期限、审理期限、送达期限、执行期限等，以提高绩效申诉处理的效率。

6.3.4 公共部门绩效申诉体系的保障机制

为了确保公共部门绩效申诉能够落实，切实成为保护评价对象利益、提高评价结果公平性的有效手段，在公共部门绩效申诉体系构建完毕后，还必须建立相应的保障机制。具体而言，可以从以下几个方面着手：

(1) 加强公共部门绩效申诉的制度化建设。公共部门绩效申诉制度是申诉的法律依据，是申诉有效进行的保障。要使公共部门绩效申诉发挥应有作用，首先就必须制定专门的绩效申诉制度，以便有法可依。公共部门绩效申诉制度可根据《中华人民共和国行政复议法》制定，使申诉处理的各项内容都有法可依，使申诉做到以事实为根据，以法律为准绳，保证申诉处理的公平与公正，减少申诉方与被申诉方之间的矛盾，保障绩效评价的顺利进行。

(2) 明确申诉管理机构的职责权限。公共部门绩效申诉必须明确管理机构相应的职责权限。当评价对象提出申诉时，申诉管理机构应该拥有要求相关评价主体和数据提供单位予以配合的权力；在发现评价结果有误时，申诉管理机构还必须具备依据客观事实修改评价结果的权力。只有这样，才能确保公共部门绩效申诉能够切实起到作用，否则申诉就只能是空谈。

(3) 保障评价对象的合法申诉权益。在公共部门绩效评价体系中，评价主体多为评价对象的上级、同级以及相关利益群体，因此评价对象即使遭遇评价不公，也可能会顾虑到方方面面的压力而打消申诉的念头，被迫接受不公平的评价结果。所以，还需要建立申诉方的权益保护机制。具体而言，一是要尽可能地保护申诉方的隐私权，除非在特别必要的情况下，否则不能公开申诉方的申诉请求；二是要营造鼓励申诉的组织氛围，鼓励评价对象在认为评价结果有问题时及时提出申诉的同时，还要使评价主体认识到绩效申诉的重要意义，接受而不是抵制绩效申诉；三是要有效处理申诉案件，增强评价对象对申诉机构的信任感，提高申诉的权威性和影响力。只有评价对象的申诉权益得到有效保障，才能真正发挥绩效申诉的纠错作用，提高评价结果的准确性和公平性。

6.4 公共部门绩效评价结果应用

在获取最终的绩效评价结果之后，我们还要面临如何应用评价结果的问题。合理应用绩效评价结果是开展公共部门绩效评价工作的真正意义所在。公共部门绩效评价通过对评价对象的各方面工作进行评价，可以辨识孰优孰劣，为职务任免、奖罚和薪酬的发放等提供必要依据。更重要的是，公共部门绩效评价结果可以帮助评价对象发现工作中存在的问题，为相关部门的决策提供基本依据：(1) 对于监管部门，可以作为改善监管的手段，将事后监管变为日常监督；(2) 对于上级部门和组织部门，可以作为对相关责任人进行任免和奖惩的参考依据；(3) 对于评价对象，可以作为其发现问题，改进工作绩效的参考意见；(4) 对于社会公众，可以将定期有选择地发布评价结果作为加强社会舆论监督的手段。

6.4.1　用于绩效改进，提升公共部门绩效管理水平

公共部门绩效改进是指采取一系列行动以提高公共部门绩效的过程。具体步骤是，首先分析公共部门绩效评价结果，找出公共部门绩效不佳的原因，然后再针对存在的问题制定合理的绩效改进计划。公共部门绩效改进计划是根据公共部门绩效评价结果，着眼于改进绩效而制定的一系列具体行动方案，是绩效计划的有力补充，体现了绩效管理注重组织发展的核心思想。

1. 公共部门绩效改进计划的内容

公共部门绩效改进计划是经过充分讨论后，在管理人员的指导下，由评价对象自己制定的，包括改进项目、原因、目前水平和期望水平、改进方式和期限等内容。在制定公共部门绩效改进计划时要注意确保实际性、时效性和明确性。公共部门绩效改进计划通常包括以下几方面内容：

(1) 有待发展的项目。通常是指工作能力、方法、途径等有待提高的方面。这些有待发展的项目可能是现有水平不足的项目，也可能是现有水平尚可但仍有更高要求的项目。需要改善和提高的项目可能有很多，但不可能在短短的半年或一年时间内全面得到改善和提高，所以在公共部门绩效改进计划中应选择那些迫切需要改进且易于改进的项目。

(2) 发展这些项目的原因。选择某些有待发展的项目将其列入公共部门绩效改进计划中一定是有原因的。这种原因通常是实际绩效水平比较低，而完成工作任务或未来发展又需要达到较高的绩效水平。

(3) 目前的绩效水平和期望达到的绩效水平。绩效改进计划应该有明确清晰的目标，因此在制定公共部门绩效改进计划时，应当指出有待发展的项目目前的绩效水平以及期望达到的绩效水平。

(4) 发展这些项目的方式。将某种有待发展的项目从目前的绩效水平提高到期望的绩效水平可能有多种方式，如自我学习、理论培训、研讨会等。发展一个项目可以采用一种方式，也可同时运用多种方式。

(5) 设定达到目标的期限。任何目标的确定都必须有时限的要求，否则这一目标就没有实际意义。同样，在公共部门绩效改进计划中，要确定经过多长时间才能将有待发展项目的绩效从目前水平提升到期望水平。

2. 公共部门绩效改进计划的制定步骤

在对公共部门绩效存在的问题进行诊断和分析之后，就进入制定绩效改进计划阶段，参照企业应用绩效改进计划的情况，公共部门绩效改进计划的制定通常有以下几个步骤：

(1) 选择绩效改进要点。

通过绩效评价结果分析环节，可能会发现公共部门绩效需要改进的地方有很多，但最好能选取一些重要且易做的工作率先进行。如果同时进行，很可能由于压力和难度过大而

导致失败。在这种情况下就存在挑选绩效改进要点的问题。就这一问题，国内外有许多研究，比如塞莫·勒维就提出了一种两维的选择方法（见表 6－1）。实际上，选择绩效改进要点就是综合考虑每个拟选定项目所需的时间、资源和成本等因素，通常选择用时较短、资源花费少及成本低的项目。

表 6－1　　选择绩效改进要点的方法

绩效	不易改变	容易改变
急需改进	将其列入长期改进计划，或者与绩效薪酬一同改进	最先做
不急需改进	暂时不列入改进计划	第二选择（有助于其他困难绩效的改进）

（2）考虑解决问题的途径。

经过对公共部门绩效的诊断和分析环节，选取了适当的绩效改进要点，并对影响绩效的因素有了比较清晰的认识后，就要考虑解决问题的途径。公共部门需要选择一个合适的路径去解决公共部门绩效存在的问题，这需要进行系统的分析。因为公共部门跟企业组织不同，它的每一项政策都将影响到其利益相关群体，因此需要综合和全面考虑其相关政策的后续影响。

（3）制定绩效改进计划。

绩效改进计划是关于改善现有绩效进展的计划。制定绩效改进计划实际上就是具体规划应该改进什么、应该做什么、由谁来做、何时做以及如何做的过程。对存在的问题提出有针对性的改进措施，措施应当尽量具体，除了确定每个改进项目的内容和实现手段外，还需要确定每个改进项目的具体责任部门和所需时间，有时还可以说明需要的支持和资源。对特殊的问题还应提出分阶段的改进意见，使公共部门组织、职能部门和个人实现逐步改进绩效的目的。

3. 制定和实施公共部门绩效改进计划需注意的问题

（1）公共部门绩效改进计划一定要有实际操作性，要有行动步骤。如果仅停留在理论上，绩效改进计划根本没有存在的必要。绩效改进方案一定要具有较强的指导作用，最好是能具体到每一个详细的步骤。

（2）公共部门绩效改进计划要符合“SMART”原则。公共部门绩效改进计划是指导绩效改进实施的标准，因此要符合“SMART”原则，做到具体、可衡量、有行为导向、切实可行和有时限，使其具备可操作性。这是制定任何一个方案都必须考虑的原则。

（3）公共部门绩效改进计划可以与绩效目标相结合制定，也可以独立制定，目的都是为了绩效水平的切实提高。绩效目标的范围较广，既包括以前做得好的日常工作内容，也包括需要提高的改进内容。与之相比，绩效改进计划虽然也是根据上一阶段绩效评价结果来制定的，但其更具针对性，主要是针对低水平的绩效状况来制定的。在实际工作中，由于时间等因素的限制，可以将制定绩效改进计划与绩效目标设置相结合，通过同一份计划反映绩效改进方案。

（4）公共部门绩效改进计划的形式可以多样，但关键是要控制过程，给评价对象以指导。任何方案都需要付诸实施，绩效改进工作可以有各种各样的计划，但是改进的过程只有一个。绩效改进能否成功，关键就在于是否能有效控制改进的过程。只有主管领导在绩效改进的过程中给予评价对象合理的指导和帮助，及时跟踪和修正改进方案，才能确保达到计划的绩效改进效果。

6.4.2　与其他管理措施相匹配，为管理决策提供基本依据

公共部门绩效评价结果的另一个重要作用就是与其他管理措施建立匹配关系，根据绩效目标的达成情况，为管理者提供决策依据。其中，与绩效管理联系最密切的主要有战略管理、预算管理以及人力资源管理等。

1. 为战略管理提供依据

传统的公共行政主要是内部取向，关注行政过程和日常管理，公共部门惯于墨守成规和照章办事，很少考虑组织的外部环境和长远发展，战略管理的意识十分淡薄。20 世纪 80 年代以后，公共管理的实践及环境发生了新变化，信息化和经济全球化导致公共部门外部环境的不确定性日益加大，公众的监督和舆论的批评使公共部门面临的压力不断增大。任何公共部门都不能再像过去那样高枕无忧，组织必须认真考虑外部环境中的机遇和威胁、组织内部的优势与劣势，为组织的长远目标和未来发展做好充分的准备。因此，寻找和确定组织的发展目标及实现路径，增强组织灵活性、能动性和适应性，提高组织核心竞争力，就成为新的管理环境下公共部门必须面对的任务。在这种背景下，在企业中盛行的战略管理思想由于很好地满足了新时期公共部门的现实与发展要求，从而逐渐成为公共部门新的关注点。

近年来，公共部门都越来越重视开发战略规划和相关的管理程序，以确保战略计划的执行和战略目标的实现。平衡计分卡的创始人卡普兰和诺顿曾指出，战略“如果不能被描述，就不能被衡量；如果不能被衡量，就不能被管理。”① 也就是说，只有进行清晰地描述和客观地衡量战略，才能实现战略的落实和有效执行。因此，很多公共部门也都根据战略目标和任务来确定成功的衡量标准，以保证其专注于优先事项，并跟踪战略聚焦领域的进展情况。绩效管理作为战略管理过程中十分重要的组成部分，在建立、执行及评价战略的过程中发挥着重要作用。在对公共部门绩效评价结果进行分析和总结之后，就可以清楚地发现公共部门绩效存在的问题，并为公共部门下一阶段的工作计划提供依据，帮助公共部门把主要的资源集中到需要改进的工作上，从而为社会提供更加全面、质量更高的公共产品和服务。

2. 为预算管理提供依据

传统的预算管理属于“投入、产出、结果”的投入导向型预算管理模式，它将预算支出分为若干个专项经费，如人员经费、办公经费、建设和购置费等，实行专款专用。在传统预算模式下，政府只需对公共资源的使用负责，对预算执行过程的监控也着眼于投入方面，而预算投入所取得的结果，并不会得到特别关注。20 世纪 70 年代末至 80 年代以来，随着新公共管理运动在全球的迅速扩张和深入发展，绩效预算作为一种新的预算管理模式走进了多个国家和地区。简言之，绩效预算是一种将预算与绩效相联系的预算编制系统，

---

① 罗伯特·卡普兰，大卫·诺顿. 战略地图：化无形资产为有形成果. 广州：广东经济出版社，2005：14.

是一种追求效率的预算管理方式，它将公共资金的产出指标化，进行成本效益分析，并以此作为编制预算和分配资金的依据，其核心是强调公共支出管理中的预期目标以及目标与结果的结合，以形成一种新的行政预算管理方式。

绩效预算与传统预算相比，已经不再是一种单纯的预算管理制度，它与政府绩效管理制度和绩效评价体系紧密相关，并能够通过预算的具体实施有效推动政府绩效的改善和提升，因此，它更符合当代政府的特征和需求。绩效预算是一种既重视投入，更重视产出的效益预算，将政府部门获得的预算资金与其工作成果紧密联系起来，并将绩效的评价结果作为预算部门增加或削减预算的核心依据。绩效预算的安排，不再是取决于各部门伸手要多少，而是取决于各部门的绩效水平，即绩效越好的单位，就越容易获得更多的预算，从而增强了政府部门使用预算资金的责任感，改变了以往不关注资金使用效益的错误做法，促使各部门合理、有效、节约地使用财政资金，有效制止浪费，实现财政资金效益最大化。

3. 为人力资源管理提供依据

与人力资源管理决策相挂钩也是绩效结果应用得最为普遍的方式之一。具体而言，主要体现在以下三个方面：首先，作为晋升的依据。公共部门绩效作为衡量公共部门领导干部绩效的重要组成部分，能够有效体现出领导干部的管理水平，因此公共部门绩效往往作为衡量领导干部能力的重要标准，被用于领导干部选拔与晋升的评价体系中。其次，作为奖惩的依据。根据公共部门绩效评价结果，可以判断相关责任主体的功过得失，并以此作为实施奖惩的主要依据。对于绩效优秀的部门和个人，应予以一定的表彰和奖励，从而产生积极的激励作用和榜样示范效应；而对于绩效不佳者，则应采取相应的惩罚措施，达到奖优罚劣、激励进步的目的。最后，作为培训与开发的依据。绩效评价结果还能够使公共部门认识到自身工作的不足之处，并据此采取有针对性的培训开发措施，通过对这些缺点和不足予以弥补，从而达到绩效改进的目的。

6.4.3 公示绩效评价结果，推动公共部门管理的透明化

在以经济的市场化、政治的民主法治化、文化的多元化为时代标签以及日益信息化与全球化的现代社会里，公共部门信息公开已成为信息化时代与互联网时代背景下民主与法治建设的重要内容。建构并不断完善信息公开法律制度及相关配套制度是法治国家的重要标志。信息公开有利于增强公众对公共部门管理的认知与信任，有利于科学决策、民主决策，有效促进公共部门提高行政效率，改善服务质量。公共部门绩效评价结果作为公共部门信息公开的重要组成部分，也受到了日益广泛的关注。通过将组织绩效结果传递给主管单位、相关部门以及利益相关群体，不仅有利于公共部门工作的公开化、透明化，实现社会对公共部门工作的有效监督，而且可以使各方能够针对公共部门绩效中的缺陷和不足提出宝贵意见，有利于公共部门绩效的改进以及服务水平的提高。

公共部门绩效信息的公开方式涉及绩效信息向公共部门内部公开和向公众公开的具体方式。公共部门内部公开绩效信息的方式是内部公文，要考虑的主要问题是绩效信息内部的传递顺序。传统的信息传递方式是一种由上及下的方式，该方式的主要缺点是信息传递过程较长，影响了公共部门的灵活性。绩效信息还可以通过网络传播的方式在公共部门内

部公开，该方式有利于绩效信息同时被公共部门的各层级人员所掌握。公共部门绩效信息向公众公开的方式有以下三种：

（1）通过电子文本的形式在网络上公开。随着电子政务的普及，这种方式因节省费用和覆盖面较广而越来越受欢迎。但是这一方式对那些缺乏基本的电脑操作技能的公众不利，公开的效果受到了限制。

（2）通过印刷品的形式供公众购买或阅览。这种方式的优点是对公众的技能要求比较低，与第一种方式相比其缺点是耗费较大，覆盖面有限。

（3）依据请求提供信息。在涉密内容例外的原则下，只要公众向公共部门提出请求，行政机关就要向申请人公开电子或印刷品文件。与前两种方法相比较其优点是目标受众明确，缺点是增加了行政机构的工作量。

此外，为了使公共部门绩效评价结果的公开切实成为推动公共部门改进效能和加强公众监督的有效方式，除了要将绩效信息公之于众外，还应该通过加强对绩效信息的监管、开辟绩效信息反馈渠道等方式，增进绩效评价结果公开的实际效果。

本章小结

公共部门绩效反馈是公共部门绩效管理体系中不可或缺的重要环节之一，它是在公共部门绩效评价的基础上，通过报告、面谈等方式，使评价对象认识到自身绩效的优势与不足，以便进一步改进和提升绩效的过程。公共部门绩效反馈在评价主体与评价对象之间搭建了一个必要的沟通渠道，既是绩效沟通的主要形式，又是一种重要的激励手段。绩效反馈主要有书面报告和反馈面谈两种方式，绩效面谈是促使绩效评价结果转化为绩效改进动力的关键，公共部门在实施绩效反馈面谈时，应遵循绩效反馈面谈的重要原则和注意事项，并做好充分的准备。

公共部门绩效申诉是指评价对象对评价结果持有异议，依照法律、法规或规章向有权受理申诉的机关提出申诉申请，受理部门依照规定的程序对相应的绩效评价过程和结果进行审查、调查并提出解决办法的过程，是提高公共部门绩效评价公平性的重要手段。合理应用绩效评价结果是开展公共部门绩效评价工作的真正意义所在。公共部门绩效评价通过对评价对象的各方面工作进行评价，可以辨识孰优孰劣，为职务任免、奖罚和薪酬的发放等提供必要依据。更重要的是，公共部门绩效评价结果可以帮助评价对象发现工作中存在的问题，为相关部门进行决策提供基本依据。

关键术语

公共部门绩效反馈　　公共部门绩效申诉　　360 度反馈计划

复习思考题

1. 谈谈你对 360 度反馈计划的理解。

2. 如何实施公共部门绩效反馈面谈？
3. 请简答公共部门绩效申诉实施的必要性。
4. 请简述公共部门绩效申诉体系的构建。
5. 请阐述公共部门绩效评价结果应用的意义及作用。

第 7 章

公共部门绩效预算

公共部门绩效预算是结果取向的预算，它通过将市场经济的一些概念引入公共管理中，旨在有效地降低公共产品和公共服务的支出成本，提高财政支出的利用效率。从 20 世纪 90 年代中后期开始，我国开始推行预算制度改革，但由于起步较晚，还存在预算管理方式不科学、预算透明度较低、预算绩效评价不规范等问题。为了改善我国公共部门的绩效预算状况，有必要系统了解公共部门绩效预算的相关理论知识。本章将从公共部门绩效预算的基本概念出发，系统阐释公共部门绩效预算的实施流程以及国内外的发展现状。

重点问题

- 公共部门绩效预算的概念与功能
- 公共部门绩效预算的流程
- 公共部门绩效预算的发展历程
- 我国公共部门绩效预算的发展与改进

7.1 公共部门绩效预算概述

7.1.1 公共部门绩效预算的概念

公共部门绩效预算最早出现于 1907 年美国纽约市政局提供的《改进管理控制计划》报告中，用于协助管理和调控。该报告强调“通过对已批准项目的管理，提高资源使用效率”。1950 年美国总统预算办公室第一次对绩效预算做出以下定义：绩效预算是这样一种预算管理制度，它要求预算单位请求拨款时须明确阐述：（1）所要实现的目标；（2）为实现目标而拟定的支出计划需要花费的资源；（3）用哪些量化的指标来衡量其在实施计划支出过程中取得的成绩及工作完成情况。

世界银行专家沙利文认为：绩效预算是一种以目标为导向、以项目成本为衡量、以业绩评估为核心的预算体制。澳大利亚把绩效预算分成五个部分：一是政府要办的事；二是配置预算资源；三是以结果为中心制定绩效目标；四是评价目标实现状况的标准；五是评价绩效的指标体系。联合国技术合作发展局顾问彼得先生认为，绩效预算是这样的一种预算机制：在预算计划中，表明预算拨款的目的和目标，以及达到这些目标所需耗费的成本。他认为，绩效预算有以下五个基本要素：（1）按细化的目标或作用将预算计划分项目排列；（2）预算计划中表明每个项目在每个财年中所要实现的业绩目标；（3）预算计划中清楚地陈列了每个项目的预算成本和预期收入；（4）必须按预定指标测量与绩效拨款有关的产出和业绩，以衡量目标是否实现；（5）使用结果数据作为绩效评估的依据，以确定实际的成本和业绩，从而提高国家财政资源的利用效率。

我国也有一些学者对公共部门绩效预算的概念发表了自己的看法。胡宁生认为，公共部门绩效预算是指公共部门按照其职能进行预算决策，将公共部门预算建立在可衡量的绩效基础上，办多少事拨多少钱。它是根据成本—收益比较的原则，决定支出项目是否必要、项目所涉及资金额度大小的预算形式。国内更多学者则将研究视角聚焦在政府组织的绩效预算上。如卓越认为：政府绩效预算是一种由预算主管机构或其他受委托机构通过科学的评价体系对政府预算计划进行成本效益分析，据此分配财政资金的后果导向型预算模式。范柏乃认为，绩效预算是指政府首先制定各部门有关的事业计划和工程项目，并在进行成本—收益分析与绩效评估的基础上确定实施方案所需要的支出费用，然后再来编制预算。贾康等认为绩效预算首先是一种新式预算理念，它要求人们在编制预算时要以机构绩效为依据，把拨款和要做的事情的结果联系起来，而且这种理念没有办法度量；其次，绩效预算又是绩效的预算，要从资金使用的角度去分别规划政府各个机构在单一预算年度内可能取得的绩效；最后，绩效预算是一种示意图，它体现的是以民为本的执政理念，预算资源的使用必须产生社会公众所需要的某种社会效益。总而言之，绩效预算是一种预算模式，包含理念和预算过程的重要变化，而预算编制方法的变化只是手段。

总结起来，本书认为，公共部门绩效预算（public sector performance budgeting）是指公共部门在制定各部门项目计划的基础上，通过成本—收益分析和绩效评价来分配财政资金的一种预算模式。公共部门绩效预算由绩、效和预算三个要素组成。其中，“绩”是指公共部门财政支出所要实现的目标，这些目标一般是可以量化和考核的；“效”是指公共部门具体目标的情况；“预算”则是指为了达成公共部门的具体目标所分配的财政资金，这是目标达成的重要基础保障。与传统的预算相比，公共部门绩效预算具有以下特点：

（1）公共部门绩效预算以绩效为核心。公共部门绩效预算把市场经济的基本理念融入管理当中，从而有效降低支出成本，提高财政支出的利用效率。公共部门绩效预算对绩效的追求可以通过经济、效率和效能来衡量和体现，这也构成了公共部门绩效预算评价的核心内容。

（2）公共部门绩效预算强调结果导向。传统的预算模式以投入为基础，重视财政的投入过程而非结果，考核也主要是以传统程序为导向的合规性考核。而公共部门绩效预算则强调利用企业家精神改造政府，注重结果导向，要求赋予部门更多的灵活性，客观上对部门财务活动的合规性有更高的要求。

（3）公共部门绩效预算突出责任意识。责任制是公共部门绩效预算的一个显著特点，它不仅凸显了公共部门财政资金对效率、效益和效果的追求，同时也将财政支出与使用单位联系在一起，在评估者和被评估者之间建立明确的责任关联，使公共资源从预算、执行到最终结果都有人负责。公共部门绩效预算的目的也是通过对财政资金的有效利用，实现公共利益和公共价值的最大化，从而对纳税人负责。

7.1.2　公共部门绩效预算的发展

20世纪末期，我国财政改革的重点转到预算改革，改革过程中也借鉴和吸取了20世纪50年代以来西方国家的预算改革理念。公共部门绩效预算的发展过程可以分为七个阶段：以控制为导向的传统预算或排列预算；注重管理的项目预算或绩效预算；重视经济规划的规划—项目预算；重视预算分权化的目标管理预算；强调等级项目优势的零基预算；带有中央集权性质的目标基准预算；以及将新公共管理价值融入预算过程的结果预算①。在不同的发展时期，公共部门绩效预算也经历了从关注投入到关注产出，再到关注结果的发展与变迁。

（1）排列预算（1921—1939年）。现代公共预算体制形成于19世纪，学术界普遍称之为传统预算模式。所谓排列预算就是指政府机构根据每个项目的支出简单地进行资源配置，强调纯熟的会计技术、办公室或计划运行所需要的雇员和物品及其成本、各级政府渐进式的政策制定、管理和规划责任的分散，以及预算机构的信用职能。同时，排列预算还强调预算项目的技术性明细。“财政看门狗”等词组的普遍适用表明了这一阶段严格的控制取向。在这种传统预算模式下，对于预算资金的要求是自下而上形成的，预算决策是按照基数加增长的模式做出的，资源配置以预算基数为基础，预算增量部分的决策主要取决于政治上的讨价还价。

（2）项目/绩效预算（1940—1964年）。项目/绩效预算比传统的绩效预算覆盖了更多的行政管理活动。在这种预算模式下，投入与产出都被考虑在内。项目/绩效预算强调根据活动而不是单一支出项目做出预算选择，在充分测量所有绩效项目相关成本的同时收集绩效测量的信息，并通过比较实际成本和绩效与计划水平之间偏离情况的绩效报告来评估资源使用效率，进而推动各个机构提高绩效水平。在项目/绩效预算中，议会不再拨款给含糊不清的目标，而是给那些被清楚定义的特定的目标提供资金，同时也会建立一个会计体系来追踪支出和绩效。将预算与绩效挂钩，这也代表了政府预算职能应坚持的一种新的理念：预算不再只是控制支出的一种工具，也是实现公共目标的一种途径。

（3）规划—项目预算（1965—1971年）。规划—项目预算源于20世纪60年代美国国防部的预算改革。1965年，美国联邦政府全面采用规划—项目预算。在70和80年代，规划—项目预算的影响逐渐扩大，被越来越多的国家借鉴和使用。规划—项目预算不仅考虑

---

① 尼古拉斯·亨利. 公共行政与公共事务. 北京：中国人民大学出版社，2011：119.

到投入与产出，而且考虑到效果与备选方案。规划—项目预算是目标和政策取向的，它关注的重点是预算结果。对于规划—项目预算来说，投入和产出不再是预算应该关注的重心，某一产出是否是社会所需要的才是决定该不该为该产出提供相应财政资金的关键。因此，这种预算模式要求政府机构首先清楚地表述它的可以测量的服务目标。

（4）目标预算（1972—1977 年）。1954 年，彼得·德鲁克出版了《管理的实践》（*The practice of management*）一书，并正式提出了影响深远的目标管理这一概念，这也催生了一种新的预算模式——目标预算。德鲁克认为，目标管理是一种程序或者过程，它使组织中的上下级一起协商，根据组织的使命确定一定时期内组织的总目标，由此决定上下级的责任和分目标，并把这些目标作为组织经营、评估和奖励的标准。当在预算系统中引入目标管理的思想时则可称之为目标预算（BBO）。与规划—项目预算重视投入、产出、效果与备选方案相比，目标预算在某种程度上是向绩效预算的回归，它虽然也重视产出、投入和效果，却并不一定重视备选方案。目标预算关注的是项目的效力，强调通过全面综合性的系统规划实现责任的逐级分担和目标的有效达成。

（5）零基预算（1977—1980 年）。零基预算（zero-base budgeting，ZBB）模式是由美国农业部于 20 世纪 60 年代首先提出来的，该预算模式试图通过取消预算基数而实现资源的优化配置。零基预算不重视投入、产出以及效果的问题，而比较重视备选方案，其核心是按照项目优先顺序重新分配预算资金。一般来说，零基预算主要包括五个步骤：1）确定决策单位及其目标与任务；2）决策单位的管理者根据已经确定的目标与任务，准备可供选择的决策方案；3）决策单位的管理者根据决策重要性或优先程度对所有决策方案进行排序；4）部门管理者、预算机构和政府首脑对决策方案进行逐级排序，最后由政府首脑在预算机构的帮助下将各个部门的排序合并成政府的一个总体排序；5）当把所有的项目都按优先性进行排序之后，决策者就可以从序列中最优的项目开始分配资金，直到当年可供分配的资金分配完为止。

（6）目标基准预算（1980—1992 年）。目标基准预算也被称为目标预算（target budgeting）、封顶预算（fixed-ceiling budgeting）或自上而下预算（top-down budgeting），是一种面向机构的资源配置方法。在目标基准预算模式下，政府机构可以选择在中央设定的支出限额内完成目标任务的最有效方式。同时，各机构主管也必须在提交下一年度预算申请时，说明机构目标达成的进度。与零基预算相比，目标基准预算没有大量额外的零基预算成本，不需要检查所有的项目，也不需要给各式各样的预算提供备选方案。目标基准预算所依据的基准就是一个数据而已。目标基准预算是为了完成政府组织使命而编制的预算，政府的政策制定者更关注如何完成他们的使命，而非具体的产出或者备选方案。

（7）结果导向预算（1993 年至今）。结果导向预算（budgeting for results）或者结果预算（results budgeting），也被称为使命预算、企业家预算或者绩效为主的预算、新绩效预算。这种预算模式认为，产出不是预算资金支出的最终目的，预算的最终目的应该以结果为导向。结果导向预算具有以下三个特点：1）目标和总额上的集中控制。政策制定者一般只对支出目标和支出总量进行控制，并规定了这些资金的大致支出方向。2）手段分权。在政策制定者决定了大致的支出方向和支出总额后，管理者可以像商业部门的经理那样灵活地、创造性地根据环境的变化使用资金。3）对结果负责。在授予中低层管理者自由支出的权力之后，政策制定者希望他们所选择的项目能够有效率地完成，预期的结果能够实现。通常情况下，预算机构将与各支出部门签订绩效合同，列出该部门的目标，并将目标按重要性排列，然后要明确测量这些目标是否实现的以结果为导向的绩效指标。与传统绩效预算强调预算的产出相比，结果导向预算更强调支出的最终结果。

7.1.3　公共部门绩效预算的功能

公共部门绩效预算是按照公共部门提供公共产品和公共服务的绩效表现情况分配财政资金的一种预算模式。与传统的预算模式相比，公共部门绩效预算由重视投入转为重视结果，并将结果作为确定政府支出的重要依据。公共部门绩效预算将市场经济的基本理念融入公共管理实践当中，其具体功能主要表现在以下几个方面：

（1）实行绩效预算，有利于提高财政资金利用率。在传统的预算模式下，政府预算的支出体系与资金使用脱节，很多部门一方面要求增加预算拨款，另一方面却存在大量的财政资金浪费和低效率的情况。公共部门绩效预算强调结果取向，关注财政支出所要达到的具体目标，要求预算拨款与预期绩效挂钩，这就使得政府既可以有效地控制预算支出规模，也可以更好地调动预算单位的积极性，提高财政资金的利用效率。

（2）实行绩效预算，有利于提高政府运行效率。公共部门绩效预算实际上是“干多少事就拨多少钱”的具体体现。政府向公共部门拨款是为了“购买”其服务效果，如果其服务效果不符合绩效预算的拨款要求，就会得不到相应的财政拨款。将预算拨款与部门服务效果相挂钩，有利于改变政府的不作为或低效率状态。在绩效预算模式下，对公务员行为的评价由过去的法律和行政标准，转向服务质量的业绩标准，那些照章办事、但求无过的公务员不再被认为是好的公务员，那些具有创新精神，并能够为大众提供更好的公共服务的公务员将会更加受到重视，从而能够最大限度地提高政府效能。

（3）实行绩效预算，有利于预防政府决策失误。近年来，我国也在不断推进政府预算改革。但由于缺少预算项目绩效的科学评价体系，导致预算项目的前期论证不充分，由此造成损失的情况经常发生，且影响较大。实行公共部门绩效预算，需要建立一套完整的公共部门绩效预算编制、执行和评价过程体系，绩效预算评价体系的建立可以有效明确政府预算投入所要优先达到的绩效结果，从而有效预防决策失误。

（4）实行绩效预算，有利于提高公共服务质量。公共部门绩效预算旨在用企业家精神改造公共部门，把社会公众视为顾客，这就要求公共部门的一切活动都要从满足公民等利益相关者的需求出发。公共部门绩效预算要求支出机构必须确保实现社会所希望的某种预算结果。如果资金支出没有实现预期的结果，支出机构的负责人就要承担管理上的责任。因此，实行公共部门绩效预算，可以强化公共部门为公众服务的理念，使公共部门追求办事效果，激发其工作活力，使其行政变得更加务实有效，从而提升公众对公共部门的信任度。

7.2　公共部门绩效预算的流程

公共部门绩效预算是注重结果导向的一种预算模式，了解公共部门绩效预算的具体流程是实施公共部门绩效预算的前提和基础。结合西方国家公共部门绩效预算的实际经验，可以将其划分为公共部门绩效预算的编制、公共部门绩效预算的执行和公共部门绩效预算的评价三个阶段。

7.2.1 公共部门绩效预算的编制

公共部门绩效预算编制是公共部门绩效预算的首要环节，是实现公共部门绩效预算功能的重要前提。与传统预算编制相比，绩效预算编制更强调对财政总额的控制、财政分配中项目对政策的响应性以及财政资源分配中的协调与制约。从各国实践来看，依据公共部门绩效管理与公共部门预算编制之间的关系，可以将公共部门绩效预算分为两类：一种是公共部门绩效管理和绩效预算编制之间没有直接联系，如美国、荷兰、澳大利亚等，这种模式赋予了公共部门更多的自主性和灵活性；另一种是公共部门绩效管理和绩效预算编制之间有直接的联系，如新西兰，这种模式下的公共部门被赋予了更多的责任。基于管理实践以及体制差异等因素，理论上并没有适合所有国家的绩效预算编制模式。

美国政府于 1949 年首次提出了绩效预算这一预算方法，在公共部门绩效预算的编制方面也形成了较为系统的步骤体系。根据《政府绩效与结果法案》（GPRA）和美国管理与预算办公室（OMB）发布的《预算指导》，美国政府绩效预算的编制过程大致可以分为以下三个步骤：

第一，根据战略计划编制年度绩效计划。根据 GPRA 的规定，OMB 要求预算建议在分析、规划、评估和预算的基础上综合提出。因此，年度计划的制定必须与战略计划的目标相一致并能反映总体的优先顺序安排。所谓战略目标是对某一机构在特定时期内所需履行职责的表述，而战略计划就是指以数量化信息来描述的战略目标，它是编制绩效预算的基础。年度计划是指根据主要的职能制定的年度活动计划，它包括年度的项目活动及绩效目标。在绩效预算中，战略目标通过多个年度项目的执行得以实现。

第二，根据绩效目标以金字塔形式逐层进行资源分派。OMB 在《预算指导》中强调："绩效预算在组织上类似目标金字塔，最上层是战略目标，在这一框架内，各部门应按绩效目标的层次来分派资源，资源应按完全成本来计算。"这就要求各政府部门的年度预算必须在战略目标指导下，按各项目在各年度的产出目标计划进行财政资源配置。OMB 要求各机构在进行资源配置时要涵盖：延续性项目、应在本年度执行的已授权项目、因期满而在本年度减少的项目以及其他法律规定的财务责任等。在对各项目进行年度财政资源分配时又要综合考虑项目的总资源约束，各年度的具体任务和目标，以往完成同类任务所需的人工、设备及效率，并估计采用现行方案和运用新技术的效率改善等情况。财政资源配置的具体过程要求运用图形、表格和曲线分析等来支持或说明。

第三，按年度资源需求量和相关规定进行资金预算。年度资金预算是各部门所需财政资源的货币表现。OMB 要求所有的资金预算必须在其提供的经济假设的基础上进行。在目前的联邦政府部门预算中，人员费用主要根据各类人员的国家工资标准规定，并考虑雇佣成本指数和本地工资率来决定。资本预算主要根据资本的单位成本和价格指数的变化情况来决定。此外，OMB 还求各机构提供相关项目的单位成本信息，以反映产生特定成果的项目的平均成本。这类成本应按照固定要素和可变要素加以区分，从而能更清晰地显示出边际成本信息。

在以上工作基础上，各政府部门根据项目、资源和基金账户分类，列出本部门的资金预算表，而后提交给 OMB。不过，通常情况下，这个预算支出计划还要根据日后 OMB 下达的支出上限进行调整。

除美国以外，澳大利亚、新西兰等国家也制定了符合本国实际的绩效预算编制模式。总的来说，公共部门绩效预算关注更客观地评估部门支出取得的成效，更有约束力地管理公共部门，更高效率地配置资源，其编制流程如图 7－1 所示。在这一过程中，需要重点把握以下几个关键环节：

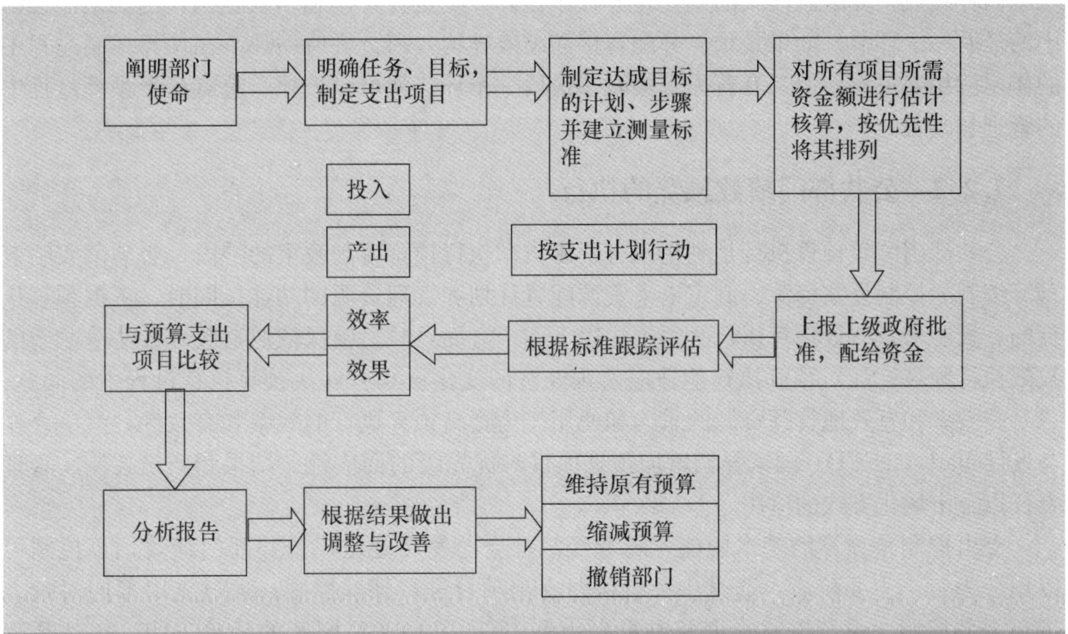

图 7－1　绩效预算编制流程

资料来源：王进杰. 政府绩效预算管理改革研究. 北京：中国财政经济出版社，2009：49.

（1）明确任务、目标，制定支出项目。绩效预算突出结果导向，将财政资源分配与预期目标挂钩，所以在编制公共部门绩效预算时，需要首先明确公共部门在未来一定时期内的发展目标，并将其作为分配财政资金的依据。美国在《政府绩效与结果法案》中将绩效评价在联邦政府级别上制度化。该法案要求联邦机构建立最高级别机构的目的和目标，包括年度项目目的，表明它们打算如何实现这些目标，展示为达到这些目的它们如何衡量机构和项目业绩。部门在每一个预算年度开始时都要知道在这一年中要做什么事情，着重强调政府干什么而不是买什么。

（2）按支出计划行动。根据标准跟踪评估，是绩效预算的中心内容。支出内容与其所服务的规划密切相连。根据总的工作规划，着重考核预算支出，使绩效评价渗透到政府的每一个部门。这些绩效考核措施既考核公共资金使用的最终效果，又考核为取得上述效果所开展的工作活动情况。这主要是为了克服传统政府管理方式中的三个具体弱点：1）缺乏宏观的方向和目标；2）缺乏使地方政府的不同部门能够选定自己的目标、预想和工作标准的凝聚力和协调机制；3）没有整体的，有时甚至没有部门的信息管理系统来使议员们和高级管理人员了解应该让谁去做什么，以什么代价以及有什么效果。

（3）根据评估结果来进行责任和控制的考核，同时进行调整和改善。这是公共部门绩效预算对部门产生调控作用的重要环节。评价结果反映了部门预算支出后完成任务的情况：是否达到标准，公众是否满意，可做出哪些改进和调整。将实际的项目结果与之前确定的标准相比较，如果某些公共部门提供公共服务的情况无法令政府和公众满意，政府则会考虑将这部分公共服务的提供权出让给私人部门，政府从中退出，或者撤销该部门，这便促进了公共部门之间的竞争和公私部门之间的竞争。

两种绩效预算编制模式的重要差异在于预算分配是否直接和绩效挂钩，也就是流程图中的最后一个环节。如果是预算分配直接和绩效挂钩，那么最后一环节在预算编制过程中的作用就相当关键，但二者若无直接联系最后一个环节就可以去掉，重点在于预算过程中的管理和改善。

7.2.2 公共部门绩效预算的执行

公共部门绩效预算执行是利用现有资源贯彻执行预算编制政策的手段，必须落实绩效预算编制的控制公共资源、制定未来资源配置计划和管理资源的功能。同时，依据预算执行的一般要求，绩效预算执行必须关注以下四个方面：（1）确保依照财政政策法令赋予的权限执行预算；（2）预算执行能适应宏观经济的变化；（3）解决预算执行过程中的问题；（4）高效率和有效地管理资源的采购和使用。为提高预算执行的效率和有效性，经济合作与发展组织（OECD）国家强调增加预算项目对优先级的回应性、结果和产出控制、管理责任以及市场化方式的应用。

支出控制是预算的基本职能，随着经济社会的发展变化，公共部门绩效预算控制可以划分为三个主要阶段：通过中央机构对支出项目进行外部控制；通过支出部门对投入进行内部控制；对产出的管理及决策自由和责任①。OECD国家的经验表明，绩效预算控制改革的顺序是政府在对支出具有强有力的外部控制之后，才转向内部控制，同样在内部控制成熟以后再强调产出和结果控制。普雷姆詹德又将支出控制按职能类别分为政策控制、过程控制和效率控制。其中，政策控制指负责制定宏观经济战略和制定有关的综合指标，并且进行机构的改革重组；过程控制指履行法定职责，进行人事管理、政府采购、工程承包、项目招标及资金支付；效率控制指对最后获得的结果参照一定的标准进行评估。

1. 外部控制

外部控制一直是预算控制的一种重要方法，具有三个基本特征：支出和控制被委托给两个部门；控制针对资金投入加以实施；控制在资金支付之前实施。外部控制是在预算的

---

① 艾伦·希克. 当代公共支出管理方法. 北京：经济管理出版社，2000：113.

投入方面实施的，并未涉及产出，而且对与产出有关的数据也没有进行系统的汇编。由于外部控制是对支出的事前控制，可以在整个支付系统应用，节约公共支出，并将那些决定支出的合法性和适当性的人与实际花费支出的人区分开来；它还可以对特定的交易进行准确的描述。艾伦认为预算外部控制一直被预算管理者使用，原因在于：一是预算政府职能相对简单；二是管理技术有限；三是信息成本过高；四是会计和行政制度落后。但是随着这些困难被相继克服，外部控制也逐渐失去了存在的理由，开始逐步向结果和产出控制转变。

外部控制是政策和过程控制。外部控制通过向支出部门强调政策规则和指令，对资金投入进行详细的控制，这就要求实际操作的管理者准备并实施详细的预算，根据行政事务规则雇用并监管人员，根据政府规定购买物品。他们还必须向有关机构定期汇报活动情况。许多发展中国家预算改革主要集中在加强外部控制，以便减少腐败。但是由于外部控制的程序繁琐，管理成本日益增加，而且出于政府组织对财政资金效率和有效性的追求，外部控制逐渐向内部控制和管理自主转变。

2. 内部控制

内部控制赋予支出管理者一定权限，但仍然没有给予他们足够的自主权。首先，支出管理者必须按统一规定使用资金，削弱了管理者在实际运作中的决策自由；其次，管理者在做出关键性运作决议时仍然必须得到中央预算部门的批准。内部控制具有以下三个基本特征：一是内部控制意味着那些使用公共资金的人，要为其行为的合法性和适当性负责。在内部控制下，运作机构必须根据政府规定建立起标准的人事、采购和其他管理制度。二是内部控制仍然集中在投入上，但是管理者在采取行动之前不必获得外部同意。三是为了取代事先审计，政府转向了事后审计，并且不再审查所有的交易，而是采取抽查方式以确定运作是否合规。

内部控制主要使用政策控制和过程控制，既强调外部法律和规则的重要性，又给予支出部门一定权限，在资金的使用上，关注在中央有关机构授权情况下，支出机构安排使用资金的合法性和合理性。尽管内部控制使管理者在运作中享有更大的决策自由，但仍要按统一的规定执行。在管理资源的过程中，管理者必须遵守政府的工资和其他各类制度，必须根据事先规定的程序进行采购，必须遵守外部规则。

3. 管理责任

与外部控制和内部控制相比，管理责任将控制的重点从投入转向了产出和结果，从管理者购买什么转向他们生产什么以及效果如何，通过赋予管理者广泛的决策自由来加强管理责任。作为交换，管理责任使管理者对工作业绩负责。管理责任是政策控制和效率控制。管理责任主要从两个方面提高效率：一是通过制定产出和结果目标，使管理者对其服务数量、质量和及时性负责，通过优化产出来增加提高效率的机会。其次，管理者享有运作决策方面的全部权力，可以运用专业技巧、判断力及掌握的信息来选择最有效率的投入组合，从而获得效率红利①。

管理责任如果要有效执行，最有效的方法是改革公共部门的责任关系。为达此目

---

① 亚洲开发银行. 政府支出管理. 北京：人民出版社，2001：122.

的，西方国家进行了长期的探索和实践，一般来说，采用管理责任制度的国家按不同模式分为以下几种：一是瑞典将数量众多、规模较小、行使政治和决策职能的部委与执行政府计划的机构分离，并明确二者之间的关系，强化责任机制；二是从 20 世纪 80 年代末开始，英国建立起 130 多个执行机构，每个机构都由一名得到任命的最高行政长官来领导，而且他们都根据一份说明机构可以自行处理什么事务以及对哪些问题负责的框架性文件开展工作；三是 20 世纪 90 年代，新西兰将大多数服务职能从政策建议机构中分离出来，引入了以预算为基础的产出制度，并制定了各种各样像合同一样的文件，这些文件对资源分配和产出进行了详细的说明；四是与其他国家相反，澳大利亚保留了综合性部门，但是已经在努力争取将资源分配和运作决策权下放到具体操作单位。

预算支出控制对实现绩效预算十分重要，但是在不同的发展阶段，需要选择合适的控制形式和类型。因此，在政府预算改革阶段，需要重点注意以下几个重要因素：(1) 改革的顺序是从外部控制阶段到内部控制阶段再到管理责任阶段；(2) 建立有效的控制需要建立有效的制度和制定明确的程序；(3) 对处于外部控制阶段的转型国家而言，可以通过外部控制合理化、培训管理技术和制定绩效衡量指标等方式加速改革进程；(4) 管理责任要求下放管理权限，并将成本分配到活动当中；(5) 管理责任要求重塑公共部门责任关系，引入契约模式；(6) 管理责任要求管理者改革管理实践，引入市场竞争机制，强化市场信号；(7) 建立有效的评估制度对管理责任的实现至关重要①。

7.2.3 公共部门绩效预算的评价

公共部门绩效预算评价是公共部门绩效预算管理的重要环节，也是难点所在。作为一种结果导向的预算模式，公共部门绩效预算评价就是判断公共部门绩效预算的执行结果是否与预期目标相一致。为了确保公共部门绩效预算评价的有效开展，有必要确立一套系统的绩效预算评价标准，而其核心就是确定绩效预算评价的指标体系。

1. 公共部门绩效预算指标的构建原则

公共部门绩效预算的目的是科学、合理地使用公共财政资金，提高财政资金的利用率和有效性。因此，公共部门绩效预算的指标构建也应该体现出公共部门绩效预算的特点，坚持以下基本原则：

(1) 全面性。公共部门绩效预算指标应全面反映公共部门预算支出的效益，一方面要全面反映公共部门预算执行的结果，包括政治、经济、社会、环境和文化等各个方面；另一方面要全面反映公共部门预算执行的即期效益和公共部门预算执行的未来效果。

(2) 科学性。在确定公共部门绩效预算指标时，应坚持 CREAM (clear，relevant，economic，adequate，monitorable) 标准：清晰的，精确而不含糊；相关的，对于目标而言是适当的；经济的，能以合理的成本获得需要的数据；充分的，标尺本身或与其他标尺组合起来，必须能为评价绩效提供一个充分的基础；可监督的，标杆本身经得起独立的和详细的检查。

---

① 夏先德，许正中. 中国绩效预算模式设计研究. 北京：中国财政经济出版社，2014：134-143.

（3）系统性。公共部门绩效预算指标的设计应坚持系统性原则，做到四个结合。通过将指标评估框架与专项指标结合，体现可比性与特殊性；通过将外部相对人（社会公众）和内部相对人（服务机关内部人员）指标相结合，体现服务对象的差异性；通过将定性指标与定量指标相结合，体现评价方法的立体性；通过将效率指标与效益指标相结合，体现评价内容的全面性。

（4）适应性。公共部门绩效预算指标必须与外在环境相适应。一般来说，这些外在环境要求大致分为以下五个基本要素：法律政策的要求、上级的要求、服务对象或社会群众的需求、前期目标的完成情况和政府的现状等。

（5）客观性。公共部门绩效预算指标必须将以客观事实为基础获得的准确数据作为计量和评价基础。

2. 公共部门绩效预算指标的具体类型

良好的绩效指标有助于改善公共部门的内部管理，增强公共部门的责任性，正确指引组织、员工行为的方向。鉴于公共部门行为结果的不确定和不易分辨性，绩效预算的执行结果也往往难以用单一的指标进行有效衡量。一般而言，公共部门绩效预算指标包括以下几种类型：

（1）投入指标。投入指标关注人员、设备和材料等的使用，经常用支出数量和消耗的人员时间来表达。投入指标主要表示提供公共物品和服务使用资源的经济性。当用产出或结果和投入的比率来表达时，投入指标就是为了衡量效率和成本有效性。

（2）产出指标。产出指项目或者活动生产的商品或者提供的服务。产出指标一般用来评价效率。一般用单位产出的人员数量或者消耗的人员时间来表示单位成本。例如，单位里程的维修时间，或者每公里道路修复到满意的条件下的成本等。生产率经常用来衡量产出与投入的比率。

（3）结果指标。结果对应最终的政策目的，或者通过提供产出的政策合意结果（改善偏僻地区的交通条件，减少特殊疾病的数量等）。

（4）中间结果指标。中间结果被期望可以导致最终的合意结果，但本身并不是最终结果。例如在环保项目中，中间结果序列可以用通过的法律数量、改变企业行为的数量、减少危险性废物的数量来表示。

（5）过程指标。过程评价用于某些产出或者结果的绩效难以评价的领域以及单独评价存在自身价值的领域。例如在法律或政治领域，程序正当是公共治理的关键因素。过程指标应包括项目中的工作数量，也应该包括那些没有完成但正在进行中的工作。

（6）服务质量指标。公共部门绩效预算指标还应包括服务质量，如服务供给的及时性、服务的可获得性和便捷性、服务的精确度、服务态度、是否为潜在使用者提供充分的信息、机构设施使用的条件和安全性以及消费者满意度等。

3. 公共部门绩效预算评价的实施

在确定公共部门绩效预算指标之后，为了确保公共部门绩效预算评价的顺利实施，需要进一步明确其具体的实施步骤。有一种做法将其划分为七个步骤：确定某个公共部门的具体项目；陈述该部门的具体目标；定义该部门各个项目的投入、产出、效率、效果和生产能力指标；确定需要完成的预期值指标；监控或追踪项目执行的过程；报告项目的绩效；对项目效果的分析与采取有关的行动。结合实际情况，公共部门绩效预算评价一般按照以下几个步骤展开：

（1）制定工作计划，确定主要目标。公共部门绩效预算是一种结果取向的预算模式，为了提高公共财政资金的利用率，必须在明确公共部门使命、核心价值观的前提下，制定明确的工作计划。工作计划一般包括两个部分：一是部门领导的责任陈述，表明本部门工作和计划中的预期目标负责人。二是本部门的战略计划，提供本部门的主要信息，明确部门的业务职责以及未来发展目标的方向。在制定工作计划后，需要制定相应的绩效目标，从而促进工作计划的顺利落实。各部门的工作目标是对组织目标的有效支撑，明确了各部门的发展方向，是预算投入所期望达到的预期结果。各个部门都应该在工作计划的指引下，确定部门的主要目标以及实现目标的具体行动方案，并将其作为财政资金分配的重要参考依据。

（2）结合部门目标，确定绩效指标。在确定公共部门的工作目标后，应在此基础上确定各目标的衡量指标，建立完善的公共部门绩效预算指标体系。绩效预算指标的具体设置，有助于了解机构或单位是否达到预期目标或目的，是否正在向预期的结果前进。绩效预算指标一般应涉及投入、产出、结果和质量等类型，以利于对部门目标进行全面系统的评价。在确定绩效预算指标时，应当考虑指标数据的可获得性、数据收集的成本和时间等因素，还要合理确定指标体系的构成和权重。

（3）进行科学测算，确定绩效标准。绩效预算指标标准描述了该指标需要完成到什么程度，反映了组织对该绩效指标的期望绩效水平。在确定绩效指标时，需要为每个指标确定相应的绩效标准，便于管理者对绩效预算完成情况做出合理判断。绩效预算指标的标准应设置适当，如果标准过高，容易让组织成员产生畏难心理，降低其工作积极性，如果标准过低，可能会使激励作用不足，难以充分发挥组织成员的工作才能。

（4）收集绩效信息，开展绩效评价。为了检验公共财政资金是否得到有效利用，公共部门绩效预算的预期结果是否有效达成，接下来就需要收集公共部门绩效信息，为公共部门绩效预算评价提供依据。绩效预算中的绩效信息指的是在绩效预算的实施过程中所使用的所有与绩效评价有关且有效的信息，包括未实施绩效评价时所收集的信息、经过绩效评价加工的信息以及评价之后的结果信息。绩效信息贯穿于绩效预算的整个过程，是绩效评价主体进行价值判断的依据。

（5）形成评价结果，建立长效机制。通过收集绩效信息，并将其与绩效预算的预期结果相对比，就可以得出公共部门绩效预算的评价结果。其评价结果有以下重要作用：回应公民需求；有助于编制和调整预算；有助于做出资源分配决策；有助于深度检测绩效问题以及纠正绩效问题；有助于管理人员持续改善绩效管理；有助于制定和监督绩效协议；有助于更有效率地提供服务；支持战略和其他长期计划的制定；获得公众信任，更好地与公众交流。此外，英国公民宪章通过提供合同责任概要和绩效预期建立了绩效预算评价长效机制，美国在绩效法案中通过绩效评价的制度化建立了绩效预算评价的长效机制。因此，为了充分发挥绩效预算的评价功能，还需要建立绩效预算评价的长效机制，激励组织对绩效评价产生持续性的需求。

7.3　公共部门绩效预算的国际视点

20 世纪 80 年代以来，美国、英国、澳大利亚、新西兰等国家开始进行结果导向的预算管理改革，实施绩效预算就是一项重要的改革举措。我国公共部门绩效预算的改革进程实际上也是受西方发达国家预算改革的影响，对西方发达国家绩效预算的发展情况进行比较研究，借鉴其有益经验和具体做法，对于构建一套适合我国国情的绩效预算管理体系具有重要的理论意义和现实意义。

7.3.1　美国的绩效预算

1. 美国绩效预算的发展历程

美国是世界上最早提出绩效预算并应用于管理实践的国家，经过多年来的持续探索，已经形成了比较完备的绩效预算体系。1906 年美国纽约市政研究院在其《改进管理控制计划》报告中体现了绩效预算理念的萌芽，推动了现代政府预算制度的建立。1921 年，美国实施了分项排列预算形式。1949 年，胡佛委员会提出在所有的联邦政府机构中引入绩效预算，明确提出基于政府职能、活动和项目所编的公共预算。但由于技术和政治方面的制约，绩效预算并没有得到普遍推广。20 世纪 60 年代，一种新的规划—项目—预算制度在美国国防部开始实施，并逐步推广。随后，这一预算模式又被 70 年代初的目标预算和 70 年代末的零基预算所取代。20 世纪 90 年代，克林顿政府提出了“再造政府”的目标，成立了国家绩效评估委员会（NPR），并于 1993 年颁布了《政府绩效与结果法案》，将绩效管理和预算相联系，使得绩效预算改革进入了新阶段，即新绩效预算时代。到小布什政府时期，联邦政府管理进一步引入了私营部门的绩效管理理念，持续推行以绩效为导向的政府预算管理。奥巴马执政时，更为重视绩效信息的分析以及在管理决策中的应用，推出了联邦绩效管理新框架。总之，克林顿、小布什和奥巴马政府都非常重视绩效管理，推动了美国绩效预算制度的完善。

2. 美国绩效预算的主要内容

作为绩效预算的起源地，美国政府的预算管理比较完善，其主要内容如下：

（1）成立了完善的预算管理机构。作为三权分立的联邦制国家，美国的预算管理也是由行政部门和立法部门相互制衡，形成了比较彻底的分权型管理模式。参与预算管理的主要部门有总统、财政部、美国管理与预算办公室（OMB）等。OMB 独立于财政部，直接向总统负责。财政部的工作主要是编制预算收入，并根据国会批准的预算筹集相应的资金。美国国会参众两院都有一套审核联邦预算编制的机构，包括拨款委员会、筹款委员会、预算委员会、国会预算办公室等。其中，国会预算办公室作为专业的、非党派的预算机构，为国会独立编制整套预算，提供客观、专业的预算分析供国会参考。美国地方政府在预算管理方面的职能分工则一般是由财政部门负责预算的编制和执行，对当地议会或市长负责。

（2）建立了完备的法律制度框架。1993 年 1 月，美国国会通过了《政府绩效与结果法案》，该法案规定，所有联邦政府机构必须根据部门使命提交战略规划，编制年度绩效计划，设立明确的绩效目标，使各部门预算安排与绩效目标相对应。法案的主要目的是通过设定财政支出绩效目标，编制绩效预算，提交绩效报告，对实际绩效结果与年度绩效目标进行比较，加强绩效评价，以强化预算责任，提高政府外部的产出绩效。2001 年 8 月，小布什总统发布了《总统管理议程》和"预算与绩效一体化"倡议，将整合预算与绩效作为重点，要求提高项目绩效，对成功的项目给予更多的支持。该管理议程还确定了五项改革新动议，包括：整合预算与绩效、加强人力资本方面的战略投资、在政府承担的某些工作中引进私人部门的竞争、提高财务绩效，以及加强电子政务建设。

（3）制定了明确的绩效评价方法。为了推动《总统管理议程》的有效实施，美国管理与预算办公室制定了"红绿灯"评价标准体系，用来评价各部门绩效预算管理的情况。评价标准主要用"红""黄""绿"三种颜色来表示，其中，"绿"代表成功，"黄"代表取得了一定进步，"红"表示失败。评价分为两个部分：一是现状评价，评价各部门执行改革动议的当前状态；另一部分为进程评价，评价各部门实现目标的进展程度。评价结果会被制成"红绿灯等级评分卡"，它直观地展示了各部门加强绩效管理的进展状况，有利于促进和激励部门改进工作。此外，为了加强预算项目绩效管理，美国管理与预算办公室于 2002 年 5 月出台了"项目等级评价工具"（program assessment rating tool，简称 PART）这一评价办法。PART 是一个诊断工具，类似于分析调查问卷，以 25 个基本问题为核心，针对项目目标与设计、战略规划、项目管理、项目效果四个部分提问，对项目的目标、成效和责任等进行全面评价。在获取了评价项目在这四个方面的具体信息后，分别按照 20%、10%、20%和 50%的权重，将各部分问题的回答加总计算为项目综合得分后转化为标准分值（0～100 分），然后，根据项目信息充分效度和综合得分的高低，项目被分为"有效"（85～100 分）、"基本有效（70～84 分）"、"一般"（50～69 分）和"无效"（0～49 分）四个级别。

美国政府的绩效预算经过长期的不断探索，取得了相当大的成效，特别是 20 世纪 90 年代以来实施的新绩效预算改革，有效地节约了预算开支，提高了公共财政资金的利用效率，增强了公共部门的绩效观念，并显著提高了公共部门的绩效管理水平。

7.3.2 英国的绩效预算

1. 英国绩效预算的发展历程

英国是世界上较早进行政府绩效探索的国家，在政府绩效预算改革方面也积累了丰富经验。20 世纪 70 年代末 80 年代初，为了减轻财政压力，英国开展了强调市场导向和公众利益至上的政府行政改革运动，规范公共资金的使用，提高资金使用效率。1979 年撒切尔夫人上台后，开展了一系列的政府绩效改革，如"雷纳评审计划"、"部长管理信息系统"、《财务管理新方案》以及"下一步行动方案"等，着眼于提高政府运行和支出效率。1990 年梅杰担任首相后，先后开展了"公民宪章"运动和"竞争求质量"运动，使英国绩效改革以质量优先取代效率优先，实现了向质量、效果和公共服务的转移。1997 年，布莱尔执政后，颁布了《综合支出审查法案》（The Comprehensives Spending Reviews），要求对各公共部门预算和支出进行全面评审，并在此基础上建立起以后连续三年的支出计划，以提高公共支出的稳定性。同时，该法案要求各部门与财政部签订一份“公共服务协议”（public service agreement），以确定绩效目标，进行年度绩效评价，并向议会提交绩效评价报告。1999 年，英国开展了“政府现代化运动”，并在地方政府层面引入最佳评价制度，倡导通过最佳评价体系来提高服务质量。2000 年 7 月，英国议会正式颁布了《政府资源和会计法案》（Government Resources and Account Act 2000），将绩效预算的衡量建立在全面资源核算的基础上。近年来，英国政府还酝酿以“参与式预算”作为进一步提升财政绩效管理的突破点，通过公民参与决定地方财政资源配置。

2. 英国绩效预算的主要内容

英国政府预算改革始于 1998 年，随着预算改革的不断深入，实现了由过程导向向结果导向的逐步转变，并形成了较为完善的政府预算管理体系。

（1）签订公共服务协议，明确政府责任。公共服务协议由责任条款、目标条款和如何实现目标三部分组成，分为具体清晰的目标、部门开支上限的确定、可评价的指标、改善部门提供服务的效率四方面，明确规定了各部门的战略目标、绩效目标和具体的绩效指标。财政部对如何起草公共服务协议进行指导，其中，各部门的战略目标由财政部与各部门协商决定，其他内容主要由各部门负责制定。政府部门每年向议会提交两次绩效报告，包括春季提交的部门年度完成报告和秋季提交的秋季进程绩效报告。

（2）实行分权化管理，提高部门灵活性。英国政府赋予部门和机构较大的自主权，在整年度内允许财政资金拨转，一个部门可以在一个决议拨款中的两个款项之间进行拨转，给予地方政府更大的资源配置权利。而且，英国的公共支出遵循支出管理者和决策者必须与支出的使用者绝对分离的管理原则。首先，议会管理所有的政府收支，税收和其他财政收入直接计入英格兰银行的国库账户，这一账户的所有提款均须经过议会批准；其次，皇家国库作为政府支出的管理者，其每一项提款均须经过国家审计署的同意，报告所涉及支出的批准法律文本或议会表决案，国家审计署确认同意提款计划后，皇家国库根据批文通知英格兰银行付款；最后，政府部门及其他各个机构是支出的管理者、决策者，其所拥有的各项支出都由公共会计出纳署经办，直接拨付给产品或劳务的提供者。

（3）完善绩效评价体系，重视结果应用。为了全面衡量政府预算的支出效果，英国建立了四类指标体系，包括：投入指标、产出指标、成果指标和效率指标。通过对这四类指标的综合评价判断部门绩效目标的达成情况。此外，英国政府还比较重视绩效评价结果的使用，主要用于以下几个方面：一是作为调整政府长期经济目标和计划的依据；二是作为财政部制定各部门之后的年度预算的依据；三是作为议会和内阁对各部门进行行政问责的基础，推动政府责任的落实；四是面向议会和公众公开，接受外部监督，提高政府透明度。

（4）开展绩效审计，强化绩效预算监督。绩效审计是绩效预算的重要内容，通过绩效审计可以准确了解各个部门预算支出所取得的实际效果。在英国，每一预算年度结束后，各部门根据各自预算执行情况，提交部门绩效报告，并由隶属于议会的国家审计署进行绩效审计。审计结果向议会公共账目委员会报告，并反馈给政府部门，同时也对外公布。

英国是较早进行绩效预算改革的国家之一，通过一系列的改革措施完善了英国的政府绩效预算管理体系，提高了政府财政资金的利用效率。通过在政府部门引入市场竞争机制，英国成功渡过了信任危机、财政危机和管理危机，提高了政府部门的行政效率，重新赢得了社会公众的信任。

7.3.3 澳大利亚的绩效预算

1. 澳大利亚绩效预算的发展历程

澳大利亚在20世纪70年代末就开始进行控制支出规模的各种改革，但直到90年代末，才明确以产出和结果为导向的绩效预算改革。在20世纪80年代，为了减少中央对支出的控制，调动部门的积极性，澳大利亚采取了一系列预算改革举措，具体包括：重建政府支出审议委员会、制定四年中期预算、提倡项目管理和预算的原则、赋予部门管理者更多的自主权以及进一步完善管理信息系统等。1996年，根据国家审计委员会的建议，澳大利亚政府开始在立法和行政领域进行改革，奠定了绩效预算的基本架构。1997年澳大利亚政府颁布了《财政管理及问责法案》《联邦当局和公司法案》，修订了《审计长法案》，明确规定了部门负责人的财务管理责任和绩效管理责任，并开始推行以公共支出绩效评价为核心的预算改革。从1998年开始，除年度预算外，部门还要编制半年预算，并于年底向议会提交预算结果报告，报告绩效预算的情况。进入21世纪，澳大利亚政府在联邦预算中引入权责发生制，使预算能反映政府活动的全部成本。此外，政府还采取了一系列预算改革措施，建立了以产出和结果为导向的绩效预算模式。其具体措施包括：预算拨款以结果为导向；引入绩效结果报告制度，规定各机构预算中必须有明确目标；下放更多权力，将预算编制权下放到各部门；进一步开展绩效审计，审计结果对议会负责；等。

2. 澳大利亚绩效预算的主要内容

澳大利亚绩效预算特点是以产出和结果为中心，以绩效目标为依据，以项目管理为重点，围绕公共支出绩效评价体系展开，侧重于控制政府支出规模，提高政府公共管理的责任性以及公共支出的有效性。

（1）建立健全的法律法规体系。为了确保财政资金使用的合法性，澳大利亚建立了较为健全的法律法规体系。1992年，《基于绩效的支付协议法案》将公共财政支付协议的出发点确定为项目可能达到的绩效，关注财政支出的结果。1997年，重新修订的《审计长法案》明确规定了审计署的绩效审计职责和内容。1998年，《预算报表诚信法》确定了合理财政的原则，规定了政府财政和经济展望报告的形式和内容，正式将权责发生制作为政府会计制度的基本准则。1999年，《财政管理及问责法》从财务管理方面对部门和政府公务人员的绩效职责进行了规定。此外，澳大利亚还逐步建立了财政信息公开制度、绩效责任制和规范的政府财务会计核算体系，为全面开展绩效管理工作奠定了良好的法律基础。

（2）强调部门的预算管理权责。澳大利亚预算管理确定了部门战略计划、绩效目标、评价指标和预算规模，赋予部门预算管理自主权，以绩效目标为约束手段，强化部门绩效责任。财政部门和其他部门根据预算指导框架制定绩效目标。财政部门对部门预算规模进行总量控制，赋予部门预算资金的使用权，重点督促部门注重结果和目标，部门可以灵活地选择实现绩效目标的途径和行动方案。

（3）完善并有效实施绩效评价。首先，澳大利亚建立了完善的绩效预算指标体系。其一般由公平、效率和效果三个要素构成，指标体系设计主要考虑数量、成本、质量和时效四方面因素。不仅关注政府履职的最终结果，也关注业务流程、行动计划等过程因素。其次，澳大利亚为了推动政府绩效改革，还实施了“一揽子评价计划”，对全国的政府服务进行整体绩效评价，强调政府的整体服务情况和经济建设、社会发展的综合指标，从政府职能定位、公众满意度等方面对政府服务综合绩效进行考核，以提高政府在预算执行过程中的政策有效性。同时，从 1993 年开始澳大利亚还实行对单个项目的绩效评价，通过项目绩效评价，对资源分配、项目改进和项目责任做出评判，并提出建议。

（4）重视并充分应用绩效信息。澳大利亚高度重视绩效信息的使用，将其应用于：加强内部管理，以发现项目设计和实施过程中的薄弱环节，并及时改进；优化资源配置，作为内阁、议会决定财政资源分配的重要依据；强化部门的公共责任，加强议会和社会公众的有效监督。为了提高绩效信息质量，澳大利亚制定了绩效信息管理的原则，要求绩效评价信息简明清晰、对内对外标准一致，易于收集、存储和管理，同时做到集中公开和不断改进，促进政府的政策执行。澳大利亚联邦财政部在 2010 年发布的最新绩效信息指南中规定，绩效指标数据应具有及时性、实用性、可比性、准确性和平衡性等特征，以保证绩效评价质量。

（5）强化预算监督和信息公开。澳大利亚十分重视政府信息公开工作，部门预算、决算及绩效审计必须公开。议会、审计署、财政部以及反对党、社会公众等都有权对预算和绩效情况进行监督。

澳大利亚自上个世纪 70 年代以来推行的预算改革，取得了明显成效。一方面有效地控制了公共财政支出规模，提高了资源配置的有效性，维护了澳大利亚的财政稳定；另一方面提高了政府绩效管理水平，强化了政府部门的责任意识，改进了公共服务质量。

7.3.4　新西兰的绩效预算

1. 新西兰绩效预算的发展进程

20 世纪 80 年代末 90 年代初，新西兰开始进行政府预算改革，建立了结果导向的绩效预算模式。1988 年，《国家部门法案》正式颁布，该法案废除了公务员的终身制，明确了部长和首席行政长官之间的关系，部长对公共政策的制定（结果）负责，首席行政长官在部门的绩效（产出）上对部长负责。1989 年，新西兰出台了《公共财政法案》，将绩效预算作为公共领域改革的重要组成部分。该法案将预算的重点由投入转向了产出，推行以产出为核心的预算管理，要求所有的拨款都要和产出直接挂钩，提高机构对使用预算资源的责任感。同时，引入了权责发生制，赋予部门负责人更大的责任，规定了部门和政府的报告制度，建立了绩效预算评价信息系统。20 世纪末，预算与战略管理相结合成为新西兰预算改革的显著特点。1993 年，新西兰政府颁布了《通往 2010 之路》，提出了未来 20 年的政府发展规划。随后，国家服务委员会与总理和内阁一起出台了“关键结果领域”，把《通往 2010 之路》的长期规划和关键结果领域的年度绩效考核联系起来。从 2010 年年底开始，新西兰政府要求各部门提供更有战略眼光、聚焦结果的预算管理规划报告，各部门要“为结果而管理”，为议会准备绩效声明报告，明确预期发展目标和具体举措，使绩效预算的目标和结果围绕政府的战略规划进行。

2. 新西兰绩效预算的主要做法

（1）明确产出和结果的预算责任。新西兰预算改革的一个重要特点就是将结果和产出的预算责任分开。根据《公共财政法案》的规定，部长对预算的结果（产出对公众的影响）负责，部门的行政首长只对产出的生产和供给负责，即他们只对生产是否及时，产出的数量、质量、成本，供给的服务是否在地理上方便消费者等负责。也就是说，新西兰的预算改革只在政治层面上要求预算对结果负责，而不要求在管理层面上也做到这一点。在这种模式下，部长通常通过和各个部门签订“产出合同”的方式来确定他们与各个部门之间的责任关系。

（2）结合战略管理确定优先性排序。新西兰的绩效预算要求政府建立最高层面的结果目标，这些结果目标需要与长远的战略目标相一致。政府需要说明广泛的战略优先顺序，具体包括战略结果领域、战略优先顺序和宏观目标、指导公共部门政策和绩效的关键性政府目标等。通过“关键性的优先顺序”，整个政府的总战略计划进一步被落实到各部门的战略计划。部门负责选择这些关键性领域的优先顺序，中央预算机构也在一定程度上参与了这一过程。

（3）将结果整合进决策与管理。为了加强对结果的管理和应用，新西兰采取了以下三项措施。一是改进结果信息的质量，采用了状态指标、效果指标和风险指标衡量产出和实现程度；二是为了提高结果测量的能力和改进结果管理的方法，财政部和国家委员会试行了一个路径探索项目，鼓励各部门将结果的信息运用到决策和管理中；三是强调影响评估，新西兰进一步加强了对结果影响的事前评价和事后评价，有关结果衡量及评价情况要向议会报告，用来改进政府决策，优化财政资源配置，促进预算管理。

（4）创新财务管理体系。新西兰政府把以投入控制、收付实现制会计和年度报告为核心工作的预算管理，转变为一个以产出为基础的战略规划和资源配置相结合的财务管理体系。在这一体系中，资源一般是根据协议的价格来配置给相应的产出的。为了提高资源利用率，各部门在商品供给者中引入了价格竞争机制，并通过一系列合同来规范各个参与机构之间的权责关系，包括购买合同、所有者合同、管理合同等。

新西兰的预算改革具有鲜明的特色，它获得了广泛的政治支持，重视利用立法来逐步推进改革进程，实行权责发生制等会计核算制度来明确部门责任，使其改革具有连续性和可操作性。新西兰的预算改革较为成功，几乎给政府管理的所有领域都带来了根本性的改变。

7.4 公共部门绩效预算的本土发展

随着 20 世纪 80 年代以来新公共管理运动的兴起，以产出和结果为导向的绩效预算模式逐渐成为国际预算管理改革的新趋势。从 20 世纪 90 年代中后期开始，我国也逐渐开始了预算制度改革进程，如部门预算、国库集中收付、政府采购、预算外资金等方式。实施绩效预算管理是预算体制改革的必由之路，也是提高公共部门绩效管理水平和改善公共服务质量的必要条件。

7.4.1　我国公共部门绩效预算的发展现状

我国于1994年开始实施分税制改革，逐步形成了以部门预算、国库集中收付和政府采购制度、预算外资金管理等为基础的财政管理体制。2003年10月，党的十六届三中全会审议通过了《中共中央关于完善社会主义市场经济体制若干问题的决定》，对新世纪新阶段我国财政经济体制改革做出了全面规划和部署。这一期间的改革主要围绕两条主线进行：一是进一步完善分税制财政体制；二是深化预算管理改革，探索建立现代政府预算管理制度。其中“预算编制科学完整、预算执行规范有效、预算监督公开透明及其三者的有机衔接、相互制衡是现代预算管理制度的核心内容”。2003年，财政部开始推进财政支出绩效评价试点，提高财政资金使用的有效性。2011年，提出了预算绩效管理的概念，从单纯事后绩效评价走向全面的预算绩效管理。2012年，制定并印发了《预算绩效管理工作规划（2012—2015年)》，系统提出了一系列的目标任务和重点工作，推动了我国预算绩效管理的全面开展。在中央政府的示范推动下，各级地方政府也开始进行绩效预算的实践探索。

2002年，北京市下发了《教科文部门项目支出绩效考评暂行办法》，初步建立起绩效评价指标体系，并在全国率先进行了绩效评价试点工作。2003年，北京市财政局选取了“医保网”和“首都之窗”运维费两个项目进行考评试点，到2005年，试点项目扩大到了33个。2011年，北京市先后发布了《北京市人民政府办公厅关于推进本市预算绩效管理的意见》和《北京市预算绩效管理办法（试行)》，指出预算绩效管理是一个由预算编制管理、预算执行管理、绩效评价、绩效评价结果应用组成的综合系统，是深化预算管理改革的具体措施。2013年12月，北京市财政局又印发了《北京市财政支出绩效评价实施细则》，对财政支出绩效评价的规范和流程进行了细化。随着预算绩效管理改革步入深水区，2015年，北京市联合第三方评估机构，以北京市平原造林工程财政支出政策绩效评价为切入点，首次探索并初步形成了适用于财政支出政策绩效评价的思路和方法。

上海市自2003年起在全市19个区县开展了公共支出绩效评价试点。2003年8月1日，徐汇区人民政府颁发了《徐汇区财政性资金项目绩效评估管理办法》，该办法规定：绩效管理项目包括基本建设类项目、行政事业类项目和产业发展专项资金类项目。项目绩效评估由项目立项、项目执行和绩效评估三个阶段组成。2006年，浦东区以项目支出绩效评价为重要内容，正式开始试点工作。其目的就是要将绩效管理理念与方法引入财政支出管理，按照统一规划、分步实施的原则，逐步建立起与公共财政相适应、以提高政府财政利用率为核心的公共支出预算体系。2011年，上海市发布了《上海市财政支出绩效评价管理暂行办法》，明确了财政支出绩效评价的基本原则、主要依据、评价内容、评价方法等内容，有效促进了上海财政支出绩效评价工作的规范化。2013年，上海市财政局又发布了《关于全面推进预算绩效管理的意见》，强调要进一步完善公共财政体制机制，强化部门支出责任，逐步建立以绩效目标实现为导向，以绩效运行监控和绩效评价为手段，以结果应用为保障，以改进预算管理、优化资源配置、控制节约成本、提高公共产品质量和公共服务水平为目的，管理科学、运转高效的全过程预算绩效管理体系。

广东省自2003年开展财政支出项目绩效评价工作以来，财政支出管理逐步规范。从2004年起，广东省在财政系统自上而下建立了专门的绩效评价机构，并且省财政厅、审计厅、监察厅、人事厅联合制定了《广东省财政支出绩效评价试行方案》，建立了财政支出绩效评价制度。从2005年起，在省级部门预算单位全面推行财政支出项目绩效评价工作。在预算改革实践中，广东省积极探索多层次、多类型的绩效评价方式。珠海、佛山、梅州等市开展第三方评价试点，选取一些社会关注度较高的项目，委托社会中介机构实施评价。广州、深圳、惠州等市积极开展单位、部门综合绩效评价工作，对政府部门为履行职责而使用的财政资金总体效益进行综合考核和评价。东莞、湛江等市开展事前绩效评价，将项目绩效评价提前到财政支出安排之前，提高财政资金分配的科学性和有效性。

7.4.2 我国公共部门绩效预算的发展障碍

从20世纪90年代中后期开始，我国就逐步推进公共部门预算改革进程。历经二十多年的发展，虽然预算改革实践取得了一定成效，但是总体上还处于起步阶段，与当前新形势下的新要求还存在较大差距。结合中央及各级地方政府的预算绩效实践，我国绩效预算还存在以下几大障碍，需要进一步改进和完善。

1. 思想观念障碍

我国政府官员比较缺乏现代政府绩效评价理念。首先，在传统预算模式的影响下，官员思考的是“如何花钱”，而不是“干什么事花什么钱”。理念上的不一致必然导致行为上的偏离，在分配公共财政资源时缺乏明确的绩效和结果导向。其次，还有部分官员没有充分认识到绩效预算评价的重要意义，在开展财政支出绩效评价时，是为评价而评价，而没有将绩效预算评价与提高公共资金利用率和政府公共服务水平有效地结合起来，使绩效预算评价的作用发挥得十分有限。此外，被评价者对绩效预算评价的价值的认识也有待修正。如果被评价者在绩效评价中不配合评价工作，故意刁难评价者，或者向评价者提供不实的绩效信息，将直接影响到预算绩效评价的准确性和有效性。

2. 法律制度障碍

建立健全的法律制度体系是西方国家绩效预算改革成功的重要因素之一，从美国、英国、新西兰等国家的绩效预算实践来看，这些国家都普遍重视通过制定强有力的法律来促进绩效预算评价的顺利开展。目前，我国的预算法律制度还不够完善，尚缺乏关于绩效预算管理的明确法律规定。现行《预算法》及其实施条例中对绩效管理并未做出明确规定，其他法律法规也未设定绩效管理的相关条款，预算绩效管理工作缺乏相应的法律支撑。而且，我国现行的预算会计是以收付实现制为主，事业单位经营性收支业务核算可采用权责发生制。现金制预算会计无法全面准确地记录和反映政府的负债情况，忽略了预算资金的机会成本，不利于防范财政风险，对政府产出的管理功能也较弱，不能客观、全面地评价和考核政府绩效。

3. 评价体系障碍

绩效预算评价体系设计是检验公共财政支出是否实现预期绩效目标的重要工具，但我国现有的绩效预算评价体系还存在诸多问题。首先，绩效评价体系有待健全，评价方法单一，缺乏有效的技术手段和控制措施，统一的评价标准没有建立，多元化的评价主体格局尚未形成，第三方评价介入有限；其次，绩效评价内容有待拓宽，现有的绩效预算评价以项目评价为主，对于财政政策、财政支出结构等领域的评价鲜有涉及；再次，现有的绩效评价以事后评价为主，缺乏事前评价和事中评价，大多是为了评价而评价；最后，绩效评价指标体系有待优化，现有指标以定性指标为主，定量指标偏少，缺乏一套科学有效的绩效预算评价指标体系。此外，现有的绩效评价结果应用不足。评价结果应用缺乏硬性要求，没有将绩效评价结果与下一年度的预算安排有效地结合起来。

4. 绩效信息障碍

准确、全面的绩效信息是确保绩效预算评价准确性和客观性的前提条件。目前，我国尚未建立健全的评价信息系统，绩效信息的收集、处理与发布等还存在局限。一是大部分政府部门的信息技术较为落后，信息收集比较困难；二是信息之间的沟通也存在障碍，社会公众难以及时准确地了解政府财政支出所达到的实际绩效效果；三是绩效信息的真实性有待提高，当前我国各行各业经济违法违规、弄虚作假的现象依然存在，这些都将影响到绩效评价的准确性和有效性；四是公共预算的透明度还比较差，未完全形成将国家的各项财政政策法规、各部门在财政管理方面的职责权限、财政收支预算的编制和执行及其结果等向全社会公布的惯例。

5. 保障机制障碍

公共部门绩效预算管理是一项复杂的系统工程，离不开人力资源、信息系统等基础保障的有效支撑。结合我国预算管理工作实际，我国绩效预算的保障机制仍不够完善。首先，从业人员素质较低。绩效预算要求做大量深入、细致、繁杂的调查研究和测算、分析、评估工作，工作的技术性强、专业化程度高，需要一支高素质的专业队伍。虽然部分省市财政部门设立了专门的预算管理机构，但是一方面人手普遍不足，另一方面，现有从业人员的专业化水平还有待提高。其次，信息系统研发不到位。目前，全国只有广东、海南等少数省份研发了单独的预算绩效管理信息系统，另有部分省在预算编制系统中增加了绩效管理模块或添加了绩效审核功能。但在信息系统建设上，尚未有成型的模式，预算绩效管理的信息技术支撑不足。第三，宣传培训力度不够。近年来，财政部和各省在绩效预算管理的宣传培训上做了很多工作，但在舆论引导、营造氛围、树立观念、强化意识等方面，还需要加大工作力度，形成有利于绩效预算管理的社会环境。

7.4.3　我国公共部门绩效预算的发展思路

近年来，我国积极推进预算改革，已经取得了很大进展，在一定程度上实现了财政资源的宏观控制，优化了财政资源的结构配置，提高了财政资源使用的效率和有效性。但现阶段我国加强绩效预算管理面临着思想观念、法律制度、评价体系等方面的障碍，绩效预算管理是一个系统、全面的过程，不能一蹴而就，必须从我国实际出发，借鉴发达国家积累的成功经验，在此基础上分步实施、配套推进。

1. 建立有效的激励机制

在传统的预算模式下，公共财政支出不考虑绩效，常常是哪里问题比较严重，就增加预算拨款。在这种机制下，政府各部门都把困难作为讨价还价的筹码，夸大自己的困难，谁也不愿意少花钱把事情办好。实行绩效预算就是要将各部门的预算与其工作绩效挂钩，并按照绩效评估的结果，给真正重要而且效率高的部门更多的预算拨款，对无绩效或效率低下的部门，削减其预算并精简其机构，建立有效的激励机制。同时，实行绩效预算还可以提高财政支出配置的灵活性。结合英国绩效预算的发展经验，部门和机构应该拥有较大的自主权，可以对年度内财政拨款进行灵活使用。另外，要改变对节余资金的处理办法，将它留给部门，结转下年使用，促进节约使用资金。由此可见，实行绩效预算，不仅可以促进公共财政资源的合理配置，提高政府的公共服务产出水平，还可以推动政府机构改革，提高政府行政效率和效能。

2. 制定完善的法律法规

绩效预算的涉及面广、政策性强、影响范围大，为了确保绩效预算工作的有序开展，需要建立健全绩效预算的法律法规制度体系。现阶段我国财政支出绩效评价法制建设近乎空白，中央和地方均处于探索阶段，这极大地影响了财政支出绩效管理工作的深入开展和整体成效。我国现行的《预算法》缺乏对预算绩效评价主体、评价程序等内容的规定，还不能满足绩效预算编制方法改革的需要，为了明确预算绩效评价主体的法律地位，为预算绩效评价提供相应的法律程序保障，有必要在现行的《预算法》基础上，补充绩效预算制度的职责权限、绩效预算的实施流程、绩效预算的资金管理制度等相关内容，通过修订和完善《预算法》，为建立我国绩效预算制度提供法律依据。同时，还要制定相应的实施办法，明确制定年度绩效预算计划、提交预算报告、进行预算评价和反馈评价的程序，并根据不同部门的特点制定实施细则，为绩效预算工作的顺利开展提供制度保障。

3. 构建科学的评价体系

公共部门绩效预算是一种结果取向的预算模式，为了提高财政资源配置的有效性，必须构建科学的绩效预算评价体系。首先，应完善现有的绩效预算评价体系。绩效预算是一整套庞大而完整的政府预算系统，不仅包括绩效评价，还包括绩效战略、成本核算、绩效协议、绩效报告及其应用等许多方面。在构建绩效评价指标体系方面，应遵循由易到难、逐步完善、自上而下、内外结合的原则，体现出绩效指标的相关性、重要性、可比性、系统性和经济性；在确定绩效评价方法方面，应根据评价对象的具体情况，综合采用成本效益分析法、比较法、因素分析法、最低成本法、公众评判法等方法，既强调对绩效目标和实施效果的关注，又重视吸取专家和公众的意见，提高绩效评价的准确性。其次，应重视绩效评价的结果应用。应以绩效管理为核心，进一步优化预算管理流程，将绩效理念贯穿预算管理的全过程。编制预算要设立并提交绩效目标，预算执行完毕后要实施绩效评价，要对绩效评价结果的应用予以明确，逐步把绩效考评结果作为安排以后年度预算的重要依据，并将绩效评价结果作为改进预算管理和以后年度预算编制以及实施行政问责的重要依据。

4. 改革政府会计制度

目前，我国公共预算实行的是收付实现制的会计制度。它以现金的实际收付作为确认预算事项的标准，有利于反映预算资金的流入流出，但是忽略了投资的机会成本，不能准确、完整地反映政府行政成本。而与收付实现制以款项的收付为标准记账不同，权责发生制是以权利的形成和责任的发生作为记账标准。与收付实现制相比，权责发生制可以更准确地反映一定时期内提供产品和服务所耗费的总资源成本。目前，澳大利亚、新西兰、英国、法国、美国等都在尝试这方面的改革。为了全面衡量公共部门的绩效和成本，我国也需要修改现行的会计制度，逐步引入权责发生制。首先，对现金收付制进行有限的调整，在原有框架下引入权责发生制的部分要素来弥补收付实现制的缺陷，实行改进的现金收付制。然后，向修正的权责发生制过渡，确立权责发生制的基本概念和制度框架。最后，实行完全的权责发生制，并在预算和政府财务报告中应用。

5. 推动绩效审计先行

我国在绩效预算的改革进程中，可以让绩效审计先行一步，由绩效审计推动绩效预算的实施。绩效审计是国家治理过程中检验、评价和监督公共部门履行绩效责任范围和程度的制度安排，主要从公共部门管理的经济性、效率性和效果性以及环境性和公平性等方面对公共部门管理绩效进行分析、评价和审核。全面推进绩效审计，可以提高财政资金和公共资源管理活动的经济性、效率性和效果性，推动建立健全公共部门绩效管理制度和提高公共部门绩效水平。虽然我国各部门还没有制定确切的绩效指标，但政府的财政支出都有一定的绩效目标，通过绩效审计可以看出该项支出是否实现了预期的绩效目标，与同类支出相比效率如何，从而使政府各部门的决策者在分配公共财政资金时，更加关注如何降低行政成本，提高服务质量。

6. 加强预算信息公开

公共部门预算信息公开是落实公民知情权、加强公共部门预算社会监督的重要手段，也是增强公共部门责任意识的应有之义。美国、英国、法国、日本、韩国和巴西等国家都注重积极推动公共部门预算的公开化、透明化。尽管近年来我国中央政府和地方政府在预算公开的范围和程度上取得了很大进步，但与国际标准相比还存在较大差距。深化我国公共部门预算公开工作，可以从以下方面着手：首先，应推动形成预算公开主体体系，进一步明确多元主体在预算公开中的责任。要进一步厘清党委、政府和人大各自的职责权限，保持人大常委会与人大代表、人大代表与民众的及时沟通，通过制度化渠道鼓励公民参与，保障公民的知情权、表达权、参与权与监督权。其次，应完善预算公开的制度保障。对现有的《政府信息公开条例》进行修订和完善，明确预算公开的原则、公开的范围与内容、公开的形式与步骤、相关主体的责任等。此外，还需要丰富预算公开的载体，增加公开的方式和途径。充分借助现代新媒体技术，通过网络、微博、微信等方式，降低公众获取预算信息的成本，加强社会公众与政府的互动，使社会公众更好地监督预算制定和执行情况。

本章小结

公共部门绩效预算是指公共部门在制定各部门项目计划的基础上，通过成本—收益分析和绩效评价来分配财政资金的一种预算模式。总结各国实施绩效预算的实际做法，一般说来，绩效预算的实施包括三个基本流程，即绩效预算的编制、绩效预算的执行和绩效预算的评价。绩效预算编制是公共部门绩效预算的首要环节，是实现公共部门绩效预算功能的重要前提。绩效预算执行是利用现有资源贯彻执行预算编制政策的阶段，一般通过外部控制、内部控制和管理责任等方式来确保公共部门绩效预算的有效执行。绩效预算评价的目的是判断公共部门绩效预算的执行结果是否与预期目标相一致。其过程主要包括：制定工作计划，确定主要目标；结合部门目标，确定绩效指标；进行科学测算，确定绩效标准；收集绩效信息，开展绩效评价；形成评价结果，建立长效机制。

20 世纪 80 年代以来，美国、英国、澳大利亚、新西兰等国家开始进行结果导向的预算管理改革，实施绩效预算就是一种重要的改革举措。从 20 世纪 90 年代中后期开始，我国也逐渐开始了预算制度改革，但是在思想观念、法律制度、评价体系、绩效信息等方面还存在诸多障碍。为此，需要建立有效的激励机制、制定完善的法律法规、构建科学的评价体系、改革政府会计制度、推动绩效审计先行以及加强预算信息公开，以加快我国绩效预算的改革进程。

关键术语

公共部门绩效预算　　零基预算　　目标预算　　结果导向预算

复习思考题

1. 公共部门绩效预算的内涵是什么？有哪些功能？
2. 请简述公共部门绩效预算的发展历程。
3. 公共部门绩效预算的基本流程是什么？
4. 请论述我国公共部门绩效预算的发展困境与未来出路。

第8章

国外公共部门绩效管理实践

随着新公共管理运动的兴起和盛行，许多发达国家都引进和应用了企业先进的绩效管理技术和工具，建立了富有特色的公共部门绩效管理制度，积累了许多公共部门绩效管理的实践经验。对发达国家公共部门绩效管理实践进行理论探讨、动态追踪和经验总结，不仅有利于深化我国公共部门绩效管理的理论研究，而且有利于推动我国公共部门绩效管理的实践发展。本章将着重讲述美国、英国、韩国和新加坡等国家的公共部门绩效管理实践。

重点问题

- 美国联邦政府项目绩效评价
- 英国国家公务员绩效管理
- 韩国国家公务员绩效管理
- 新加坡政府绩效审计

8.1 美国公共部门绩效管理

作为世界上最先探索公共部门绩效管理的国家之一，美国联邦政府及其各级地方政府经过逐步实践和立法，形成了一套较为完善的公共部门绩效管理体系。这不仅使美国的社会秩序得到良好维护，也使政府的服务效率得到了快速提升，与此同时，政府的号召力与凝聚力也得到增强。因此，美国公共部门绩效管理制度的形成和实施对于我国公共部门绩效管理具有十分重要的借鉴意义。本节将对联邦政府及其公务员绩效管理、地方政府及其公务员绩效管理和联邦政府项目绩效评价等进行详细介绍。

8.1.1 联邦政府及其公务员绩效管理

1. 联邦政府绩效管理法规——《政府绩效与结果法案》

1993年7月，美国国会通过了著名的《政府绩效与结果法案》，它全面规定了政府绩效评价的目的、内容及其实施进程，使得美国联邦政府绩效管理有法可依。根据其规定，美国政府绩效管理的过程由各部门编制战略规划、年度绩效计划，各部门根据执行情况编制年度项目绩效报告，管理与预算办公室和审计总署对各部门提交的年度规划和年度项目绩效报告进行评价这几个环节构成。

（1）政府绩效管理主管部门。

根据1993年《政府绩效与结果法案》的规定，美国联邦政府绩效管理由以下部门负责：

1）审计总署（General Accounting Office，GAO）。

审计总署受国会的委托，代表国会对政府各部门进行年度绩效评价，对部门、计划、项目、专项工作的绩效进行专题评价，还可授权政府部门内设的绩效评价机构对该部门的绩效或计划、项目进行评价。根据2004年美国审计总署人力资源改革法案修正案，自2004年7月7日起，美国审计总署正式更名为政府问责办公室（Government Accountability Office，GAO）。政府问责办公室的工作不再局限于审计，而且需要在更大范围内对政府绩效进行评价，并向国会和公众公布评价结果。

2）美国管理与预算办公室（Office of Management and Budget，OMB）。

美国管理与预算办公室主要协助总统工作，监督各部门提交年度预算和年度绩效报告，并要求各部门将部门预算和绩效报告提交总统，由总统签署后提交国会，供国会审议、批准。

3）政府部门。

美国各主要政府部门都设立了计划与评价办公室，负责部门的战略计划、年度计划和绩效评价事宜。其主要职责是：提交年度绩效计划和年度绩效报告，作为部门预算和申请拨款的基本文件；收集、整理绩效结果信息，提出制定或修订政策的建议；受国会审计总署的委托，评价本部门的计划项目等。

（2）战略规划。

《政府绩效与结果法案》对战略规划的内容要求十分具体，要求部门负责人将五年内的战略规划提交给管理与预算办公室主任和国会，并每三年更新和修订一次。联邦各部门的战略规划主要由以下内容组成：

1）一个涵盖了机构主要职能和运作方式的全面任务描述。

2）关于机构主要职能和运作方式的总体目标，包括与产出相关的目标。

3）一个关于目标如何达成的描述，包括为实现目标所需的运作程序、技能和技术、人才、资本、信息和其他资源的描述。

4）关于后面所要求的绩效计划的绩效目标如何与战略规划中的目标挂钩的说明。

5）指出能对总目标实现产生重大影响的部门外部的或无法控制的关键因素。

6）说明为制定和修改总目标而进行的项目评价和未来项目评价的时间表。

（3）年度绩效计划。

年度绩效计划是《政府绩效与结果法案》的核心组成部分，一般在年初提交给总统和国会。与战略规划相比，年度绩效计划内容更为详尽，主要由管理与预算办公室主任监督实施。其内容主要有：

1）设定绩效目标并确定完成项目行动所要达到的绩效水平。

2）将这些目标用客观的、量化的、可衡量的方式来表达，若得到授权可使用其他替代方式表达。

3）简要说明为实现绩效目标所需的运作程序、技能和技术、人才、资本、信息和其他资源。

4）制定在衡量或评价各项目的产出、服务水平和成果时所使用的绩效指标。

5）提出一个可以与所制定的绩效目标进行比较的标准。

6）说明用于检验和衡量绩效价值的手段。

（4）年度绩效报告。

《政府绩效与结果法案》要求每一个机构在一个财政年度后向总统和国会提交一份前一财政年度的绩效报告。每一个绩效报告应该陈述已经在该机构绩效计划中确立的绩效指标，报告特定工作项目的完成情况，将绩效目标的实际完成情况与计划中的绩效目标相比较，并分析、评价、解释绩效目标未能实现的原因，等等。具体而言，主要涵盖了以下内容：

1）陈述绩效计划中确立的绩效指标，同时要将绩效目标实际完成情况与绩效计划中描述的绩效目标相比较。

2）如果绩效目标是用替代的形式加以说明，则这一计划的结果应依据这种特殊要求加以描述，包括绩效是否满足最低限度要求的以及有效的或成功的计划标准。

3）评价财政年度绩效目标的实现程度，根据达标的绩效来评价本财政年度的绩效计划，解释和描述绩效目标未能实现的原因，并根据这种绩效评价确定本财政年度的绩效计划。

《政府绩效与结果法案》对战略规划、年度绩效计划、年度绩效报告的制定与提交等内容做出了明确规定。具体如表 8-1 所示。

表 8-1　关于战略规划、年度绩效计划、年度绩效报告的制定和提交的规定

文件	提交时间	上交机构	主要内容或其他规定
战略规划	1997 年 9 月 30 日之前	美国管理与预算办公室、国会	● 战略规划应不少于 5 年，并至少每 3 年更新与修订一次 ● 制定战略规划时，各机构应向国会咨询，并应请求和考虑该规划的潜在影响或相关利益团体的意见和建议
年度绩效计划	从 1999 年开始，应在本机构现行战略规划所包含的年度内提交	美国管理与预算办公室	● 建立绩效目标，并要达到客观、可量化、可衡量的标准 ● 建立绩效指标，用于衡量和评价计划相关的产出、服务水平和结果 ● 确定测量方法

续前表

文件	提交时间	上交机构	主要内容或其他规定
年度绩效报告	从 2000 年 3 月 31 日开始，每年 3 月 31 日之前提交上年度的绩效报告	总统和国会	● 回顾上一（几）个财政年度绩效目标的完成情况，并以报告的形式呈现。2000 年度的报告应包括前一年度的结果；2001 年度的报告应包括前两个年度的结果；2002 年度及其以后的报告应包括前三个年度的结果 ● 若没有达到绩效目标的要求，解释和说明原因并提出行动建议

（5）各部门权力与职责。

《政府绩效与结果法案》明确了法案与国会、审计总署和人事管理总署的关系以及它们各自的职责，具体内容如下：

1）国会：该法案授予国会很大的权力，包括可以建立、修正、延迟和废除绩效目标；

2）审计总署：审计总署的负责人需要向国会报告法案的执行情况；

3）人事管理总署：该法案要求人事管理总署制订一个战略计划和针对绩效评价的培训项目，并由人事管理总署负责对实施该法案的管理人员进行培训，从而有助于管理人员有效地实施战略计划和开展项目绩效评价。

2. 公务员绩效管理法规——《1978 年公务员改革法》

《1978 年公务员改革法》是美国国会通过的专门用于管理公务员事务的法律。关于如何对联邦政府公务员进行绩效管理在其中有十分详尽的规定。

（1）主管机关。

美国国会早在 1883 年就颁布了专管公务员事务的《彭德尔顿法》，并依法成立了美国公务员委员会（U. S. Civil Service Commission），负责管理公务员的考试录用以及评价晋升等事务。公务员委员会直接向总统负责，其建议须经总统批准后才能下达各行政部门执行。1978 年，美国国会又颁布了《1978 年公务员改革法》。该法撤销了公务员委员会，并将其职能划分给三个主要部门来执行：人事管理总署（Office of Personnel Management，OPM）、考绩制度保护委员会（Merit Systems Protection Board，MSPB）和平等就业机会委员会（Equal Employment Opportunity Commission，EEOC）。其中，人事管理总署主要为各行政部门提供管理指导并颁布相关规定来对联邦政府公务员进行管理。

（2）公务员绩效管理体系的建立。

《1978 年公务员改革法》规定，每个部门都应该开发一个或多个公务员绩效管理体系，以用来对公务员绩效进行阶段性评价，绩效评价结果将作为公务员培训、晋升、降级和薪酬等决策的依据。公务员绩效管理体系主要可以归纳为以下几部分内容：

1）绩效计划。

各部门应该在公务员的参与下制定一个基于工作任务和职责的书面绩效计划，并保证绩效计划能够覆盖到本部门的每一个公务员。通常需要在绩效计划制定后 30 天内，向公务员提供绩效计划的内容。每个绩效计划都应该包括至少一个关键绩效因素和一个非关键绩效因素，同时，每个绩效计划可以包含一个或多个附加绩效因素，尽管它们不能用于判定和分配评价等级，但可用来有效地支持绩效目标的顺利实现。绩效因素和评价标准可以按照下列标准来确定：对于关键绩效因素，至少应该有两个评价等级，其中一个是“全部达标”或类似的等级，另外一个是“不合格”，绩效评价标准应该建立在“全部达标”这一等级；对于非关键绩效因素，至少应该有两个评价等级，绩效评价标准则应相应选择一个合适的等级。

2）绩效监控。

在对公务员绩效进行监控的过程中，当公务员的绩效水平处于“边缘绩效”，即当公务员绩效被评价为处于“全部达标”或类似等级之下、“不合格”等级之上时，管理者需要对该公务员提供实现其绩效目标所需的帮助。同时，当公务员的绩效水平在一个或多个关键绩效因素上被认定为不合格时，管理者也有义务帮助公务员对不合格的绩效采取进一步行动，以确保公务员的绩效水平得到改进。

3）绩效评价。

在对公务员绩效进行评价等级的判定和分配时，只有当一个或多个关键绩效因素被评价为“不可接受”时，才可将其列入第一等级（不可接受）；而对非关键绩效因素的考察不能作为将其列入第一等级（不可接受）的依据。“不可接受”的评价结果需要经过上级的审查和批准。除非公务员在 60 天的申诉期内提出申诉或者是确定在评价记录中出现的记录或计算错误，否则评价周期过去后或下一绩效评价结果公布后，之前的绩效评价结果不能再进行更改。评价等级需要按照第一等级到第五等级进行顺序分类，第一等级最低，第五等级最高；第一等级是“不可接受”，第三等级是“全部达标”或类似的描述，第五等级是“杰出”或类似的描述。图 8－1 是绩效评价的一种模板。

绩效因素	评价等级				
	1	2	3	4	5
A ……………………………………	√	……	……	……	……
B ……………………………………	……	……	……	√	……
C ……………………………………	……	……	……	……	√
D ……………………………………	……	√	……	……	……
E ……………………………………	……	……	√	……	……
F ……………………………………	……	……	……	……	√
G ……………………………………	……	……	……	√	……
H ……………………………………	……	……	√	……	……

图 8－1　绩效评价的一种模板

4）绩效反馈。

绩效评价周期结束后，绩效评价主体需要尽快将书面（或以其他方式记录）的绩效评价结果反馈给每位公务员。根据《1978 年公务员改革法》的规定，部门有权对绩效不合格的公务员做出降级或者解雇的决定，但这个书面的决定只能基于公务员不合格绩效的事例做出，并且需要得到提出者的上级的同意。被降级或者解雇的公务员有权提前 30 天收到关于该决定的书面通知，内容需要包括该公务员绩效不合格的关键绩效因素及具体事例。同时，公务员有权聘请律师或者其他代理人进行绩效申诉。但如果该公务员在这 30 天的通知期内绩效水平明显改善，最终并未被降级或解雇，且绩效水平持续一年都合格，那么这个降级或者解雇的决定则可以从所有的部门记录中删除。

3. 高级公务员的绩效管理

美国联邦政府公务员共分 18 个职等（GS-1 至 GS-18），其中 GS-16、GS-17 和 GS-18 这三个职等的公务员被划入到高级公务员（senior executive service，SES）的范畴当中。在联邦政府中，大概有 7 000 名高级行政官，这些高级管理者管理着大型的工程或者部门，属于高级公务员。2012 年 1 月，美国人事管理总署与美国管理与预算办公室联合推出了高级公务员的绩效考核系统（basic SES appraisal system）。该系统从绩效考核的内容、过程、标准等方面为各机构实施高级公务员绩效管理提供了一个标准化的框架，其目的在于通过富有效率的管理来实现组织的战略目标。

美国联邦政府高级公务员的考核内容是在遵循人事管理总署、行政管理和预算局设计的统一框架的基础上结合所在机构的特点而确立的。具体来说分为五项关键要素：领导变革、领导人员、运营管理、建立联盟、结果驱动。各机构的考核周期一般从 10 月 1 日起至第二年的 9 月 30 日。联邦政府高级公务员一般由上级和绩效审查委员会（Performance Review Boards，PRB）负责考核。上级主要是对高级公务员的绩效进行初步考核，并将考核结果反馈给被考核者。如果高级公务员对初步考核结果有异议，可以在将考核结果上交绩效审查委员会之前申请更高层次的审查。

通常，高级公务员绩效计划的制定采用签订高级公务员绩效协议书的方式。高级公务员的绩效协议与其部门的目标相联系，并需要反映其直接管理者的绩效协议，以确保组织的战略目标能够沿着管理层级得以层层分解和支撑。因此，在层级绩效协议体系（如图 8－2 所示）中，高级公务员绩效协议是连接联邦政府组织和个人绩效管理的桥梁和纽带。

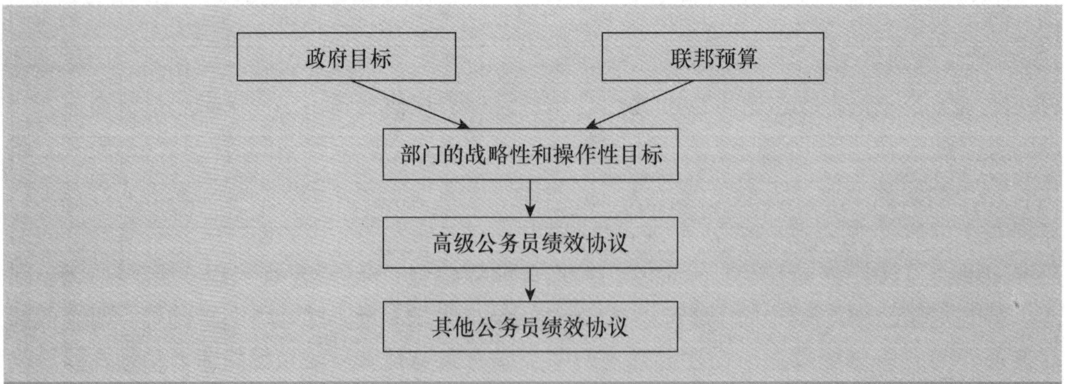

图 8－2 层级绩效协议体系

资料来源：Anne Ketelaar，etc. Performance-based arrangements for senior civil servants OECD and other country experiences. OECD Working Papers on Public Governance，OECD Publishing，2007.

同时，对高级公务员的绩效评价结果需要经过绩效审查委员会至少一年一次的审查。绩效水平“全部达标”的高级公务员可以获得加薪；而绩效水平被评为“不满意”的高级公务员则需要被重新定岗或被辞退。

8.1.2　地方政府及其公务员绩效管理

美国是联邦制国家，中央政府允许各州有自己的法律，因此各州政府对于本州的绩效管理以及公务员的绩效管理都有着各自不同的法律规定，本节仅选择其中的一两个地区的绩效管理情况予以详细介绍。

1. *夏洛特市绩效管理实践*

早在 20 世纪 90 年代初，夏洛特市就通过明晰使命与愿景来表达城市的理念和诉求，即为市民提供高质量的服务并成为“优选的生活、工作与休闲社区”。1996 年夏洛特市率先在美国政府部门中引进平衡计分卡。市长、市政官员和市议会利用年会商讨和明确了一些战略主题来引导资源的分配和未来 10 年部门项目的投入，经过讨论最终确定了 5 个战略主题：公共安全、城中之城（保存及改善老城区）、交通、政府重组和经济发展。为了确保这 5 个战略主题能够得到有效执行，副市长组建了一个核心项目小组负责将战略主题细化为城市平衡计分卡的战略目标（如图 8 - 3 所示）。

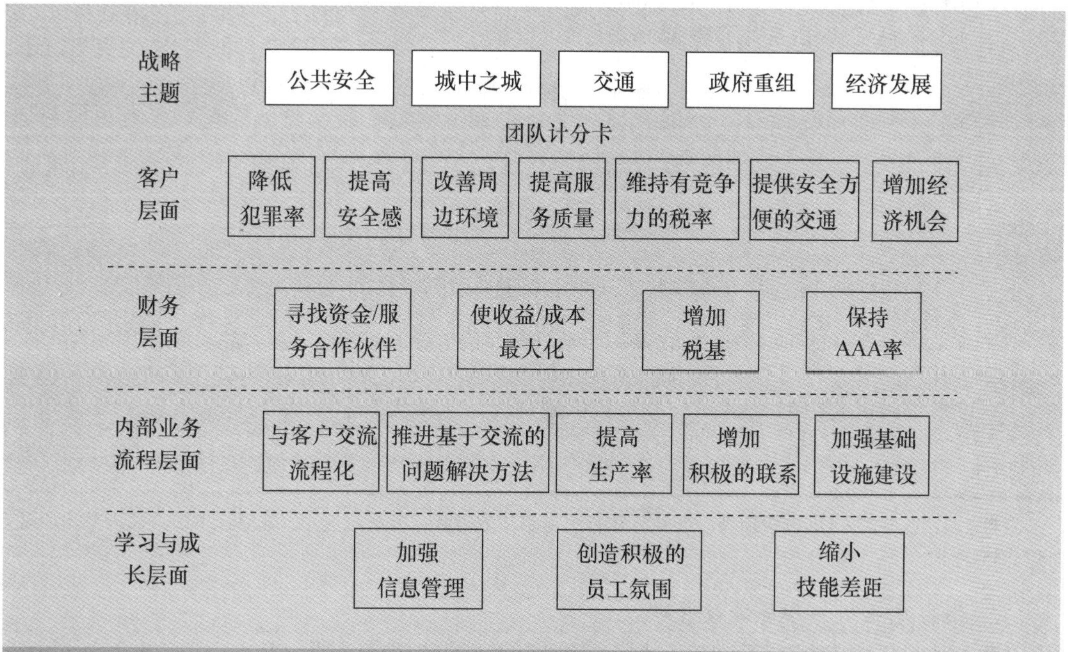

图 8 - 3　夏洛特市的市议会战略地图

资料来源：罗伯特·卡普兰，戴维·诺顿. 战略中心型组织. 北京：人民邮电出版社，2004：111.

以夏洛特市交通管理部门为例，该部门从夏洛特市整体平衡计分卡中承接了与其有直接关系的 16 个战略目标，并在每一个层面将其细化为前置性和滞后性衡量指标，共计 33 个指标（如表 8 - 2 所示）。

表 8-2　　夏洛特市交通部门的平衡计分卡

层面	目标	前置性指标	滞后性指标
客户	C-1 维护交通系统 C-2 运作交通系统 C-3 开发交通系统 C-4 确定最佳系统设计 C-5 改善服务质量 C-6 加强社区建设	C-1 维修响应：维修回应行动 C-2 行驶速度：平均行驶速度 C-3 准点公交车：准点公共交通 C-4 引进项目：新引进项目数 C-5 回应：对市民意见的回应率 C-6 问题响应：明确交通部门应该找出、处理的社区交通问题和灵活性问题	C-1 高品质街道：路况评级每英里≥90 C-2 安全：事故率；事故多发路段数 C-3 基本灵活性：便利的公共交通 C-4 计划进展：2015 年交通计划完成率 C-5 通勤时间：规定区域平均通勤时间 C-6 社区导向项目：解决社区问题的项目数
财务	F-1 增加非政府融资 F-2 收益/成本最大化	F-1 成本：与其他城市和私营领域的成本比较	F-1 融资杠杆：非政府来源的资金额 F-2 新基金来源：新来源资金额
内部业务流程	I-1 增加基础设施 I-2 寻找资金/服务合作伙伴 I-3 提高生产率 I-4 提高与社区的正面联系	I-1 资本投资：目标区域投资额 I-2 利用资金/服务伙伴：已确认的新资金/服务伙伴 I-3 单位成本：单位成本 I-4 竞争性外包：预算招标比率 I-5 问题识别：原因和措施 I-6 客户沟通：数量、客户类别、频率	I-1 容量比：增加的容量与 2015 年需求之比 I-2 合作伙伴数：合作伙伴数 I-3 街道维护成本：每英里街道维护成本 I-4 运送乘客成本：运送单个乘客的成本 I-5 顾客调查：有关服务质量的调查结果
学习与成长	L-1 加强自动化信息系统 L-2 加强“现场”处理技术 L-3 缩小技能差距 L-4 向公务员授权	L-1IT 基础：交通部门建成相关的数据库 L-2 明确技能：在战略职能上核心技能的确认数 L-3 公务员氛围调查：公务员调查结果	L-1 信息获得：满足用户战略性信息需求的程度 L-2 信息工具：可用的战略工具对需求的满足率 L-3 技能迁移：工作中技能表现 L-4 公务员目标协同：培训和职业发展与使命相一致

资料来源：西奥多·H. 波伊斯特. 公共与非营利组织绩效考评：方法与应用. 北京：中国人民大学出版社，2005：183.

2. 弗吉尼亚州公务员绩效管理

弗吉尼亚州政府制定了一个人力资源管理的政策和程序手册（Policies and Procedures Manual，以下简称手册）来对公务员进行绩效管理。

（1）主管部门和负责人。

弗吉尼亚州公务员绩效管理的主管部门是州政府人力资源管理部。在具体的绩效管理过程中，公务员绩效审查人承担着对公务员绩效进行审核和处理绩效申诉等工作。公务员绩效审查人一般由公务员直接管理者的上级或者其他指定人选来担任，绩效审查人不仅需要审核绩效计划，还需要承担审核工作描述、绩效评价结果及对绩效申诉给予回应等工作。绩效审查人必须在绩效计划和绩效评价交给公务员之前对这些文件进行审查。如果绩效审查人对评价有异议，则需要同公务员的上级进行讨论。

（2）绩效计划。

绩效计划是识别公务员核心职责、明确绩效评价目标和标准的关键环节。公务员上级需要及时与公务员对其绩效计划进行探讨，一般在绩效周期的前 30 天内开展讨论。通常，公务员上级需要根据下属公务员的工作概要表格（employee work profile form）① 来开发公务员的绩效计划，并经过部门主管签名后提交审查人批准。审查人在检查批准后，绩效计划还需要交给公务员签名。若在绩效周期内绩效计划因公务员有特别任务或者原任务有调整而更改，则必须交由审查人批准。

（3）绩效评价。

在公务员绩效评价环节，公务员的直接上级在遵循明确具体、可衡量、可达到和相关性的原则下，从复杂性、责任和结果等方面对公务员绩效结果进行考察和评价。上级对公务员的绩效评价须每年进行一次，通常开始于每年的 10 月 25 日。绩效评价应该尽可能地反映公务员在其整个评价周期内的绩效表现。若上级在评价周期内调整了公务员的绩效计划，那么对其绩效的评价应按照绩效周期各时段内有效的绩效计划来进行。通常，根据公务员的绩效表现可以分为三个评价等级，从低到高依次是：

1）低贡献者等级（below contributor rating）：指工作过程或者结果没能达到绩效标准。若是公务员被评为这个绩效等级，就会在绩效评价期内收到至少一份“需要改进”通知以及标准绩效表格。“需要改进”通知和标准绩效表格需要由公务员的直接上级填写。

2）贡献者等级（contributor rating）：工作过程和结果满足工作职能的要求并完全达到绩效标准。

3）杰出贡献者等级（extraordinary contributor rating）：工作过程和结果在评价周期内堪称表率；绩效水平稳定并明显高于绩效标准。若公务员被评为这个绩效等级，就会收到至少一份杰出贡献认可表格。杰出贡献认可表格同样需要由公务员的直接上级来完成。

若公务员在核心职责、特别任务、部门或者团队目标等方面表现欠佳，则可能会在绩效周期内收到经过审查人批准的需要改进通知和标准绩效表格。需要改进通知和标准绩效表格中必须包括一个由公务员及其上级共同制定的 30 天至 180 天的改进计划。若公务员与上级不能就该计划达成共识，则由上级来制定。

（4）绩效信息收集。

公务员的上级需要持续观察公务员的绩效表现和识别所有可用于绩效评价的潜在信息。除了直接上级的观察，绩效评价信息还可来自公务员本人、同事、服务对象、下级以及其他部门主管等。公务员个人的自我评价是绩效信息的重要组成部分，每个公务员都必须有机会向上级提供关于其工作绩效的自我评价。自我评价需要在评价会议召开之前两周提交，上级在对公务员进行绩效评价时，必须认真审查和谨慎考虑公务员的自我评价。

---

① 该表格用来完成年度绩效评价，其内容包括简明工作描述、绩效计划、核心职责、绩效衡量以及公务员发展目标。

(5) 绩效反馈。

公务员的上级需要对公务员的绩效进行记录归档，并在绩效周期内向公务员提供定期的反馈，反馈可以是正式的也可以是非正式的。虽然鼓励非正式反馈的使用，但是必须有正式的反馈。正式反馈应该被记录归档，并为公务员提供记录的拷贝。除了上级对下级的反馈，各部门还必须有下级对上级的反馈。在下级提供反馈的时候，必须建立相应的保护措施来鼓励下级的匿名反馈。

(6) 绩效评价结果的应用。

绩效评价结果的应用主要体现在绩效加薪和降级。绩效加薪是基于年度绩效评价结果和人力资源管理部门的规定给绩效优秀的公务员增加薪酬，其生效期是每年的 11 月 25 日。处于贡献者等级的公务员会获得不低于本州平均加薪额 80%的加薪，但不能超过平均加薪额。处于杰出贡献者等级的公务员会获得不高于本州平均加薪额 250%的加薪。处于同一等级的公务员获得的加薪百分比应该是一样的。已经处在薪酬区间顶端或者接近顶端的公务员仍可根据总体评价拿到绩效加薪。加薪适用于基本薪酬，超过薪酬区间最大值的部分只能作为一次性奖励，不会增加基本薪酬。同时，各部门可自行规定请假是否对加薪造成影响。

若一个公务员的整体绩效评价处于低贡献者等级，并且在为期 3 个月的绩效再评价中绩效依然没有得到改善，应对其采取降级的处理。同时，因为低绩效而被降级的公务员，其薪酬至少要降低 5%。通常，降级主要体现为保持原职务但减少职责和薪酬，降低级别但薪酬不变或调任到同一个级别但薪酬较少的职位这三种处理方式。

(7) 绩效申诉。

若公务员对于自己的绩效评价结果有异议并且不能与上级协商解决，可以向审查人提出申诉，要求重新评价。但是申诉者必须在第一次绩效会议后 10 个工作日内向审查人提出书面申请。审查人需要同公务员及其上级共同讨论申诉申请，然后在 5 个工作日内向公务员提供一个书面回复。

(8) 绩效再评价。

被评为低贡献者等级的公务员必须经历 3 个月的绩效再评价期，其上级会在绩效会议后 10 个工作日内为其制定一个绩效再评价计划，详细阐述在接下来的 3 个月中对该公务员采取的措施，并提交审查人签名批准。即使公务员对之前的绩效评价结果提出申诉，也需要制定再评价计划。公务员的上级必须与公务员就如何达到再评价计划中规定的最低绩效标准进行讨论。但是如果公务员在再评价期内调换了职位，则再评价过程结束。

8.1.3 联邦政府项目绩效评价

项目绩效评价主要通过项目等级评价工具对政府项目进行比较，从而为项目的管理和预算提供依据。与其他国家相比，美国联邦政府的职能履行具有鲜明的特点，其联邦政府的所有职能都是通过各政府部门来履行的，而部门职能又主要是通过 1 200 多个不同类型的项目来实施的，更重要的是，联邦预算资金主要用在这些名目繁多的项目上。因此，政府项目绩效评价在美国联邦政府绩效评价体系中占有至关重要的地位。这些项目的绩效水平直接关系到联邦政府管理效率和改革成败，因此有必要对这些项目进行评价，以求促进联邦政府整体绩效水平的提高。

1. 美国联邦政府项目等级评价工具

为了强化公共项目的评价，使评价过程更加透明和系统化，2002 年美国总统管理委员会（President's Management Council，PMC）和美国管理与预算办公室联合开发了项目等级评价工具（program assessment rating tool，PART）①。PART 实际上是一套用来持续评价政府项目绩效的调查问卷。它正式将联邦政府的绩效与预算决策统一起来，涉及项目的目的与设计、战略规划、管理、结果与问责等多个方面，将所有这些方面的得分汇总之后，就得到该项目的评价等级，从而确定它的整体有效性。PART 的基本流程包括以下六个环节：

（1）确定被评项目及其类型。

"项目"是 PART 分析的基本单元。美国管理与预算办公室根据财政预算框架对项目进行界定，是指由联邦财政支持并列在每年总统财政预算案中的项目和活动。根据美国联邦政府机构对项目的参与程度，美国管理与预算办公室将所有项目分为七种类型：竞争性资助项目（competitive grant programs）、分类财政补贴项目（block/formula grant programs）、规制项目（regulatory-based programs）、资产与服务采购项目（capital assets and service acquisition programs）、信贷项目（credit programs）、研究与发展项目（research and development programs）、联邦直接支出项目（direct federal programs）。具体项目类型及描述见表 8－3。

表 8－3　　PART 项目类型及描述

项目类型	描述	举例
竞争性资助项目	通过竞标程序向州政府、地方政府、部门、组织、个人以及其他实体提供资金的项目	卫生和福利部的健康中心等
分类财政补贴项目	强制性或者规定性地向州政府、地方政府以及部门提供资金的项目	过冬御寒救助、艾滋病项目等
规制项目	通过执行、解释法律、政策和程序等来实现其使命的项目	美国环保署的动力能源空气污染标准和证明项目
资产与服务采购项目	通过研发和获取资产（例如土地、建筑物、设备、知识产权等）或者购买相关服务（例如维修、信息技术等）来实现目标的项目	国防、造船等
信贷项目	有关贷款、借款抵押和直接借款等方面的项目	进出口银行的长期抵押项目等
研究与发展项目	创造知识以及利用知识进行系统、方法、物质和技术等方面研究的项目	能源部的太阳能研究项目、国家航空和宇宙航行局的火星探索项目等

① Mullen P. R. Performance-based budgeting: the contribution of the program assessment rating tool. Public Budgeting & Finance，2006：79－88.

续前表

项目类型	描述	举例
联邦直接支出项目	主要由联邦政府公务员提供的服务项目	国家天气预报、签证服务等

资料来源：Guide to the Program Assessment Rating Tool，P6，2007.

（2）设计评价问题、赋予权重和确定评价标准。

PART 根据受评项目所属类别的不同采用不同的问卷。每一类问卷内容都分为四大部分，即“项目目的与设计”（program purpose and design）、“战略规划”（strategic planning）、“项目管理”（program management）、“项目结果与问责”（program results and accountability）。每一部分既包括所有类型项目都适用的“共同性题目”（如表 8-4 所示），也包括为特定项目类型量身定做的“特定性题目”，每份问卷约有 30 题（问题数量根据项目类型的不同而不同）。

表 8-4　　项目等级评价工具问卷调查的共同性题目

项目	受评项目的主要题目	说明
项目目的与设计	● 项目目的是否清楚？ ● 项目是否强调一个特定的现存问题、利益或需求？ ● 项目是否经适当设计，避免对任何联邦或地方政府、民间需求有多余或重复设计的情形出现？ ● 项目的设计是否能避免发生损害项目有效性的重大缺失？ ● 项目目标是否有效设定，使资源的投入能达到预期效用与强调的目的？	● 检查项目是否能提供清晰的目的与稳固的设计基础，另外，政府部门无法直接控制但仍具影响力的方面也将纳入评估，例如：法规及市场因素。 ● 资料来源包括授权的法规、机构的战略规划和年度绩效计划以及其他报告。 ● 可供选择的答案为：是、否或不适用。
战略规划	● 项目是否设定了一定数量的长期性绩效目标，这些目标以成果为导向并有意义地反映了项目的目的？ ● 项目的长期绩效目标是否具有挑战性并有阶段性的规划？ ● 项目是否设定了有限数量的年度绩效目标，这些目标能够证明项目确实朝目标迈进？ ● 设定项目的年度绩效目标时，其目标值是否有下限值并具有挑战性？ ● 项目的所有成员是否致力于年度和长期绩效目标的达成？ ● 是否定期执行独立而足够范围的评估以协助改善项目，并评估问题、利益或需求的效果和相关性？ ● 预算是否与年度和长期绩效目标的成就有显著联系，资源需求是否能在项目预算中做完整而透明的表达？ ● 项目是否采取有效的措施以改善战略规划的不足？	● 这部分着重于项目的规划、优先顺序的设定以及资源分配问题。关键在评估项目是否设定了有限数量且远大而实际的绩效目标，是否开发了具有战略性及聚焦的预算。这部分还评价项目执行是否具有灵活性、是否根据绩效情况进行了调整，项目监控也是该部分评估的重要内容之一。 ● 资料来源包括战略规划文件、机构的绩效计划和报告、项目参与者所提出的相关报告、评估计划、预算文件等。 ● 可供选择的答案为：是、否或不适用。

续前表

项目	受评项目的主要题目	说明
项目管理	● 机构是否定期从各方收集具有时效性且可靠的绩效信息，并用以管理项目和提升绩效？ ● 联邦主管和项目成员是否对项目的成本、进度和绩效负责？ ● 资金的获取是否及时，支出是否符合既定用途？ ● 项目执行过程中，是否有一定程式（如竞争性采购、成本比较、IT 改进、适当激励等）来衡量成本与进度的效率性？ ● 项目是否与其他相关项目进行了有效的合作与协调？ ● 项目是否采用健全的财务管理？ ● 项目是否采取有意义的措施以改善管理上的缺失？	● 这部分着重于项目是否有效管理以达成绩效目标，关键措施包括财务监控、项目进展评价、绩效信息的收集以及主管的问责等。 ● 资料来源包括财务报表、政府问责办公室及审计长（IG）报告、绩效计划、预算执行资料、IT 计划和独立项目评估等。 ● 可供选择的答案为：是、否或不适用。
项目结果与问责	● 是否能证明项目在长期绩效目标的达成上已有显著的进步或成效？ ● 项目是否达成年度绩效目标？ ● 每年是否能证明项目在成本支出上是具有效率和效果的？ ● 项目的绩效是否比其他具有相同目的的项目表现得更好？ ● 执行独立、兼顾质量与范围的评估，其评估结果是否能显示项目的成果？	● 这部分着重评估项目是否能够达成长期及年度绩效目标，关键措施包括与其他类似项目做比较，并进行独立的评估。 ● 资料来源有年度绩效报告、各种评估报告、政府问责办公室及审计长（IG）报告等。 ● 可供选择的答案为：是、多数达成、少数达成或否。

（3）选择绩效测评方式。

在 PART 评价中，通常使用的绩效测评方式主要有三种：结果测评（outcome measures）、产出测评（out measures）和效率测评（efficiency measures）。其中，效率测评又分为两种：结果效率测评和产出效率测评。各绩效测评方式的测评目的和适用范围见表 8－5。

表 8－5　绩效测评方式的类型、目的和适用范围

类型	测评目的	适用范围
结果测评	描述项目活动的真实结果	处于项目活动外部，适用于对受益人和公众有直接重要影响的实践和状况
产出测评	描述在一定时期内项目活动表现出的水平和层次	通常与一个项目的内部活动有关，适用于使用结果测评方式无法真实反映结果，或项目效果无法用具体结果描述的情况
效率测评	描述在获取项目效果和制造项目产出过程中，用一种经济和有效的方式获取、利用和管理资源的比较结果	通用型测评方式，又可进一步细分为结果效率测评和产出效率测评两种方式

(4) 实施评价。

PART 的评价主体主要包括两个部分：一是美国管理与预算办公室预算检察官，二是各部门和机构的项目、计划和预算办公室。其中，美国管理与预算办公室主要决定项目的最终得分和所属等级。在评价过程中，评价主体严格按照绩效信息对项目进行评价，这些信息的来源极其广泛，包括相关法律、财务报表、检察官的综合报告、美国政府问责局(Govemment Accountability office，GAO) 的报告、部门报告以及独立的项目评价报告等。

(5) 划分项目等级。

PART 四个部分中每个问题有各自的权重，并可以根据与特定项目的相关程度调整其权重值，以更准确地突出该项目的关键因素。为了防止对总分的操纵以及在评价结果上弄虚作假，权重必须在评价前确定。四部分的权重依次是 20%、10%、20%和 50%；每部分得分从 0 分到 100 分不等；每部分的得分与其权重相乘，可得出项目的综合得分；最后将项目综合得分转换为项目等级，即“有效”(effective)、“中等有效”(moderately effective)、“尚可”(adequate) 和“无效”(ineffective) 四个等级，另外还有第五类“成果未显示”(results not demonstrate)，是指该项目尚未建立适合的绩效指标，或是未能提供客观数据。具体标准如下：(1) 有效 (85～100 分)。这是项目能够达到的最高评级。项目被评定为有效，表明其目标明确、管理良好，成绩突出。(2) 中等有效 (70～84 分)。一般而言，项目被评为比较有效，表明其目标明确、管理良好，但在项目设计和管理方面还需要解决一些问题才能达到提高效率的目的。(3) 尚可 (50～69 分)。项目被评定为这一级表明需要树立更加明确的目标，加强责任或强化管理，才能取得更好的效果。(4) 无效。项目被评为这一级表明项目没有达到预期目标，存在管理不善和明显缺陷。(5) 那些不能提供适当的绩效测量方法或没有收集到相关信息的项目将被归入“成果未显示”类。使用 PART 对单个项目进行评价固然有其重要价值，但美国联邦政府使用 PART 的主要目的是通过格式化的绩效评价技术进行跨部门的比较评价，并把评价结果进行汇总向社会公布，从而为联邦预算和管理改革提供依据。

(6) 绩效反馈。

联邦各机构每季末会定期进行项目绩效评价，由各机构首席运营官 (chief operating officer，COO) 负责各项目的评价工作，最后由美国管理与预算办公室汇总并公开结果。PART 对项目的评级是持续的，当年的评级结果要与上一年的结果比较，从中观察该项目绩效的变化情况。每年经过评价的项目必须针对美国管理与预算办公室所提出的建议进行改进，来年再重新接受评价。因此，美国管理与预算办公室和相关机构在项目绩效评价结束后，会为每个项目制定绩效改进建议 (即下一步的行动方案)。这些行动方案包括机构所要采取的管理措施、资助建议及立法议案。PART 的评价结果会在美国联邦政府网站上公布，该网站具有基本的搜索功能，以便公众查找和比较有关项目，同时还会公布项目的改进措施及实施情况等方面的信息。

2. 项目绩效评价的实施效果

美国联邦政府在每一个财年的项目支出高达上万亿美元，在推广 PART 之前，并没有统一的标准评价这些项目的实施效果。美国联邦政府在推广 PART 时采用了循序渐进的方式，自 2002 年开始实施以来，从最初的对 234 个联邦政府项目进行评价，到 2004 年

PART评价20%的项目，之后每年增加20%，2008年所有项目都被纳入评价范围。

从实际执行情况来看，2002年评价的234个联邦项目中，只有6%的项目结果为“有效”，24%的项目结果为“中等有效”，15%的项目结果为“尚可”，5%的项目结果为“无效”，而50%的项目被归为“成果无显示”。2006年，有977个项目接受了PART的评价，结果为“有效”的项目比例上升到17%，结果为“中等有效”的项目占到了30%，“尚可”项目占28%，“无效”和“成果无显示”的项目比例下降到25%①。2008年共评价项目1 017个，其中“有效”项目193个，约占19%，“中等有效”项目326个，比例约为32%，“尚可”项目298个，比例约为29%，“无效”和“成果未显示”的项目比例已下降到20%。对比以上数据可以看出，PART的实施在促进美国联邦政府在绩效结果与预算结合方面取得了比较明显的成效。

8.2　英国公共部门绩效管理

英国是公共部门绩效评价应用得最持久、最广泛，也是技术比较成熟的国家，很多国家都不同程度地借鉴了英国公共部门绩效的评价与管理模式。因此，学习和了解英国公共部门绩效管理的主要做法，无论是对公共部门绩效管理实践指导，还是对公共部门绩效管理理论研究，都有着积极的意义。本节将重点介绍英国中央政府及国家公务员绩效管理、地方政府及地方政府雇员绩效管理的具体做法。

8.2.1　中央政府绩效管理

1. 中央政府绩效管理的主管部门

英国中央政府绩效管理的主管部门分别是英国的财政部、国家审计局和内阁。首先，英国财政部与各部门协商后，经过议会的批准，在全面支出审查（comprehensive spending review）中为各中央部门制定下三个年度的公共服务协议（public service agreement，PSA）、服务改进协议（service transformation agreement，STA）、部门战略性目标（departmental strategic objectives，DSO）以及“资金价值”目标（value for moncy，VFM），并提供相应的预算资源。例如，2007年的全面支出审查就确定了英国政府2008年到2011年的发展计划。其次，英国各中央政府部门需要在秋季提交秋季报告，在春季提交年度绩效报告，由国家审计局对报告中数据的有效性和“资金价值”目标的完成情况进行监督和审核。最后，由内阁负责开展的能力评价项目是中央政府绩效管理的重要组成部分。在这个过程中，议会发挥了重要的外部监督作用，政府需要每两年向议会报告政府绩效结果。总之，对公共服务协议、服务改进协议、部门战略性目标以及“资金价值”目标的完成情况进行评价属于政府绩效管理的业绩评价，而由内阁独立展开的能力评价（capability review）项目则是对中央各部门能力的评价和管理。

---

① Office of Management and Budget. Budget of the United States Government. Fiscal Year 2008, Analytical Perspective, 2006.

2. 中央政府绩效评价内容

英国中央政府绩效评价的内容主要由公共服务协议、服务改进协议、“资金价值”目标、部门战略性目标及能力评价等这几部分组成。

(1) 公共服务协议。

英国政府绩效管理体系中最重要的就是公共服务协议。自公共服务协议 1998 年在全面支出审查中被推出后，就在促进公共服务传递和政府绩效水平改进方面起到了重要的作用。近年来，英国政府一直与一线公务员、内外部专家合作，致力于不断改进和完善英国政府绩效管理体系。英国财政部的《2007 年全面支出审查》(Comprehensive Spending Review 2007，CSR07) 就是这项工作的最高成果，它涵盖了 30 个新的公共服务协议，明晰了 2008—2011 年的政府工作目标和计划，并在公共服务协议体系中加入了一个新的全局性目标，即“帮助人民和企业更快更好地渡过危机，以支持长期的经济发展和繁荣”，从而更好地反映英国社会和经济发展的关键和重点。2008—2011 年的公共服务协议内容如表 8-6 所示。

表 8-6　2008—2011 年英国政府公共服务协议

给全体人民创造机会公平	更高品质的生活	更强大的社区	一个更加安全、公平、环保而可持续发展的世界
● 在 2010—2011 年，将贫困儿童数量减少一半，至 2020 年，完全消除贫困儿童 ● 提高儿童和青少年的受教育程度 ● 对于困难家庭儿童和残障儿童，缩小他们与同龄人在受教育程度上的差距 ● 提高儿童和青少年成功的概率 ● 解决性别、种族、残障、年龄、性取向、宗教或信仰方面的歧视问题 ● 提高社会边缘群体享有居住、就业、教育、培训等福利的比例	● 提高儿童和青少年的医疗和健康水平 ● 改善儿童和青少年的安全状况 ● 解决贫困问题，提高人民晚年生活的独立性和健康水平 ● 为全体人民提供更好的医疗和健康保障 ● 保障全体人民享有更好的护理水平 ● 成功举办奥运会和残奥会，提供可持续发展的奥运遗产，并让更多的儿童和青少年参与到高水平的体育运动之中	● 建设更有凝聚力、更有自主性、更加积极的社区 ● 让社区更加安全 ● 为受害者和公众提供一个更加有效的、透明的、反应迅速的刑事司法体系 ● 减少酗酒和毒品造成的危害 ● 减少国际恐怖主义对英国本国及其海外利益的危害	● 领导全球以减缓气候变化 ● 为了英国的现在和未来，确保一个健康的自然环境 ● 更快地朝着千禧年发展目标（Millennium Development Goals）迈进，以减少相对贫穷国家的贫困 ● 英国与国际社会共同努力，减少冲突带来的影响
帮助人民和企业更快更好地渡过危机，以支持长期的经济发展和繁荣（支撑以上目标）			
● 通过国家经济委员会（National Economic Council）来实现该承诺，帮助人民和企业更快地从经济衰退中恢复，包括改善金融业的商业准入条件、帮助失业人群等 ● 提高英国经济的生产力 ● 提高全民技能水平，至 2020 年达到世界级水平 ● 创造一个可控的和公平的移民环境：能够保障公民权益并促进经济发展，推动英国的科学和创新达到世界级水平 ● 提供可靠而高效的交通运输网络，以维持经济发展 ● 在英国创造促进商业成功的环境 ● 提高英语区的经济水平，减少各区域在经济发展水平上的差距 ● 为全民提供更多就业机会 ● 改善长期的住房供应，提高价格的可接受程度			

这 30 个公共服务协议显示了英国政府在下一个周期（2008—2011 年）想重点达成的成果，每一个公共服务协议都有其相应的实施协议（delivery agreement），实施协议规定了每个公共服务协议的达成措施、责任机制及绩效评价指标。内阁委员会负责监控公共服务协议的日常进展，敦促各部门和各个项目小组负起责任，协调和解决部门间的纠纷以确保绩效目标的实现。虽然达成公共服务协议通常需要有很多部门参与，但是为了确保有效的问责机制，每个公共服务协议一般由一或两个领导性部门负责，一位部长任该公共服务协议的领导部长，同时由一名高级责任专员负责主持公共服务协议实施委员会。

（2）服务改进协议。

英国政府要求各个部门签订服务改进协议，其目标是改进公共服务使它们能够更好地满足公众和企业的需要，减少公众和企业在获得服务时遇到的困难。内阁总理和财政部的常务秘书会敦促各个部门为服务改进协议承担责任，各部部长也会负责监督本部门服务转型任务的达成情况。同时，由各个部门和相关服务组织联合组成的实施委员会，具体负责对各部门服务改进协议执行情况进行日常监控、进展评价和项目管理等工作。实施委员会下属的地方政府实施委员会，则负责地方政府服务水平的提高、监控和评价。

对于政府服务水平的监控，单纯衡量民众的主观感受是远远不够的，需要有客观的数据来支持，服务改进协议给出了两个主要的衡量进展的方法（progress measures）：

1）减少“本可避免的接触”的数量。由于公共部门信息公开不充分或者服务不到位，本来可以一次办好的事情，公众往往需要一次又一次地与之交涉，这样多次不必要的接触被称为“本可避免的接触”。服务改进协议的目标是在 2011 年前将“本可避免的接触”减少一半。

2）建立更好的网上服务。政务信息化是当前各国政府再造的趋势，英国政府目前建立了对公众服务的 Direct. gov 和对企业服务的 Businesslink. gov 两个网站。服务改进协议的目标是，在 2011 年前 95%以上的网上交易和政府信息能够方便地在这两个网站上获得。

（3）“资金价值”目标。

英国政府一直致力于提高重要公共服务领域的投资及其效益水平，即“资金价值”，以保证资金使用的效率和效果，为人民谋取更多的福利。英国财政部在全面支出审查中会给各个中央政府部门设定下三个年度的“资金价值”目标，并每年进行更新。国家审计局负责对各部门的“资金价值”方面进行监控和审计，审计的目标是保证公共资源的经济性、效率性和效果性。审计结果将汇报给公共账目委员会（Public Accounts Committee）。公共账目委员会是下议院的高级特别委员会，其任务是确保议会下拨的资金能够被正确使用。公共账目委员会需就国家审计局提交的报告举行听证会，并于听证会后发布独立报告。政府部门则需要对该报告做出正式回应，说明它将为贯彻执行委员会的建议而采取的具体改进措施。经过多年的审计实践，在 2003 年发布的《“资金价值”审计手册》（Value for Money Handbook）中，英国国家审计局提出了“资金价值”审计的 9 个循环性步骤，如图 8-4 所示。

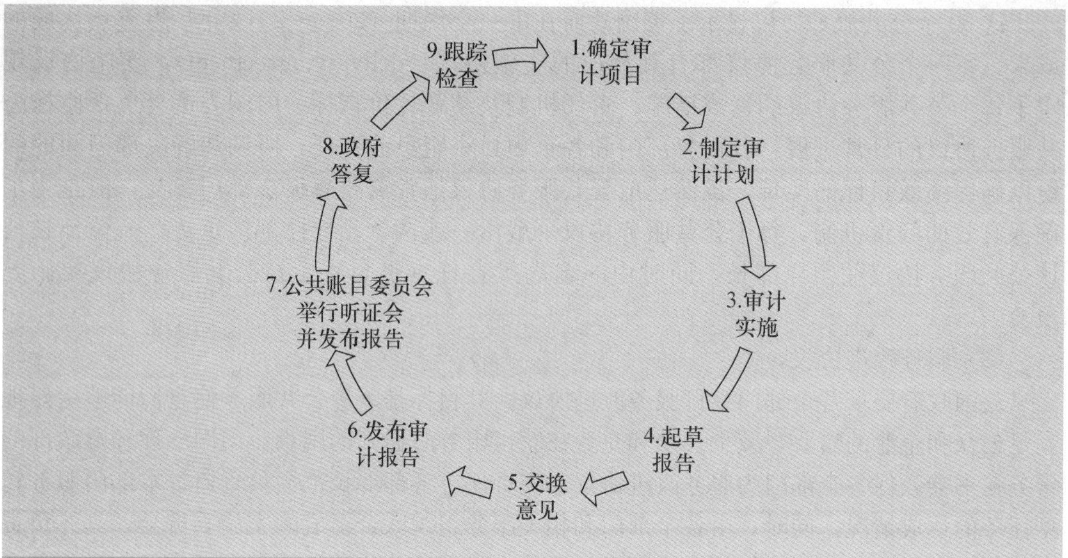

图 8-4 "资金价值"审计的循环性步骤

（4）部门战略性目标。

在 2007 年的全面支出审查中，所有重要的政府部门都制定了不同数量的部门战略性目标，在体现政府全局工作重点的同时，涵盖更加广泛的包括了日常业务活动在内的部门性活动。每个部门战略性目标都有其相应的绩效评价指标体系。例如，英国国际发展部（department for international department，DFID）的公共服务协议和部门战略性目标具体如表 8-7 所示。

表 8-7　　DFID 的公共服务协议和部门战略性目标

公共服务协议（PSA）		
(DFID 作为实施合作伙伴) PSA27：领导全球，减缓气候变化	(DFID 作为领导性部门) PSA 29：在贫困国家消除贫穷，更快地朝千禧年发展目标前进	(DFID 作为实施合作伙伴) PSA 30：通过英国与国际社会的共同努力来减少冲突带来的影响
⇧		
部门战略性目标（DSO）		
DSO 2：积极应对气候变化，确保环境的可持续性	DSO 1：促进良好的治理、经济增长、贸易以及基础服务的易获性	DSO 3：消除贫困，有效地应对冲突和人道主义危机，促进和平
DSO 4：开发全球合作伙伴关系以促进援助之外的发展		
DSO 5：使所有双边的/多边的捐赠机构更加有效		
DSO 6：支持双边发展		
DSO 7：提高本部门工作的效率和效果		
通过"资金、人力、体制、沟通、结果"来实施		
⇧		
部门绩效框架		

（5）能力评价。

能力评价是内阁秘书古斯·奥唐奈（Gus O'Donnell）于 2005 年发起的，该项目将部门能力分为三类：实施能力、领导力和战略能力，每类能力又细化为若干种能力，具体的能力评价模式见表 8-8。内阁专门成立了能力评价小组，负责召集外部的评价主体，以两年为一个周期对各个中央部门的能力进行全面评价。

表 8-8　能力评价模式

实施能力	● 有效管理绩效，提高"资金价值" ● 创新，改进实施效果 ● 有重点地计划和利用资源 ● 明晰角色、职责和实施计划
领导力	● 引导方向 ● 点燃激情，加快脚步 ● 开发员工潜力
战略能力	● 制定战略，注重结果 ● 基于详尽的信息进行抉择，关注客户 ● 通力合作，建立共同愿景

资料来源：http://www.civilservice.gov.uk/about/improving/capability/index.aspx，2010.

在对部门能力进行评价时，内阁评价小组给出的评价等级如表 8-9 所示。

表 8-9　能力评价项目的评价等级

绿色	符合能力模型的要求，能力突出，能够完成未来的各项行动
绿色条纹	与能力模型的要求有差距，但是已有清醒的认识。为了应对现在和未来的实施计划，正在逐渐提高自己的能力，并完全有条件达到既定要求
红色条纹	对于现在和未来的实施计划，在能力上有一定欠缺，且没有完全认识到自身缺点，也没有清晰的改进计划
红色	对于现在和未来的实施计划，在能力上有明显欠缺，须立刻采取相应措施；短期或中期内并没有条件解决这些缺陷，需要通过额外的努力和帮助来保证计划的有效实施

8.2.2　国家公务员绩效管理

英国公务员自上而下可分为内阁大臣（Cabinet Secretary）、常务大臣（Permanent Secretary）、局长（Director General）、主任（Director）、副主任（Deputy Director）、六级公务员（Grade 6）、七级公务员（Grade 7）、资深行政主任（Senior Executive Officer，SEO）、高级行政主任（Higher Executive Officer，HEO）、行政主管（Executive Officer，EO）、政务主办（Administrative Officer，AO）和行政助理（Administrative Assistant，AA）等 12 个等级。内阁大臣是最高级别的公务员，属于政务官。常务大臣是一个部门中最高级别的事务官，其工作职责是协助部长管理部门内的各项工作，向内阁秘书汇报本部门的日常事务和公务员管理等情况。在此，主要对英国高级公务员的绩效管理情况进行介绍。

在英国公务员系统中，2 至 5 级公务员属于高级公务员，约占公务员总数的 1%。英国高级公务员的绩效考核主要由内阁中的公务员能力小组（Civil Service Capability Group）来负责。英国内阁办公室每年都要发布《高级公务员绩效管理指导手册》（Performance Management Arrangements for the Senior Civil Service），该指导手册介绍了高级公务员绩效管理的各项安排，规定了各机构必须执行的核心框架。英国高级公务员绩效管理包括绩效计划（performance planning）、绩效审查与考核（performance review and assessment）、绩效区分（performance differentiation）三个环节，并且每个环节都有明确的要求和注意事项，如图 8－5 所示。

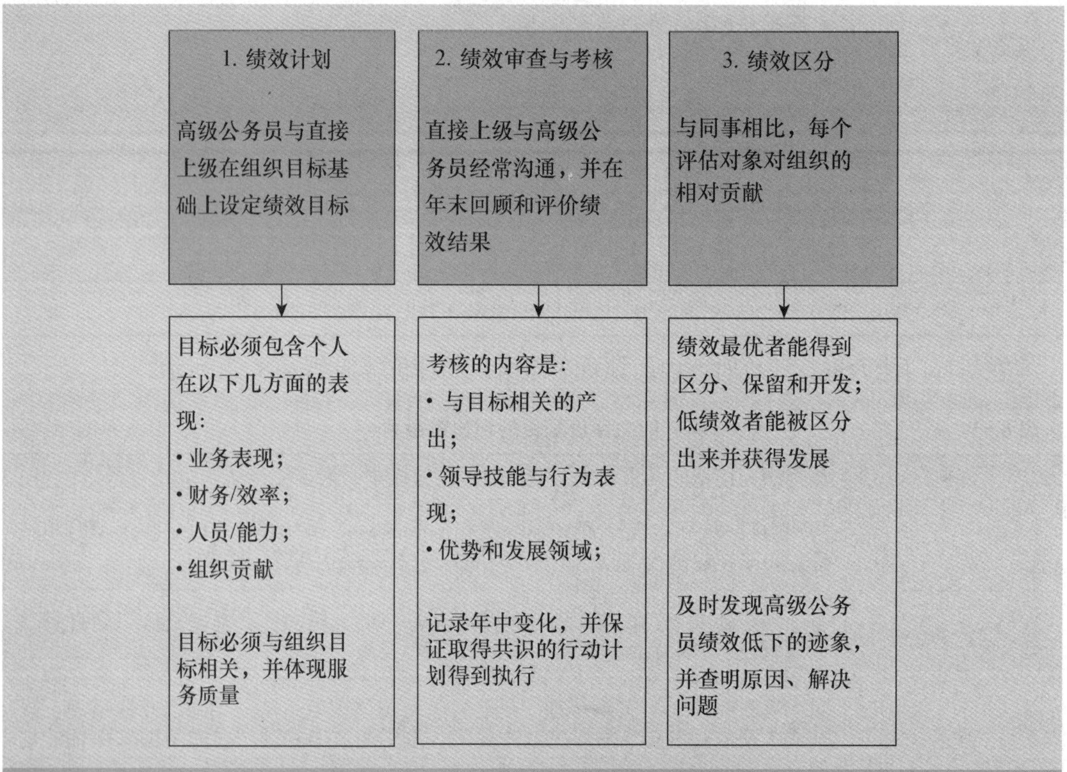

图 8－5　英国高级公务员绩效管理流程

资料来源：Cabinet Office. Performance management arrangements for the senior civil service 2013/14.

英国高级公务员绩效考核的基本导向是兼顾组织需要与个人能力持续发展。因此，英国高级公务员的考核内容有两个方面：取得什么成果（what you achieve）和如何取得成果（how you achieve it），即工作业绩和领导力。工作业绩是英国高级公务员绩效考核的核心内容，是高级公务员履行职责、完成任务等情况的集中体现。具体包括业务表现（business delivery）、财务/效率（finance/efficiency）、人员/能力（people/capability）和组织贡献（corporate contribution）四个维度。同时，在高级公务员的绩效考核过程中，英国还比较重视领导力考核，专门开发了高级公务员领导力模型来指导高级公务员的领导力考核。该模型要求在遵循诚实、正直、公正、客观的公务员价值观基础上，从确定未来方向（set future direction）、有效管理并完成任务（manage effectively and deliver results）和人员管理与能力开发（engage people and develop capability）三个维度对高级公务员的领导力进行考核。英国高级公务员考核主要由任职者（Job Holder）的直接上级负责，考核分为年中考核和年度考核，年中考核通常在每年的 10 月或 11 月进行，具体形式一般是召开中期绩效会议；而年度考核一般在 3、4 月份举行。

为了更好地对不同考核结果的高级公务员进行个性化管理，《高级公务员绩效管理指导手册》中指出，可以利用“绩效与领导力潜力九宫格”（9-box performance and potential grid）来实施，如图 8－6 所示。将绩效水平分为三个等级，将领导力潜力按高、中、低分为三个级别，形成一个由九个格子构成的矩阵，每一个格子都是一种绩效水平和一种领导力潜力水平的组合，都代表了某位高级公务员的绩效结果。各机构可以根据每一个格子的特点制定有针对性的管理措施，从而提高管理的针对性和有效性。

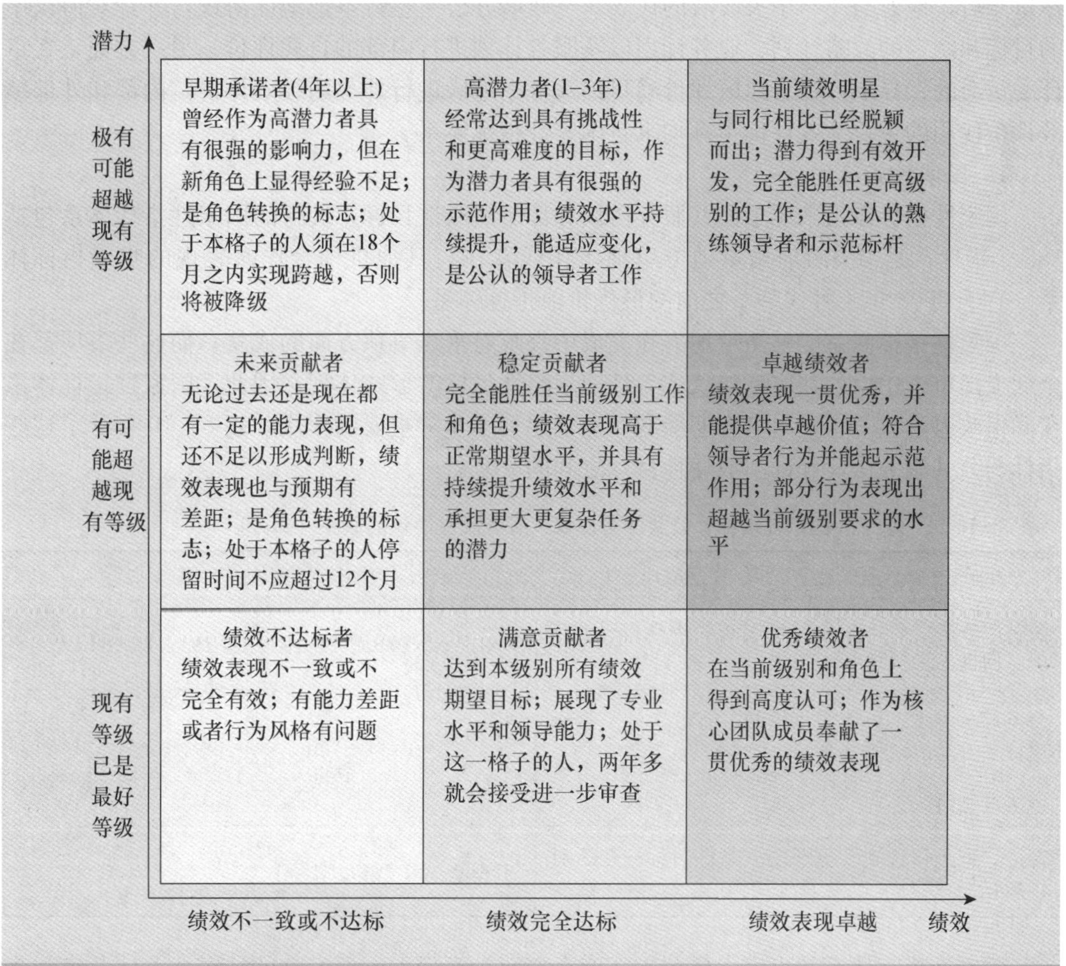

图 8－6　绩效与领导力潜力九宫格

资料来源：National Audit Office. Building capability in the Senior Civil Service to meet today's challenges. http://www.nao.org.uk/wp-content/uploads/2013/06/10167-001-Full-Report.pdf.

8.2.3 地方政府绩效管理

1999 年英国通过的《地方政府法案》规定，地方和其他特定当局须引入最优绩效管理体系，报告它们在经济性、效率和效果方面的成果，并授予中央政府检查和评价地方政府是否达到绩效目标和标准的权力。2006 年社区和地方政府部门（Department for Community and Local Government Department）发布了《强大而繁荣的社区——地方政府白皮书》，该白皮书废止了之前的最优绩效管理体系，颁布了新的地方绩效框架，它将国家性指标体系、本地地区协议（local area agreements，LAA ）以及综合地区评价（comprehensive area assessment，CAA）整合起来，突出强调改善公共服务和提高地方人民的生活质量，该绩效框架适用于地方当局和它们的服务供应合作伙伴（例如警察局、就业促进中心和国民健康服务基金会）。具体而言，一方面，在综合考虑了本地工作重点与国家工作重点后，地方当局与中央政府的代表——政府办公室签订本地地区协议，并针对协议中的目标和制定的战略计划、业务计划以及服务计划进行内部的自我评价；另一方面，在审计委员会的领导下，综合地区评价项目组对各个地区进行外部的绩效评价。内部和外部绩效评价使用的主要绩效评价指标均来自国家性指标体系。

1. 国家性指标体系

国家性指标体系来源于公共服务协议和部门战略性目标，现行的国家性指标体系包括 188 个指标，是中央政府衡量地方单独工作或者在与其他机构合作时表现的唯一指标体系。它于 2008 年 4 月代替了之前的最优价值指标体系。

国家性指标体系能够衡量地方在完成中央政府重点事项方面的成就，而这些事项都在全面支出审查中以公共服务协议或者部门战略性目标的形式体现。因此，国家性指标体系在确保政府达成三年支出审查期间的目标上起到了非常重要的作用，表 8-10 显示了这些指标与公共服务协议和部门战略性目标之间的联系。

表 8-10 国家性指标、公共服务协议、服务改进协议的联系（部分）

公共服务协议/服务改进协议/部门战略性目标	对应的国家性指标编号
公共服务协议 2 ：在 2020 年之前，提高人民的技能，向世界级技能水平迈进	NI 161、NI 162、NI 163、NI 164、NI 165
公共服务协议 5 ：达成可靠的、有效率的交通网络以支持经济增长	NI 167
服务改进协议	NI 14
商务、企业和管制改革部的战略性目标：在所有区域，提升创新，促进商业增长	NI 166、NI 171、NI 172

国家性指标体系的内容主要分布在四个方面：更强大、更安全的社区，关注儿童和青少年，成年人的健康和幸福感及地方经济和环境的可持续性。每个指标都有一个详细的指标卡，具体如表 8-11 所示。

表 8-11　　国家性指标的指标卡

指标编号和名称			
数据是否由地方机构或者地方合作伙伴提供		是否是现行指标	
原理	针对该指标的内涵给出说明		
定义	解释该指标应该如何被衡量、衡量什么以及相关特殊词语的精确含义；还包括所有与定义中的计算项目相关的信息，如果其他来源的数据被计算进去，要提供数据提供者的情况		
计算公式	解释计算的方法		
实践案例	展示在实践中该定义和计算公式是如何应用的	良好绩效	指出良好绩效的代表性数字
信息收集间隔	说明收集信息的频率	信息来源	说明使用的数据系列、数据收集的表格以及此次收集是否专供国家性指标
返回格式	说明数据在格式上应该是什么样子的	小数点位数	小数点后的位数
报告机构	说明由哪些组织提供绩效信息，例如国家统计局或者那些进行数据交换的政府部门		
地域级别	说明哪些地区的数据将被报告		
进一步的指示	说明可以得到的进一步的信息		

2. 本地地区协议

本地地区协议是在地方“可持续地区战略”的基础上，由本地区与中央政府签订的强调地区工作重点的三年期的地区协议。本地地区协议的主要目标是通过给地方人民创造更好的成果而真正地实现可持续发展的社区。本地地区协议的内容主要涵盖四个方面，具体如表 8-12 所示。地方政府应该尽可能广泛地将这个框架用于本地地区协议。每个本地地区协议目标需要包含三种类型的指标供地方政府选择：强制性指标、特别资金支持下的强制性指标以及其他指标。这些指标均来自国家性指标体系。

表 8-12　　本地地区协议目标框架

儿童和青少年	安全和强大的社区	健康的社区和老年人	经济发展
1. 安全的 2. 健康的 3. 享受和成就 4. 达成经济上的幸福 5. 缩小差距	1. 减少犯罪 2. 安抚公众，减少其对犯罪的恐惧 3. 减少非法药物造成的危害 4. 在社区中建立相互尊重的氛围并减少反社会行为 5. 给地方人民授权使之有更多的选择、更大的决策权和在公共服务传递上扮演更强大的角色 6. 更干净、更绿色和更安全的公共空间 7. 减少填埋的垃圾并且提高回收率 8. 减缓气候变化 9. 开放农村地区	1. 增进健康平等 2. 提高生活质量 3. 做出有益的贡献 4. 选择和控制 5. 消除歧视 6. 经济上的幸福 7. 个人尊严 8. 减少伤病，增进工作健康 9. 缩小差距	1. 就业率得到提高 2. 企业得到改进 3. 改进竞争 4. 改善投资 5. 改善技能 6. 改善住房条件 7. 增进创新 8. 可持续的生产和消费 9. 缩小差距

3. 综合地区评价

综合地区评价在2009年4月代替了综合绩效评价以及其他一些评价项目，成为新的地方绩效管理体系的组成部分。综合地区评价会监控国家性指标体系以及本地地区协议目标的实现情况，评价地方政府单独或者联合战略性合作伙伴达成的成果，进而为中央政府提供国家重点事项进展情况的相关信息。综合地区评价由审计委员会与其他五个监察机构合作执行，包括教育标准办公室、护理质量委员会、警察督察局、监狱监察局和缓刑检查局。这意味着综合地区评价能够统筹地方议会、医疗机构、警察力量、火灾救援服务中心和其他提供地方公共服务的机构，因而相对于分散的单个机构的绩效评价，它能够更好地促进地方绩效的全面进步。综合地区评价遵循一定的活动安排，并不以分数作为评价结果，而是使用蓝色或者红色的旗帜来表示对未来改进的关注。红色旗帜意味着可以采取一些额外的活动来改进结果；蓝色旗帜则意味着较优异的绩效。表8-13是进行综合地区评价的流程安排。每个季度评价小组会定期更新绩效评价报告。

表8-13　　综合地区评价的流程安排

单独监察：阶段一	评估地区成果，初步判断给该地区红色旗帜还是蓝色旗帜
联合监察：阶段二	针对地方重点和国家性重点的结果，进行联合分析； 对旗帜的标示和议会组织评估分数进行联合讨论
联合监察：阶段三	地区与政府办公室拟定评价报告的初稿并进行分享，在6月进行初步信息质量确认
9月会从阶段一到阶段三再检查一遍	
阶段四	拟定并分享报告的初稿
阶段五	最后的信息质量确认
阶段六	各个地区与地方办公室分享报告
11月份在政府信息网站Oneplace上发布最终报告	

8.2.4 地方政府雇员绩效管理

在英国，地方政府的工作人员未被纳入公务员体系中，因此地方政府能够自行决定其雇员的绩效管理体系，我们以兰开夏郡为例来说明。

1. 兰开夏郡的绩效目标设定

该郡的整体目标有7个：1）安全感；2）引领健康生活；3）居民能得到其所需的帮助；4）学习和发展；5）工作和成功；6）便捷而安全地旅行；7）高质量的环境。根据以上目标，该郡制定了理事会计划、业务计划以及服务计划和团队计划，而地方政府工作人员目标制定的原则是将个人目标与组织整体目标和服务计划、团队计划、业务计划及理事会计划等联系起来。一般而言，个体目标包括5个左右的工作目标和至少1个工作生活平衡目标或幸福感目标。

2. 兰开夏郡绩效管理周期

兰开夏郡展开员工绩效管理的周期如表8-14所示。

表 8-14 兰开夏郡的绩效管理周期

时间	绩效管理
上年 10—12 月	各服务单元和工作小组准备起草业务计划
1—4 月	通过业务计划定稿，制定达成该计划的预算
4—5 月	年度绩效评价
5—6 月	进行培训需求分析，确保与组织整体工作重点保持一致
6 月	启动理事会或直接服务组织的培训和开发计划及课程项目
7—9 月	有些员工的活动会受到议会内或者议会外财务进程的影响，他们可以在 7 月份开始个人发展和评价计划
10—11 月	业务计划更新，半年绩效评价，确认学习需求

3. 兰开夏郡的绩效评价主体

兰开夏郡政府工作人员的绩效由员工的上级主管评价，首席执行官的绩效则由郡议会的领导来评价。当政府工作人员的服务范围较大时，可能会由一些上级主管以外的评价主体来进行绩效评价，但是评价主体必须完全理解和掌握该员工的工作和服务计划。

4. 兰开夏郡的绩效评价办法

在绩效评价前、绩效评价过程中以及绩效评价之后，各个政府工作人员及其上级主管都要遵循一定的计划和安排，具体如表 8-15 所示。

表 8-15 兰开夏郡绩效评价办法

绩效评价前	● 主管与员工商定见面日期 ● 双方熟悉胜任力模型 ● 双方熟悉相关的小组计划、服务或者业务计划 ● 主管与员工商议被评价岗位的胜任力级别 ● 员工完成自我评价表格，收集自我评价的相关证据 ● 主管收集与员工绩效相关的信息，并形成自己的判断
绩效评价的准备材料	● 相关的小组计划、服务或者业务计划 ● 职位描述或者角色定义方面的材料 ● 已经填好的自我评价表格 ● 双方收集好的关于员工绩效的数据 ● 员工准备好与自己职业愿景和目标相关的信息
绩效评价中	● 双方对胜任力进行评价并达成一致意见 ● 商定未来 12 个月内的工作目标 ● 商定个人的工作生活平衡/幸福感目标 ● 商定员工在未来 12 个月的开发/培训活动，完成学习和发展计划 ● 讨论职业愿景 ● 分享最佳实践 ● 完成绩效评价表
绩效评价后	● 思考未来 12 个月的学习和发展计划。相关的表格提交给理事会和直接服务组织的培训人员 ● 每一次培训结束后，主管和员工见面并评价培训效果 ● 6 个月后，主管和员工再次开讨论会，对他们在既定目标上的成果和已经参加的培训进行评价

5. 兰开夏郡政府工作人员的胜任力模型

胜任力模型通常包括一名员工胜任工作岗位所需要的技能、知识、经验以及行为。在兰开夏郡政府雇员的胜任力模型中，共有五种胜任力：领导力和愿景、沟通能力及人际关系、有效地使用资源、创造一个学习型的环境、创新。并且，每一种胜任力都有必要水平、管理水平、领导水平和战略水平这四种不同等级的行为定义。不同职位的员工所处的等级也不同，如果一个员工处于战略水平，那么需要对他在所有水平上的表现进行打分。以沟通能力和人际关系为例，兰开夏郡政府雇员胜任力模型如表 8－16 所示。

表 8－16　　胜任力模型样表

沟通能力和人际关系			
确保所沟通的信息清楚，易于理解；通过有效的人际关系与同事进行合作			
有效行为/胜任力级别			
必要水平	管理水平	领导水平	战略水平
➢尊重并重视每个同事，无论他们的年龄、生理缺陷、信仰、性别、种族或者性取向如何 ➢能够与他人进行交流，包括那些母语不是英语的人 ➢使用合适的方式进行交流，比如 E-mail、留言、面谈等 ➢与同事、客户、合作伙伴、利益相关者建立并维持建设性的、开放的关系 ➢在同事、客户、合作伙伴、利益相关者前树立友善的、专业的形象 ➢更新与工作场所相关的信息 ➢建立并维持整个组织的沟通网络，使之覆盖同事、客户、合作伙伴、利益相关者 ➢充满信心地、有效率地回答疑问并解决问题；帮助同事、客户、合作伙伴、利益相关者解决信息上的问题 ➢能够挑战不被接受的行为	➢给同事提供工作上的信息 ➢鼓励他人自由表达见解，建立一个开放式交流的氛围 ➢为各种建议和决定提供清晰而有逻辑的论证，并说服他人 ➢指导他人进行有效的交流，通过提问确认他人是否已准确理解 ➢对他人的反应有所预期并做好相应准备 ➢有效地管理和参与会议 ➢与不同年龄层的、残障的、不同信仰的、不同性别的、不同种族的以及不同性取向的人建立有效的工作关系。理解社区不同人群的需求并与之交流 ➢与管理者和合作者建立有效的工作关系	➢鼓励他人自由表达，建立一个开放式交流的氛围 ➢在处理情绪化的或困难的情况时，关注事实、问题及解决方法，保持公正和中立 ➢以人们可以理解的方式表述复杂的观点和问题 ➢创造一个团队成员、管理者和合作者协调工作的环境 ➢对他人来说是可以接近的、易于接近的 ➢能够预料到他人对自身行动或语言可能的反应 ➢与不同年龄层的、残障的、不同信仰的、不同性别的、不同种族的以及不同性取向的人建立有效的工作关系。理解社区不同人群的需求并与之交流 ➢提高公平性和多样化在组织内的重要性	➢对每个人来说都是可以见到、可以接近并易于接近的 ➢以职业的、令人印象深刻的方式代表议会面对合作者和管理者 ➢在议会内外充分利用自身能力和政治关系以达成所期望的结果 ➢在议会责任领域内外，都能采取行动改善交流过程 ➢与不同年龄层的、残障的、不同信仰的、不同性别的、不同种族的以及不同性取向的人建立有效的工作关系。理解社区不同人群的需求并与之交流 ➢鼓励他人提升公平性和多样性
员工自我评估的分数：	员工自我评估的分数：	员工自我评估的分数：	员工自我评估的分数：
直属主管和员工协商后给出的综合分数：			

8.3　韩国公共部门绩效管理

韩国作为我国的亚洲邻国，尽管关注公共部门绩效管理的时间不长，但自 20 世纪 90

年代后期开始，经过持续的制度建设和强有力的推进与完善，已呈现出快速发展的趋势，形成了比较科学有效的公共部门绩效管理体系，但同时也存在一定的不足。对韩国公共部门绩效管理的经验和不足进行归纳和总结，可以为我国公共部门绩效管理的实践提供有益的指导和借鉴。

8.3.1　中央政府绩效管理

1. 中央政府绩效管理的主管机关

韩国主管政府绩效管理的机关主要有三个，分别承担着不同的管理职能。一是国务总理领导的政府业务评价委员会，其主要职责是依照《政府业务评价基本法》对政府及公共机关和主要政策进行评价；二是行政安全部，其主要职责是负责和组织中央政府机关人事管理、地方政府人事管理；三是监察院，主要职责是根据《监察院法》监察国家税收、预算支出、会计检查及公务员履职情况等。

2. 中央政府绩效管理的内容及其流程

根据《政府业务评价基本法》的规定，韩国政府绩效管理是指基于政府机关的任务和愿景、中长期目标、年度目标及绩效指标，从经济性、效率性、效果性等角度进行管理的一系列活动。政府绩效管理的最终目的是塑造具有责任感的政府，为社会公众提供优质的行政服务。2008 年后韩国政府根据《政府业务评价基本法》的规定，构筑了以政府业务评价委员会为核心的一元评价管理体系。该委员会将指挥权赋予掌管一切政府业务的国务总理，以实现对政府组织的既统一又系统的管理。韩国的政府业务评价以 48 个中央行政机关为评价对象，实行自我评价和特定评价。中央行政机关对主要政策课题、财政事业、人事、组织、信息化等指标实行自我评价，评价结果由政府业务评价委员会确认和检查。国务总理对管理对象的业务、国民满意度及特定措施实行特定评价。韩国中央行政机关政府业务评价如表 8 - 17 所示。

表 8 - 17　　韩国中央行政机关政府业务评价①

<table>
<tr><th colspan="3">指标</th><th>评价机关</th><th>协助机关</th></tr>
<tr><td rowspan="5">自我评价</td><td colspan="2">主要政策课题</td><td rowspan="5">中央行政机关的长官
（自我评价委员会）</td><td>国务调整室</td></tr>
<tr><td colspan="2">财政事业</td><td>企业财政部</td></tr>
<tr><td colspan="2">人事</td><td rowspan="3">行政安全部</td></tr>
<tr><td colspan="2">组织</td></tr>
<tr><td colspan="2">信息化</td></tr>
<tr><td rowspan="3">特定评价</td><td>政策课题</td><td>核心课题可持续发展</td><td rowspan="3">国务总理
（政府业务评价委员会）</td><td rowspan="3">国务总理室</td></tr>
<tr><td>国政管理力量</td><td>政策管理力量
政策的贯彻、宣传控制改革</td></tr>
<tr><td>国民满意度</td><td>政策满意度
信访满意度</td></tr>
</table>

① 在韩国“力量”和“能力”的含义比较接近，但“力量”的词义范围广于“能力”。即“能力”包括知识、技术及态度等，“力量”包括动机、能力及环境等。在本书中，为了区别两个词的概念，在组织中用“力量”，针对个人时用“能力”。

自我评价过程分为自我评价计划的制定及实施、确认与检查、再评价等几个阶段。各部门需组成以民间专家为核心的自我评价委员会。自我评价委员会要审议自我评价计划，进行中期检查，并于年底实施自我评价，形成评价报告书。自我评价委员会每季度至少召开一次会议，总结和整理会议结果，并将内容通报委员会或公之于众。政府业务评价委员会通过电子综合评价系统对各部门的自我评价结果进行确认及检查，最后审议并通过有关自我评价结果的确认及检查事项。

特定评价由创新管理、政策宣传管理及信息公开等对管理对象的业务评价，国民满意度调查及特定措施评价构成。各部门按评价日程将特定评价的有关资料录入电子综合评价系统或向国务调整室提出时，特定评价就已经启动了。管理对象业务评价主要通过国务总理协调不同评价部门，在协助机关和相关专家的帮助和支援下进行，并最终由政府业务评价委员会审议通过各评价部门的评价结果；特定措施评价主要在政府业务评价委员会、实务会议及有关专家的参与下实施；而国民满意度调查则会委托给民间专门调查机构由其实施问卷调查。韩国政府业务评价体系如图 8－7 所示。

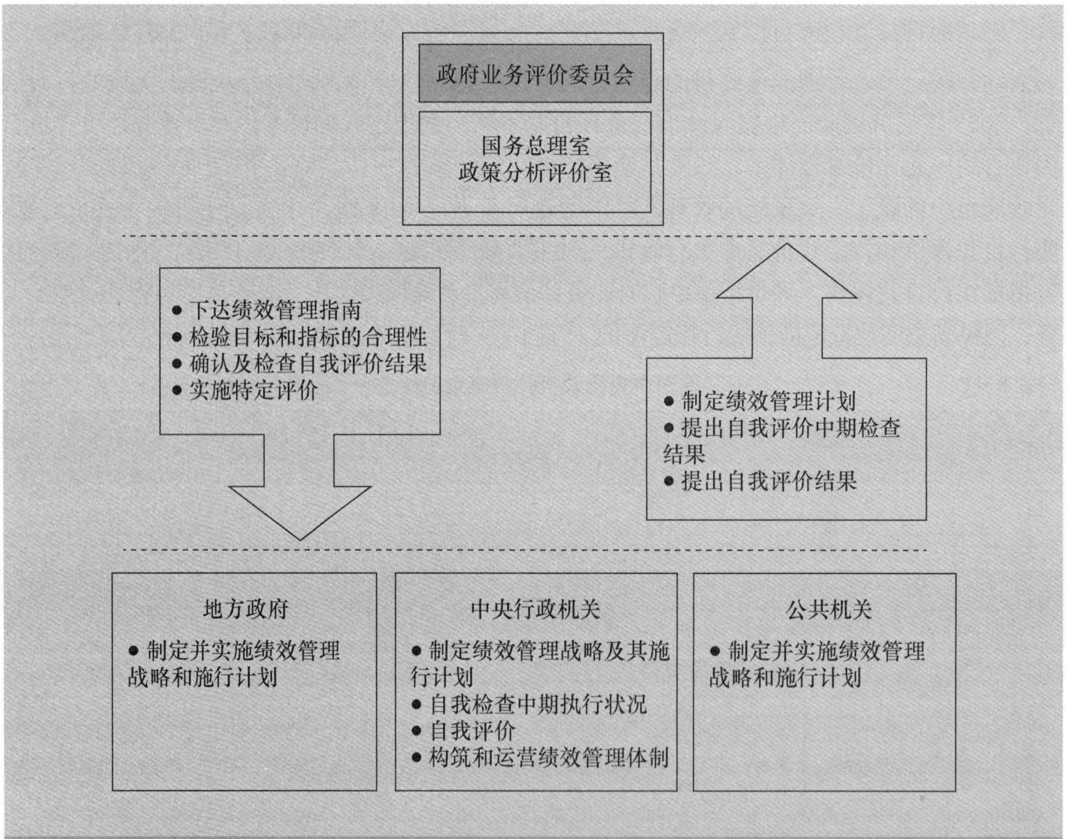

图 8－7　韩国政府业务评价体系

具体而言，韩国中央政府机关的绩效管理过程由政府绩效计划、绩效执行与检查、政府绩效评价和绩效评价结果的应用这几个环节构成。具体如图 8－8 所示。

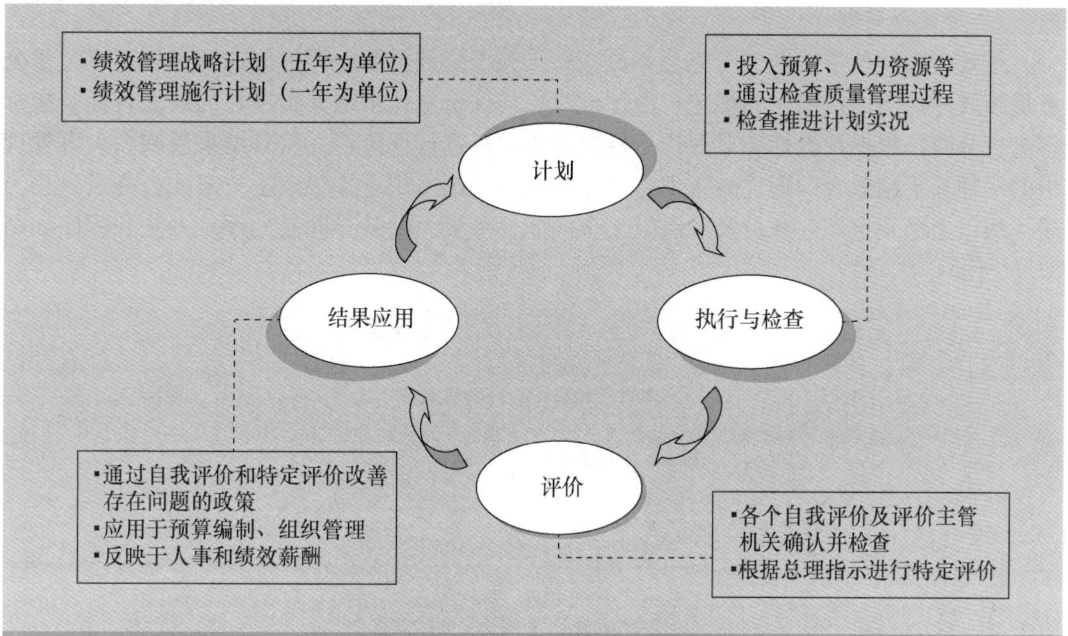

图 8－8　韩国政府绩效管理基本框架

（1）政府绩效计划。

从 2007 年起，中央行政机关需要制定以五年为一个周期的绩效管理战略计划，明晰机关的任务、愿景、战略目标及今后五年的绩效目标，并制定相应的绩效管理施行计划，以明确当年的绩效目标、政策（事业）及绩效指标。政府业务评价委员会帮助各中央行政机关调整和建立合理的目标和指标体系，并统一每年制定绩效管理计划的时间和预算编制的周期。

（2）绩效执行与检查。

中央行政机关应有效地分配已有的资源以推进政策，并通过检查绩效目标的推进过程和实绩等确保目标的达成。

（3）政府绩效评价。

中央行政机关于每年 4 月份开始制定绩效评价计划，并根据年末绩效情况于次年 1～3 月实施自我评价。绩效管理施行计划中的绩效目标和绩效指标将作为中央行政机关自我评价的主要评价标准。

（4）绩效评价结果的应用。

绩效评价结果的应用可以分别体现在行政机关和公务员个人两个层面。绩效评价结果在行政机关层面的应用主要体现为政策改善、预算编制及组织管理；而绩效评价结果在公务员个人层面的应用则体现在公务员职位变动或薪酬升降等具体的人事决策上。

8.3.2　国家公务员绩效管理

韩国的公务员绩效管理根据公务员职级形成了二元绩效管理体系，即对 4 级以上公务员实行绩效合同制，对 5 级以下公务员进行工作业绩评价。

1. 绩效合同制

绩效合同制是指根据《国家公务员法》、《关于公务员绩效评价等的规定》及《关于公务员绩效评价等的指南》的规定，由评价对象与评价主体围绕评价项目的绩效目标及指标等进行协商，根据评价标准对评价指标或评价项目进行评价，并将其结果反映在人事管理中的一种基于绩效合同形式的管理方式。绩效合同制适用于 4 级以上一般职公务员、相当于 4 级以上级别定职公务员及 4 级以上合同职公务员。绩效合同制的评价办法和程序如图 8-9 所示：

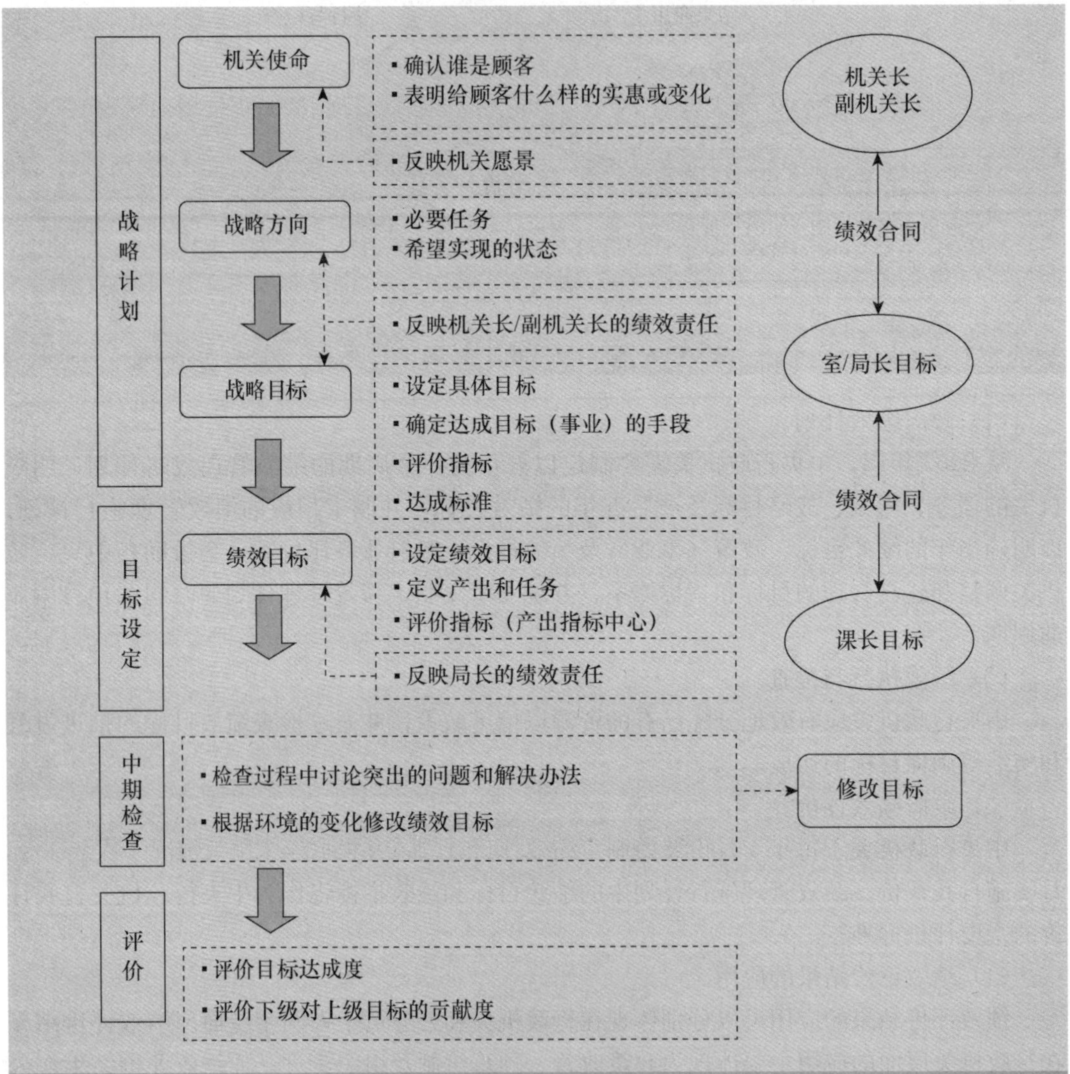

图 8-9　绩效合同制评价框架

资料来源：韩国行政安全部．绩效管理实务，2009：21-24.

（1）战略计划的制定。战略计划是指中央行政机关的长官为实现战略目标而制定的中长期计划。在签订绩效合同之前先制定战略计划的目的是强化个人业务绩效与组织目标之间的联系。

（2）绩效合同的签订。绩效合同是指评价主体与评价对象围绕要达成的绩效目标、评价指标及评价结果的应用等进行协商后达成的具有约束性的协议。根据组织的业务特点，所属部门长官可另行规定合同内容和办法。绩效合同通常于年初（1 月）签订，为期一年。在签订绩效合同过程中重要的一点是，在设定绩效目标时，要确保上、下级目标之间的联系，即通过签订自上而下的绩效合同使课/班长的绩效目标能够有效支撑上级（室/局长）的绩效目标。

（3）中期检查。每年至少进行一次自我检查形式的中期检查（一般是 7～8 月份）。届时，评价主体以评价对象的绩效记录为基础，通过绩效面谈的方式讨论存在的问题和改进方案，并依据环境变化判断修订绩效目标及指标的必要性。

（4）评价办法及程序。评价周期内，根据既定的绩效合同对绩效目标达成度进行评价。评价时，评价主体与评价对象必须进行绩效面谈，评价主体以评价指标的测量结果为基础制作最终的绩效评价报告书。评价主体的上级需要确认评价主体提交的评价结果并对其进行合理性检查。

（5）评价结果的应用。对于实行绩效合同制的公务员，评价结果的应用将反映在绩效薪酬的支付和人事决策上。依照强制分布的原则，绩效评价结果分为 5 个等级，卓越占 20％以下，存在不足占 10％以上，绩效薪酬将按照评价结果的等级予以发放。

2. 工作业绩评价制

工作业绩评价制是指对 5 级以下一般职公务员，相当于 5 级的研究官、指导官、技能职公务员、定职公务员以及 5 级以下合同职公务员进行的个人工作业绩评价。工作业绩评价制规定了提升业绩和公务员能力发展的相关事项①。工作业绩评价过程及示例如图 8－10 所示。

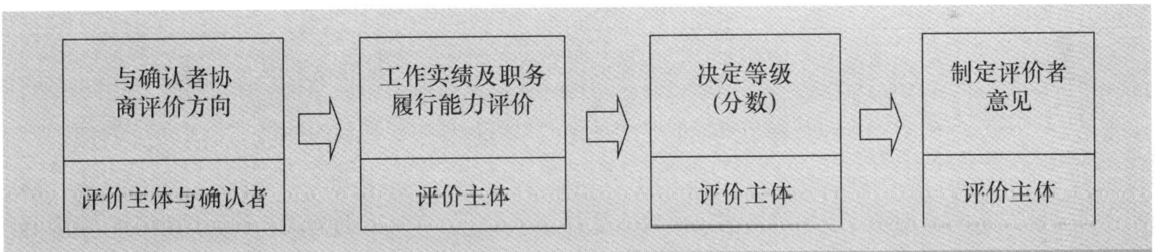

图 8－10 工作业绩评价过程图

（1）确定工作绩效评价主体及确认者。工作业绩评价首先应确定评价主体和确认者。评价主体可以从能够观察被评价公务员绩效的上级、直接监督者（一般是作为部门负责人的课长）中选择，确认者由所属部门长官从评价主体的上级、直接监督者中指定。

（2）设定绩效目标。被评价公务员应于每年年初与评价主体和确认者协商后设定绩效目标。绩效目标要明确当年应达到的绩效程度，并作为当年绩效活动的标准。

（3）评价项目。在评价绩效时，必须把实绩和能力作为核心要素，其他要素为辅。

① 韩国行政安全部. 绩效管理实务，2009：46－93.

因此，评价项目应以“工作实绩”及“职务履行能力”为基本项目，另外可根据所属部门长官的判断增加“职务履行态度”项目，工作业绩评价和职务履行能力如表8-18和表8-19所示。

表8-18 工作业绩评价（示例）

评价项目	工作实绩	职务履行能力	职务履行态度（选择）
评价要素	业务难易度 业务量 完成度 及时性	计划能力—表达能力 协调能力—执行力 迅速性—配合意识 诚实性—顾客导向性 组织献身度—战略的思考	

表8-19 职务履行能力（示例）

评价要素	定义
公务员伦理意识	● 遵守公务员应具备的基本伦理，并以此为标准行动的能力 ● 作为公务员应具备的“道德气质”
组织贡献度	● 作为组织成员，与自己的利害得失相比更注重所属部门、单位以及国家的利益，支持且包容组织政策方向的能力
自我控制力	● 战胜来自业务的压力，调整自己的情绪，一贯维持履行业务的能力
战略性思考	● 业务上，善于选择核心解决课题，提出解决方案的能力 ● 从长远、综合、优先顺序明确的角度设定目标、处理业务的能力
职业精神	● 为了提高工作绩效全力以赴且自我学习的能力 ● 作为承担特定领域职务的职业人应具备的“智力/理性气质”
业务创新/改进	● 为了改善工作状况，采用新的视角和创新方法开展业务的能力 ● 积极思考变化的情况，灵活应用挑战机会的能力 ● 为解决问题提出各种战略和具体的对策，且为改善过去的惯性和业务流程而努力的能力
顾客导向	● 在业务上，理解国民或内部受益者（其他公务员）的需求，努力满足他们需求的能力
业务敏锐度	● 研究对政策结果产生最大影响的方法，且兼顾效能和效率而开展业务的能力
政策执行/管理	● 制定计划并按照日程执行且取得结果的能力
信息收集/管理	● 有效收集和及时应用必要的业务信息的能力
信息交流/沟通	● 在友好的氛围中，使对方准确理解自己的意图或通过倾听正确理解对方用意的能力
配合意识	● 与他人协作完成工作任务或作为团队成员为实现共同目标努力工作的能力
调解/综合能力	● 对涉及各部门及单位利害得失的事务，能够从国家、单位全体利益出发，做出正确判断并提供符合各方利益的解决方案的能力
协商能力	● 在相同或不同的立场，谋求既合理又恰当的共识，进而得到对方的同意和协作的能力

续前表

评价要素	定义
提供目标/方向	● 明确理解单位的政策方向，并能够与本部门业务联系，进而促使下属理解单位政策的能力
资源/组织管理	● 有效利用和管理为扩大所承担业务的成果而投入的资源的能力
指导/培养能力	● 通过提供适当的挑战机会、持续的关心和劝告，系统指导下属发展的能力
包容性	● 理解并包容不同意见或立场的能力
潜在领导力	● 作为潜在管理者应具备的潜在素质和能力
顾客亲切度	● 为满足顾客而努力的程度
业务知识	● 对开展业务工作所需的实务知识、一般常识及技能、经验或与此相关的信息的理解、熟练及应用程度
理解力	● 正确把握、理解及应对问题和情况的能力
判断力	● 把握和处理问题的能力
果断性	● 在决策或判断时，采取积极、挑战性态度的能力
规划/创造力	● 在业务处理上，具有独特的改进及规划能力
交涉能力	● 使对方理解自己用意的能力

资料来源：韩国地方公务员绩效考核等运营指南. 2009：37-38.

（4）评价办法。工作业绩评价的程序基本上与绩效合同一致。评价项目主要由工作实绩、职务履行能力等组成，总分为 100 分。原则上于每年的 6 月 30 日和 12 月 31 日分两次进行评价，但所属部门长官认为必要时，可另定评价日期，每年也可实施一次评价。

（5）绩效面谈及绩效记录。绩效面谈是确保工作业绩评价公正性和合理性的不可或缺的核心环节。在设定绩效目标、指导和检查（随时）绩效目标达成情况以及评价主体实施评价这三个环节之前，评价主体需要与被评价公务员围绕工作目标进行交流，并记录和管理被评价公务员在实现绩效目标过程中的重要事项。

（6）评价结果的公开及异议的申请。评价主体及确认者的评价结束后，应公开评价对象的评价结果。绩效评价结果公开后，对结果有异议的评价对象可向确认者提出异议申请，确认者与评价主体协商后确定对异议的反馈意见。对确认者的反馈结果有异议的评价对象，可继续向工作业绩评价委员会提出异议申请。

（7）评价结果的应用。工作业绩评价的评价结果将体现在绩效奖金的发放和晋升候选人名簿上。此外，工作业绩评价结果也可应用于特殊晋升、培训、任职管理等各种人事管理决策中。如图 8－11 所示，晋升候选人名簿包括工作业绩考核、经历评价及加分评价。

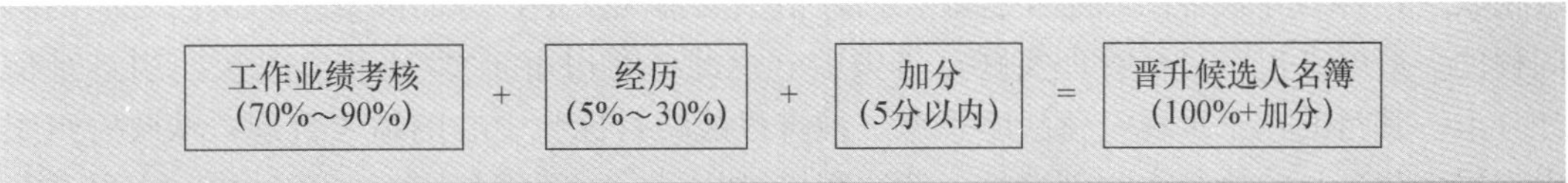

图 8－11　晋升候选人名簿的内容组成

3. 绩效管理卡

2005 年 2 月，韩国修订的《公务员人事记录及人事业务处理规定》为绩效管理卡提供了法律依据，绩效管理卡是管理公务员绩效评价结果的系统，如图 8－12 所示。它不仅记录绩效合同制和工作业绩评价的结果，而且也记录包括政府业务评价和监察院评价在内的其他评价结果。过去的人事记录卡以经历和个人资料为主，因此在人事管理中的应用价值并不高，且存在个人的绩效及评价信息不成体系等问题。将人事记录卡改编为绩效管理卡，可以综合和积累有关公务员绩效的各种评价及监察结果，构建基于实绩和绩效的人事运行体系。绩效管理卡中，记录对象的信息包括个人的实绩及能力评价信息、外部评价和监察结果等。实绩及能力评价信息包括工作业绩评价结果、绩效等级、多面评价结果及创新活动结果。外部评价包括国务调整室政策评价结果等。监察结果包括监察院检查结果，自查及个别机关检查结果，制度改革、战略课题、执行情况检查结果等。

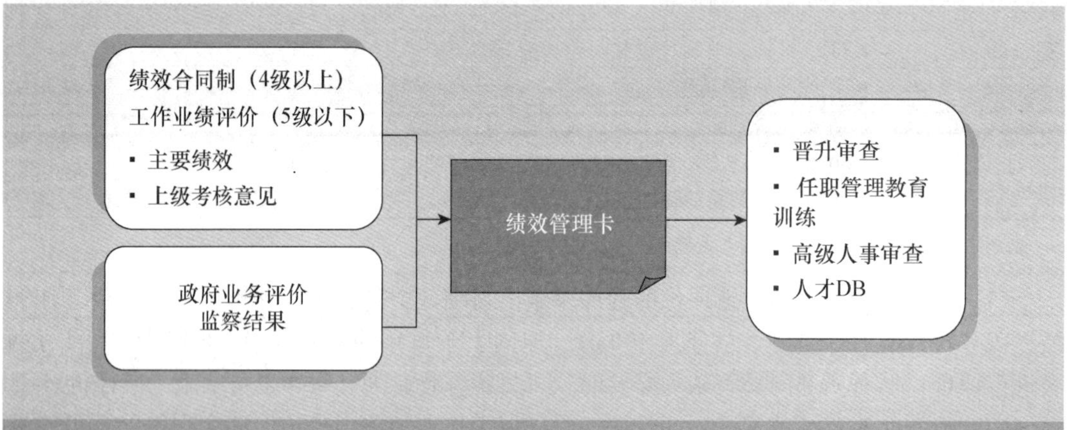

图 8－12　绩效管理卡的应用

在各行政机关中，绩效管理卡作为基础资料应用于晋升、任职管理、培训等各种人事管理。并且，5 级以上公务员的绩效管理卡与国家人才库相对接，作为高级公务员资格的审查材料以及政务职和机关长的候选审查资料。

8.3.3　地方政府绩效管理实践

富川市是拥有 86 万人口的韩国地方自治体。根据韩国行政安全部的要求，富川市自 1999 年到 2003 年上半年实行了目标管理制。在该制度的安排下，富川市对各课的组织架构进行了调整，实行以团队为绩效责任主体的运作方式，绩效目标的设置以团队为基本单元，并对其人力资源管理政策做出相应调整。但是在未确立全市战略目标的情况下，团队目标很难与全市整体绩效联系起来，并且在目标管理的情境下，将绩效评价结果与绩效等级相联系，容易导致各团队避实就虚、拈轻怕重的情况发生，进而降低组织部门之间的协同程度，最终富川市目标管理实践宣告失败。由此，富川市于 2004 年 1 月决定引进平衡计分卡，其目的在于重视经营战略思考，推进以战略目标为中心的绩效管理，从政府组织内部提高公务员的执行力和创造性，营造积极挑战目标的组织氛围，并通过构建市民和公务员易于接受的绩效管理体系，将政府绩效结果告知市民，确保政务的透明度。

1. 富川市构建平衡计分卡系统的进程

富川市构建平衡计分卡系统分为推动引进、试运行及正式施行三个阶段，各阶段的主要措施如下：

第一阶段，推动引进（2004 年 3—6 月）。这一阶段主要关注两个方面：一是外部专家的介入方式；二是制定富川市长期发展规划和有关政策评价的条例。

富川市在引进平衡计分卡的过程中，没有将项目完全外包给咨询公司，而是在专家的指导下依靠自己的力量构建平衡计分卡系统。依靠自身的能力完成平衡计分卡的引进，需要公务员的全力支持和积极参与。因此，富川市进行了面向全体公务员的、以培养组织认同感为目的的集中教育，并将这项教育活动作为与公务员沟通的长效机制常抓不懈。同时，处于地方分权时代的富川市，既须维持政策的一贯性，又必须以行政的效率性和民主性为基础谋求城市的均衡发展，因此制定了富川市长期发展规划（简称“愿景 2015”）及有关政策评价的条例，将其作为平衡计分卡系统设计与运行的指导文件。

第二阶段，试运行（2004 年 7—12 月）。这一阶段主要开展两项工作：一是成立政策评价研究会，为平衡计分卡设计与运行提供组织保障；二是在平衡计分卡理论的指导下着手构建绩效评价指标体系，并进行试点工作。

政策评价研究会的成立及其运行是试运行阶段最主要的举措。该研究会由全市核心领域的 25 名 5 级以下公务员组成，其骨干为 11 名具有政策分析评价师资格的公务员。研究会内部不分职级的高低，其成员按照富川市平衡计分卡所确定的 6 个绩效领域进行分工。这个研究会在随后的绩效管理制度的构建过程中起到了中流砥柱的作用。为确保研究会的有效运作，富川市采取了以下三方面措施：第一，研究会成员必须由部门负责人推荐产生，并且须保证其原来担负的部门工作不受影响，在此基础上，所属部门为研究会成员参与平衡计分卡项目提供时间保障，所耗时间列为培训课时。第二，为鼓励成员积极参与研究会活动，政府设立了专项奖金，激励成绩优秀者。另外，为了保持研究会成员的士气，市长不仅召开专门会议为各成员颁发委任状，而且在市长权限范围内，采取了年底考核加分、表彰优秀团队、奖励休假等多项激励措施。第三，为确保研究会工作有序进行，该会选出了 1 名代表负责协调与绩效评价相关的事宜。研究会成立之后，富川市开展了评价指标的开发及试点评价工作。

第三阶段，正式施行（2005 年 1 月至今）。这一阶段的主要工作有两项：一是绘制战略地图，并对绩效评价指标体系进行修改和完善；二是正式施行平衡计分卡。富川市结合推动引进阶段制定的富川市“愿景 2015”，对其使命、愿景和战略主题以及各层面目标进行了梳理和界定，设置了 6 个战略主题，23 个绩效目标。根据新绘制的战略地图，在总结试点经验的基础上，该市对试行阶段构建的绩效评价指标体系进行了修改和完善。随之，富川市将平衡计分卡系统付之实践，并依据有关政策评价的条例进行监控和管理。根据这个条例，富川市每年修订和完善中长期发展战略，并将战略效果、政策价值及其可行性作为政策制定的标准，采取了评价指标检视、公开评价结果、内部评价与外部评价相结合等办法，有效保证了绩效评价的有效性、公平性和客观性。

2. 富川市应用平衡计分卡的具体做法

富川市战略地图的使命和愿景为“建设以文化促进发展，以经济实现腾飞的富川”，这确定了文化和经济在富川市发展中的核心地位。根据使命和愿景，该市确立了文化、经济、交通、环境、福利、自治等6个核心领域，并以6个核心领域为立足点，确立了“以知识经济为中心的经济城市”“享誉世界的文化城市”“便利的生活空间城市”“洁净、舒适的环境城市”“共同生活的福利城市”“有竞争力的自治经营城市”等6个战略主题。富川市平衡计分卡的四个层面由23个目标构成，分别在市民层面设置14个目标，内部业务流程层面设置2个目标，财政层面设置4个目标，学习与成长层面设置3个目标，具体如图8-13所示。

图8-13 富川市战略地图

资料来源：Ung-Yong Choi，Hyun-Yun Cho，Sung-Hee Kwon，et al. A case study of local government's balanced performance management system focused on BSC implementation in Bucheon City，Reasearch of Management Accounting (Special issue)，2008 (3).

富川市构建绩效管理体系是围绕评价指标及评价项目、评价主体、评价周期、评价结果的应用等4个关键决策进行的。具体做法如下：

(1) 评价指标及评价项目。

绩效评价指标及其权重分布具有行为引导功能，它明确并强化了评价对象的努力方向和工作重点。因此，富川市在选取评价指标时力求其所衡量的绩效维度服务于市民满意度的提升，并尽可能使用量化指标；设计权重时，力求主次分明、统筹兼顾。

在指标的来源上，该市针对绩效目标按照投入、过程、产出、结果的逻辑顺序选取相应指标（如图 8－14 所示），并将绩效指标分为结果型指标（产出和结果）和过程型指标（投入和过程）。富川市在设置指标方面，不以公务员或专家的主观意志为依据，而是以市民满不满意为标准。比如，在环保监测方面，尽管很多行政组织将“大气污染测量网正常启动率”作为评价指标，但实际上，减少大气污染或者减少由于大气污染带来的危害对市民来说更加符合他们的利益。因为市民对大气污染自动测量网是不是正常启动并不关心，也无从得知。富川市在这种“责任”和“绩效”的矛盾中，果断地采用了有利于市民的指标。

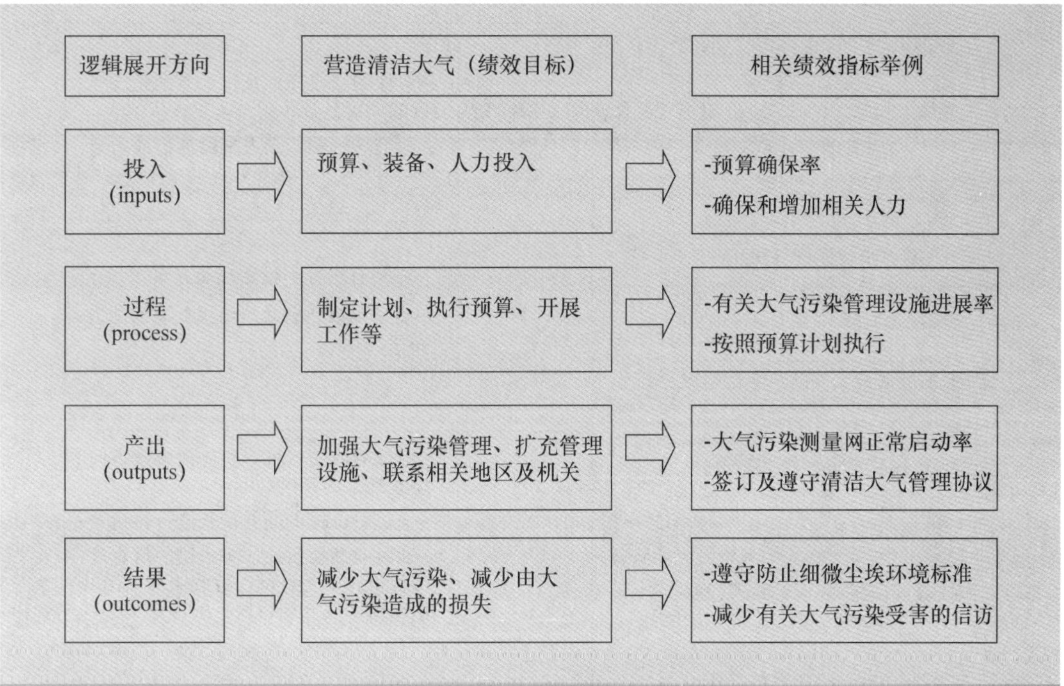

图 8－14　选取指标的逻辑模型

资料来源：Ung-Yong Choi，Hyun-Yun Cho，Sung-Hee Kwon，et al. A case study of local government's balanced performance management system focused on BSC implementation in Bucheon City，Reasearch of Management Accounting (Special issue)，2008 (3).

在指标的构成上，富川市的做法是在纵向上设置了市、局（区）、课（洞）、团队四级指标，并实行以课为中心的绩效管理体系，其中各团队绩效结果中 70％是所属课的绩效，30％是团队自身的绩效，目的在于加强课和团队绩效间的联系。在市级部门、局级部门以及课级部门相关业务负责人的协调下，对各层级指标进行了体系构建，确保指标名称规范和统一、指标选用科学和合理，使之上下衔接、系统有序。在横向上设置了特有和共有两类指标。特有指标用以评价每个部门独立承担的绩效任务，包括绩效指标评价和行动方案执行效果评价两方面内容；共有指标用以评价不同部门需共同担负的绩效任务，例如人均教育时间就是其共有指标。

在评价项目及其权重的分配上，富川市的做法是按照内部评价和外部评价划割权重。其中，内部评价由政策评价研究会实施，占绩效总分的75%。这75%的权重分别被分配到特有与共有两类指标和业务环境及贡献度评价之中，特有指标占60%，共有指标占10%，业务环境及贡献度评价占5%（如图8-15所示）。特有指标所占权重被分割为两个部分，绩效指标评价占60%，行动方案执行效果评价占40%。外部评价通过问卷调查的方式由市民评分，占绩效总分的25%。这25%的权重进一步分割为两个部分：一是对政策的评价，主要关注绩效目标与绩效指标的匹配度，二是对履行行政服务承诺的满意度，主要关注绩效指标与行动方案的契合度，两者各占50%。

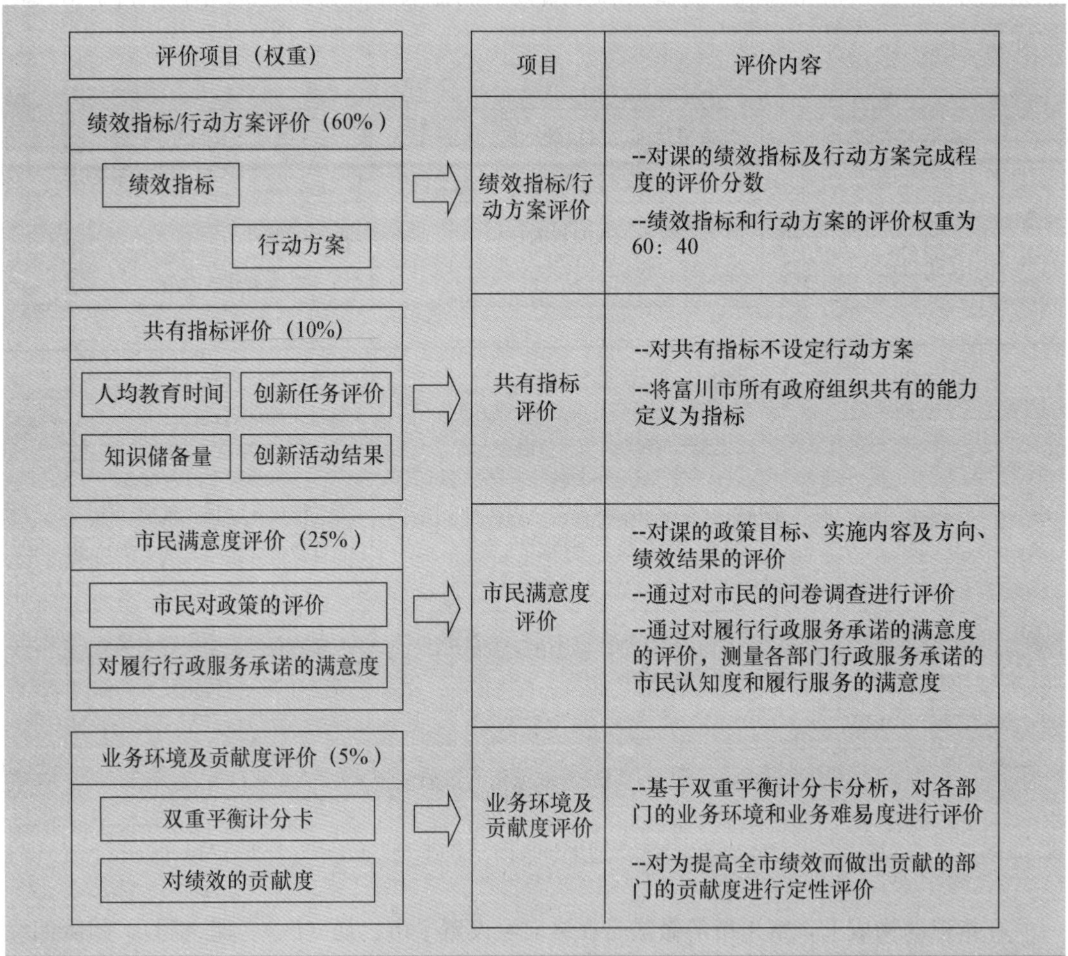

图8-15　评价项目的构成及其权重（以课为单位的评价标准）

资料来源：Ung-Yong Choi，Hyun-Yun Cho，Sung-Hee Kwon，et al. A case study of local government's balanced performance management system focused on BSC implementation in Bucheon City，Reasearch of Management Accounting (Special issue)，2008（3）.

（2）评价主体。

公共部门绩效管理的评价主体一般由上级、同级、自身和公众组成。富川市绩效管理系统采用了内部评价和外部评价并行的办法。内部评价是由政策评价研究会根据各部门绩效完成情况做出的评价。外部评价指的是对各部门政策执行情况的市民满意度的评价。市民满意度评价占绩效总分的 25%，并明确了市民评价的内容和方式。这反映出富川市对于市民参与的高度重视，也充分体现了其以市民满意为中心的管理理念，从而突破了韩国地方政府绩效评价主体仅局限于政府自身及其上级的传统做法，是政府绩效评价主体多元化的新探索。

(3) 评价周期。

一般来说，评价周期与评价指标、职位类型、工作周期等因素有关。富川市在评价过程中，根据指标的特性采用了季度、半年、一年等不同的评价周期。比如，某区市民服务课关于"通过学习纠正错误及处理信访事件"指标的评价周期是一个季度；关于"信访处理满意度"指标的评价周期是半年；关于"业务环境及贡献度"指标的评价周期是一年。

(4) 评价结果的应用。

富川市将评价结果主要应用于以下三个方面：第一，绩效改进。这一点在全市范围内达成了共识。通过平衡计分卡系统的整合，全市的战略与局、课以及团队的业务紧密联系起来，构成了一个整体性的管理体系。不同层级不同部门在同一管理平台上进行绩效沟通和反馈，及时发现和纠正工作中存在的问题或偏差，实现了对组织绩效的监控和提升。第二，信息建设。富川市根据平衡计分卡体系开发了相应的绩效管理信息系统，通过该系统可以随时查询每个周期的评价结果和分析意见。第三，人力资源管理决策。富川市将绩效评价结果作为决策依据，应用到绩效等级的评定、职务的晋升、薪酬的发放等人力资源管理实践中。

8.4　新加坡公共部门绩效管理

新加坡政府是世界上最高效廉洁的政府之一。透明国际 2003 年的调查数据显示，新加坡的廉政指数在所有 133 个被调查的国家和地区中排名第五。近几年，新加坡公共部门绩效管理发展迅速，在公共部门管理实践中大量引进和采用了先进的绩效管理方法和技术，并积累了很多政府绩效审计的宝贵经验。本节将主要介绍新加坡政府绩效审计及新加坡公务员绩效管理的实践和经验。

8.4.1　政府绩效审计

1. *新加坡政府绩效审计的主管机关及负责人*

新加坡政府绩效审计的主管机关是新加坡公共财政委员会（Public Account Committee）和审计总署，其总负责人为审计长，配套的主要法律为《审计法》及《审计总署与被审计部门关系条例》。

每个财政年度结束之后，政府都须向国会报告本年度的财政收支状况。这一报告由各个职能部门的财政报告组成，政府财政报告列入国会议事议程之后交由由八名国会议员组成的公共财政委员会审议。由于人数有限，公共财政委员会无法对海量财务信息逐一审查，从而难以对政府工作绩效进行有效评价并确保政府财务透明。因此新加坡政府设立了审计总署来帮助公共财政委员会处理有关财务审计的具体事宜。审计总署实际上扮演了国会“守门人”的角色以督促各政府部门、法定机构和地区议会对国会负责。

为保证政府部门审计的独立性，新加坡《宪法》规定审计长由总理提名，由总统委任。总理决定审计长提名之前，应与公务员委员会商议。若总统不同意总理的提名，则有权行使其自由裁量权决定审计长人选。审计长任期六年，可以连任两届。总统有权采纳总理的意见将审计长免职。因重大渎职而提起的罢免意见需经由最高法院大法官连同其指定的两名陪审法官组成的陪审团审议通过后方可生效，审议应严格按照法定程序执行。新加坡《审计法》规定，审计长应负责所有政府部门及办公室（包括公务员委员会在内）、最高法院、次级法院及国会的账目审计与上报。为了完成法律规定的职责，审计长及其下属工作人员应被赋予查阅所有与账目审计相关的书籍、记录、回执及报告的权力。在完成审计工作后，审计长须将审计报告上交至总统并由总统转呈国会。

与一般的商业审计不同，新加坡政府审计超出了进行简单财务收支核对的范畴。新加坡政府部门审计主要包含以下三个方面：

（1）财务审计（financial statement audit）。

即传统意义上的对财务收入和支出记录的核对，审查购买的物资是否如期交付。

（2）程序审计（compliance audit）。

即对政府支出是否遵循既定程序进行审核，审核的主要内容包括供货方价格合理性、购买程序性、支出透明度及公平性。

（3）绩效审计（performance audit）。

绩效审计关注政府支出行为是否达到了预期目标以及支出本身是否获得收益最大化。为了完成绩效审计，审计官员需评价被审计部门的工作效率及项目的目标达成度并监督其是否存在浪费公共资源的行为。新加坡审计总署在对政府部门及政府项目进行绩效审计时遵循以下三个原则：效果（effectiveness）、效率（efficiency）及经济（economy），即 3E 原则。效果是指政府部门及政府项目在多大程度上达成既定目标；效率是指公共资源是否得到合理的分配和最大程度的利用；经济则是指在购买谈判中政府最终接受的价格是否合理。

2. *新加坡政府绩效审计内容*

《审计法》及《审计总署与被审计部门关系条例》详细规定了新加坡政府部门绩效审计的内容、主体、周期、方法及结果的应用。新加坡绩效审计始终秉承资金价值的审计原则，在评价政府部门的日常开支、政策制定或项目是否得到有效执行时，主要依据以下几点：

（1）某项日常开支、政策及项目在其发生的时间点是否为必需。

（2）为了确保资金价值，在做出某项决定时是否考虑过其他的意见和建议。

（3）日常开支、政策及项目最终的目标达成度。

（4）在达成目标的过程中是否存在资源无效率使用的现象。

（5）为了确保资金价值及3E，是否采取过相应的管理措施。

审计总署所能审计的部门包括：国会及地方议会、国家机关、总理公署、政府部委、法定机构、国家基金及国有企业。其中地方议会、法定机构及国家基金的绩效审计在实际操作中，通常由其负责人与审计总署商议后，指定商业审计机构进行审计。对于国有企业，则在国有企业提起申请并经财政部同意或财政部为保证公共利益不受侵害而向审计总署提起申请这两种情况下，可由审计总署进行绩效审计。

3. 新加坡政府绩效审计周期

《审计法》规定，政府各部部长应在年度财务报告完成之后立即递交审计长，由审计总署对各部门财务报告进行审计并据此撰写审计报告，原则上审计报告应一年提交总统及国会一次。如在财政年度结束后七个月内审计长仍未收到某部门所应提交的财务报告，则审计长应就此事撰写报告上报总统，总统应立即将此报告移交国会。审计报告完成后，应由审计长提交至总统，总统应在收到审计报告的30天内将报告移交至国会。如国会处于休会期，则需在国会重新开会后14天内将审计报告移交。

4. 新加坡政府绩效审计程序

《审计总署与被审计部门关系条例》对绩效审计的程序有严格的规定。新加坡政府绩效审计共包括审计通知、信息搜集、发送质询信和提交审计报告这四个步骤。

（1）审计通知。

在绩效审计开展之前，审计部门应通过常规安排、书面通知或问卷调查的方式通知被审计部门。涉及某些特定内容，审计总署可以委托商业审计员、咨询专家和技术专家协助审计官员完成绩效审计。需要指出的是，法定机构及地区议会可在审计总署的同意下自行安排商业审计机构对本部门进行财务审计，但不能妨碍审计总署对该部门同时进行的绩效审计。由审计总署负责的绩效审计与由商业审计机构负责的财务审计互不干涉、彼此独立，但在必要时，审计总署可要求商业审计机构移交财务审计结果，从而为绩效审计提供必要的信息支持。

（2）信息搜集。

为了获取绩效审计的有效信息，《审计法》规定审计总署有权与被审计部门的工作人员进行面谈并获取纸质及电子版的文件、报告、书籍、票据、邮票、仓储信息等与审计相关的一切信息。此外，若通过安全检查，审计总署还享有实地调查的权力。在搜集信息的过程中，审计官员应全程佩戴审计授权卡以表明其身份。协助审计的商业审计机构人员、咨询专家及技术专家则需携带审计总署开据的证明函。

（3）发送质询信。

在初步调查之后，审计总署将给被审计部门发出质询信（matters letters），要求被审计部门对审计总署所关心的问题进行逐一答复。质询信须同时发送给政府部门的常务国务大臣、法定机构的首席执行官及地区议会主席，并抄送至该部门的财务处。当涉及法定机构时，质询信还须同时发送给审计委员会主席及律政部常务国务大臣。在发出质询信之前，审计总署应要求被审计部门提供尽可能详尽的信息以保证初步调查中获得的资料切实可信。发质询信这项工作可以通过开讨论会、发送电子邮件及提交质询信草案的方式完成。在收到质询信后，被审计部门应于21天之内对质询信中提到的问题逐一进行回答。

(4) 提交审计报告。

在获得质询信答复后，审计总署据此撰写审计报告，被审计部门有权在审计报告提交总统前预览完稿。审计报告中涉及的部门信息除用于审计总署的绩效审计外，未经授权不得泄露给其他任何机构。为配合审计总署高效准确地完成绩效审计工作，审计总署与被审计部门关系条例详细规定了被审计部门应承担的义务。

1) 与审计总署保持充分沟通。

被审计部门可通过政府公文、电子邮件或口头联系的方式与审计总署保持沟通。如有必要，审计总署有权要求获取被审计部门口头沟通中所涉及的文件。此外，法律还赋予审计总署约谈审计相关人员的权力。为配合审计总署完成审计工作，被审计部门可临时指派人员担任联络官员。如被审计部门的常务国务大臣、首席执行官或主席因故无法亲自回答审计总署的质询，则被审计部门需另外指派官员代为答复。

2) 为审计总署提供信息。

被审计部门须按时如实提供审计总署所要求的一切信息，并保证信息的完整性和可信度。被审计部门如担心机密信息的安全，可与审计总署商议后直接将信息转交给审计总署高级官员。如有必要，高级别的机密信息可以转交给审计长本人。

3) 遵守时间期限。

对审计总署获取有效信息和答复设定时间期限是审计总署及时、高效、高质完成审计报告的必要条件。如确实存在特殊情况，被审计部门需在接到信息获取要求或答复要求的三个工作日之内以书面形式向审计总署说明情况。

5. 新加坡政府绩效审计结果应用

审计结果将以年度审计报告（annual report of the Audit-General）的形式提交给总统并由总统移交国会公共财政委员会审议，由该委员会做出绩效审计结果的处理决定。年度审计报告最终将定期向公众发布。

8.4.2 公务员绩效管理

1. 新加坡公务员体系

新加坡现行公务员制度是在1947年查斯蒂议会（Trusted Commission）所引进的基本框架之上构建的，该框架旨在全方位地重构新加坡的人事管理系统。在哈里·查斯蒂担任议会主席期间，新加坡议会将公务员队伍划分为四个序列，序列的划分主要基于公务员的技能、教育背景及责任感。第一序列公务员，亦称行政管理官员（administrative service），主要承担政策制定和行政管理职责①。第一序列公务员共划分为两个层级，分别为高级公务员（superscale officer）和有薪阶行政官（timescale officer），高级公务员又划分

① Sarah Vallance Harkness Fellow Department of Social Medicine Harvard University, 1999 performance appraisal in Singapore, Thailand and the Philippines: a cultural perspective. Australian Journal of Public Administration, 58 (3): 7.

为 B、C、D、E、G 五个等级。高级公务员主要为常务国务大臣（permanent secretary）和副国务大臣（deputy secretary），而有薪阶行政官则指的是对国务大臣负责的公共管理机构的职业雇员。新加坡采用英国文官制度，严格限定进入一级公务员队伍的门槛。新加坡大学毕业生本科毕业成绩必须至少达到二级优（upper second class level）① 才有资格申请一级公务员的职位。

为规范公务员行为，新加坡建立了完备的公务员法律体系。在新加坡宪法中就有专门条款对公务员管理权限及公务员的权利和义务进行了明确规定。此外，新加坡又先后颁布了《公务员纪律条例》、《公务员委员会及立法委员会法案》、《公务员委员会职责下放指导》、《反贪污法》和《审计法》等法律法规，对公务员的纪律规范和检查监督作了详细规定。

2. 新加坡公务员绩效管理工具的应用

新加坡于 1983 年引入潜力评价体系（potential appraisal system，PAS）用以对高级公务员进行绩效评价。该系统是上个世纪 60 年代壳牌公司（Royal Dutch Shell）为评价高级管理职位的员工所开发的一套绩效评价体系。潜力评价体系起初萌芽于工业心理学家、荷兰乌尔勒支大学教授范·伦纳普（Van Lennup）的研究成果，1966 年，壳牌公司引进了范·伦纳普的研究成果并聘请其为公司量身定制一套旨在评价员工潜力的绩效评价体系，潜力评价由此被引入壳牌公司。此后，范·伦纳普总结了四项最能够集中体现员工潜力的素质，构成了潜力评价系统的基本框架。1986 年，壳牌公司对潜力评价系统进行了改进。1994 年，新加坡政府在新的潜力评价系统基础上对其进行了调整以符合公共管理部门的特性。潜力评价系统在应用于新加坡公务员绩效评价之后，也逐步得到改进和完善。壳牌新加坡公司就见证了潜力评价体系在新加坡公共服务领域的每一步成长，如今壳牌新加坡公司仍在为公务员署提供关于潜力评价体系运作的相关咨询服务。

3. 新加坡公务员绩效管理的主管机关

新加坡公务员管理由公务员委员会与总理公署下属的公务员署共同负责。公务员署的主要职责是制定、监控和评价新加坡公务员管理制度，并监督公共管理机构是否按照制度的规定来管理本机构的公务员。同时，公务员署还负责管理一级公务员的绩效评价系统。

1995 年，新加坡政府进行了公务员管理制度的重大改革，将原本属于公务员委员会的公务员招录、晋升、调动、解雇及纪律监督等权力下放至各公共管理机构的人事管理部门。1997 年 4 月 1 日重新修订的《公务员委员会职责下放指导》作为新加坡宪法的组成部分以国家根本大法的形式对公务员委员会的权力做了明确规定。其中，非教育、缉毒、警察及国防领域公务员中的第一序列第三等级公务员及其以下所有等级的公务员，一、二、三序列教育官员，警察部门中所有等级的助理警司及警督，所有监狱部门的警司、矫正官及高级典狱官，国防军上尉及其以下军官，中央缉毒局中警司及其以下缉毒

---

① 由于曾为英国殖民地，新加坡保留了英国大学的学分评定制度。二级相当于 60 分及 GPA2.1，60 分至 70 分为二级优，70 分以上为一级。剑桥、牛津等名校的研究生入学申请通常要求学生大学本科毕业成绩不得低于一级。

官员的招录、晋升、调动、解雇及纪律监督等职责，由各公共管理机构国务大臣领导下的人事委员会履行。人事委员会分三个等级来处理不同等级的公务员管理事务。第一等级为高级人事委员会，处理高级公务员的人事管理事务；第二等级为人事委员会，处理普通公务员的人事管理事务；第三等级为特别人事委员会，与公务员委员会共同负责审理人事管理中出现的争端。从整个公务员绩效管理体系来看，公务员委员会与各公共管理机构的人事委员会共同承担绩效评价的具体工作。其中，人事委员会负责本机构公务员的绩效评价并根据绩效评价结果做出相应的人事决策；而公务员委员会则根据人事委员会给出的绩效评价结果，负责人事委员会管辖范围之外的人事决策。

为完成公务员绩效管理的全过程，新加坡公共管理机构的人事委员会为每个公务员都指定了督导员和协同签名官，并在执行细则中明确规定，督导员及协同签名官必须满足以下条件：

（1）督导员及协同签名官必须具备足够的业务知识及绩效管理知识以保证绩效评价的公平性和客观性。

（2）督导员及协同签名官必须拥有比公务员更高的职位。

（3）为保证评价报告的公平性，协同签名官不得查阅公务员之前的绩效记录。

（4）协同签名官必须保证评分标准的公平性及连贯性。

（5）督导员在撰写评价报告时应认识公务员至少 6 个月。如果督导时间未达 6 个月，为完成评价报告，督导员须向公务员的上一任督导员咨询相关信息以保证评价的完整性。

（6）对于有多个督导员的公务员，负责撰写评价报告的督导员须与其他督导员协商决定报告内容。

4. 新加坡公务员绩效评价办法

新加坡政府绩效评价主要通过两个系统来实现：第一个是绩效报告系统，第二个是绩效排名系统。

（1）绩效报告系统。

1）工作任务表（assignment worksheet）。

在新一年工作开始之前，督导员与公务员就本年度的工作任务、工作计划、培训计划进行讨论并达成共识，之后督导员与公务员将约定阶段性评价及最终评价的时间。所有达成共识的内容将会记录在工作任务表上。

2）工作评价报告（work review report）。

工作评价报告是公开的绩效评价报告。在年度工作完成之后，督导员和公务员将共同就公务员在整个绩效评价周期内的绩效表现进行评价并如实记录。工作评价报告要求对公务员的工作绩效做出评价，其目的在于促使公务员参与到绩效评价过程中来，以减少公务员直面评价结果时的尴尬。督导者与公务员通常认为工作评价报告更倾向于反映工作绩效的积极面而非消极面。在绩效评价中，督导员需要对公务员的潜质进行详尽的审视和评价并就公务员培训计划和职业规划给出具体建议。总之，工作评价报告更多地充当促使公务员反思本阶段工作绩效并思考绩效改进方案的评价工具。

3）发展评价报告（development report）。

与工作评价报告不同，发展评价报告是对公务员保密的绩效评价报告。发展评价报告主要对公务员的工作业绩、态度品质、培训需求及发展空间进行综合评价。督导员须选择卓越（high）、优秀（exceeding）、合格（meeting）及不合格（below）中的一项对公务员的绩效表现进行评价。此外，督导员还须在其给出的评价后面附上简要说明。

（2）绩效排名系统。

绩效评价系统的第二部分是绩效排名系统。绩效排名系统是对绩效报告系统的全方位补充，旨在解决不同督导者之间存在的标准差异问题。绩效排名系统包含了工作质量、组织产出能力、知识及应用、团队合作、抗压能力及责任感等多项内容。排名小组基于绩效评价结果将所有公务员进行一对一比较，由此得出本机构内所有公务员的绩效排名。为得出公务员的准确排名，排名小组首先会将所有公务员划分为几个组别，这几个组别须在平均绩效水平上存在显著的区别，但同一组内公务员的绩效水平不能存在过大的差异。之后排名小组需要确定被评价公务员在该组别中所处的位置，此时通常采用行为锚定量表法。为证明某一公务员在其组别中所处位置的合理性，排名小组还需用公务员具体工作实例辅以说明。在确定每个公务员在组别中的排名之后，排名小组会将所有组别放在一起通盘排序，重新划分绩效等级并将每个公务员“对号入座”。

此外，值得指出的是，在公务员工作绩效报告被评为 E 级或不可接受时，负责撰写报告的督导员须向其发出绩效不良通知函（notification of unsatisfactory performance）。绩效不良通知函的样例如图 8－16 所示，它大致涵盖了督导员需要传递给绩效评价不合格者的所有信息。

日期_________
姓名_________
职务_________
经手_________
（协同签名官）

绩效不良通知函

您在____至____期间的绩效评价中因未能完成基本工作要求，因而在年度绩效报告中被评定为工作绩效 E 级。

如果认为本次绩效评价有任何不公正之处，您有权在收到本函之日起 7 天内向人事部递交说明信。

请您在收到本函后将本函复印并将其立即寄回我处。

×××

____
（督导员签名及职务）

本人已于_________（日期）收到本函

____
（公务员签名）

图 8－16　公务员绩效不良通知函

资料来源：Majlis Ugama Islam Singapura (MUIS)：Staff Appraisal System，Mosque Human Resource Manual.

5. *新加坡公务员绩效评价内容*

新加坡公务员绩效管理体系始终坚持：尽可能帮助每个公务员，使其天赋和技能都得到充分发展以最大限度地拓展他们的能力。因此，新加坡政府秉承廉正、服务及卓越的核心价值观，将公务员绩效评价聚焦于以下四个原则：

（1）绩效评价体系应是透明且公正的；

（2）绩效评价体系应是可信、客观和严谨的；

（3）绩效评价结果应及时向公务员反馈；

（4）绩效评价应着眼于促进公务员的职业发展。

具体而言，新加坡公务员绩效评价的内容应该在发展评价报告和工作评价报告中体现。

（1）发展评价报告。

发展评价报告的核心组成部分为现有潜质评价系统（current estimated potential assessments，CEP）。现有潜质评价系统选取了一系列评价指标以预测公务员在退休之前所能达到的最高工作水准。具体指标如表 8－20 所示。

表 8－20　现有潜质评价系统评价指标

CEP 评价指标	指标定义
高瞻远瞩的能力	在处理某一问题或议题时通盘考虑所有相关因素的能力
分析能力	迅速将某一问题解构为若干部分并将其中的关键因素从干扰因素中剥离出来；同时关注和把握问题各个方面之间联系的能力
想象力与创新能力	在面对问题时能跳出常规思维；敢于提出假设并能从不同的角度观察问题；能够接受别人具有创新意识的意见或建议；能够重构自身的经验从而为组织业绩的改进提供新的具有可行性的解决方案
现实认知能力	看待问题时，能从现实而非自身的主观意愿出发；在做出判断时不过分受自身需求及专家意见的干扰；在决定优先次序、设定目标及提出解决方案时能充分考虑自己及他人的能力范围
成就动机	在制定和追求挑战性目标时具备驱动力、自信和责任感。对待生活和工作具有积极的态度，在面对压力时保持百折不挠
社会及政治敏感度	自觉地从社会及政治的视角审视工作中出现的问题，对国内外的社会和政治环境有基本的兴趣及洞察力；在国家利益面前有明确的立场
决断力	明白在何时应该做出决定，在需要做出决定时能够综合考虑各种不确定因素并给出清晰明确的答复
鼓舞激励能力	能够很自然地激发别人的动机、激情、决心及自信，对周遭的人有着基本的尊重和真切的关怀；可以增强团队的凝聚力
任务分配能力	能够愉快地将重要任务分配给下属或团队成员，在对结果进行监控的同时给予他们完成任务的自主性，并敢于承担责任
沟通协商能力	能够在合适的时间，通过合适的方式与本机构内外的团体沟通与协商合适的事项；能够清晰明确地通过书面和口头形式表达自己的意见并能倾听及理解别人的观点和看法

资料来源：http://www.ps21.gov.sg/challenge/2006_10/staff/staff.html-16.

值得指出的是，以上的 CEP 指标主要供第一序列及第二序列的公务员现有潜质评价使用，第三、第四序列的公务员所使用的指标则有所简化，总体来说主要包含四个方面：

智能水平、适应性和胜任多种工作的能力、工作结果及监管能力①。

(2) 工作评价报告。

工作评价报告分为四部分内容，第一部分为绩效目标达成评价，旨在对上一评价周期结束后制订的绩效目标进行讨论，掌握目标完成进度并评价公务员取得的绩效进步。目标完成进度用“完成”、“进行中”及“尚未开始”三个级别来衡量。工作评价报告的第二部分为绩效要素评价，一般从工作产出、知识技能、态度及其他个人特征三个方面对公务员进行绩效评价。表 8－21 是绩效要素评价的样表。

表 8－21　　绩效要素评价样表

工作结果		
评价指标	指标描述	评价等级
工作产出		
工作质量	工作产出的可接受度、准确性、明晰度；按要求对工作产出进行检查的次数	
产出能力	组织工作小组改进工作结果；利用工作工具、设备和工作环境的能力；制定合适的计划并以合理的途径完成既定任务的能力	
即时性	按既定日程完成的任务和工作数量；在限定时间内完成工作的能力	
知识技能		
业务知识	理论知识和能够高效完成工作的实践技巧	
技术能力	工作技能及完成特定任务所需的特殊技能	
沟通技巧	与他人沟通的能力	
顾客服务能力	感知组织内外客户需求的敏锐度及对组织内外客户需求进行回应的积极性	
领导力	与工作团队及其他部门进行沟通协商、组织人员完成任务的能力及发挥个人榜样作用的能力	
判断能力	对任务目标、可选方案和解决方案进行谨慎评价的能力。在做出决策之前保持客观态度的能力	
团队合作能力	与他人合作并考虑他人意见；建立并维护合作而又高效的工作关系；通过快速地接受和提供信息以帮助他人更有效率地完成工作；有效地解决工作中出现的争执，帮助团队迅速地明确目标和方向	
态度及其他个人特征		
执行任务时表现的工作态度		
时间观念和出勤率		
可靠性		
进取心和责任		
抗压能力		
维护工作环境的能力	能够保守本部门机密，自觉维护操作安全和程序安全	
项目、委员会工作及文案展示	能够在工作之外完成额外的项目、委员会工作或文案展示	

资料来源：Majlis Ugama Islam Singapura (MUIS)：Staff Appraisal System，Mosque Human Resource Manual.

① http://www.ps21.gov.sg/challenge/2006_10/staff/staff.html.

工作评价报告的第三部分为由督导员根据工作评价报告的评价结果给出公务员下一年度的培训及职业发展规划。表 8-22 是公务员培训及职业发展规划样表。

表 8-22　　　　公务员培训及职业发展规划样表

列举计划内为完成下一年度绩效目标所安排的帮带培训及其他的正式培训		
下一年度绩效目标（行动方案）	培训要求（课程、讨论会、工作方法及其他形式的培训）	培训领域（供人力资源管理人员参考）

资料来源：Majlis Ugama Islam Singapura (MUIS)：Staff Appraisal System，Mosque Human Resource Manual.

工作评价报告的最后一部分为督导员与公务员意见栏。意见栏通常是督导员对公务员本年度工作绩效进行的总体评价。评价等级主要分为绩效不可接受、绩效仍需改进、绩效基本可接受和绩效超出一般标准这四个等级。

6. *新加坡公务员绩效评价结果的应用*

新加坡公务员绩效评价的结果直接与其薪酬及晋升挂钩。一个公务员在绩效评价中的绩效等级直接影响其绩效奖金的多少。此外，CEP 评价的结果将决定其晋升的空间及速度。新加坡自 1995 年人事管理制度改革之后，公务员晋升的面谈环节已基本取消。公务员任命及晋升的决定一般由部门的人事委员会在公务员绩效及潜力评价报告的基础上做出。但在涉及公务员晋升的报告中（发展评价报告），需要协同签字官签字确认方可生效。此外，人事委员会在做出晋升决定时，还会考察候选人在过去较长一段时间内绩效是否一直保持优良。

8.4.3　公共部门绩效管理实践

新加坡是一个多民族移民国家，信奉伊斯兰教的马来族群占新加坡总人口的 13.6%。因此照顾好伊斯兰教信众的利益对新加坡民族融合至关重要。新加坡伊斯兰宗教委员会是文化、社区及青年部下属的法定机构。新加坡伊斯兰宗教委员会的主要职责为向新加坡总统就伊斯兰相关议题提供政策建议，其目标是保证政府的政策制定能够考虑新加坡伊斯兰社区日益丰富的利益诉求。为了实现组织目标，新加坡伊斯兰宗教委员会基于《古兰经》及《圣训》中规定的伊斯兰宗教传统，努力推广伊斯兰社区的宗教、教育和文化事业。

新加坡伊斯兰宗教委员会理事会对委员会拥有独立决策权。该理事会由理事会主席、新加坡穆夫提、主管伊斯兰宗教事务的部长所提名的专员及伊斯兰宗教组织委任的专员组成。理事会中所有成员均由新加坡总统委任。理事会下设执行长官一名，主管 10 个战略部门。新加坡伊斯兰宗教委员会理事会的组织结构如图 8－17 所示。

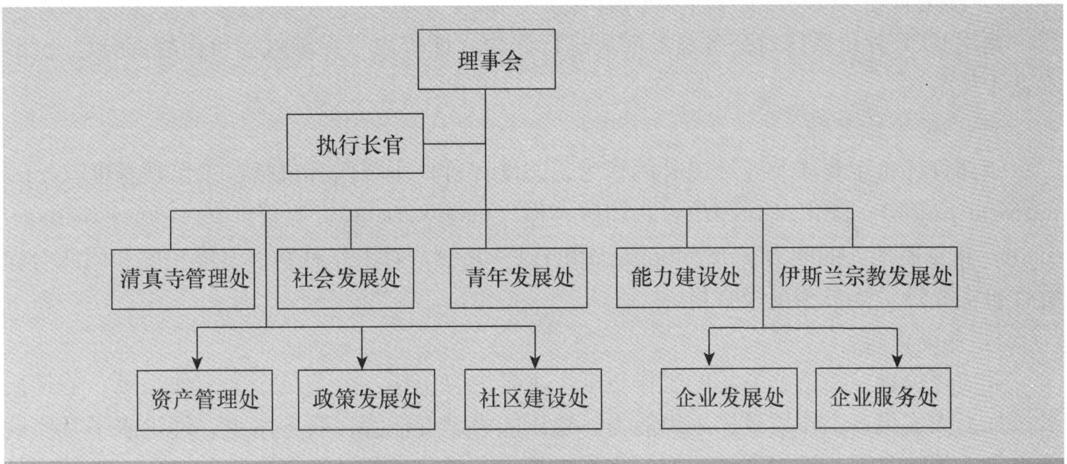

图 8－17 新加坡伊斯兰宗教委员会理事会组织结构图

资料来源：http://www.muis.gov.sg/cms/view.aspx? id=448.

新加坡伊斯兰宗教委员会（以下简称委员会）对公务员的绩效管理分为目标设定、绩效监控、绩效评价和绩效反馈四个步骤。

（1）目标设定（target-setting）。

委员会认为目标设定是用于阐明未来一年工作目标的必要环节，并努力在目标设定中建立起个人目标与组织目标之间的承接关系。委员会规定目标设定须由督导员和公务员共同完成，以强化公务员对于目标制定的责任感和认同感。此外，目标还需要根据工作进程不断地进行重新设定，以保证目标的实效性及其与组织目标的关联性。

（2）绩效监控（performance monitoring）。

在目标设定的基础上，委员会强调须辅以常规性的工作进度监控。委员会规定工作评价表每半年填写一次，上半年填写工作评价表的目的就在于审视公务员半年来的工作进度，以便对公务员的工作状态有全面的把握。同时能够及时地采取措施对工作中出现的突出问题进行排解，必要时督导员将在与公务员进行协商的基础上对工作目标进行调整。

（3）绩效评价（performance appraisal）。

依照公务员署制定的评价原则，委员会的绩效评价同样由工作评价报告和发展评价报告两部分组成。工作评价报告是督导员与公务员对工作绩效的共同记录，该评价方法有两个主旨：一为促进督导员与公务员之间就绩效问题展开开诚布公的交流；二是调整和促进工作目标以符合工作环境与个人能力的变化与发展。发展评价报告是督导员对公务员绩效的非公开记录，最终将决定公务员的转正或晋升。发展评价报告旨在为公务员职业生涯发展提供指导意见，对公务员的绩效水平和胜任更高层级职位的潜质进行评价和记录。委员会绩效评价的指标主要涵盖以下内容：

1）目标完成进度。

该部分绩效评价与目标设定阶段直接挂钩，督导员须以“完成”、“正在进行”或“尚未开始”等评语对公务员的本年度目标完成进度进行评价。

2）潜力评价。

运用CEP评价系统对公务员的潜质进行评价，评价内容在绩效评价内容部分已介绍，在此不做赘述。

3）一般评价素质。

该部分评价主要涉及业绩以外的行为、态度评价，主要内容包括：工作献身度（commitment to job）；廉正（integrity）；团队合作（teamwork）；资源管理（resource management）和发展他人的能力（developing others）。其中，对工作献身度、廉正度和团队合作的评价主要针对委员会高级官员。

4）业绩评价。

业绩评价旨在衡量公务员的工作贡献。主要内容包括：公务员个人工作贡献；业绩质量，如工作成果、工作质量、组织能力、抗压能力、责任感、服务水平、理论水平及实践能力等；团队表现；组织贡献和兼任水平。其中，团队表现、组织贡献和兼任水平的评价主要针对委员会高级官员。业绩评价结果可分为A至E五个等级，A代表在所有业绩评价领域均表现出色并承担了其本职之外的额外工作任务。B表示在大多数业绩评价领域均表现出色。C表示在部分业绩评价领域表现优秀，贡献大于其缺点。D表示在业绩评价领域达到合格标准，贡献与缺点相当。E表示在业绩评价领域未能达到合格标准，缺点大于贡献。

（4）绩效反馈（performance feedback）。

绩效反馈是委员会绩效管理中的一大亮点。在半年度工作评价报告填写完成后，督导员将根据公务员在绩效评价中的绩效等级采取不同的反馈措施。如公务员绩效表现良好，则观察半年后进行年度工作评价报告评价，并以发展评价报告的结果决定是否推荐其晋升。若公务员在绩效评价中获得了E等级，则督导员需要与协同签字官共同签发责成报告（adverse report）并递交至被评价公务员。责成报告一般以警告信（letter of warning）的形式体现，须明确指出公务员业绩的不足之处以为其改进提供参考。通常可以采取的改进措施有：特别指导或指正；正式培训和职位变动。对于正式培训，督导员须先拟定培训计划，培训计划被用于计划公务员在未来一年的培训安排。培训旨在促使公务员发现其绩效差距，从而努力提高自身素质为其从事更高层次的工作做好准备。培训计划的设定需遵循以下原则：

1）须由督导员与公务员协商决定，以提高公务员对培训的热情。

2）计划中60%以上的课程应与公务员现阶段工作相关，与公务员自身发展相关的课程不得多于40%。

3）应定期对培训效果进行评价。

本章小结

随着新公共管理运动的兴起和盛行，许多发达国家都引进和应用了企业先进的绩效管理技术和工具，建立了富有特色的公共部门绩效管理制度，积累了许多公共部门绩效管理的实践经验。对发达国家公共部门绩效管理实践进行理论探讨、动态追踪和经验总结，不仅有利于深化我国公共部门绩效管理的理论研究，而且有利于推动我国公共部门绩效管理的实践发展。

作为世界上最先探索公共部门绩效管理的国家之一，美国联邦政府及其各级地方政府经过逐步实践和立法，形成了一套较为完善的绩效管理体系。英国作为公共部门绩效评价应用得最持久、最广泛，也是在技术上比较成熟的国家，在中央政府及国家公务员、地方政府及地方政府雇员绩效管理等方面积累了丰富经验。韩国作为我国的东方邻国，不仅关注对政策课题、财政、组织、人事以及信息化等政府业务的评价，而且将政府机关、部门和公务员个人绩效评价紧密联系起来，形成了具有韩国特色的政府绩效管理体系。新加坡政府是世界上最高效廉洁的政府之一，通过在政府组织和部门中大量引进和采用先进的绩效管理方法和技术，新加坡政府积累了大量关于政府绩效审计的宝贵经验。

关键术语

政府绩效与结果法案　　高级公务员　　公共服务协议　　服务改进协议　　政府绩效审计

复习思考题

1. 请简要分析美国《政府绩效与结果法案》。
2. 请简述美国联邦政府项目绩效评价。
3. 请简述英国公共部门绩效管理的主要内容。
4. 请简述韩国公共部门绩效管理的主要内容。
5. 请简述新加坡政府绩效审计的主要内容。

第9章 我国公共部门绩效管理实践

相对于西方国家而言，我国公共部门绩效管理研究起步较晚，但是在并不长的时间里，通过借鉴国外先进的理念和经验，并结合自身的特点和实践，公共部门绩效管理研究与实践在我国有了较快的发展，一些地方政府探索创立了可供借鉴的管理模式，并开展了一系列卓有成效的绩效管理工作。本章将重点介绍我国公共部门绩效管理的具体实践、公务员绩效评价办法以及公共部门绩效管理的发展趋势等内容。

重点问题

- 目标责任制
- 效能建设
- 第三方评价
- 我国公务员绩效评价
- 我国公共部门绩效管理的发展趋势

9.1 我国公共部门绩效管理实践探索

9.1.1 以行政效率为核心的公共部门绩效管理

我国早期的公共部门绩效管理主要以提高行政效率为目的，这一时期较具代表性的绩效管理模式是以青岛市为代表的目标责任制和福建省的效能建设。这些绩效管理工作的开展，不仅促进了政府部门行政效率的提升，而且增强了政府的绩效管理意识，推动了我国政府绩效管理事业的发展。

1. 目标责任制——青岛模式

自1998年起，青岛市委、市政府将目标管理理念引入了全市各级机关和部门，逐步建立起以“科学民主的决策机制、责任制衡的执行机制、督查考核的监督机制、奖惩兑现的激励机制”为核心的目标绩效评价体系。2003年，青岛市第一次将“三个文明”建设纳入评价目标之中，围绕“三个文明”建立目标体系。从2003年到2004年2月，青岛市委、市政府共成立了11个目标考核组，对全市12个区、市和84个市直部门、单位的2003年度“三个文明”建设情况进行了综合评价。青岛市推行的目标责任制具有以下主要特点：

第一，建立了严格的目标层次体系和责任体制。青岛市目标管理绩效考核委员会通过对目标的层层分解，把各项重要决策、工作目标和部署转化为具体的、可量化的评价指标。通过政府各部门相互协调将责任、权力和利益进行层层分解，明确责任领导、责任部门和责任人，自上而下地构筑起“一级抓一级，一级对一级负责”的责任体系。按照集体领导、分工负责的原则，市委、市政府对重要决策和工作部署提出明确的质量和时限要求，建立了领导目标责任制。

第二，具有科学民主的目标制定、审议和考核程序。青岛市在绩效目标制定过程中，引入了服务对象、专家、人大代表等群体参与的审议程序，使绩效目标的制定真正建立在科学、民主的基础之上。每年年初，青岛市委、市政府会要求各机关部门、区、市把该年度要完成的目标计划上报市委、市政府进行审核，然后再交给部门、区、市进行修改，几经修改定论后由目标管理办公室汇总并输入计算机。年中，围绕目标的完成情况进行监控、检查和落实。各区、市和市直单位的主要领导定期向市委、市政府分管领导汇报所承担工作目标的进展和落实情况。建立健全逐级报告重要工作进展和落实情况制度，市委常委和副市长每年向市委常委会、市政府常务会做两次汇报。年末，由市委、市政府派出专门考核组对各部门和单位进行评价，并将评价结果进行全市大排序。

第三，将评价结果与奖惩挂钩。青岛市采取单位主要领导政绩评价与本单位评价结果直接挂钩的办法，使绩效评价与干部评价紧密挂钩，将评价结果量化到每一位市管领导干部。各级党政主要领导是抓落实的第一责任人，工作未落实或完成得不好，视情况追究其责任，甚至降职、待岗和免职。

青岛实行目标责任制管理取得了较好的效果。实践证明，目标责任制的管理方式，有助于地方党政领导机关和领导干部科学执政、民主执政、依法执政，以科学的思想、科学的制度、科学的方法领导地方改革发展及各项事业；有助于进一步转变政府职能，提高行政效率，形成行为规范、运转协调、公正透明、廉洁高效的行政管理体制；有助于合理划分党委政府及其工作部门的权限和职责，做到权责一致，确保党的路线方针政策和政府工作部署的贯彻落实。但也存在一些问题，如目标责任制管理模式的最大缺陷是需要列举非常详细的目标集合，并以完成这些目标项的程度来衡量绩效，容易导致忽视目标集合以外的因素和结果[①]。

需要注意的是，我国政府目标责任制来源于目标管理理念，但与目标管理也有不同之处，主要表现在目标责任制是通过制度设计来构建包括责任、合法性、效率和公正在内的综合目标体系，大多采取“首长目标责任制”的形式，以提高公共服务质量和政府工作效

---

① 蓝志勇，胡税根．中国政府绩效评估：理论与实践．政治学研究，2008（3）．

率为目的。

2. 效能建设——福建模式

福建省的效能建设源于漳州市的探索，是“在党委、政府的领导下，以提高机关的工作效率、管理效率和社会效果为目标，以制度建设、作风建设、业务建设、廉政建设为内容，科学设置机关的管理资源，优化机关的管理要素，改进机关的运作方式，建设廉洁、勤政、务实、高效的机关综合活动”①。

1999 年，漳州市开始实施效能建设。2000 年年初，福建开始在全省范围内实施效能建设。初始阶段的工作重点是基本制度建设与投诉受理。深化改革阶段以审批制度改革为突破口，建立行政服务中心，优化行政流程，提高机关效能。2004 年开始进入以绩效评价为主的阶段。总体来说，福建的效能建设的主要特点有：

第一，自上而下设立效能建设领导小组和办事机构，绩效管理责任明确。福建省成立了以省长为组长的机关效能建设领导小组，并在纪检监察机关设立办公室，具体负责绩效管理的组织实施、协调指导和综合反馈；省直各部门和各区市也都成立了工作小组，形成了绩效管理工作的组织体系。

第二，将绩效评价结果与奖惩机制挂钩。福建省在开展绩效管理的基础上，探索建立奖惩机制，把绩效评价结果作为衡量政府、部门及其领导人工作实绩的重要依据，并将其与干部任用、评先评优、物质奖励挂钩。

第三，建立了较为系统的政府绩效评价指标体系。指标体系主要由通用指标和具体部门的指标构成，在指标设计上综合考虑了各方面情况，并在具体指标设计上采取定性考核与定量测评相结合的方式。如 2005 年设区市政府的绩效评价指标体系主要设定了可持续发展水平、构建和谐社会进程、勤政廉政等 7 个方面的一级指标，以及经济增长率、恩格尔系数、社会保障覆盖率、环境质量指数、依法行政质量等 28 个二级指标。2006 年又增加了资源消耗指数、高新技术产业增加值比重、R&D 占 GDP 的比重等反映经济增长方式转变和自主创新能力的指标，把坚持以人为本、全面协调、可持续发展的要求量化在具体指标上②。

第四，采取了试点评价、逐步开展的办法。福建省坚持试点评价，以几个效能建设先进单位为第一轮试点，为新的绩效管理模式在全省的推广积累了经验，并鼓励各地因地制宜进行调试，处理好共性与个性的关系。

福建省的效能建设得到了中央高层领导的肯定。中纪委《纪检监察信息》曾用“四个转变”概括漳州市效能建设的成效：机关作风向公仆型转变，群众满意度提高；办事节奏向效能型转变，行政部门办事效率提高；行政行为向公开化、规范化、法制化转变；反腐纠风工作向有效治本方向转变③。福建省的绩效建设为政府绩效管理实践创造了条件，并以服务型政府为导向构建了效率型政府，为我国政府管理体制改革提供了经验借鉴。

---

① 福州市效能办. 试论机关效能建设在构建和谐社会中的作用//福建省机关效能建设领导小组办公室. 全省机关效能建设工作研讨会理论研讨材料汇编（2005 年 9 月）.

② 黄小晶. 探索开展政府绩效评价，努力推进政府管理创新——在国务院召开的“加强政府自身建设推进政府管理创新电视电话会议”上的发言，2006-09-04.

③ 漳州市开展机关效能建设的做法. 纪检监察信息（专刊），1999 (8).

效能建设的着力点是要强化对主体行为的约束，更好地服务客体，寓服务于管理之中；同时让客体能有效地监督主体，以获得满意的服务，增强机关工作人员的公仆意识，做到用职能去管理，用机制去完善，用领导的人格去影响。在体制上消除“政府权力部门化，部门权力个人化”的弊端。建立多维监督制约机制，将行政的全过程置于社会的全方位监督之下，以提高决策质量，减少不当、不良行政行为，建立良好的行政环境。

9.1.2 以服务质量为核心的公共部门绩效管理

进入20世纪90年代以后，一方面受西方公民宪章运动的影响，另一方面随着民众对政府服务质量的日益关注，我国这一时期公共部门绩效管理的核心由行政效率转变到对服务质量的监督上来，评价的主体也由内部评价主体转向人民大众，进入了以服务质量为核心的绩效管理阶段。这一时期的绩效管理方式主要有社会承诺制和群众评议政府等，本部分分别以烟台、杭州、南京为典型案例，对这两种方式进行介绍。

1. 社会服务承诺制——烟台模式

社会服务承诺制是一种将自我约束和社会监督相结合的具有契约性质的新型服务机制，通过公开承诺和社会监督，形成要求履行契约的外部社会舆论压力，进而把这种外部压力转化为提高服务水平的内部动力。

1994年6月，针对广大市民反映强烈的城市社会服务质量差的问题，烟台市借鉴英国和我国香港地区社会管理部门的做法，率先在市建委试行“社会服务承诺制”。这个制度的基本内容是：公开办事内容、办事标准和办事程序，确定办事时限，设立监督机构和举报电话，明确赔偿标准，未实现承诺的责任者要按规定承担相应的责任和实行赔偿。次年5月，市政府专门下发了关于推行服务承诺制度的通知，把政府部门对社会的服务以一种契约合同的方式固定下来，接受社会各界监督。同时，在邮电、交通、工商等12个部门70多个单位推行承诺制，通过新闻媒体向社会公布了各自的社会服务承诺工作目标、服务内容、服务标准、投诉程序和投诉电话，并做出保证，若达不到承诺将实行自罚并赔偿。1996年又增加了11个部门，涉及基层单位2 304个。2005年2月1日，烟台市行政审批中心推出了《推行ISO 9001质量管理体系认证工作实施方案》，将政府作为“服务提供者”，社会公众作为“顾客”，通过质量体系管理，确保政府为社会公众提供规范的服务。“承诺服务，一诺千金”成为烟台市24个实行承诺服务部门的共识。具体而言，烟台市社会服务承诺制具有以下四个显著特点：

第一，结合行业实际，科学地制定承诺的内容及标准。实行社会服务承诺制度，必须紧密结合每个单位、每个岗位的工作性质、日常业务和服务标准来进行。例如，烟台市建委把下属单位分为公众服务单位、行政管理职能部门和公共生产企业三种类型，区别对待，分类指导，各有侧重地制定承诺的内容和标准。公众服务单位主要立足于提高社会服务的水平和质量，解决群众反映强烈的热点难点问题。行政管理职能部门则主要着眼于改善工作作风，提高办事效率。公共生产企业主要侧重于改进企业内部管理，重合同、守信用、保证产品质量和工程质量，做好售后服务工作，提高企业的信誉和市场竞争力。

第二，抓住热点问题，作为承诺制的工作重点。在实施社会服务承诺制度的过程中，该市始终把解决市民反映强烈、意见最集中的热点问题作为关键环节，重点突破。针对市区高点供水不足问题，有关部门自筹资金扩建水厂，改造部分输配水管线，使各项供水指标均达到或超过了建设部规定的标准，供水难问题基本得到解决。针对市民乘车难问题，公交公司采取各种措施，新辟线路，增车缩时，并向社会承诺正点发车率达到 90%，正点时差不超过 3 分钟，首末班车正点率达到 100%。针对煤气用户修灶难的问题，管道煤气公司承诺，小故障维修随到随修，大故障在 4 小时内修不好的，免费借用备用灶具。

第三，严格监督监察，确保社会服务承诺的兑现。该市建立健全了承诺制的监督监察网络体系，在建立内部监督机构的基础上，全系统建立社会监督网络 63 个，聘请社会义务监督员 712 名，设公开投诉电话 58 部，形成内外结合、专兼结合、全面覆盖的行风建设监督网络体系。同时，严格评价奖惩制度，统一投诉和处罚标准，建立了评价结果与干部管理挂钩以及领导连带责任制度。

第四，强化内部管理，为承诺制的实施提供良好的基础。各个单位都制定了内部实施细则，全系统共制定各种配套规章制度 404 项，将每一项承诺的内容和标准细化，分解落实到班组和个人。同时各单位积极开展岗位练兵，提高职工的业务素质。普遍建立了内部承诺体系，包括下级向上级承诺，后勤向一线承诺等，形成立体交叉的内部承诺网络，为社会承诺的兑现提供了保证。

自烟台市实行社会服务承诺制后，政府部门的服务水平得到了显著提高。以烟台市建委为例，实施承诺制度一个月后，市长公开电话中针对建委系统的投诉占总投诉量的比重从实施前的 80%下降到 50%，人民群众对于建委系统的工作评价有了很大的改观。鉴于烟台市社会服务承诺制取得的成绩，国务院于 1996 年 5 月在烟台召开会议，正式向全国推广社会服务承诺制。同年 7 月，中宣部和国务院纠风办召开座谈会，进一步推广烟台社会服务承诺制，自此标志着社会服务承诺制度在全国范围内开始推行。此后，我国各大中城市纷纷在供水、燃气、公共交通、航运、邮电、电力等部门和行业全面推行社会服务承诺制度，将其作为纠正行业不正之风和提高窗口行业文明服务水平的突破口。

2. 杭州市人民满意机关评选活动

为了解决杭州市机关长期存在的不良作风问题，同时为扩大杭州市的发展空间，2000 年年初，杭州市委、市政府决定在全市 54 个市级单位全面展开满意不满意单位评选。衡量各单位的全局观念、服务宗旨、服务质量、办事效率、勤政廉洁、工作业绩共六个方面的情况。

杭州市专门成立了满意不满意评选活动领导小组办公室。活动的评价主体包括四个层面：一是市党代会代表、市人大代表和市政协委员层面，包括 445 名市党代会代表、469 名市人大代表、427 名市政协委员；二是企业层面，包括 100 家省部属企业和市属城建、旅游、商贸企业，100 家市、区工业企业，100 家外地来杭投资企业；三是市民层面，该市随机抽取了 4 000 名杭州市民开展评选；四是市直机关互评。据统计，共发出选票 5 969 张，回收 5 787 张，回收率达到 96.96%。2005 年，杭州市对绩效评价体系进行了改革，成立了杭州市综合考评委员会，通过目标考核、领导考评和社会评价相结合的方式对各单位的工作情况进行综合评价。2006 年 8 月，杭州市组建成立了杭州市综合考评委员会办公室，作为杭州市综合考评委员会的常设办事机构，主要负责市直单位综合绩效评价、效能建设等工作。

杭州市政府绩效管理模式以公民为主要导向，其主要特点有：

第一，设立“满意评选”领导机构，责任体系明确。杭州市委、市政府先后成立了综合考评委员会和办公室，负责具体指标的制定、商议、评价、反馈、修订工作，通过主要领导和上级部门明确绩效评价目标，自上自下地促进绩效管理的实施。

第二，结合了“自上而下”和“自下而上”两种评价模式。评价主体既包括了人民代表，又包括了企业和群众，从注重市直机关互评到弱化互评，大幅度提高了市民参评比率。两种评价模式的整合，既保证了政府绩效评价的效度，又培养了公众的民主观念和参与意识，进而提高了政府绩效管理工作的透明化程度。

第三，绩效导向明确，评价内容引入创新指标。通过“满意评议”来衡量市机关的工作情况、绩效、服务态度等各项指标。并且，每项指标以“满意、比较满意、基本满意、不太满意和不满意”来界定绩效等级，并通过设置100、75、50、25、0的相应分值来计算最终结果。该市在综合评价指标体系中，引入了创新指标，进一步激发了市直单位开展创新创优活动的动机，有利于提高整体工作水平和绩效状况。

杭州市通过实施人民满意机关评选活动，不仅增强了政府机关的目标意识和服务意识，提高了服务质量和办事效率，同时还促进了廉政建设，加强了监督力度，取得了良好的社会效益。人民满意机关评选活动作为一种服务质量导向的政府绩效管理模式，创新了政府绩效管理模式的实践和探索，对我国政府绩效管理事业的发展具有重要的借鉴意义。

3. 南京市“万人评议政府”活动

1993年，南京市市级机关开展了“开门评议机关”活动。活动中，市级机关作风办和各部委办向基层发放评议表，听取意见和建议，但不打分也不排序。“开门评议”成为后来“万人评议政府”的雏形。

2001年，南京市一改以往“开门评议”的做法，把党政机关和执法部门等70个单位列入评议范围，由随机抽取的近万名群众代表无记名填写评议表，并把群众的评议结果作为衡量机关工作作风和实施奖惩的主要依据，对于群众评议为最差单位的主要负责人实行末位淘汰。南京市实施的“万人评议”活动在全国引起强烈反响。2002年，南京市市级机关工委与江苏省社科院合作，联合组成“南京市市级机关作风评价体系”课题组，在深入调查研究、广泛征求意见的基础上，提出了一个新的评议方案。新方案的评议主体从上年的6类扩大到10类。2004年年底，“万人评议政府”活动首次在江苏省82个省级机关中展开，各部门各单位将“万人评议政府”活动中基层群众提出的6 948条意见和建议，归纳成1 795条整改事项，结合先进性教育活动，进行了集中整改，使机关作风显著改善。2005年，江苏省委、省政府下发了《关于建立省级机关作风建设长效机制的意见》，把基层群众评议机关作风作为一项专门制度确定下来。

南京市“万人评议政府”活动的主要特点有：

第一，评价主体的广泛性和代表性。南京市“万人评议政府”活动的评价主体涉及全市各个阶层、行业和人群。评价主体由初始的6类增加到10类。对机关各部门最了解的市级领导干部，市委、市人大、市政府、市政协四套班子成员全部作为评价主体；大中小学、医院、科研机构、文化团体以及街道乡镇也都有代表参加评议。为了更多地听取投资者和基层群众的意见，企业的评价主体由最初的500人增加到3 000人，基层社区人员由2 000人增加到4 500人。2004年，市级机关干部不再参加评议，由市级机关作风监督员评议。除市级领导以外，其他评价主体以随机抽取的方式产生，并建立了评价主体信息库。党政机关以外的评价主体占了绝大多数，达85%，从而扩大了评价主体的覆盖面，增强了评价结果的客观性。

第二，评价结果依据评价主体的分类进行加权处理。权重系数采用"主观赋值法"，通过领导人员、专家和专业工作人员综合评定的方式设定（详见表9-1），被评价部门（单位）的评价得分满分为100分。评价主体按10个方面分别计算初始得分，经加权处理后相加，得出被评价部门（单位）的最终得分。计算公式：被评价部门（单位）的得分=〔(满意票数×100+比较满意票数×80+不太满意票数×50)÷该部门（单位）的得票总数〕×评价主体对被评价部门的权重系数。

表9-1　　评价分值权重的确定

评价主体类别	分值权重		
	第一组被评价部门	第二组被评价部门	第三组被评价部门
市级领导干部	10.41	10.70	10.70
人大代表、政协委员	10.43	10.11	10.38
市管干部	8.47	8.87	9.22
区县机关工作人员	9.30	10.79	11.01
企业管理人员	11.48	10.65	10.03
驻宁机构人员	8.10	7.92	8.19
专业技术人员	8.33	8.35	8.37
街道、镇工作人员	10.03	9.85	10.07
基层社区群众	12.64	12.03	11.05
机关作风建设监督员	10.81	10.73	10.54
合计	100	100	100

第三，对评价对象进行科学分类。2005年，根据工作性质、职能、与群众接触的方式和程度等因素，南京市"万人评议政府"活动的评价对象由初始阶段的两组（一组为执法部门，包括司法执法和行政执法；另一组为综合部门和其他单位）改为三组：第一组为政府机构中与广大人民群众直接接触的提供服务或执法（有办事窗口和执法队伍）的部门及部分专营性企事业单位；第二组为政府机构中除第一组以外的部门及直属单位；第三组为党群机关、人大机关、政协机关、法检机关和直属单位。科学划分评价对象使评议活动的结果更具科学性。

第四，将群众评议机关与机关工作作风评价相结合。评价内容主要涉及各机关单位领导干部的德、能、勤、绩、廉五个方面。2004年开始，政府绩效评价结果不仅依据"万人评议政府"活动的排名，更综合考虑机关作风建设工作的评价结果，前者占70%，后者占30%，两者结合，形成最终的评价结果，从而使各机关单位树立了"向人民学习、为人民办事、请人民监督、让人民满意"的意识。

第五，把群众监督评议与领导班子的评价和干部的任用相挂钩。根据评价结果，评比

"先进单位"和"人民满意单位"。排序结果在一定范围内公布，并向被评价部门反馈。"万人评议政府"活动初始阶段，排名靠后、群众意见较大的部门，其主要负责人要受到诫免谈话、降职、免职等惩戒；而对排名靠前、群众满意度较高的部门，南京市委、市政府给予表扬。2004年，将过去的直接追究单位行政领导责任改为进行组织评价，对连续两年位列三个组排序末位的部门进行重点评价，根据评价结果对最末位部门的领导班子做出相应的处理。这一举措引起了广大干部的高度重视，提高了广大干部接受监督的自觉性和自律性。

第六，与媒体紧密合作，扩大评议范围和影响度。据有关部门的统计，仅2002年，到南京采访报道"万人评议机关"活动情况的境内外媒体就达120多家（次）。2004年开始试行网上评议，在南京的龙虎网等3个新闻网站上开通评议热线，在《南京日报》《金陵晚报》等媒体上公开刊登"媒体版评议表"。新闻媒体的积极介入和有力报道促进了"万人评议机关"活动的推广和深化。

9.1.3 以科学方法为核心的公共部门绩效管理

随着管理理论与实践不断发展，许多公共部门都逐渐借鉴和采用企业组织的先进管理理念或模式，注重提高公共部门绩效管理的科学性。近年来，平衡计分卡作为战略性绩效管理工具逐渐在我国政府部门得到推广。自2006年起，在中共中央组织部的推动下，黑龙江省海林市举全市之力积极探索建立基于平衡计分卡的政府绩效管理体系，成为我国第一个全方位推行平衡计分卡的县级政府。随后，北京市延庆县、北京市顺义区等地方政府都相继开展了基于平衡计分卡的绩效管理实践探索，并取得了良好成效。

1. 黑龙江省海林市绩效管理实践

海林市位于黑龙江省东南部，地处东北亚经济圈腹地，素有"林海雪原""中国雪乡"之称。为探索符合科学发展观要求的绩效管理体系，2005年年末，海林市被确定为中澳合作平衡计分卡"中国化"模式完善与推广项目全国两个试点单位之一。海林市充分利用中组部在该市开展中澳合作平衡计分卡项目试点的契机，学习借鉴先进的管理理念与技术，在科学谋划工作思路、强化工作落实、注重过程监督、加强各层面沟通、狠抓队伍建设等方面进行大胆探索和实践，助推了县域经济社会科学快速发展。具体而言，海林市的政府绩效管理实践具有以下特点：

第一，重视顶层设计，明确战略导向。海林市在认识和分析所处发展环境的基础上，用战略思维重新审视、重新定位、重新谋划海林的发展。确定了"贯彻落实党的路线方针政策，全心全意造福海林人民"的使命和"学习创新、艰苦创业、团结务实、民主廉政"的核心价值观，并确立了"到2011年实现全市经济总量倍增、省内位次前移，人民生活殷实和谐"的五年愿景目标，实施了"一线两翼三步走"发展战略，即以加快海林振兴崛起为主线，以作风建设年和项目建设年为两翼，实施一年起步、三年跨越、五年步入振兴崛起之路三个阶段性目标，坚持速度改变海林、项目振兴海林、民本立足海林、作风成就海林，坚持用高目标引领追赶跨越，用高定位展现美好蓝图，用高标准提升科学发展水平。

第二，明晰工作重点，化战略为行动。海林市在具体操作中围绕实现发展战略目标和阶段性任务，深入研究保障措施和工作载体，确定了一系列重点工作。一是实施招商引资“一号工程”。坚持小分队招商、驻点招商、干部挂职招商、专业队伍招商“四轮驱动”，集中人力、集中精力、集中财力，不断掀起招商引资热潮。二是实施项目建设“双百战略”。实施项目专题推进，建立项目绿色通道，分阶段推进“准备之冬”“动工之春”“大干之夏”“成果之秋”，呈现出规划包装、引进落地、向上争取多赢的项目建设局面。三是实施城市园区“双升级”战略。以园区提升城市，以城市带动园区，牵动整体工作提升。四是推进城乡一体化建设。坚持以工业化理念抓农业，推进龙头、基地、产业“三位一体”建设，构建起以“食用菌、畜牧、蔬菜”为主导，“北药、烤烟、两菊”等特色产业为补充的发展格局。

第三，关注无形资产，强调学习与成长。海林市为解决部分干部在发展速度上的“恐快症”、工作标准上的“恐高症”、发展本领上的“恐慌症”，连续三年开展“作风建设年”活动，不断增强干部学习力、发展力。一是强化思想解放。用解放思想这把“万能钥匙”激活干部求新图变、善谋发展的内在动力。二是强化素质升级。以“学习成长”为主题，通过举办集体读书会、开设电视大讲堂、开办主题培训班等多种形式，对全市各级干部进行大规模培训。三是强化执行力提高。在机关中推行“一线工作法”，开展“治慵懒”专项整治行动、“领导干部十包”等系列活动，大力实施“素质升级、文化培育、凝聚力”三大工程，打造海林执行力文化。

第四，加强工作沟通，激发群体活力。海林市在实践中更加突出地加强了与群众的沟通，全市重要性会议采取现场直播方式“一站式”传达；开展“市委书记大接访”“千名干部下基层”活动，建立群众诉求中心，与群众无障碍沟通；实施市村“直通车”，加强了市委与基层组织的联系，通过良好的沟通形成了发展的合力，激发了全民干事创业的热情。

第五，创新考核评价，提升激励效应。平衡计分卡不仅是化战略为行动的战略管理工具，也是一种有效的绩效评价工具。海林市在科学应用平衡计分卡的同时，也注重推动干部绩效考核机制的创新。一是完善考评体系。进一步完善实施分类划档量化考评，对市直、乡镇党政班子、部门所属领导班子及正副职设定不同的量化分值，通过年度考察和年内随机考评，对班子和干部进行科学的定位评分，奖优罚劣、治庸治懒。二是创新选拔机制。通过创新公开比选、竞争上岗、挂职锻炼和干部交流等干部选拔机制，不断激活全市干部干事创业的激情和活力。三是强化过程评价。开发建立基于平衡计分卡的“两表、一会、一调整”的绩效监控模式，对工作流程及时评价反馈。在原绩效考评办的基础上成立市委、市政府督查局，创新督办考评机制，对重点工作实行周监测、月调度、季通报，做到了年度考评与平时评价指导相结合，工作思路得到及时优化。

海林市基于平衡计分卡的实践探索，取得了明显成效。从 2006 年起，海林市综合实力在全省“十强县”排名实现一年进一位，在 2008 年位次列全省“十强”第七位，2009 年迈进全省第一军团。同时，海林市还先后被评为“中国优秀旅游城”、“中国特色魅力城”、“省级文明城”和“省级园林城”，实现了市域经济社会的快速全方位发展。

2. 北京市顺义区社会服务管理创新绩效管理实践

近年来，北京市委、市政府把社会建设放在更加突出的位置，不断完善社会建设科学体系。2010年7月，北京市召开社会服务管理创新推进大会，推出社会服务管理创新行动方案，确定东城、朝阳、顺义三个区为综合试点区。顺义区作为全市三个综合试点区之一，不断加强社会建设，先后出台了《关于推进社会服务管理创新的意见》《顺义区网格化社会服务管理创新指标体系实施办法》，研究开发了顺义区社会服务管理创新信息系统，为推进全区社会建设迈出了坚实一步。具体而言，顺义区社会服务管理创新绩效管理实践具有以下特点：

第一，坚持绩效管理的战略导向。平衡计分卡理论的引入和应用为顺义区社会建设绩效评价工作提供了科学的理论支撑。顺义区结合发展实际，确定其使命为“在保证地区经济可持续发展的同时，更加注重社会建设，不断促进社会公平正义，努力使全体人民学有所教、劳有丰酬、病有良医、老有颐养、住有宜居，并推动地区和谐社会构建”；其核心价值观为“公平正义、务实高效”；其愿景为“在不久的将来将本地区构建成为一个全民所有的和谐社会”。为了推动顺义区社会建设愿景的顺利达成，顺义区分别针对教育事业、居民就业、群众收入、社会保障、人民健康和社会管理等社会建设主体内容设定了适合本地区的发展战略，并把这些建设内容纳入“社会服务、社会管理、社会动员、社会和谐和社会文明”五个战略主题当中。

第二，构建科学系统的指标体系。为进一步加强和创新社会服务管理，全面推进顺义区社会建设，顺义区坚持“党委领导、政府负责、社会协同、公众参与、依法治理”的原则，构建了符合顺义实际的网格化社会服务管理创新指标体系。该指标体系分为“推进社会服务”“深化社会管理”“扩大社会动员（含社会领域党建）”“构建社会和谐”“促进社会文明”五个领域。每一领域指标划分为结果层面指标、过程层面指标和保障层面指标三类。顺义区网格化社会服务管理创新指标体系是一个顶层设计的指标库，指标库中的指标可以适时进行调整。实施的指标要依据群众现实需求和党政中心工作选定，有重点、分步骤实施。考核范围包括各职能部门、镇、街道、功能区。

第三，大力加强公民参与。公民参与水平是社会建设质量和水平的重要体现。顺义区在社会服务管理创新方面的一大特色就是重视公民参与。首先，在指标的确立方面，除了以区社会建设发展规划所确立的目标为指引，顺义区还会广泛征集辖区村民、居民最关心最直接最迫切的民生问题，汇总后报送至所属镇、街道、功能区，然后汇集整理形成指标。其次，在指标的考评方面，顺义区社会建设绩效评价主体分为自评主体和群众评价主体。群众评价主体由当事群众代表组成，当事群众代表由区统计局依据科学办法选取。群众代表依据各职能部门、镇、街道、功能区述职情况，对依据过程层面相关指标开发设计的满意度问题进行打分。在考评结果的计算中，群众评价得分占60%，各属地自评得分占40%。

第四，重视考评结果应用。为了充分发挥社会建设绩效评价的管理激励功能，顺义区十分重视绩效考核评价结果的应用。在依据考核评价办法得出考核结果后，会对各职能部门、镇、街道、功能区进行排名，并予以公布。此外，顺义区网格化社会服务管理创新指标考核结果会纳入政府绩效考评，并作为领导班子和领导干部绩效考核的依据，同时也作为区委、区政府确定便民工程、实事工程、重点工程的依据。

顺义区作为北京市社会服务管理创新三个试点区之一，通过引入平衡计分卡理论体系，完善了社区治理，推进了网格化体系建设，构建了“枢纽型”的社会组织工作体系，优化了社工队伍，推动了社会建设的有序发展，为全力解决涉及群众利益的民生问题，不断促进社会治理体系和治理能力的现代化做出了重要贡献。

9.1.4 第三方评价

所谓第三方评价，是指由与政府无隶属关系和利益关系的第三方主持和组织实施，评价的标准或方式主要由主持方拟定的评价政府及其部门绩效的活动。相对于其他的政府绩效评价方式，第三方评价具有以下独特优势：首先，第三方评价有利于确保政府绩效评价的独立性。第三方组织与政府无利益关系和隶属关系，评价过程不会受评价对象的干预，可以独立开展政府绩效评价。其次，第三方评价有利于确保政府绩效评价的科学性。第三方组织（特别是一些学术团体和科研机构）在绩效评价的理论研究上有着得天独厚的优势，它们可以通过帮助政府组织建立科学、规范、完善的政府绩效评价体系来提高绩效评价的科学性、准确性和公正性。最后，第三方评价能够促进各方的参与。第三方评价能够有效弥补内部评价的不足，将公民、企事业单位等多元评价主体引入绩效评价过程中，有利于提高评价的外部参与度，加强对政府的监督并借此改善行政效率和效果。

我国在政府部门最早开展第三方评价的是甘肃省，也就是著名的“兰州试验”，这种方式开了我国政府绩效外部评价的先河，是对我国政府绩效评价方式的补充和完善。随后，福建省厦门市、湖北省武汉市以及整个广东省都相继开展了第三方评价，取得了不错的效果。下面对“兰州试验”和“广东试验”予以简要介绍。

1. 兰州试验

为进一步转变政府工作作风，为企业发展营造规范严明的法制环境、诚实守信的信用环境、优质高效的服务环境和宽松和谐的创业环境，2004 年，甘肃省政府决定将全省 14 个市、州政府及省政府 39 个职能部门的绩效评价工作，委托给兰州大学中国地方政府绩效评价中心具体负责组织实施。被外界称作“兰州试验”的第三方政府绩效评价活动开了委托式外部评价的先河，使“外部评价”作为一次制度创新而备受瞩目。兰州的“第三方评价”模式不仅完善了评价方式，拓宽了评价主体范围，而且针对省级、市级职能部门的不同分别建立了科学的指标体系。具体来说，兰州的第三方评价具有以下主要特点：

第一，评价过程完全由第三方中介学术机构独立完成。与其他政府绩效评价方式不同，第三方绩效评价的主要推行者从政府转向了第三方机构。兰州大学中国地方政府绩效评价中心受甘肃省政府的委托，开展了对甘肃省政府的绩效评价活动，它不仅是评价主体，更是绩效评价的实施者和组织者，方案的设计，专家的选择，调查问卷和调查表的印制、发放、回收和数据统计及最终评价结果的形成都由其独立完成①。

第二，评价主体范围扩大。甘肃省实施的第三方评价活动的评价主体突破了普通公民的范畴，所涉及的评价主体以各地有代表性的非公有制企业为主，由企业界的代表和学术

---

① 包国宪. 绩效评价：推动地方政府职能转变的科学工具——甘肃省政府绩效评价活动的实践与理论思考. 中国行政管理，2005 (7).

界的专家以及省政府工作人员组成政府评价小组，从而拓宽了评价主体的范围，有助于拓宽政府绩效的意见收集渠道，获取较为客观的评价意见。

第三，建立了科学的评价指标体系。评价指标体系既有定量指标又有定性指标，既有反映政府阶段性重点工作的指标又有推动政府体制改革的长效指标，按照市、州政府和省政府所属职能部门两类评价对象分别设置。每套评价指标体系按企业、上级政府、专家三类评价主体分别设计。市、州政府绩效评价指标体系由职能履行、依法行政、管理效率、廉政勤政、政府创新 5 个一级指标，经济运行等 14 个二级指标以及 40 个三级指标构成。三级指标按非公有制企业、省政府评价小组和评价工作专家委员会三类评价主体分别设置。省政府所属职能部门绩效评价指标体系由职能发挥与政策水平、依法行政、政风与公务员素质、服务质量等 4 个一级指标，职能发挥等 9 个二级指标以及 31 个三级指标构成①。

经过几年的努力，兰州试验取得了广泛的社会效果。首先，评价形成的压力和动力传导机制，有助于强化政府部门的绩效意识，促进政府绩效的持续提高；其次，政府绩效评价有助于为非公有制企业营造良好发展环境，在企业与政府之间建立了很好的联系机制，从而更好地服务全省的经济和社会发展；第三，政府绩效评价也在一定程度上促进了公民社会的发展，为激发公众参政、议政的热情，增强社会公众的责任感和民主意识，建设政治民主制度创造了有利的社会条件，从而有利于形成政府组织与各类非政府组织合作管理社会公共事务的治理体系。

2. 广东试验

继甘肃省实施第三方评价之后，广东省根据自身特点和优势，在全国率先实施了由独立第三方对全省市、县两级政府整体绩效进行评价的探索性试验。正如《南方日报》在“思想大解放，推动大发展”的专刊上所言：独立第三方民评官，广东开了全国先河。一定程度上，“广东试验”是“兰州试验”的继承与发展，但是“广东试验”结合广东省的特点和优势有了一定的创新，与“兰州试验”又有很大的不同，具体如表 9－2 所示。

表 9－2　“广东试验”与“兰州试验”的比较

比较内容	兰州试验	广东试验
评价主体	省政府委托，非公有制企业作为评价主体，有效问卷 3 168 份	高校学术团队自主选题，满意度调查覆盖全省 23 777 位公众
评价范围	甘肃省 14 个地级市（州）及 39 个省属职能部门	广东全省 21 个地级以上市及 121 个县（市、区）政府
评价方式	定量（问卷调查）与定性（内部座谈会）相结合	定量研究，40 个源自统计源的客观指标及 10 个满意度调查指标（2007）
评价理念	体现政府治理从“行政为本”向“服务为本”转变	基于满意度导向，建立服务型政府、节约型政府和环保型政府

① 兰州大学中国地方政府绩效评价中心课题组. 兰州试验：第三方政府绩效评价新探索. 城市管理，2005（3）.

续前表

比较内容	兰州试验	广东试验
指标体系	针对市（州）政府，有职能履行、依法行政、管理效率、廉政勤政、政府创新 5 个一级指标，经济运行等 14 个二级指标，40 个三级指标	促进经济发展、维护社会公正、保护生态环境、节约政府成本、实现公众满意 5 个领域层，38 个内涵层，50 个具体指标
评价结果	形成咨询建议报告	形成年度整体绩效评价指数报告
结果应用	部分成果公开发表，为省政府（委托方）提供咨询报告，服务于政府内部管理	出版年度红皮书，全部成果由媒体公开，形成社会压力，作用于评价对象
技术路径	对非公有制企业抽样调查及召开体制内座谈会等。利用层次分析法建立评价体系	使用层次分析法特例建立指数模型，实现主观指标与客观指标的衔接与印证。针对增量，兼顾存量。以技术创新降低研究成本
影响因素	委托方负责（领导）人的变动及态度直接影响研究进展	不受政府官员变动的影响，直接对社会及公众负责
主要困难	体制内评价。体现委托方意向，并受委托方支配	体制外评价。受经费及统计数据的缺失或失真的影响较大

资料来源：郑方辉，张文方，李文彬．中国地方政府整体绩效评价：理论方法与“广东试验”．北京：中国经济出版社，2008：344.

概括起来，“广东试验”主要具有如下特点：

第一，评价主体为独立第三方。与甘肃省委托式第三方评价不同的是，“广东试验”由高校学术团队自主选题，独立操作，整个绩效评价方案的制定，包括评价主体、评价标准、指标体系、评价方式、评价过程及评价结果公布，没有任何政府力量的介入，是真正意义上的第三方评价。

第二，基于公众满意导向建立政府绩效评价指标体系。依据“民主政治、市场经济、法制社会、和谐发展、有限有效”的理念，整个绩效评价指标体系包括促进经济发展、维护社会公正、保护生态环境、节约政府成本和实现公众满意等 5 个领域层和 50 项具体指标，体现了党和政府执政为民的终极目标。

第三，评价对象覆盖面广，形成了地方政府整体绩效指数。整个评价涉及全省 21 个地级以上市和 121 个县（市、区），并将所有评价对象置于统一的标准之下，形成年度整体绩效指数。通过对随机抽取的全省 2 万多名成年公众进行问卷调查，形成对政府 10 项公共服务的公共满意度报告。

第四，定期向社会公开评价指数结果。每年通过媒体公布结果，形成“公众参与动力—政府感受压力—产生改进绩效需求”的激励机制和驱动机制，与“兰州试验”的委托式评价形成差异。2007 年 11 月 13 日，独立第三方在羊城晚报集团的《新快报》上发布了《2007 年广东省市、县两级政府整体绩效评价指数研究红皮书》。2008 年 10 月 20 日，华南理工大学公共政策评价中心又正式对外公布了《2008 广东省市、县两级政府整体绩效评价指数研究红皮书》。

9.2　我国公务员绩效评价实践探索

尽管自新中国成立初期我国就对建立公务员绩效评价制度进行了积极探索，但是一直到公务员制度出台之前，我国都没有完备的公务员绩效评价办法，主要采取干部鉴定或干部考察的方式对公务员进行评价。虽然这些方式存在一定的局限性，但是它们在一定时期内对干部的考察和任用起到了积极作用，为公务员绩效评价制度的建立奠定了坚实基础。1993年《国家公务员暂行条例》的颁布标志着我国公务员制度的正式诞生，1994年3月由人事部发布的《国家公务员考核暂行规定》对公务员绩效评价的内容和标准等做出了具体的说明，我国公务员绩效评价制度逐步建立起来。2006年1月1日，《中华人民共和国公务员法》（以下简称《公务员法》）正式实施，并于2018年12月29日进行了修订。该法对有关公务员的评价内容、评价方式、评价主体以及评价结果应用等做出了明确的规定。2007年1月4日，中组部印发了《公务员考核规定（试行）》，对公务员的考核内容与标准、考核程序、考核结果的应用等进行了详细说明。2009年6月9日，为了建立促进科学发展的干部考核评价机制，中共中央办公厅印发了《关于建立促进科学发展的党政领导班子和领导干部考核评价机制的意见》，随后，中组部下发了《地方党政领导班子和领导干部综合考核评价办法（试行）》《党政工作部门领导班子和领导干部综合考核评价办法（试行）》《党政领导班子和领导干部年度考核办法（试行）》三个规范性文件（简称“一个意见、三个办法”）。2019年4月21日，中共中央办公厅印发了《党政领导干部考核工作条例》，以条例的形式对干部考核工作做出总体规范。随着这些法律法规的相继出台，我国公务员绩效评价制度日益完善，并向着科学化、标准化和制度化的方向快速发展。

我国《公务员法》规定，对于领导成员和非领导成员公务员的定期评价采取不同的评价方式。其中，领导成员是指机关的领导班子成员，不包括在机关内设机构担任领导职务的人员。对领导成员的定期评价，由主管机关按照有关规定办理，现行有关法规包括《党政领导班子和领导干部年度考核办法（试行）》和《地方党政领导班子和领导干部综合考核评价办法（试行）》等。而对于非领导成员公务员，《公务员法》的配套法规《公务员考核规定（试行）》对评价的内容与方法、评价程序和评价结果的应用等进行了详细规定。

9.2.1　领导成员绩效评价办法

对领导班子和领导干部的评价，包括平时考核、年度考核、专项考核和任期考核。平时考核是对领导班子日常运行情况和领导干部一贯表现所进行的经常性考核，及时肯定鼓励、提醒纠偏。年度考核是以年度为周期对领导班子和领导干部所进行的综合性考核，一般在每年年末或者次年年初组织开展。专项考核是对领导班子和领导干部在完成重要专项工作、承担急难险重任务、应对和处置重大突发事件中的工作态度、担当精神、作用发挥、实际成效等情况所进行的针对性考核。任期考核是对实行任期制的领导班子和领导干部在一届任期内总体表现所进行的全方位考核，一般结合换届考察或者任期届满当年年度考核进行。具体而言，对于领导班子和领导干部的评价主要包括民主测评、民意调查、实绩分析、个别谈话以及综合评价等方式。

(1) 民主测评。

民主测评主要了解地方党政领导班子工作情况和领导干部现实表现。地方党政领导班子民主测评一般在总结工作的基础上进行，按照思想政治建设、领导能力、工作实绩、党风廉政建设和作风建设五个类别设置测评内容和评价重点。地方党政领导干部民主测评一般在述职述廉的基础上进行，按照德、能、勤、绩、廉五个类别设置测评内容和评价要点。具体考核内容的确定必须以贯彻党中央精神为前提，根据党中央决策部署及时调整优化。

(2) 民意调查。

民意调查主要通过社会有关方面的评价，了解地方党政领导班子和领导干部的群众满意度。一般采取问卷调查的方式进行，根据实际情况，也可以采取个别访谈、召开座谈会等方式进行。地方党政领导班子的民意调查，主要包括在民生改善、社会和谐、党风政风方面群众直接感受到的工作状态和成效。地方党政领导干部的民意调查，主要包括履行职责、工作作风、公众形象等内容。民意调查内容可以根据不同层次、不同地方的具体情况，以及当地群众关注的突出问题，有针对性地进行调整。

(3) 实绩分析。

实绩分析主要依据有关方面提供的经济发展、社会发展、可持续发展整体情况和民意调查结果等内容，分析地方党政领导班子和领导干部在一定时期内的工作思路、工作投入、工作成效，重点评价贯彻落实科学发展观的实际成效。地方党政领导班子和领导干部的实绩分析，主要内容包括：本级党代会、人代会确定的中长期发展规划和年度工作目标，上级统计部门和有关主管部门综合提供的经济发展水平、经济发展综合效益、城乡居民收入、地区经济发展差异、发展代价，基础教育、城镇就业、医疗卫生、城乡文化生活、社会安全，节能减排与环境保护、生态建设与耕地等资源保护、人口与计划生育、科技投入与创新等方面的统计数据和评价意见；民意调查反映的群众对当地经济社会发展状况的满意度；上级审计部门提供的经济责任审计以及相关的审计和专项审计调查结论、评价意见等。

(4) 个别谈话。

个别谈话主要是为深入了解地方党政领导班子建设和领导干部德才素质及现实表现，包括结合民主推荐进行的个别谈话、到考察对象所在地方或者分管部门（单位）进行的个别谈话，以及同考察对象本人的谈话。《地方党政领导班子和领导干部综合考核评价办法(试行)》规定，应根据个别谈话的不同情况参考评价要点，分别确定谈话重点，拟定谈话提纲。应当提前向谈话人员发出谈话预告。同拟提拔人选考察对象谈话，一般采取考察组集体面谈的方式进行，进一步了解其思想政治水平、适应职位能力、发展潜力和心理素质等方面的情况，比较对照不同考察环节的评价意见，核实反映的有关问题，深化对考察对象的了解。在个别谈话过程中，根据需要，还可以进行实地调查和延伸考察。

(5) 综合评价。

综合评价是在全面掌握评价信息的基础上，对民主测评、民意调查、实绩分析、个别谈话的结果进行比较分析，并结合纪检机关（监察部门）的意见，巡视组巡视、重大事项跟踪考察、参加民主生活会等方面反映的意见，以及平时了解到的其他情况相互补充和印证。通过考察组集体研究分析，对领导班子和领导干部做出客观公正的评价。综合评价可以采用以下方法：类型分析、数据分析、比较分析、环境分析、历史分析等。

9.2.2　非领导成员绩效评价办法

随着《公务员法》以及《公务员考核办法（试行）》的颁布，我国对非领导成员公务员的评价也逐步规范化，相应的评价内容、评价等级、评价程序以及评价结果应用等方面都得到了逐步完善。

1. 评价内容

我国对公务员的评价分为平时评价、专项评价和定期评价，定期评价以平时评价、专项评价为基础。平时评价重点评价公务员完成日常工作任务、阶段性工作目标情况以及出勤情况，可以采取评价对象填写工作总结、专项工作检查、考勤等方式进行，由主管领导予以审核评价。公务员评价需全面考核德、能、勤、绩、廉等内容，重点考核工作实绩。

（1）考德：是评价公务员的政治立场和思想品质，主要看其是否拥护党的政治路线和思想路线，是否贯彻执行党的方针政策、遵守党纪国法和社会主义公共道德，是否有良好的思想作风、工作作风和生活作风。“德”反映了公务员开展工作的指导原则，起着端正方向、明确目的的重要作用。用现代组织理论的观点看，“德”是公务员的价值观，政府之所以要留用某个公务员，是因为该公务员的价值观符合政府组织的要求，这个价值观就是“德”。

（2）考能：是考察公务员的基本素质和工作能力是否达到了所从事职位的能力要求。公务员的业务知识和身体素质共同构成了公务员的基本素质。其中，业务素质主要包括文化水平、语言表达能力、文字写作能力、辨别判断能力等；身体素质包括年龄、健康状况、心理素质等。公务员的工作能力包括独立工作能力、分析和解决问题能力、专业知识水平、工作规划和预见能力、创新精神和创新能力、应变适应能力、克服困难能力、团结合作能力、领导和组织变革能力等。

（3）考勤：是指对公务员的工作态度、敬业程度等进行评价。主要是考察公务员在工作上是否肯学肯钻，对业务是否精益求精、勇于创新。在实际评价过程中，必须注意与有关遵守劳动工作纪律情况以及出勤情况的评价相结合。同时，通过对公务员“勤”的评价，可以逐步完善我国公务员的考勤制度，以持续提高公务员的工作积极性、纪律性、责任感。

（4）考绩：工作业绩评价是公务员考核的重点，是对公务员履行职责所产生的工作绩效的评价。具体可以通过工作数量、工作质量和工作效率等来进行测量和评价。需要特别强调的是，评价公务员的工作实绩还需要考察公务员工作的社会效应，即社会效益以及有关部门、基层单位和社会公众对其工作的评价。

（5）考廉：是考察公务员是否廉洁，是否秉公处事。根据《国家公务员行为规范》的规定，“廉”主要包括以下方面：克己奉公，秉公办事，遵守纪律，不徇私情，不以权谋私，不贪赃枉法，淡泊名利，艰苦奋斗，勤俭节约，爱惜国家资源，反对拜金主义、享乐主义。将“廉”确定为公务员评价的内容之一，主要是从惩治腐败、密切公务员与人民群众的关系出发，要求公务员发扬勤奋务实、艰苦朴素的优良作风，树立良好的廉政形象。

2. 评价等级

根据公务员在德、能、勤、绩、廉等方面的表现，将公务员绩效评价结果划分为优秀、称职、基本称职和不称职四个等级，并且每个等级都规定了相应的标准，具体如表9－3所示。同时规定，公务员年度绩效评价中的优秀等级人数，一般掌握在本机关参加年度绩效评价的公务员总人数的15%以内，最多不超过20%。

表9－3 评价等级的标准

	优秀	称职	基本称职	不称职
标准	1）思想政治素质高； 2）精通业务，工作能力强； 3）工作责任心强，勤勉尽责，工作作风好； 4）工作实绩突出； 5）清正廉洁	1）思想政治素质较高； 2）熟悉业务，工作能力较强； 3）工作责任心强，工作积极，工作作风较好； 4）能够完成本职工作； 5）廉洁自律	1）思想政治素质一般； 2）履行职责的工作能力较弱； 3）工作责任心一般，或工作作风方面存在明显不足； 4）能基本完成本职工作，但完成工作的数量不足、质量和效率不高，或在工作中有较大失误； 5）能基本做到廉洁自律，但某些方面存在不足	1）思想政治素质较差； 2）业务素质和工作能力不能适应工作要求； 3）工作责任心或工作作风差； 4）不能完成工作任务，或在工作中因严重失误、失职造成重大损失或者恶劣社会影响； 5）存在不廉洁问题，且情形较为严重

3. 评价程序

公务员评价按照管理权限和规定的程序进行，由公务员管理部门组织实施。机关在年度评价时可以设立评价委员会。评价委员会由本机关领导成员、公务员管理及其他有关部门人员和公务员代表组成。年度评价主要按下列程序进行：

（1）被评价公务员按照职位职责和有关要求进行总结，并在一定范围内述职。

（2）主管领导在听取群众和公务员本人意见的基础上，根据平时评价情况和个人总结写出评语，提出评价等次建议和改进提高的要求。

（3）在本机关范围内公示拟定为优秀等级的公务员名单。

（4）由本机关负责人或者授权的评价委员会确定评价等级。

（5）将评价结果以书面形式通知被评价公务员，并由公务员本人签署意见。

年度评价结果出来后，如果公务员对评价结果持有异议，可以按有关规定申请复核和申诉。最后，各机关应当将公务员年度评价登记表存入公务员本人档案，同时将本机关公务员年度评价情况报送同级公务员主管部门。

4. 评价结果应用

近些年，公务员绩效评价结果的应用问题越来越受到重视，《公务员法》第三十九条明确指出，“定期考核的结果作为调整公务员职位、职务、职级、级别、工资以及公务员奖励、培训、辞退的依据”。概括起来，我国公务员绩效评价结果主要应用在工资福利、职务调整、奖励奖金、绩效改进及培训开发等几个方面，具体如表9－4所示。

表 9-4　　中国公务员绩效评价结果的应用

应用领域	称职以上	基本称职	不称职
工资福利	累计两年被确定为称职以上等次的，在所定级别对应工资标准内晋升一个工资档次	本评价年度不计算为按年度评价结果晋升级别工资档次的评价年限	本评价年度不计算为按年度评价结果晋升级别工资档次的评价年限
职务调整	累计五年被确定为称职以上等次的，在所任职务对应级别范围内晋升一个级别； 确定为称职以上等次，且符合规定的其他任职资格条件的，具有晋升职务的资格； 连续三年以上被确定为优秀等次的，晋升职务时优先考虑	本评价年度不计算为按年度评价结果晋升级别的评价年限； 一年内不得晋升职务	降低一个职务层次任职； 本评价年度不计算为按年度评价结果晋升级别的评价年限； 连续两年年度评价被确定为不称职等次的，予以辞退
奖励奖金	被确定为优秀等次的，当年给予嘉奖； 连续三年被确定为优秀等次的，记三等功； 享受年度评价奖金	不享受年度评价奖金	不享受年度评价奖金
绩效改进		对其诫勉谈话，限期改进	
培训开发	公务员主管部门和公务员所在机关应根据评价情况，有针对性地对公务员进行培训		

9.2.3　我国公务员绩效评价方面的现有问题

我国现行公务员评价办法尽管与之前相比有了较大进步，特别是对评价内容、评价程序、评价标准、评价等级以及评价结果应用等内容进行了详细规定，为规范公务员绩效管理提供了可操作的依据，但由于公务员绩效管理十分复杂，加之我国政府部门层次、类别多样，所以对不同类型公务员进行客观、公平、准确的评价仍具有挑战性。目前，我国的公务员绩效管理办法还存在一些不足之处，具体体现在：

(1) 公务员评价内容不具体。我国《公务员法》中的“德、能、勤、绩、廉”只是一种原则性的规定，尽管一些地方政府和部门根据自身的情况进行了细化，但是依然没有形成广受认可的、可操作的方案。笼统的绩效评价指标必然导致评价结果的不科学、不公平，在一定程度上影响了评价结果的公正性和有效性。

(2) 公务员评价标准不明确。我国公务员队伍庞大、职位繁多、职级复杂，与此相应的评价体系却相对简单。评价指标不明确主要是由于我国公务员的职位分类还不规范，存在公务员的职位模糊、职责不清等问题，因而以职责为基础设计评价指标必然会陷入困境。

(3) 公务员评价结果等级过少。我国公务员年度评价结果一般分为优秀、称职、基本称职、不称职四个等次，这给实际工作造成了极大的不便。由于被评为优秀的比例最多不能超过总人数的 20%，而真正不称职的也是极少数，所以绝大多数人都集中在称职这一等次上，这样就不能有效拉开差距，大大削弱了公务员评价对公务员应有的激励作用。

(4) 评价主体的选择不合理。在公务员评价的具体实践中，我国一贯强调直接上级对下属进行评价，其评价意见往往占有较大的评价权重系数。但是一些反映下属真正绩效水平的因素往往是直接上级难以掌握的，这些评价内容就不应当交由上级来评价，因此要考虑让同级、服务对象等参与评价，全方位、多视角地选取评价主体，并赋予其恰当的评价权重。

(5) 公务员评价主体权责不清。尽管我国公务员评价办法对评价主体的责任做出了一般性的规定，但是没有具体规定不同评价主体在各个评价环节应承担的责任，没有把奖惩和评价工作联系起来。在实际的评价过程中，由于宽大化趋势，评价对象的评价结果等级未能有效拉开差距，这种评价结果显然是不理想的。由于没有受到有效监督，评价主体常常不能客观公正地实施评价，容易受个人好恶和私人关系的影响。

(6) 重定性评价，轻定量评价。尽管公务员评价强调定性和定量相结合，但是实际上很多单位和部门更倾向于采用定性方法。一方面是认识不到位，另一方面因为指标量化相对复杂，缺乏科学的定量测评标准和相应的专业技术人员。但定性评价因其主观性和随意性较大，容易导致绩效评价结果的准确性不高，影响绩效评价效果的发挥。

9.3 我国公共部门绩效管理的发展趋势

我国政府在 2008 年 3 月的《政府工作报告》中明确提出要推行“政府绩效管理制度”，标志着政府绩效管理由理论研究走向政府实践，是中国政府绩效管理研究与实践的一个新的里程碑。2013 年 11 月，党的十八届三中全会发布了《中共中央关于全面深化改革若干重大问题的决定》，《决定》指出，要“优化政府机构设置、职能配置、工作流程……严格绩效管理，突出责任落实，确保权责一致”。各级政府和部门在党和政府各项路线、方针、政策的引领下，积极进行绩效管理探索，推进绩效管理体制机制创新，在绩效管理观念的强化、绩效管理体系的建构、绩效管理法治进程的推进等方面进行了有益探索。结合我国公共部门绩效管理的发展历程，总结各级政府和部门绩效管理的实践做法，我们认为我国公共部门绩效管理在近年来的发展趋势主要表现为以下几个方面：

1. 关注绩效管理的公众导向

在公共部门绩效管理中坚持公众导向，是明确公共部门职责定位的必然要求，也是提高公共部门服务质量的客观需要。党的十八大报告提出，建设职能科学、结构优化、廉洁高效、人民满意的服务型政府。服务型政府以公众需求为导向，以为社会、企业和公民提供充足、优质和高效的公共服务为核心职能，并以社会公众的满意作为服务效率和质量的衡量标准。因此，公众导向理念是服务型政府的本质要求，也是服务型政府建设的基本出发点。近年来，我国公共部门的绩效管理实践经历了由以行政效率为核心向以服务质量为核心的转变，不仅关注行政效率的提升，也注重服务质量的改善和公民满意度的提高。福建省厦门市实施的民主评议行业作风办法，青海省、江西省进行的通信行业行风评议，河北省组织的司法和行政执法部门评议，江苏省无锡市试行的律师行业评议，等等，都是以提高行业服务质量为目的的绩效评价活动。2010 年 3 月，福建省委、省政府在全省乡镇以上机关和具有行政管理职能的单位全面开展效能建设，通过进行行政审批制度改革、推进政务公开、建立效能投诉网络、全面推进预算绩效管理等方式提高了政府效能，强化了公众导向的治理理念。

2. 优化绩效管理的体系建构

公共部门绩效管理是一项系统工程，涉及多元主体，具有复杂性、利益相关性等特点，其能否顺利实现预期效果，与公共部门绩效管理的体系建构息息相关。近年来，我国各级政府和部门积极开展绩效管理实践探索，在绩效管理的组织机构建设、绩效评价体系建设等方面取得了较大进展。在地方政府绩效管理的组织体系建设方面，各级地方政府结合当地发展实际，先后成立了绩效管理委员会（或领导小组）、政府绩效管理办公室、绩效管理专家咨询委员会等组织机构，为确保政府绩效管理工作的顺利开展提供了坚实的组织保障。如北京市顺义区委在推进社会服务管理创新时，区委、区政府成立了顺义区网格化社会服务管理创新工作领导小组，以社区、村、企业为单位建立基础网格，同时还设立四级工作平台：区社会办、区应急办、城管监察大队为统筹工作平台；各职能部门为支持平台；各镇、街道、功能区为融合工作平台；各村、社区、企业为基础工作平台。各级机构上下联动、协调配合、整体推进。在评价体系建设方面，各级地方政府围绕当地中心工作，不断创新绩效评价模式，致力于提高政府绩效评价的科学性和有效性。如北京市按照“履职效率、管理效能、服务效果和创新创优”（三效一创）构架了评价指标体系。四川省强化对结构优化、民生改善、资源节约、环境保护、基本公共服务、依法行政和社会管理等方面的考核评价，体现了分类指导要求，反映了不同区域的差异。深圳市对区政府的评估包括“公共服务、社会管理、经济调节和市场监管”等 4 个方面 32 项具体指标；对市政府工作部门的评估包括“行政业绩、行政效率、行政执行力和行政成本”等 4 个方面 23 项具体指标。

3. 创新绩效管理的运行机制

为了提高公共部门绩效管理的有效性，各级政府和部门积极开展公共部门绩效管理体制机制创新，促进了公共部门绩效管理的科学化、精细化和规范化。如吉林省结合本省实际，从组织机制、指标体系、察访核验、绩效考评、信息技术和制度建设六方面入手，构架了六位一体、省市县三级联动的绩效管理运行机制。深圳市坚持政府绩效管理就是由绩效计划、绩效实施、绩效评估以及监督考核、绩效反馈、结果运用等环节所组成的、环环相扣的闭环系统，构建了完善和系统的工作机制，实行计划、实施、评估、反馈、奖惩相结合的一体化绩效管理。厦门市地方税务局在绩效管理工作中坚持五大举措并举，即主要领导靠前指挥、绩效考评全信息化、结果应用动真碰硬、督导调研全面覆盖和文化氛围日渐浓厚，显著提高了市局的政府绩效管理水平。天津市北辰区委、区政府历来高度重视绩效考核工作，坚持边实施边完善、边探索边提高，逐步形成了目标设置、过程管理、综合考核、结果运用四位一体的考核体系，有效推动了各项目标任务的落实。

4. 推进绩效管理的法制进程

全面推进依法治国是全面建成小康社会、加快推进社会主义现代化的重要保证。公共部门绩效管理的法制化有助于完善公共部门绩效管理体制，保障公共部门绩效管理的权威性和独立性。1993 年，美国率先颁布了《政府绩效与结果法案》，首次以立法的方式对政府绩效管理活动进行规范，为美国政府绩效管理的推进奠定了坚实的法律基础。目前，我国还没有中央层面的政府绩效管理立法，各级地方政府在政府绩效管理立法方面则取得了较大的进展。2009 年 6 月，黑龙江省人大常委会审议通过了《哈尔滨市政府绩效管理条例》，该条例共 7 章 48 条，明确了哈尔滨市政府绩效管理的宗旨、基本原则、适用范围、机构职责，并对绩效计划、绩效评估、绩效信息、绩效诊断、绩效问责等多方面做了具体规范。这是国内首部政府绩效管理的专门立法，被誉为政府绩效管理的“哈尔滨模式”。随后，《南京市政府部门绩效管理暂行办法》《四川省人民政府部门绩效管理办法》《杭州市绩效管理条例》《深圳市政府绩效管理办法》等相继发布，标志着政府绩效管理法制化进程的不断推进。

5. 扩大绩效管理的公民参与

公民通过评议方式参与对公共部门绩效的评价是现代公共部门绩效评价的重要内容，是提高行政管理体系透明度的关键举措和建设服务型政府的必然要求。一些地方政府积极探索公民参与政府绩效考核评价的方式，不断拓宽公民和服务对象考评政府部门和公务员的渠道，逐步实现公民评议活动的规范化和制度化。2001 年起，南京市连续六次开展了“万人评议政府”活动，北京、青岛、西安、沈阳等地也多次开展大规模的公民评议活动。总体来说，公民评议在绩效管理各环节呈现出以下特征：一是参与的范围和评估的领域不断拓展，虽然目前许多地方的试点还只是停留在对满意度等方面的评价，但相信随着第三方机构的发展和完善，公民评议将逐渐深入到政府绩效的其他领域；二是参与评估的渠道日益多样化，已经出现了打电话问民意、网络评估等新的评估形式；三是随着社会公众参与主动性的提高和政府外专业评估机构的出现，政府绩效评估将日渐科学化，社会公众评估的影响力也将不断提升。因此，社会公众的参与及其主体地位的凸显，是目前公共部门绩效评价实践的一大发展趋势。

6. 加强绩效管理的信息公开

公共部门绩效信息的公开透明，有助于促进公共部门行为及其结果向社会公众负责，有助于责任政府、服务型政府和透明政府的实现。为了体现公共部门绩效管理的公众导向，必须做好公共部门绩效管理的信息公开工作，保证社会公众充分了解公共部门的履职情况，通过双向的持续有效沟通提高公共部门提供公共服务的有效性。公共部门绩效管理的信息公开主要包括以下主要内容：1）公开绩效评价主体；2）公开绩效评价的主要内容；3）公开绩效评价的基本程序和主要方法；4）公开绩效评价的相关信息；5）公开绩效评价的结果和等级；6）公示和公开绩效奖惩意见；7）公开绩效改进计划。卓越以政府绩效信息透明度评价标准作为分析框架，以政府网站为绩效信息获取平台，系统观察了 56 个样本地方政府历年绩效信息透明度状况。结果发现，杭州、深圳、广西、湖南、武汉等 5 个样本政府在信息公开透明度的指标上都得了满分，是绩效管理制度信息公开的最佳案例。它们都建立了专门的绩效管理网站来公开绩效管理的相关信息，其法规政策文件、组织机构信息都非常全面。但我国公共部门绩效信息透明度总体偏低，需要各级政府和部门转变管理理念，明确公共部门绩效信息公开的责任主体及职责，积极推动以公共部门网站为核心的绩效信息公开平台建设，从而不断提高公共部门的公信力。

本章小结

我国自 20 世纪 80 年代开始对公共部门绩效管理进行探索，通过借鉴国外先进的理念和经验，并结合自身的特点和实践，形成了一系列可供借鉴的管理模式。如青岛市的“目标责任制”、漳州市的“效能建设”、南京市的“万人评议政府”以及海林市的“平衡计分卡中国化模式”等，这些地方政府的实践探索为推进我国公共部门绩效管理事业的发展积攒了经验。作为我国公共部门绩效管理实践的重要组成部分，我国公务员绩效评价工作近年来也取得了较大进展。随着公务员管理相关法律法规的相继出台，我国公务员绩效管理制度也日益完善，正向着科学化、标准化和制度化的方向快速发展。但当前还存在评价内容不具体、评价标准不明确、评价主体的选择不合理等问题，需要在未来的工作中进一步改进。

近年来，我国各级政府和部门在党和政府各项路线、方针、政策的引领下，积极进行绩效管理探索，推进绩效管理体制机制创新，在绩效管理观念的强化、绩效管理体系的建构、绩效管理法治进程的推进等方面进行了有益探索，呈现出关注绩效管理的公众导向、优化绩效管理的体系建构、创新绩效管理的运行机制、推进绩效管理的法制进程、扩大绩效管理的公民参与和加强绩效管理的信息公开等良好的发展态势。

关键术语

公务员绩效评价　　公务员绩效管理　　第三方评价

复习思考题

1. 请简述我国公共部门绩效管理的特色实践。
2. 试分析“兰州试验”和“广东试验”的区别。
3. 我国公务员绩效评价办法是什么？还存在哪些问题？
4. 请简述我国公共部门绩效管理的发展趋势。

附　录

附录 1：国外公共部门绩效管理案例

美国教育（Teach for America，TFA）成立于 1989 年，是一个近年来最为成功的非营利组织。创始人温迪·科普的愿望是确保这个国家的所有孩子都有机会获得优秀的教育。TFA 从有才能的、士气高昂的、面临毕业的高年级学生中招聘教师，这些学生承诺在城市和农村的公立学校任教两年。在过去几年中，虽然经历了非营利组织的投资减少和检查增加等挑战，但是 TFA 始终保持繁荣。2001 年，TFA 的教员人数不到 5 000 人；到 2002 年，超过 1.3 万名年轻人作为教师成员为 TFA 提供了服务，在 16 个城市和农村有 100 万名学生；2003 年，教员人数接近 1.6 万，收入超过 2.8 亿美元。

TFA 在明晰战略和确定战略优先任务上表现突出，这为开发组织的战略地图奠定了坚实的基础。反过来，TFA 在沟通、阐明未来挑战和关键流程以及衡量优先任务方面有效运用了战略地图和平衡计分卡，这又为 TFA 的战略成功提供了保障。

1. 战略

TFA 的战略基于一个清晰的社会变革模式，即"TFA 将使现在的学生积累两年的教学经验和生活体验，这些学生通过之后的职业选择和志愿者活动，将影响未来的教育改革"。基于此，TFA 确立了五个战略优先任务，具体如下：确保教员在缩小他们的学生和更有特权地区的学生之间的成绩差距方面体验到真正的成功；在追求系统性变革时培养毕业生的领导力；确保 TFA 的行动规模尽可能大，尽可能是种族和民族多样化的；开发一个持续性的基金库来支持 TFA 的事业；构建一个繁荣的多样化组织，自始至终都能产生突出的业绩。

2. 战略地图和平衡计分卡

由于对战略及愿景目标有了清晰的了解，TFA 的高级主管在开发组织的战略地图和平衡计分卡时就显得得心应手了。他们根据非营利组织的特性对战略地图的通用模板进行了调整，如图 A1－1 所示。针对战略地图中的每个目标，TFA 都设计了衡量指标，从而形成了组织的平衡计分卡，如表 A1－1 所示。

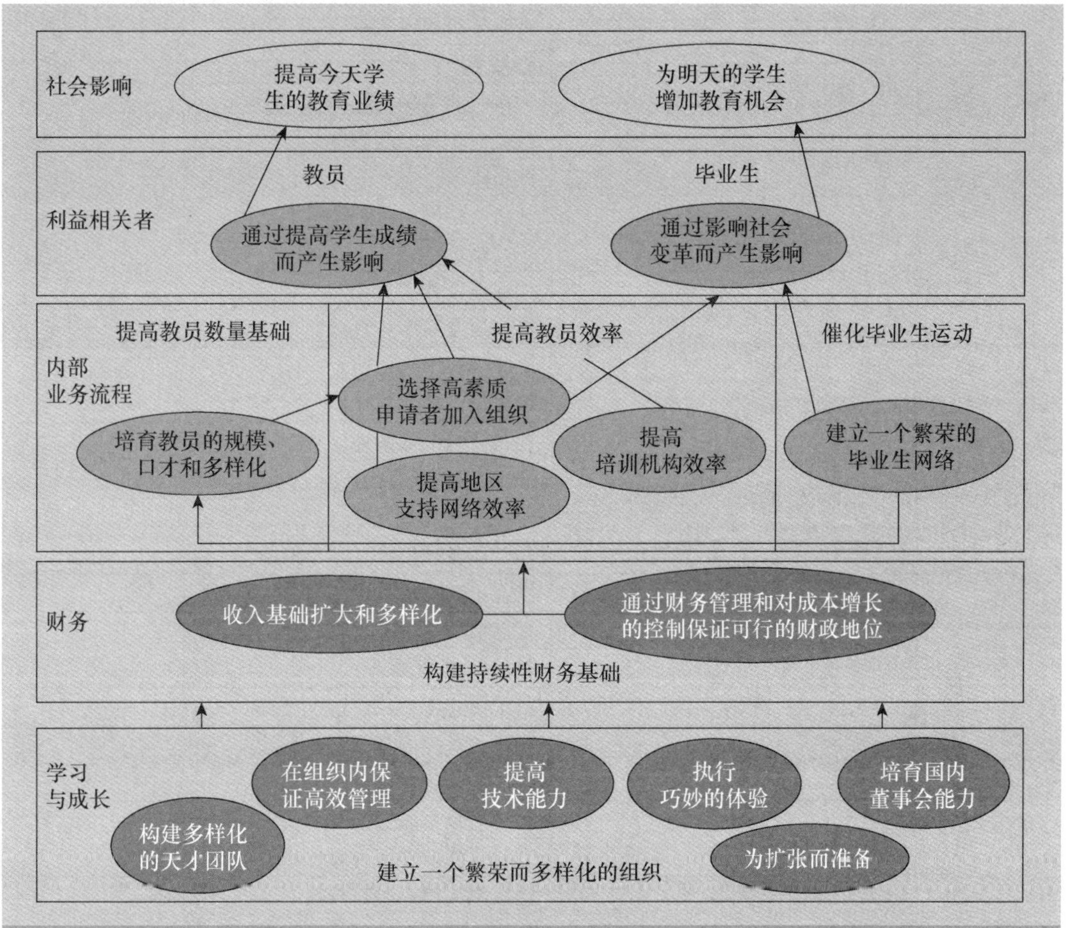

图 A1－1 TFA 战略地图

表 A1－1 TFA 平衡计分卡

要素层面	目标	指标	目标值
社会影响	提高今天学生的教育业绩	教员效率指标	
		接受服务的孩子数量	
		定期研究结果	
		教员完全承诺百分比/教员数量	
	为明天的学生增加教育机会	对毕业生事业机会的影响	
		在特殊行动方面的成长	
		以前研究的结果	

续前表

要素层面	目标	指标	目标值
利益相关者	通过提高学生成绩而产生影响	满意度	
		感受到 TFA 努力价值的百分比	
	通过影响社会变革而产生影响	满意度	
		参与指数	
内部业务流程	培育教员的规模、口才和多样化	高素质申请者数量	
	选择高素质申请者加入组织	教员素质指标	
		首次研究精确的百分比	
	提高培训机构效率	教员对培训的满意度	
		教员排名	
	提高地区支持网络效率	教员支持网络百分比	
		聚类指标	
	建立一个繁荣的毕业生网络	沟通渠道效率	
		毕业生参与事务百分比	
财务	收入基础扩大和多样化	总收入	
		个人捐赠者数目	
		获得公众资助的地区数目	
	通过财务管理和对成本增长的控制保证可行的财政地位	高于/低于预算的资金	
		单位教员成本	
		经营储备规模	
学习与成长	构建多样化的天才团队	潜在申请渠道数量	
		被保留的高业绩者百分比	
		教员多样化	
		员工满意度	
	在组织内保证高效管理	满足关键年度目标百分比	
		接受培训的管理者百分比	
	提高技术能力	教员对技术满意度	
		及时实施新项目百分比	
	执行巧妙的体验	已实施战略体验百分比	
	培育国内董事会能力	从国内董事会成员处筹措的资金	
	为扩张而准备	新址数量	
		已建新机构数量	

（1）社会影响层面。在顶部的社会影响层面，TFA 设置了 2 个目标：“提高今天学生的教育业绩”和“为明天的学生增加教育机会”。衡量目标的指标既有客观指标，也有主观判断指标，例如“教员数量”和“对毕业生事业机会的影响”等。

（2）利益相关者层面。TFA 的利益相关者主要有 2 类，第一类是现在的教员，第二类是毕业生（从前的教员）。这两个群体都是 TFA 对社会产生影响的依靠力量：通过前者的教学而提高孩子成绩，能够对社会产生影响；通过后者对社会变革的影响而间接影响社会。衡量指标包括：“满意度”“感受到 TFA 努力价值的百分比”“参与指数”等。为了实现对社会产生间接影响这个目标，TFA 鼓励毕业生按照以下 4 条路径来选择职业或谋求发展：第一，竞选公职或在公共政策办公室工作；第二，进入学校或地区领导层；第三，成为表现突出的教师；第四，发表关于教育和低收入地区的文章。

（3）内部业务流程层面。在内部业务流程层面，TFA 确定了 3 个与战略优先任务紧密连接的战略主题，分别是“提高教员数量基础”“提高教员效率”“催化毕业生运动”。其中第一个主题设置了一个战略目标，即“培育教员的规模、口才和多样化”，衡量指标是“高素质申请者数量”；第二个主题包括 3 个战略目标，具体是“选择高素质申请者加入组织”“提高培训机构效率”和“提高地区支持网络效率”，相应的衡量指标有“教员素质指标”“教员对培训的满意度”“教员排名”“聚类指标”等；第三个主题设置了一个战略目标，即“建立一个繁荣的毕业生网络”，衡量指标是“沟通渠道效率”和“毕业生参与事务百分比”。

（4）财务层面。由于 TFA 是非营利组织，因此财务被作为驱动因素看待，相应的层面位置也就在战略地图的底部。该机构设置了 2 个财务目标，即“收入基础扩大和多样化”和“通过财务管理和对成本增长的控制保证可行的财政地位”，相应的衡量指标有“总收入”“个人捐赠者数目”“获得公众资助的地区数目”“单位教员成本”等。

（5）学习与成长层面。为了建立一个繁荣而多样化的组织，TFA 在学习与成长层面精心设置了一系列目标，具体包括“构建多样化的天才团队”“在组织内保证高效管理”“提高技术能力”“执行巧妙的体验”“培育国内董事会能力”“为扩张而准备”。针对每个目标，TFA 都设计了相应的衡量指标，包括“潜在申请渠道数量”“接受培训的管理者百分比”“从国内董事会成员处筹措的资金”“新址数量”等。

资料来源：罗伯特·S. 卡普兰，戴维·P. 诺顿. 战略地图：化无形资产为有形成果. 广州：广东经济出版社，2005：351-355.

附录2　国内公共部门绩效管理案例

延庆地处北京市西北部，为北京市所辖区县之一。生态环境优良，是首都西北重要的生态屏障。平均海拔500米以上，气候独特，冬冷夏凉，有北京“夏都”之美誉。延庆地域总面积1 993.75平方公里，常住人口32.7万人。延庆实施生态文明战略，县域发展坚持“生态立县”理念，生态建设和环境保护成绩喜人，先后获得“全国绿化模范县”“ISO 14000运行国家示范区”“国家园林县城”“国家卫生县城”“北京市可再生能源示范区”“国家生态县”等荣誉称号，成为“全国控制农村面源污染示范区”“全国生态文明建设试点县”。

2012年延庆县委、县政府（2015年11月，撤销延庆县，设立延庆区）根据北京市的发展要求，结合区位优势和自身特点，量身制定了“十二五”发展战略，全县各二级班子又以此为依据设计了各自的平衡计分卡体系，现将成果展示如下：

1. 延庆县委、县政府战略地图

（1）使命。经过延庆县委、县政府领导班子多次商讨，从延庆县委、县政府的宗旨出发，最终将使命确定为：贯彻落实市委、市政府的路线、方针、政策，全心全意造福延庆人民。

（2）核心价值观。延庆县委、县政府结合近些年在经济社会建设中一贯秉承的发展理念以及践行“北京精神”的要求，将其核心价值观概括为“绿色发展、高端一流、以人为本、开拓创新”。

（3）愿景。延庆县委、县政府为延庆人民描绘的美好蓝图是“到2016年，全面建设环境优美、生态宜居、富裕文明、幸福和谐的绿色北京示范区”。

（4）战略。为了实现所描绘的愿景，延庆县委、县政府在一段时间内的重点工作是：以加强绿色环境建设为基础，以加快绿色产业发展为核心，以推广绿色生产生活方式为切入点，以绿色发展成果惠及民生为出发点和落脚点，推动“县景合一”。

（5）利益相关者层面。延庆县委、县政府的利益相关者包括上级北京市委、市政府、当地企业和居民。为了巩固党的执政地位，充分体现社会主义制度的优越性，体现首都北京的政治、经济、文化中心地位，必须把市委、市政府各项惠民政策抓紧落实，切实有效地维护全县人民的根本利益。因此，在利益相关者层面设置了“经济又好又快发展”“人民生活明显改善”“社会更加和谐稳定”“城乡建设不断加强”“生态环境品质进一步提升”“文化更加发展繁荣”“服务质量显著提升”“改革开放更加深入”共八个结果性的战略目标。

（6）实现路径层面。为了实现利益相关者层面的结果性目标，延庆县委、县政府将实现路径层面划分为八个领域，即八个战略主题，其中“经济发展”“改善民生”“社会管理”“城乡建设”“生态环境建设”“文化发展”“改革创新”是实现中长期目标必须坚持的战略主题，而“世界葡萄大会筹备”则是近期重点工作项目。然后，在每个战略主题下设置实现路径层面的各个目标。例如，在“经济发展”战略主题下设置了“构建合理的产业空间布局”“以旅游休闲产业为主导大力发展第三产业”等目标。在“改善民生”战略主题下设置了“为劳动者创造充分的就业机会”“推动公共服务均衡优质发展”等目标。

（7）学习与成长层面。延庆县委、县政府在保障措施层面共设置了 12 个目标，其中在党的建设方面主要设置了“提升党的组织工作科学化水平”“提升党的宣传思想工作水平”等目标。在政府自身建设方面则突出建设法治型、服务型、廉洁型政府的要求。财政资金是顺利推进全县各项事业的重要物质保障。延庆目前的状况是经济基础薄弱，财力物力不充足，必须从开源与节流两方面为获取资金保障而努力。开源一方面要确保经济持续稳定增长，提高政府财政收入；另一方面要想方设法“争取上级财政资金支持”，同时还要“拓宽融资渠道”，吸引社会投资。节流则通过“科学安排财政预算”、严格控制“三公消费”和“大力削减行政成本”等举措来实现。延庆县委、县政府的战略地图如图 A2－1 所示。

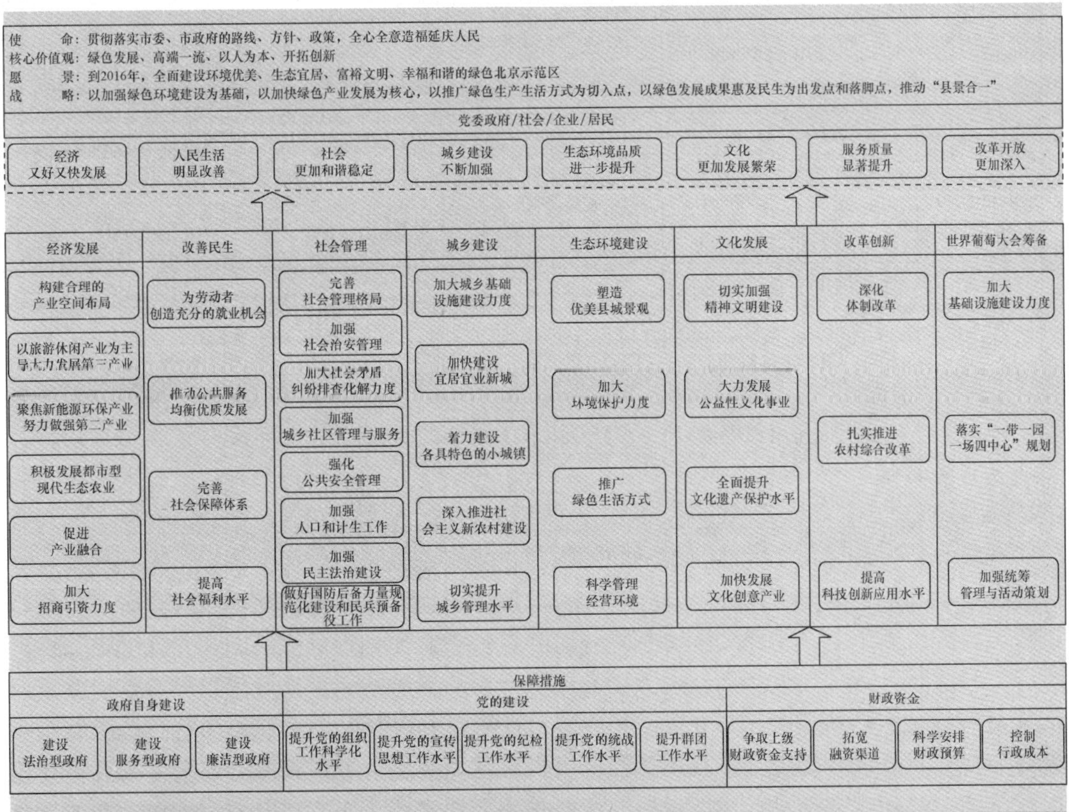

图 A2－1　延庆县委、县政府战略地图

2. 延庆县委、县政府平衡计分卡

根据战略地图中的层面和目标，延庆县委、县政府经过细致讨论，多轮协商，针对每个目标设置了相应的指标、目标值、指标等级、指标类型、主管领导、责任部门和行动方案，形成县委、县政府的平衡计分卡，如表 A2-1 所示。

表 A2-1　延庆县委、县政府平衡计分卡（示例）

■利益相关者层面

目标	指标	目标值	指标等级	指标类型	主管领导	责任部门	行动方案
经济又好又快发展	地区生产总值年增长率	10%	县级	考核指标	略	发改委	略
	财政一般预算收入年增长率	10%	县级	考核指标	略	财政局	略
人民生活明显改善	城镇居民人均可支配收入年增长率	8%	县级	考核指标	略	发改委	略
	农民人均纯收入年增长率	9%	县级	考核指标	略	发改委	略

■实现路径层面

目标	指标	目标值	指标等级	指标类型	主管领导	责任部门	行动方案
■经济发展							
构建合理的产业空间布局	“一城一川两园四带”建设进展度	X%	县级	监控指标	略	发改委	略
	十个新的战略增长极建设进展度	X%	县级	监控指标	略	发改委	略
	新能源环保产业占规模以上工业产值比重	30%	县级	考核指标	略	经信委	略
	万元 GDP 能耗同比下降	4%	市级	考核指标	略	发改委	略
	万元 GDP 水耗同比下降	5%	市级	考核指标	略	发改委	略
积极发展都市型现代生态农业	农业产值年增长率	5%	县级	考核指标	略	农委	略
	有机农业占农业产值比重	X%	县级	考核指标	略	农业局	略
	耕地保有量	286 平方公里	县级	考核指标	略	农业局	略
促进产业融合	融合产业产值同比增长率	X%	县级	考核指标	略	发改委	略
加大招商引资力度	引进项目数量	X 个	县级	监控指标	略	投资促进局	略
	招商引资当年形成固定资产投资额	X 元	县级	考核指标	略	投资促进局	略

续前表

目标	指标	目标值	指标等级	指标类型	主管领导	责任部门	行动方案
■改善民生							
为劳动者创造充分的就业机会	城镇登记失业率	<3.5%	县级	考核指标	略	人保局	略
	城镇失业人员就业率	>60%	县级	考核指标	略	人保局	略
	失业人员就业率	>80%	县级	考核指标	略	人保局	略
■社会管理							
完善社会管理格局	网格化管理覆盖率	X%	县级	监控指标	略	相关部门	略
	新增服务类公益性社会组织数量	X个	县级	考核指标	略	社会办 民政局	略
■城乡建设							
加快建设宜居宜业新城	新城公共基础设施建设累积投资额	X元	县级	考核指标	略	发改委	略
	城镇居民生活工作便利度	X等级	县级	监控指标	略	住建委	略
	住宅小区改造建设面积	X平方米	县级	考核指标	略	住建委	略
■生态环境建设							
塑造优美县域景观	新增林地面积	2万亩	县级	考核指标	略	园林 绿化局	略
	城市人均公共绿地面积	X平方米	市级	考核指标	略	园林 绿化局	略
■文化发展							
切实加强精神文明建设	精神文明先进单位数量	X个	县级	考核指标	略	宣传部	略
	精神文明先进个人数量	X个	县级	考核指标	略	宣传部	略
■改革创新							
深化体制改革	群众对经济体制改革满意度	X%	县级	监控指标	略	相关部门	略
	事业单位改革进展度	100%	县级	考核指标	略	编办 人事局	略
■世界葡萄大会筹备							
加大基础设施建设力度	基础设施建设投资额	X元	县级	考核指标	略	发改委	略
	年内开工和建设工程数量	4个	县级	考核指标	略	住建委	略

■保障措施层面

目标	指标	目标值	指标等级	指标类型	主管领导	责任部门	行动方案
■政府自身建设							

续前表

目标		指标	目标值	指标等级	指标类型	主管领导	责任部门	行动方案
建设法治型政府	坚持依法行政	行政诉讼案件败诉次数	0次/年	县级	考核指标	略	法制办	略
		行政处罚案卷合格率	100%	县级	考核指标	略	法制办	略
■党的建设								
提升党的组织工作科学化水平		班子和干部队伍建设工作	达标	县级	考核指标	略	组织部	略
		党的基层组织建设工作	达标	县级	考核指标	略	组织部	
		人才队伍建设工作	达标	县级	考核指标	略	组织部	略
■财政资金								
争取上级财政资金支持		市级以上财政资金支持总额	X元	县级	加分项	略	发改委 财政局	略
拓宽融资渠道		社会融资总额	X元	县级	加分项	略	发改委 财政局	略
科学安排财政预算		预算执行率	X%	县级	考核指标	略	财政局	略
		基本公共服务支出比率	X%	县级	监控指标	略	财政局	略
控制行政成本		"三公"经费占总支出比重	X%	县级	考核指标	略	财政局	略

3. 延庆县委、县政府绩效评价量表

在平衡计分卡的基础上，为了评价便利，剔除了目标、指标等级、指标类型等内容，形成延庆县委、县政府的绩效评价量表，如表A2-2所示。

表A2-2　　延庆县委、县政府绩效评价量表（示例）

层面	指标	目标值	满分	权重系数	数据来源	评价主体
利益相关者层面	地区生产总值年增长率	10%	100	略	市统计局	市发改委
	财政一般预算收入年增长率	10%	100	略	市统计局	市发改委
	全社会固定资产投资增长率	10%	100	略	市统计局	市发改委
	城镇居民人均可支配收入年增长率	8%	100	略	市统计局	市发改委
	农民人均纯收入年增长率	9%	100	略	市统计局	市发改委
	空气质量二级和好于二级的天数占全年比重	>84%	100	略	市环保局	市环保局
	游客满意度	X%	100	略	市统计局	游客

续前表

层面	指标	目标值	满分	权重系数	数据来源	评价主体
实现路径层面	旅游休闲业产值占第三产业产值比重	X%	100	略	市统计局	市发改委
	社会消费品零售额	X元	100	略	市统计局	市发改委
	耕地保有量	286平方公里	100	略	市农业局	市农业局
	融合产业产值同比增长率	X%	100	略	市统计局	市发改委
	招商引资当年形成固定资产投资额	X元	100	略	市统计局	市发改委
	城镇登记失业率	<3.5%	100	略	市人保局	市人保局
	失业人员再就业人数	X人/年	100	略	市人保局	市人保局
	农村富余劳动力转移就业人数	4 000人	100	略	市人保局	市人保局
	职业技能培训人数	4 000人	100	略	市人保局	市人保局
	义务教育普及率	>99%	100	略	市教委	市教委
	安全饮水达标率	96%	100	略	市水务局	市水务局
	公共安全事件发生次数	X<次	100	略	市综治办	市综治办
	重点食品安全监测抽查合格率	98%	100	略	市卫生局	市卫生局
保障措施层面	行政诉讼案件败诉次数	0次/年	减分项	略	市法制办	市法制办
	行政处罚案卷合格率	100%	100	略	市法制办	市法制办
	腐败案件发生数量	0件/年	减分项	略	市监察局	市监察局
	预算执行率	X%	100	略	市财政局	市财政局
	“三公”经费占总支出比重	X%	100	略	市财政局	市财政局

在确定延庆县委、县政府战略地图、平衡计分卡和绩效评价量表之后，下设各职能部门以及乡镇、街道等也在县委、县政府使命、核心价值观、愿景和战略的指引下，结合部门和单位实际分别开发了有针对性的战略地图、平衡计分卡和绩效评价量表，通过目标的分解和承接，共同助推县委、县政府战略目标的顺利达成。

附录 3　公共部门绩效管理制度实例

杭州市绩效管理条例

（2015 年 8 月 27 日杭州市第十二届人民代表大会常务委员会第三十次会议通过
2015 年 9 月 25 日浙江省第十二届人民代表大会常务委员会第二十三次会议批准）

目　录

第一章　总　则

第一条　为了改进公共管理，提高公共服务水平，推进治理现代化，根据有关法律、法规，结合本市实际，制定本条例。

第二条　市人民政府各部门，区、县（市）人民政府及其各部门和乡（镇）人民政府、街道办事处履行职责时的绩效管理，适用本条例。

法律、法规授权的具有公共事务管理职能的组织、国家行政机关依法委托从事公共事务管理活动的组织履行公共管理职责时的绩效管理，以及提供社会公共服务的企业履行公共服务职责时的绩效管理按照本条例执行。

本条例所称绩效管理，是指根据本行政区域的发展目标和绩效责任单位履行的职责设定绩效目标，实施日常监控，并对目标的完成情况和实际效果进行综合考核评价，以达到绩效不断提升的全过程管理。

本条例所称绩效责任单位，是指依据本条例的规定实行绩效管理的单位。

第三条　绩效管理应当坚持科学规范、公开公正，公众参与、协同推进，注重实绩、奖优罚劣，持续改进、提能增效的原则。

第四条　市和区、县（市）绩效管理委员会统一领导本行政区域内的绩效管理工作，履行下列职责：

（一）统筹协调绩效管理工作；

（二）批准本级绩效管理总体规划、绩效评估制度和年度绩效评估工作方案；

（三）批准绩效评估结果；

（四）审议、决定有关绩效管理的其他重要事项。

第五条　市和区、县（市）绩效管理机构具体负责本行政区域内的绩效管理有关工作，履行下列职责：

（一）拟定本级绩效管理总体规划、绩效评估制度和年度绩效评估工作方案，经批准后组织实施；

（二）批准绩效责任单位的绩效管理规划，审核和调整绩效责任单位的年度绩效目标，依法规范、协调各类考核事项；

（三）负责绩效管理的日常工作，对绩效责任单位的绩效管理工作进行指导、管理和监督；

（四）协调相关部门共同推进绩效管理工作；

（五）制定绩效管理规划、年度绩效目标、绩效自评报告的范本；

（六）和绩效管理相关的其他具体工作事项。

区、县（市）绩效管理机构在业务上接受市绩效管理机构的指导。

第六条　机构编制、发展和改革、监察、财政、人力资源和社会保障、审计、统计、政府法制等部门（以下统称绩效管理相关部门）按照各自职责，依法做好绩效管理工作。

第七条　市和区、县（市）人民代表大会常务委员会每年上半年听取本级人民政府各部门上年度绩效管理工作情况的报告。

第八条　绩效管理机构履行职责所必需的经费列入本级财政预算。

第九条　绩效管理机构应当整合相关信息资源，建立绩效管理信息化系统，实现绩效信息的动态跟踪、全程管理、共享利用。

第二章　绩效管理规划和年度绩效目标

第十条　绩效责任单位应当根据本地区（行业）经济社会发展规划和本单位工作职责编制绩效管理规划，绩效管理规划期限为五年。绩效管理规划应当报绩效管理机构批准。

经批准的绩效管理规划是绩效责任单位制定年度绩效目标和绩效管理机构实施监督管理的基本依据。

第十一条　绩效管理规划应当包括以下主要内容：

（一）本单位主要职责和承担的工作任务概述；

（二）履行主要职责和完成工作任务的总目标和主要指标；

（三）影响目标和工作任务的关键因素分析；

（四）完成目标和工作任务的方法、措施；

（五）和绩效管理有关的其他重大事项。

第十二条　绩效责任单位应当根据绩效管理规划和年度重点工作计划制定年度绩效目标。

年度绩效目标应当包括以下内容：

（一）制定依据和外部因素分析；

（二）具体目标及其考核或者评估标准；

（三）措施和进度；

（四）财政资金需求；

（五）其他有关事项。

第十三条　绩效责任单位编制绩效管理规划、制定年度绩效目标，涉及经济社会发展的重大事项或者专业性较强的事项的，应当事先组织必要性和可行性论证。

第十四条　绩效责任单位应当按照规定将年度绩效目标报绩效管理机构审核。

绩效管理机构认为年度绩效目标有不符合本行政区域的经济社会发展规划或者绩效责任单位职责情形的，应当向其反馈意见并进行协商，由绩效责任单位进行修改。

年度绩效目标经审核确定后，由绩效管理机构向社会公布。

第十五条　因本行政区域内重大政策调整、机构调整或者不可抗力因素的影响，需要调整年度绩效目标的，有关单位应当将调整内容在规定时限内报绩效管理机构审核。

需要调整的内容涉及政府全体会议、政府常务会议审议确定的重点工作目标的，有关单位应当将调整内容报市人民政府或者区、县（市）人民政府批准。

新的重点工作任务需要纳入绩效管理的，绩效管理机构可以调整有关单位的年度绩效目标。

第十六条　绩效责任单位在编制绩效管理规划、制定和调整年度绩效目标时，应当向社会公众公开征求意见。

绩效管理机构在审核绩效责任单位的年度绩效目标时，应当听取社会公众意见。

第三章　过程管理

第十七条　绩效责任单位应当按照经审核确定的年度绩效目标实施绩效管理，定期分析影响绩效目标实现的制约因素并采取措施，建立和完善内部责任体系和奖惩机制，推进年度绩效目标的实现。

绩效责任单位应当按照要求向绩效管理机构报送反映其年度绩效目标进展情况、存在问题等方面的绩效信息，并对所提供的绩效信息的真实性、合法性、有效性和完整性负责。

年度绩效目标进展情况应当向社会公开并接受监督。

第十八条　绩效管理机构应当建立绩效监测工作制度，对绩效责任单位的年度绩效目标执行情况进行监督检查、协调和评估，督促绩效责任单位加强效能建设，提高办事效率和服务质量。

绩效管理相关部门应当按照各自职责，对年度绩效目标的执行实施监督，并将监督情况通报同级绩效管理机构。

第十九条 绩效管理机构、绩效管理相关部门、绩效责任单位应当针对绩效管理中的突出问题，系统分析，研究对策，改进工作，提升绩效管理水平，必要时应当邀请有关专家、利害关系人参加。

第二十条 绩效管理机构应当将日常管理中发现的问题及时告知绩效责任单位，绩效责任单位应当自收到告知单之日起十个工作日内做出情况说明，提出处理意见，反馈处理结果。

第二十一条 绩效管理机构应当会同绩效管理相关部门对本地区经济社会有重大影响、涉及公众利益、关系民生或者需要较大财政资金投入的事项实行专项绩效管理。

第四章 年度绩效评估

第二十二条 市和区、县（市）绩效管理机构按照绩效评估制度和年度绩效评估工作方案，负责组织年度绩效评估。

年度绩效评估可以从目标考核、社会评价、领导人员评价、特色评估等方面实施。

第二十三条 绩效责任单位应当对照年度绩效目标，编制年度绩效自评报告，按照规定报送绩效管理机构。年度绩效自评报告应当对年度绩效目标实现程度，未完成目标及其原因，改进措施和计划等进行说明。

第二十四条 绩效管理机构每年度组织绩效管理相关部门对绩效责任单位年度绩效目标进行考核。目标考核按照绩效责任单位提交绩效自评报告、专项工作责任单位考核、绩效管理机构检查考核和反馈、复核审定等程序进行。

绩效管理相关部门负责制定本领域相关事项的绩效评估指标和评估办法，向绩效管理机构提供职责范围内与绩效管理有关的各类信息。

绩效管理机构可以委托绩效评估专门机构、高等院校、科研院所、社会中介组织等第三方机构对部分绩效目标开展专业测评。

第二十五条 绩效管理机构应当将绩效目标考核结果告知绩效责任单位，并告知其申请复核的权利。

绩效责任单位有异议的，可以自收到之日起三个工作日内，向绩效管理机构申请复核。绩效管理机构收到申请后，应当进行复核，并在十个工作日内作出复核决定。

第二十六条 绩效管理机构每年度组织社会公众对绩效责任单位的总体工作情况通过问卷调查等方式进行满意度评价并征求意见。

对政府年度工作计划所确定的重点工作，绩效管理机构可以根据需要组织利害关系人进行专项社会评价。

绩效管理机构应当建立公众评价意见反馈机制。

第二十七条 绩效管理机构每年度组织市和区、县（市）领导人员对本级绩效责任单位的总体工作情况进行满意度评价。

第二十八条 绩效管理机构组织专家和第三方机构对绩效责任单位申报的特色项目、

创新项目和创优项目进行特色评估。

特色评估按照绩效责任单位申请、绩效管理机构审核、第三方评估等程序进行。

第二十九条　绩效管理机构对目标考核、社会评价、领导人员考评、特色评估等结果进行汇总，形成绩效评估结果。

绩效管理机构应当将绩效评估结果报请绩效管理委员会批准。

第三十条　绩效管理机构应当将经绩效管理委员会批准的绩效评估结果告知绩效责任单位，并按照有关规定向社会公开。

第五章　结果运用

第三十一条　绩效责任单位应当对绩效评估中反映出的问题和社会评价意见进行分析，制定和落实整改措施。

绩效管理机构应当对绩效责任单位整改情况进行监督检查，将重点整改目标进展情况统一向社会公开，接受公众监督。

第三十二条　绩效评估结果作为政策调整、预算管理、编制管理、奖励惩戒、领导人员职务升降任免等方面的重要依据。

第三十三条　对绩效评估结果合格以上的单位，按照有关规定进行奖励。

第三十四条　对绩效评估结果不合格的单位给予通报批评，对直接负责的主管人员和其他直接责任人员，取消当年或者次年度评优评先资格。

对连续两年绩效评估结果不合格的单位，除按照第一款规定处理外，对直接负责的主管人员和其他直接责任人员一年内不得晋升职务。

对连续三年以上绩效评估结果不合格的单位，除按照第一款、第二款规定处理外，对直接负责的主管人员和其他直接责任人员予以调离岗位、降职、免职、解聘或者辞退。

第六章　绩效问责

第三十五条　有下列情形之一的，由绩效管理机构在绩效评估中予以扣分；情节严重的，并予以通报批评；情节特别严重的，绩效评估结果直接确定为不合格：

（一）绩效管理自我评价严重失实的；

（二）无正当理由拒不按照规定提交年度绩效自评报告的；

（三）未依法公开绩效信息，或者隐瞒事实真相、提供虚假绩效信息的；

（四）阻挠绩效管理机构依法履行绩效管理职责，或者拒不按照规定提供有关资料、数据等绩效信息的。

第三十六条　违反本条例规定有下列情形之一的，由主管机关或者监察机关责令改正，对直接负责的主管人员和其他直接责任人员，按照管理权限，依法给予处分；情节较轻的，给予通报批评、告诫或者停职检查；情节轻微，经批评教育后改正的，可以免予处分：

（一）无正当理由未能完成上级机关确定由其承担的工作任务的；

（二）不正确执行上级机关依法作出的决策和部署，影响整体工作部署的；

（三）工作效率低下，服务质量差，公众反映强烈的；

（四）玩忽职守，造成公共利益、公民、法人和其他组织的合法权益遭受损失的；

（五）重大决策失误的。

第三十七条　绩效管理工作人员有下列情形之一的，由主管机关或者监察机关按照管理权限，依法给予处分；情节较轻的，给予通报批评、告诫或者停职检查；情节轻微，经批评教育后改正的，可以免予处分：

（一）在组织实施绩效管理中，工作效率低下，严重影响绩效管理工作顺利开展的；

（二）不按照规定办理绩效管理方面的申诉或者投诉，造成不良影响的；

（三）在绩效管理中徇私舞弊或者滥用职权的；

（四）泄露绩效管理工作秘密的；

（五）有其他渎职、失职行为的。

第三十八条　本章规定的情形，法律、行政法规另有规定的，从其规定。

第七章　附　则

第三十九条　本条例第二条第一款以外的其他依照《中华人民共和国公务员法》管理其工作人员的机构、组织，其绩效管理参照本条例执行。

第四十条　本条例自2016年1月1日起施行。

参考文献

中文参考文献

埃莉诺·奥斯特罗姆. 制度激励与可持续发展. 上海：上海三联书店，2000.

保罗·尼文. 政府及非营利组织平衡计分卡. 北京：中国财政经济出版社，2004.

戴维·奥斯本，彼得·普拉斯特里克. 政府改革手册：战略与工具. 北京：中国人民大学出版社，2004.

戴维·奥斯本，特德·盖布勒. 改革政府：企业家精神如何改革着公共部门. 上海：上海译文出版社，2006.

道格拉斯·C. 诺思. 制度、制度变迁与经济绩效. 上海：格致出版社，2014.

加里·德斯勒. 人力资源管理. 北京：中国人民大学出版社，2012.

凯思·麦基. 建设更好的政府：建立监控与评估系统. 北京：中国人民大学出版社，2009.

雷蒙德·A. 诺伊，约翰·霍伦贝克，巴里·格哈特，等. 人力资源管理：赢得竞争优势：第五版. 北京：中国人民大学出版社，2013.

罗伯特·卡普兰，大卫·诺顿. 平衡计分卡：化战略为行动. 广州：广东经济出版社，2004.

罗伯特·卡普兰，大卫·诺顿. 战略地图：化无形资产为有形成果. 广州：广东经济出版社，2005.

罗伯特·卡普兰，戴维·诺顿. 战略中心型组织. 北京：中国人民大学出版社，2008.

马克·H. 穆尔. 创造公共价值：政府战略管理. 北京：商务印书馆，2016.

马克·G. 波波维奇. 创建高绩效政府组织. 北京：中国人民大学出版社，2006.

尼古拉斯·亨利. 公共行政与公共事务：第十版. 北京：中国人民大学出版社，2011.

尼克·斯坦顿. 控制沟通. 北京：高等教育出版社，2000.
欧文·E. 休斯. 公共管理导论. 北京：中国人民大学出版社，2015.
斯蒂芬·S. 罗宾斯. 管理学. 北京：中国人民大学出版社，2012.
西奥多·H. 波伊斯特. 公共部门绩效评估. 北京：中国人民大学出版社，2016.
包国宪，鲍静. 政府绩效评价与行政管理体制改革. 北京：中国社会科学出版社，2008.
包国宪，道格拉斯·摩根. 政府绩效管理学：以公共价值为基础的政府绩效治理理论与方法. 北京：高等教育出版社，2015.
蔡立辉. 政府绩效评估. 北京：中国人民大学出版社，2012.
范柏乃. 政府绩效管理. 上海：复旦大学出版社，2012.
方振邦，陈曦. 绩效管理. 北京：中国人民大学出版社，2015.
方振邦，冉景亮. 绩效管理. 北京：科学出版社，2016.
方振邦. 战略性绩效管理. 北京：中国人民大学出版社，2014.
方振邦. 战略性人力资源管理. 北京：中国人民大学出版社，2015.
胡宁生. 公共部门绩效评估. 上海：复旦大学出版社，2008.
胡税根. 公共部门绩效管理：迎接效能革命的挑战. 杭州：浙江大学出版社，2005.
姜异康，唐铁汉. 政府绩效管理的理论与实践. 北京：国家行政学院出版社，2007.
刘旭涛. 政府绩效管理制度、战略与方法. 北京：机械工业出版社，2003.
罗美富，李季泽，章轲. 英国绩效审计. 北京：中国时代经济出版社，2005.
马国贤. 政府绩效管理. 上海：复旦大学出版社，2005.
孟华. 政府绩效评估：美国的经验与中国的实践. 上海：上海人民出版社，2006.
桑助来，等. 政府绩效评估报告. 北京：中共中央党校出版社，2009.
桑助来，等. 政府绩效评估研究. 北京：中国人事出版社，2005.
美国政府审计准则. 北京：中国财政经济出版社，2004.
审计署外事司. 国外效益审计简介. 北京：中国时代经济出版社，2003.
盛明科. 政府绩效评估理论与实践. 北京：光明日报出版社，2013.
施青军. 政府绩效评价：概念、方法与结果应用. 北京：北京大学出版社，2016.
王海涛. 推进我国预算绩效管理的思考与研究. 北京：经济科学出版社，2014.
王进杰. 政府绩效预算管理改革研究. 北京：中国财政经济出版社，2009.
王义. 困境与变革：政府绩效评估发展论纲. 长沙：湖南人民出版社，2007.
吴志华. 当今国外公务员制度. 上海：上海交通大学出版社，2008.
夏先德，许正中. 中国绩效预算模式设计研究. 北京：中国财政经济出版社，2014.
杨洪. 政府绩效评估200问. 北京：人民出版社，2007.
张成福，党秀云. 公共管理学. 北京：中国人民大学出版社，2007.
郑方辉，张文方，李文彬. 中国地方政府整体绩效评价：理论方法与“广东试验”. 北京：中国经济出版社，2008.
包国宪，董静. 政府绩效评价在西方的实践及启示. 兰州大学学报（社会科学版），2006（5）.

包国宪，曹西安．论政府绩效管理中的绩效沟通．经济体制改革，2007（1）．

薄贵利．构建服务型政府绩效管理体制．中国行政管理，2012（10）．

蔡立辉．西方国家政府绩效评价的理念及其启示．清华大学学报（哲学社会科学版），2003（1）．

蔡立辉．政府绩效评估的理念与方法分析．中国人民大学学报，2002（5）．

曾友中．主体选择：地方政府绩效评价研究的视角及问题域．湘潭大学学报（哲学社会科学版），2007（4）．

陈洪江．坚持改革创新 加强机关建设：天津市政府办公厅十年来实行目标管理的做法和经验．中国行政管理，2001（6）．

陈亮，李建新，王云峰，等．析英国、美国和澳大利亚政府绩效审计的内容和评价标准．审计与经济研究，2007（4）．

陈天祥，陈芬．影响政府绩效评估指标体系设计的多维因素．中国人民大学学报，2007（6）．

陈天祥．政府绩效管理研究：回归政治与技术双重理性本义．浙江大学学报（人文社会科学版），2011（4）．

陈振明．政府部门战略管理途径的特征、过程和作用．厦门大学学报（哲学社会科学版），2004（3）．

董静．政府绩效信息使用：国外研究视野与启示．行政论坛，2016（1）．

杜世成．提高执政能力的一条有效途径：青岛市实施目标绩效管理的实践与思考．求是，2005（24）．

范柏乃，朱华．我国地方政府绩效评价体系的构建和实际测度．政治学研究，2005（1）．

方振邦，鲍春雷．政府组织基于平衡计分卡的绩效评价体系设计．甘肃行政学院学报，2009（4）．

方振邦，陈曦，唐健．国外高级公务员绩效考核：比较与启示．云南社会科学，2015（6）．

方振邦，韩宁．韩国高级公务员绩效考核体系及其对我国的借鉴意义．科学管理研究，2016（3）．

方振邦，侯纯辉，陈曦．美国联邦政府高级公务员绩效考核体系及借鉴．国家行政学院学报，2016（2）．

方振邦，罗海元．政府绩效管理创新：平衡计分卡中国化模式的构建．中国行政管理，2012（12）．

方振邦，罗海元．中国公共组织平衡计分卡应用设计研究（上）：以黑龙江省 H 市（县级）为例．北京行政学院学报，2008（1）．

方振邦，罗海元．中国公共组织平衡计分卡应用设计研究（下）：以黑龙江省 H 市（县级）为例．北京行政学院学报，2008（2）．

方振邦，冉景亮．英国高级公务员绩效管理实践及其对我国干部队伍建设的启示．探索，2015（6）．

方振邦，邬定国，唐健．我国地方政府社会建设绩效评价体系创新研究．国家行政学院学报，2015（3）．

何文盛，曹洁，张志栋．美国政府绩效评价中项目评价分级工具：背景、内容与借鉴．兰州大学学报（社会科学版），2009，37（1）．

康志平．政府绩效评估与企业绩效评估比较及借鉴意义．汕头大学学报（人文社会科学版），2006（5）．

寇博．美国政府绩效评估的实践和启示．公共管理评论，2007（1）．

蓝志勇，胡税根．中国政府绩效评估：理论与实践．政治学研究，2008（3）．

林华．因参与、透明而进步：互联网时代下的公众参与和政府信息公开．行政法学研究，2009（2）．

卢海燕．论政府绩效管理转型．中国行政管理，2014（12）．

马国贤．服务型政府的预算框架研究．中央财经大学学报，2008（11）．

马骏．新绩效预算．中央财经大学学报，2004（8）．

马骏，林慕华．中国预算改革：未来的挑战．中国行政管理，2012（6）．

马骏，叶娟丽．零基预算：理论和实践．中国人民大学学报，2004（2）．

马骏．关于公共预算和国家治理．西南政法大学学报，2016（1）．

牛美丽．政府预算信息公开的国际经验．中国行政管理，2014（7）．

彭国甫．对政府绩效评估几个基本问题的反思．湘潭大学学报（哲学社会科学版），2004（5）．

彭国甫．价值取向是地方政府绩效评估的深层结构．中国行政管理，2004（7）．

彭媛媛．中美政府绩效审计的比较与思考．审计与理财，2008（1）．

祁光华，张定安．我国公共部门绩效管理问题分析．中国行政管理，2005（8）．

孙庆国．英国地方政府绩效评估体系改革及对中国的启示．辽宁大学学报（哲学社会科学版），2008（4）．

王淑杰．论我国政府预算制度的完善：兼论美国现代政府预算制度．中央财经大学学报，2010（12）．

王秀芝．从预算管理流程看我国政府预算管理改革．财贸经济，2015（12）．

王永明．政府绩效管理科学化：理论分析、现实困境与实现路径．中国行政管理，2015（11）．

吴建南，李贵宁．教育财政支出绩效评价：模型及其通用指标体系构建．西安交通大学学报（社会科学版），2004（2）．

吴建南，温挺挺．政府绩效立法分析：以美国《政府绩效与结果法案》为例．中国行政管理，2004（9）．

杨志勇．政府预算管理制度演进逻辑与未来改革．南京大学学报（哲学·人文科学·社会科学），2009（5）．

叶贵炎．论绩效评估申诉制度．理论界，2006（10）．

臧乃康．政府绩效评估价值及其实现．武汉大学学报（哲学社会科学版），2005（6）．

臧乃康．政府绩效评估价值与和谐社会的契合．探索，2005（4）．

臧乃康. 政府绩效评价及其系统分析. 江苏社会科学，2004 (2).

张康之. 公共行政：超越工具理性. 浙江社会科学，2002 (7).

赵晖，贺小林. 政府绩效评估与企业绩效评估比较. 统计与决策，2008 (5).

赵早早. 澳大利亚政府预算改革与财政可持续. 公共行政评论，2014 (1).

中国行政管理学会课题组. 政府部门绩效评估研究报告. 中国行政管理，2006 (5).

周志忍，徐艳晴. 政府绩效管理的推进机制：中美比较的启示. 中国行政管理，2016 (4).

周志忍. 公共组织绩效评估：中国实践的回顾与反思. 兰州大学学报（社会科学版），2007 (1).

朱国玮，黄珺，汪浩. 政府绩效信息的获取、使用与公开制度研究. 情报科学，2005 (4).

朱立言，张强. 当代美国联邦政府绩效评估的方法和技术. 国家行政学院学报，2005 (6).

朱立言，张强. 美国政府绩效评估的历史演变. 湘潭大学学报（哲学社会科学版），2005 (1).

卓越，徐国冲. 2005～2011：西方政府绩效预算最新趋势. 新视野，2012 (3).

卓越，张红春. 政府绩效信息透明度的标准构建与体验式评价. 中国行政管理，2016 (7).

卓越. 以公共部门绩效评估为基点的评价类型比较. 湘潭大学学报（哲学社会科学版），2005 (5).

卓越. 政府绩效评价指标设计的类型和方法. 中国行政管理. 2007 (2).

邹靖，梁永晋，王晓培. 美国政府绩效预算对我国预算绩效改革的启示. 财政研究，2015 (7).

外文参考文献

Administrative Management in the Government of the United States，1937.

Price A. Human Resource Management in a Business Context. 2nd ed. Thomson Learning，2004.

Antonelli A. The 1993 Results Act：What Are the Results?. Regulation，Washington，June，1998.

Ketelaar A，etc. Performance-based Arrangements for Senior Civil Servants OECD and other Country Experiences. OECD Working Papers on Public Governance. OECD，2007.

Audit Commission. Commission for Social Care Inspection，Healthcare Commission，HM Inspectorate of Constabulary，HM Inspectorate of Prisons，HM Inspectorate of Probation and Ofsted，Comprehensive Area Assessment，2007.

Audit Commission. CPA—the Harder Test Framework for 2007 (London)，2007.

Barbosa A F，Pozzebon M，Diniz E H. Rethinking E-government Performance

Assessment from a Citizen Perspective. Public Administration, 2013.

Radin B A. Intergovernmental Relationships and the Federal Performance Movement. Pulius: The Journal of Federalism, 2000.

Bocci F. A New BSC Architecture for the Public Sector. Perspectives on Performance, 2005.

Bouckaert G, Halligan J, Dooren W V, et al. Performance Management in the Public Sector. Routledge, 2010.

Cabinet Office, National Audit Office, Audit Commission. Choosing the Right Fabric: A Framework for Performance Information, UK, 2001.

Cabinet Office. Civil Service Management Code, UK, 2009.

Cabinet Office. Managing Performance In the Senior Civil Service: A Guide for HR Practitioners, Managers, and Members of the Senior Civil Service, UK, 2010.

Cabinet Office. Modernizing Government, UK, 1999.

Foltin C. State and Local Government Performance, It's Time to Measure Up. The Government Accountants Journal, Arlington, Spring, 1999.

Curristine T. Government Performance: Lessons and Challenges. OECD Journal on Budgeting, 2005, 5 (1): 127.

Rosenbloom D H. Reinventing Administrative Prescriptions: The Case for Democratic-Constitutional Impact Statements and Scorecards. Public Administration Review, 2007, 67 (1): 28-39.

Department for Communities and Local Government. Measuring and Reporting Value for Money Gains, UK, 2009.

Department for Communities and Local Government. Development of the New LAA Framework: Operational Guidance 2007, UK, 2010.

Department for Communities and Local Government. National Indicators for Local Authorities and Local Authority Partnerships: Handbook of Definitions, UK, 2008.

Department for Communities and Local Government. The Local Government White Paper, UK, 2009.

Department for International Development. Evaluation Policy, UK, 2009.

Boowning G. Quest for Quality. National Journal, 1991.

Hatry H P. Performance Measurement: Fashions and Fallacies. Public Performance & Management Review, 2002, 25 (4): 352-358.

H M Treasury. Meeting the Aspirations of the British People: 2007 Pre-Budget Report and Comprehensive Spending Review , UK, 2007.

H M Treasury. PSA Delivery Agreement, UK, 2007.

H M Treasury. Service Transformation Agreement, UK, 2007.

Mercer J. OMB's Program Assessment Rating Tool. http://www.John-mercer.com.

Breul J D. The Government Performance and Results Act-10 Years Later. Alexandria:

The Journal of Government Financial Management Spring, 2003.

Wholey J S. Federal Evaluation Policy. Washington D. C. : Urban Institute, 1970.

Prewitt K. Principles of American Government. Publishers, 1980.

Local Government Association. An Introduction to the Local Performance Framework-delivering better outcomes for local people, UK, 2007.

Loughlin M. Local Government in the Modern State, London: Sweet and Maxwell, 1986.

MHRM (C). Staff Appraisal System , Mosque Human Resource Manual by Majlis Ugama Islam Singapura (MUIS).

Wisniewski M, ólafssons s. Developing Balanced Scorecards in Local Authorities: A Comparison of Experience. International Journal of Productivity and Performance Management, 2004.

Mullen P R. Performance-based Budgeting: The Contribution of the Program Assessment Rating Tool. Public Budgeting & Finance, 2006, 26 (4): 79-88.

NAO of UK. Value for Money Handbook: A Guide for Building Quality into VFM Examinations, 2003.

Northumberland County Council. Executive Report for Q3, UK, 2010.

Northumberland County. Senior Management Structure, UK, 2010.

Office of Management and Budget. Budget of the United States Government, Fiscal Year 2008. Analytical Perspectives, 2006.

Office of the Deputy Prime Minister. Local Area Agreements: Guidance for Round 3 and Refresh of Rounds 1 and 2, UK, 2006.

Osborne D, Gaebler T. Reinventing Government: How the Entrepreneurial Spirit is Transforming the Public Secter. New York: Plume, 1993.

Vallance S. Performance Appraisal in Singapore, Thailand and the Philippines: A Cultural Perspective. Australian Journal of Public Administration, 2002, 58 (4): 78-95.

Timberlake S A. The Effect of the Government Performance and Results Act on Museums. Visitor Studies Today, 2 (2).

Ung-Yong Choi, Hyun-Yun Cho, Sung-Hee Kwon, et al. A Case Study of Local Government's Balanced Performance Management System Focused on BSC Implementation in Bucheon City. Reasearch of Management Accounting (Special issue), 2008, 7 (3).

United States General Accounting Office. Results-oriented Government: GPRA has Established a Solid Foundation for Achieving Greater Results, 2004.

Clinton W J. Remarks on Signing the Government Performance and Results Act of 1993 and an Exchange with Reporters. Public Papers of the Presidents, August 3, 1993.

Williams D W. Measuring Government in the Early Twentieth Century. Public Administration Review，2003，63（6）：643−659.

World Development Report. The Challenge of Development. Washington D. C.: The World Bank，Oxford University Press，1991.

人大版公共管理类教材

公共管理类专业教材——学科基础课教材

书名	作者
现代管理学原理（第三版）（“十一五”国家级规划教材）	娄成武　魏淑艳
一般管理学原理（第四版）	张康之　周　军
管理学基础（第三版）	方振邦
管理学教程	方振邦
政治学原理（第三版）	景跃进　张小劲
现代政治学原理（第四版）	石永义　刘玉萼　张　璋
公共管理学（第二版）	陈振明
公共管理学——一种不同于传统行政学的研究途径（第二版）	陈振明
公共管理学（第三版）（数字教材版）（“十二五”国家级规划教材）	蔡立辉　王乐夫
公共管理学（精编版）	王乐夫　蔡立辉
公共管理学（第二版）	张康之　郑家昊
公共管理概论（第二版）	朱立言　谢　明
公共政策导论（第五版）（数字教材版）	谢　明
公共政策概论（第二版）	谢　明
公共政策学——政策分析的理论、方法和技术（“十一五”国家级规划教材）	陈振明
公共政策学	杨宏山
政策科学——公共政策分析导论（第二版）	陈振明
公共经济学（第三版）（“十二五”国家级规划教材）	高培勇
公共经济学教程	秦立建
政府经济学（第四版）（“十一五”国家级规划教材）	郭小聪
政府经济学（第四版）	潘明星　韩丽华

公共管理类专业教材——方法课教材

书名	作者
公共管理研究方法	何兰萍　张俊艳
行政学研究方法与应用案例	萧鸣政　等
管理定量分析：方法与技术（第二版）	刘兰剑　李　玲
公共管理的方法与技术（第二版）	魏　娜

公共管理类专业教材——行政管理、公共事业管理专业教材

书名	作者
行政法学导论	姜晓萍
行政法学	朱新立　唐明良　李春燕
公共部门人力资源管理（第四版）	孙柏瑛　祁凡骅
公共部门人力资源开发与管理（第五版）（“十二五”国家级规划教材）	孙柏瑛　祁凡骅
公共部门人力资源开发与管理（第三版）	孙柏瑛
公共部门人力资源管理（第三版）	滕玉成　于　萍
公共部门人力资源管理	方振邦
公共部门人力资源管理概论	方振邦
公共部门人力资源管理案例	周均旭
行政管理学（第五版）（数字教材版）	郭小聪

书名	作者
公共行政学（第五版）	彭和平
公共行政学（第二版）	张康之　张乾友
行政学导论（第三版）	齐明山
行政管理学导引与案例	陈季修
管理心理学（第二版）	范逢春
公共组织行为学（第三版）（“十一五”国家级规划教材）	孙　萍　张　平
公共组织学（第三版）	李传军
行政组织学（第二版）	张　昕　李　泉
公共组织理论	陆明远　冯　楠
公共事业管理概论（第三版）	朱仁显
公共事业管理概论（“十一五”国家级规划教材）	娄成武　李　坚
公共组织财务管理（第三版）（“十一五”国家级规划教材）	王为民
国家公务员制度（第四版）（数字教材版）（“十二五”国家级规划教材）	舒　放　王克良
国家公务员制度概论（第二版）	刘碧强　郗永勤
公务员制度概论	李如海
公务员制度导论	孙德超
当代国家公务员制度：理论与实践	胡春艳
行政领导学（第三版）	朱立言　李国梁
领导学（第五版）	邱霈恩
领导学	王自亮
领导学：理念、行为与艺术	祁凡骅
领导学	孙　健
现代市政学（第五版）（数字教材版）	王佃利
市政管理学（第五版）（“十一五”国家级规划教材）	杨宏山
市政学导引与案例（第二版）	李燕凌
社区管理（第四版）	汪大海　魏　娜　郇建立
社区管理原理与案例	魏　娜
电子政务教程（第三版）（“十一五”国家级规划教材）	赵国俊
电子政府与电子政务（第二版）（“十一五”国家级规划教材）	张锐昕
电子政府概论（第二版）	张锐昕
行政伦理学教程（第三版）（“十二五”国家级规划教材）	张康之　李传军
公共危机管理导论（“十一五”国家级规划教材）	肖鹏军
公共危机管理概论（第二版）	王宏伟
公共危机管理	唐　钧
公共危机与应急管理：原理与案例	王宏伟
非营利组织管理	吴东民　等
非营利组织管理导引与案例	崔向华　张　婷
当代中国政府与政治	景跃进　陈明明　肖　滨
当代中国政府与行政（第三版）	魏　娜　吴爱明
当代中国政府（第二版）（“十一五”国家级规划教材）	吴爱明
地方政府学概论（第二版）	方　雷
地方政府管理（第二版）	陈瑞莲　张紧跟

书名	作者
管理秘书实务（第三版）	赵锁龙
行政秘书学	唐　钧
公文写作与处理	赵国俊
机关管理的原理与方法（第三版）	赵国俊　陈幽泓
公共部门绩效管理	方振邦
政府绩效管理	方振邦　葛蕾蕾
政府绩效评估	蔡立辉
公共关系概论（第二版）	邹正方
政府公共关系（第二版）（“十一五”国家级规划教材）	廖为建　张　宁
社会管理	汪大海
西方行政学理论概要（第二版）（“十一五”国家级规划教材）	丁　煌
公共行政学史（第二版）	何艳玲
西方公共管理名著导读	汪大海
管理思想史教程	方振邦　葛蕾蕾
文化管理学（第三版）（“十二五”国家级规划教材）	孙　萍
文化创意产业导论	魏鹏举
卫生事业管理（第二版）（“十一五”国家级规划教材）	李　鲁
教育经济与管理（第二版）（“十一五”国家级规划教材）	娄成武　史万兵
现代公用事业管理	崔运武

公共管理类专业教材——劳动与社会保障专业教材

书名	作者
社会保障概论（第六版）（数字教材版）	孙光德　董克用
劳动经济学（“十一五”国家级规划教材）	董克用　刘　昕
劳动法与社会保障法	黎建飞　李　静
人力资源管理	彭剑锋
社会保险学（第三版）	孙树菡　朱丽敏
社会保障基金管理	李春根
社会保险精算原理与实务	王晓军
社会保障国际比较	仇雨临
员工福利概论（第二版）（“十一五”国家级规划教材）	仇雨临

公共管理类专业教材——土地资源管理专业教材

书名	作者
土地经济学（第八版）（“十一五”国家级规划教材）	毕宝德
土地法学（中国人民大学“十三五”规划教材）	严金明
土地法学	王守智　吴春岐
土地资源学	张正峰　赵文武
土地科学导论	叶剑平
土地资源管理学（第二版）	张正峰
国土空间规划学	张占录　张正峰
土地利用规划学	张占录　张正峰
不动产估价（第二版）（“十一五”国家级规划教材）	叶剑平　曲卫东
土地信息系统	曲卫东　韩　琼
地籍管理（第五版）（“十一五”国家级规划教材）	谭　峻　林增杰

公共管理类专业教材——城市管理专业教材

书名	作者
城市管理学（第三版）	杨宏山
城市管理学：公共视角	陆　军 等
城市管理法	王丛虎
城市总体规划原理	郐艳丽　田　莉

公共管理硕士（MPA）教材——核心课教材

书名	作者
全国公共管理硕士（MPA）核心课程教学指导纲要	全国公共管理专业学位研究生教育指导委员会
社会主义建设理论与实践（第三版）	李景治　蒲国良
公共管理英语（修订版）	顾建光
学术规范和论文写作	胡宏伟
公共管理学（第三版）	张成福　党秀云
公共管理学原理（修订版）	陈振明
公共管理导论	竺乾威　朱春奎　李瑞昌
公共政策分析	陈振明
公共政策分析导论	陈振明
公共政策分析概论（修订版）	谢　明
政治学：基本理论与中国视角	任剑涛
公共部门经济学（第三版）	高培勇　崔　军
公共经济学	唐任伍
行政法学（修订版）	皮纯协　张成福
行政法学概论（第三版）	胡锦光
非营利组织管理概论（修订版）	王　名
非营利组织管理	王　名　王　超
公共管理伦理学（修订版）	张康之
社会研究方法	陈振明
定量分析方法（第三版）	谭跃进
电子政务理论与方法（第五版）	金江军
电子政务	吴爱明　何　滨
公文写作概论	高永贵

公共管理硕士（MPA）教材——专业方向必修课、选修课教材

书名	作者
公务员制度教程（第六版）	舒　放　王克良
比较政府与政治（修订版）	卓　越
当代中国政府与政治（第三版）	吴爱明　朱国斌　林　震
公共部门人力资源管理及案例教程（第三版）	陈天祥
领导学教程	常　健
领导理论与实践	邱霈恩
社会管理概论	唐　钧
公共部门绩效评估（修订版）	卓　越
公共危机管理（修订版）	王宏伟
公共部门危机管理（第三版）	张小明
公共部门战略管理（修订版）	陈振明
城市管理理论与实务	杨宏山
MPA 学位论文写作指南	汪大海

图书在版编目（CIP）数据

公共部门绩效管理/方振邦主编．—北京：中国人民大学出版社，2019.7
新编21世纪公共管理系列教材．公共组织与人力资源管理系列
ISBN 978-7-300-27043-2

Ⅰ．①公… Ⅱ．①方… Ⅲ．①国家行政机关-行政管理-高等学校-教材 Ⅳ．①D035.1

中国版本图书馆CIP数据核字（2019）第111766号

新编21世纪公共管理系列教材·公共组织与人力资源管理系列
公共部门绩效管理
主　编　方振邦
副主编　唐　健　姜颖雁
Gonggong Bumen Jixiao Guanli

出版发行	中国人民大学出版社		
社　　址	北京中关村大街31号	**邮政编码**	100080
电　　话	010－62511242（总编室）		010－62511770（质管部）
	010－82501766（邮购部）		010－62514148（门市部）
	010－62515195（发行公司）		010－62515275（盗版举报）
网　　址	http://www.crup.com.cn		
经　　销	新华书店		
印　　刷	北京市鑫霸印务有限公司		
开　　本	787 mm×1092 mm　1/16	**版　　次**	2019年7月第1版
印　　张	20.75	**印　　次**	2023年6月第5次印刷
字　　数	470 000	**定　　价**	52.00元

中国人民大学出版社　管理分社

教师教学服务说明

中国人民大学出版社管理分社以出版工商管理和公共管理类精品图书为宗旨。为更好地服务一线教师，我们着力建设了一批数字化、立体化的网络教学资源。教师可以通过以下方式获得免费下载教学资源的权限：

- 在中国人民大学出版社网站 www.crup.com.cn 进行注册，注册后进入“会员中心”，在左侧点击“我的教师认证”，填写相关信息，提交后等待审核。我们将在一个工作日内为您开通相关资源的下载权限。
- 如您急需教学资源或需要其他帮助，请加入教师 QQ 群或在工作时间与我们联络。

中国人民大学出版社　管理分社

教师 QQ 群：648333426(工商管理)　114970332(财会)　648117133(公共管理)
教师群仅限教师加入，入群请备注（学校+姓名）

联系电话：010-62515735，62515987，62515782，82501048，62514760

电子邮箱：glcbfs@crup.com.cn

通讯地址：北京市海淀区中关村大街甲 59 号文化大厦 1501 室（100872）

管理书社　　人大社财会　　公共管理与政治学悦读坊